江南史十八讲

·黄纯艳 包诗卿 主编

学林出版社

目 录

序　言

牟发松

　　2014 年，我们中国古代史教研室编辑了一本《江南史专题讲义》(后遵从出版社建议，付印时易名为《历史时期江南的经济、文化与信仰》)，请王家范先生作序。王先生欣然允诺。在这篇高屋建瓴、热情洋溢的"序言"中，他提出了"江南史研究如何再向前走，开出新境界"的问题，并指出"第一是需要有后生不断接力赛跑"，"在本科生阶段就培养起学生对江南史的兴趣，由相识、相知到相爱，一路走来，我想总会出一些'爱你如同爱自己生命'的痴情（于江南史研究的）后继人才"。他最后希望我们"用三年五载的时间，再结出一批由新人写作的研究成果"。我在"后记"中感谢了先生，并表示"教研室同仁将不负厚望，尽快推出'江南史专题'方面的新作，届时仍将恳请先生赐序"。转眼六年过去了。我们教研室的同仁没有忘记王先生的嘱托，虽在研究方向上各有所专，但都没有放松对江南史的关注和研究。岁当庚子的 2020 年，教研室主持召开了"江南区域史基本问题学术研讨会"，同时又开始了以本科生为主的新一轮江南史教学，由于疫情，无论是会议还是教学，都是线上、线下并举。江南史慕课也已上线，并着手编写了新的教材，即本书——《江南史十八讲》。2020 年 10 月，教材定稿即将付梓之际，主编黄纯艳教授命我作一篇序，我的第一反应是早就有了序作者，不劳我来写，我也没有资格写，但一转念，想起王先生早已于数月前驾鹤远行，不能再履约了，心中不禁升起一阵深深的失落感，空白感。先生在上揭《江南史专题讲义》"序言"中要求我们"用三年五载"推出新的成果，接着说："或许我的这个期望有些急躁，原谅我，因为上帝给我观察的时间越来越不充裕了。这就是我写此序时怀有的最大的心愿。"而我们没有只争朝夕，尽快完成此书，以满足先生的心愿，内心里又充满着遗憾和追悔。我们所以缺乏紧迫感，也因为先生素来神清体健，思维敏锐，如我在先生追思会上所说，先生"论学、授课有生气，有创意，充满着时代气息。甚至表述也显得年轻，有朝气，活力四射，生动活泼，可听可读，绝少八股气、学究味"，始终"与时俱进，在信息时代总是先人一步，捷足先登"，如此年轻态的王先生，怎么会说走就走呢？先生过世后，笔者曾应本教材另一位主编，我们教研室年轻的掌门人包诗卿主任之命，写了两句话：

> 谷神不死，精神永存，世无良药能祛疾
>
> 经师易求，人师难得，学有疑困可问谁

以表达先生逝世给我们教研室同仁留下的难以释怀的悲痛和失落。但先生还给我们留下了丰厚的遗产和宝贵的遗训。先生是改革开放以来国内江南研究的先行者之一。他很早就倡议建立了江南地方史研究室，并在20世纪80年代以来先后刊布了多种研究江南史的论著，均是在各个论域提炼问题意识、构建分析框架并取得显著突破的权威之作，迄今仍享有很高的引用率。先生在上揭"序言"中称，尽管今天的江南史研究"起点比较高，在承袭的基础之上超越前人不容易，但我想没有人会认为江南史研究已经走到了'历史终结'的尽头。学问之道，从根本上说是精神性的，雨入花心，自成甘苦，冷暖巧拙唯己知。所谓'学问为己'，也就是要把整个做学问的过程当作人生经验、知性理性不断锤炼完善的过程。……《淮南子》云：'临河而羡鱼，不若归家织网'。后生们要接力前行，敬仰乃至崇拜前辈亦人情之常，但亲自加入到'织网'过程之中，创造新的纪录才是最紧要的"。先生还在另一场合说过，"有生之年，天假以年，能看到更多的新一代成长起来，成为大家，这是最大的愿景"（《明清江南史研究三十年》"附录"）。先生的这些谆谆教诲和殷殷期待，我们当置诸座右，永志不忘，引为激励，不断推进江南史研究，力争"创造新的纪录"。而略可告慰的是，如先生生前所见，在本教研室江南史研究接力赛的跑道上，又多了一批优秀的后生。

本教材十八讲作者，有五位是我们从校外礼请的专家，依讲次先后，他们是：范金民、戴鞍钢、李伯重、严耀中、徐茂明。他们都是在江南史领域耕耘数十载，成果卓著，在国内外极具影响的权威学者。这些如雷贯耳的名字，听课的同学们虽久有耳闻，对他们的论著也有拜读，并借助各种媒体，熟知他们的教育背景、治学经历、学术贡献，甚至"行走"到过他们的"上书房"（《上书房行走》第28期《走进范金民教授的书房》），但通过本课程，同学们才有机会面谒本尊，亲炙教诲，一窥诸先生门墙。诸位先生的加盟，也使江南史课程的讲授和教材，结构更加科学，板块益臻完整，教学、研究水平得到显著提升。

2000年，加州学派的代表人物彭慕兰的《大分流》问世，极具创意地将江南与英格兰作双向比较，论证指出在工业革命发生前，二者的经济发展水平旗鼓相当，直到19世纪20年代以后才出现经济命运的"大分流"；英格兰的工业化源于一种偶然的（煤炭资源的地理区位优势）外部的（殖民地资源的补偿性替代）因素，而非制度的优越。该书更新了欧美汉学界基于欧洲中心论的问题意识，即从"中国为什么在近代落后了"——"为什么江南没有成为英格兰"，转而问"英国为什么发生了工业革命"——"为什么英格兰没有成为江南"，从而激活了现代化视野下、置于世界经济史全局中的江南研究。本书第十讲的作者、在江南史领域深耕多年、创获卓著的李伯重先生，在论题和视角上与彭慕兰氏不无相似之处，实际上《大分流》即引用了李先生的多种论著。李先生《唐代江南农业的发展》，*Agricultural Development in Jiangnan*，1620—1850（《江南农业的发展》），以及一系列专题论文，对江南农业从唐代到清中期的发展进行了全面深入的研究，所得结论表明，明清江南的农业发展水平堪与工业革命前的英格兰媲美，甚至有过之而无不及，在这一点上与《大分流》所得结论异曲而同工。堪称李先生代表作的《江南的早期工业化（1550—1850）》，是一部研究江南工业的名著，极富原创性。如范金民先生所评价的，此书"是综论江南工业的精深之作"，"一个重要特点是理论色彩浓厚"，"理论与实证有机结合"（《江南社会经济史研究入门》）。李先生在江南史课程中的讲题即与此书同题。"早期工业化"是李先生在扬弃前人相关概念基础上提炼出来的一个重要的分析概念，而他的授课，不仅仅是"绣取鸳鸯凭君看"，而且"肯把金针度与人"。他首先就自己如何提出"早期工业化"这一分析概念，以及与之相关的工业、工业化、近代工业、工业革命、近代化，乃至中国特创的手工业等相关概念，深入细致地予以澄清，然后重点解析了江南早期工业化的产生、江南早期工业化的命运及影响。我们知道，工业化与前工业化的世界之间有一个极大的断裂，故作为工业化起点的工业革命，乃是迄今人类历史上最伟大的划阶段的经济变革。李先生指出江南缺乏煤铁等资源从而没有一个以煤铁工业为主的重工业，是江南不能自行产生工业革命的一个很重要的原因。然而江南后来却成功地引进和复制了西方近代工业化的经验，抗战前就建立起一个在整个亚洲名列第二的近代工业，改革开放后江南经济更是全面起飞，工业化取得更大成功，这些都与江南经历了成功的早期工业化有关。李著对江南和英格兰为什么没能成为对方，作了独具特色的回答，可以说与《大分流》的回答相辅相成，相得益彰。

范金民先生的《江南丝绸史研究》《明清江南商业的发展》，自是江南史研究的名著，而他作为江南史领域的"领军人物"，还"愿意俯下身来，凝聚平生积累的阅历、心得、体会"（上揭王家范先生《江南史专题讲义》"序言"），撰就了《江南社会经济史研究入门》一书。此书分专题对 2010 年以前的研究史，作了全面系统的总结，并选择介绍了本领域若干最深入的"典范论著"，最基本的资料集录，源流清晰，点评精当，简明实用，使研究者借以明了自己在本领域学术版图中的位置，后来者得以因枝振叶、沿波讨源，踏着先行者的肩膀拾级而上，更使号称填补空白、实为梁上君子者无所遁形，故家范先生向晚辈后生倾情推荐此书。实际上此书已成为江南史研究者的案头必备之书，非徒为初学者指引门径而已。范先生关于江南重赋的讲题，则是一个堪称典范的江南史研究个案。他首先概括出明清人关于江南重赋产生缘由的六种说法和今人的三种看法，然后逐条辨析、驳议，指出各种说法的合理性所在，以及缺乏说服力之处。如针对近年来有人主张重赋是由于江南经济繁荣、发展的必然结果，范先生指出，壤地相接、亩产相近的苏、松与嘉兴、湖州、常州，何以赋税定额迥异？同在苏、松的民田与官田赋额，又何以高低悬殊？然后基于实证，就江南重赋的由来、变化，娓娓提出自己的看法，教者谆谆，听者悦服。

受限于授课时间和教材篇幅，诸位先生只能将他们的江南研究成果，"选精""集萃"地展现给同学们，这也是其他几位校外专家包括校内老师的共同特色。如刊布过《港口、城市、腹地——上海与长江流域经济关系的历史考察》《近代上海与长江流域商路变迁》等多种获奖论著的戴鞍钢先生，其讲题"江南的对外贸易"，正是他擅长的专家之学。他首先回眸了江南前近代的对外贸易，继而以近代为重点，论述了"上海跃居贸易首港"，"上海成为江南首邑"，以及量大面广的江南外贸推促了上海及江南的社会变迁。他论证指出，长期以来作为革命对象的买办，从外贸角度来看，实为当时国门洞开以后"中外经济交往的一个桥梁"，"开风气之先、具有开拓创新精神的一批中国人"，是"中国资产阶级的前身"，而新生的资产阶级一度代表着"近代中国社会发展方向"，买办中间有很多爱国的中国人。戴先生的授课，在诸多方面刷新了同学们的已有认知。

严耀中先生是中古宗教研究的名家，先后出版相关专著多部，《江南佛教史》是其中一种，这是一部"对宗教形态和区域社会之间的关系进行动态考察"的"开拓"之作（何兹全先生评语）。严先生的讲题亦与此书相类。他指出江南文化习俗之偏好怪力乱神，使当地在佛教流播上得风气之先。中古时期佛教在江南的旺盛虽然比道教慢了一步，却有后来居上之势，一个重要的原因，是"佛学的理论深度和拥有逻辑及阐释解析的说服力要远胜于当时的道教与儒家"，特别是随着佛学在玄学清谈中展示奥义，六朝士大夫们为之折服，从而开拓了与包括帝室在内的江左士族为核心的统治上层相结合之路。"唐宋以降佛教的主流是禅宗与净土宗，而江南则是它们发展的重地"。明清佛教的中心仍在江南。对于旧史所载梁武帝和其他南朝皇帝之佞佛及其原因、后果，严先生也做出了有异于传统观点的新解释，令听者耳目一新。

徐茂明先生的《江南士绅与江南社会（1368—1911年）》是作为"研究示例"被上揭范先生《江南社会经济史研究入门》纳入"典范论著"之列的，书中开宗明义"辨'江南'""辨'士绅'"，就江南研究的两个关键词，提出了独立的新见，令读者印象良深。他和日本江南史研究专家滨岛敦俊关于江南有无宗族的往复论难，进一步提升了他在江南史学界的热度。徐先生的讲题"江南的宗族与地方社会",深入浅出地阐明了他所持的"江南有宗族,但江南不属于宗族社会"的观点,并就这一问题,以及江南文化世族的演变,介绍了他的最新研究进展。

本教研室的陈江、章义和、孙竞昊诸位先生,均是研究江南史有年的专家。"为人温文尔雅,书画文俱佳""翩翩然一副恬淡处世的明清江南士人形象"的陈先生,就宋元明清江南社会、文化、教育发表有多种论著,代表作《明代中后期的江南社会与社会生活》,"行文内敛而含蓄","文如其人"(上引皆出该书王家范先生序),资料丰赡而新意迭出,梓行后获得学界的高度评价。成名甚早,知识面广博,驰骋于多个学科方向的章先生,所著《地域集团与南朝政治》,与其恩师简修炜先生、师兄庄辉明先生合著的《六朝史稿》,均以江南为主要研究对象,是中古江南史研究的标志性成果。学位论文以明清济宁地方社会为主题、在多伦多大学取得博士学位的孙竞昊先生,出国前即就明清江南社会经济发表过多篇重要论文,近年来在江南生态环境方面的研究更是风生水起。熟练掌握并能结合中国历史实际运用西方社会科学的理论和方法,立论新颖,思想开放,允为其显著研究特色。上述先生均就自己的研究专长确定其讲题,有很高的学术水准。

笔者曾谈到,本教研室很早以来就是国内江南史研究的园地和平台之一,但相对于同处江南的复旦、南大、上师大等兄弟院校,我们的研究力量尚显薄弱;而我们略有寸长的,是各断代力量分布相对均衡,学术梯队结构较为完整,从上古秦汉到六朝隋唐、宋元明清均有人把守。值得特别指出的,是近年来我们教研室先后引进了一批新生力量,研究力量薄弱的情况有所改观。本书主编黄纯艳先生,以宋史名家,在宋代的茶法、海外贸易、财政、朝贡体系、造船业乃至海洋史多个方面,均有个人专著,在《历史研究》《中国经济史研究》等学刊发表论文数十篇,他的讲题"江南社会与海洋文明",就是以新著《宋代东亚秩序与海上丝路研究》为基础的,故含金量十足。黄阿明、董佳贝、刘啸、金蕙涵等新近引进的老师,也都在江南史课程中就各自所擅长选择了讲题。先后在北京大学考古文博学院、美国明尼苏达大学获得博士学位的金老师,她在考古特别是物质文化、墓葬文化考古方面的专长,填补了我们教研室在学科方向上的空白。上揭《江南史专题讲义》出版时的青年老师黄爱梅、李磊、包诗卿、王进锋诸位,现在在教学、科研方面都取得了长足进步,科研成果无论质、量均有显著增加,而不仅仅表现为职称的变动。他们在本轮江南史课程中的讲题,都是他们新近的研究成果,创意盎然。

2019年7月6日,在阿塞拜疆首都巴库举行的第43届世界遗产大会上,良渚古城遗址获选列入世界遗产名录,江南对中国文明起源的杰出贡献,遂广为世界所知。总面积接近300万平方米、约等于8个故宫的良渚古城遗址,创造了诸多世界第一:就目前所知，它是世界上同时期最大的人工建筑；古城西北部的水坝遗址，是世界上同时期最大的城市防御工程；良渚文化遗址还发现了世界上同时期面积最大的稻田遗迹和体量最大的稻谷、稻壳稻草堆积……。作为近代欧风美雨东渐的桥头堡、中国经济文化现代化的策源地的上海，随着改革开放以来江南经济的急速起飞，迅速跃升为国内第一世界前三的贸易巨港，在长三角一体化的国家战略中成为当之无愧的龙头，人们愈益深刻地感觉到了江南和上海对当今中国的重要性。于是人们回望中国历史，说五千年前看良渚，两千年前看西安，一千年前看北京，一百年前看上海。实际上在过去的一千年中，江南一直是中国经济、文化最发达的地区，说它是一千年来中国的经济、文化中心并不为过。可见今天的江南和上海，和历史上的江南和上海密不可分。诚如李伯重先生所说，今日的江南尽管发生了很大变化，但"过去"不仅仍存在于"现在"中，而且仍在作用于"现在"，是"现在"江南经济中富有活力的部分。正是在上述意义上，江南理所当然地占据着中国经济史研究的中心，甚至可以说"没有江南，也就没有中国经济史"（夏明方《什么是江南——生态史视域下的江南空间与话语》）。在上述意义上，江南史进课堂、进教材的重要性是不言而自明的。

随着江南研究的进展，我们的课程和教材还应与时俱进，不断更新。就目前而言，迫切需要弥补的短板，可能是范金民先生《江南社会经济史研究入门》中业已指出的研究成果较少的"江南区域内外比较"方面。反观彭慕兰、李伯重先生在江南史研究中的重大突破，在某种意义上可以说是比较研究的成果，包括在不同理论话语和研究方法之间的比较、择取。这里拟就江南史的比较研究方面讲一点不成熟的想法，聊供教研室同仁参考。

上文提到我们教研室最近召开了"江南区域史基本问题学术研讨会"，就我对会题立意的理解，似乎意味着江南研究的一些基本问题还有待厘清，或者说还有一些基本问题没有被纳入研究论阈和议程。比如说作为江南史研究基本问题的江南的范围，就有许多可议之处。就地理范围而言，如所周知，本书作者之一的李伯重先生有八府一州的界定，已成为研究者普遍接受的主流观点，影响很大。实际上本书作者徐茂明、范金民二位先生，也对江南各自作了有别于李说的界定，并引起一些研究者的关注和共鸣，产生了一定影响。作为空间概念的江南地域范围，就历时性而言，不同历史阶段涵盖范围并不相同，即使是同一时代，基于不同角度的江南范围，如基于政治的（行政区划）、经济的、文化的、感觉的不同视野的划分，自然也不尽相同，这些问题都需要比较研究。比较研究的结果，并不一定会取得共识，但比较研究本身，就是扩大视野、深化对江南的认识的过程。周振鹤先生论文称："在秦汉时期，江南主要指的是今长江中游以南的地区，即今湖北南部和湖南全部。"由于两汉时两湖地区属于荆州，因此有时又以江南指"北距长江很远的襄阳"（《释江南》）。周先生的观察是敏锐的。屈原《招魂》曲终奏雅，为"湛湛江水兮上有枫，目极千里兮伤春心，魂兮归来哀江南"，这里的江南自然指作者屈原（一说宋玉所作）的家国所在，具体应指被招魂的楚怀王的都城郢，屈原家乡归乡，汉朝属秭归县，尽管楚国和汉秭归县境跨长江南北，但郢都和归乡，均在长江北岸，虽说就在江边，终非长江以南。汉秭归县即改自楚之归乡，县治亦在长江南岸的归乡。《汉书·地理志》"南郡"条载王莽将汉的秭归县改为江南县，县治亦承汉县在北岸归乡。可知秦汉之江南，虽主要指长江以南，却不斤斤于一定要在长江南岸。唐代的江南道，境域俱在长江以南。但杜牧的名篇《遣怀》《寄扬州韩绰判官》，前者"落魄江南载酒行，楚腰肠断掌中轻。十年一觉扬州梦，赢得青楼薄幸名"，后者"青山隐隐水迢迢，秋尽江南草未凋。二十四桥明月夜，玉人何处教吹箫"，都是目扬州为江南。江南自古属扬州所辖，当时人有时以扬州北境特别是与江南气候环境、风俗物产相近的江淮之间为江南，一如东汉人有时以襄阳为江南一样，都是受政区地理影响之例。况且扬州治所原在江南，较之唐江南道辖境迤西至湘西、贵州，以扬州为江南是更自然的。清康熙、乾隆先后所修《江南通志》的"江南"，清朝所置江南省之"江南"，亦不限长江以南。

　　比较"江南"在不同视野下的范围，是饶有兴味的。《太平寰宇记·灵州》"风俗"称："本杂羌戎之俗，后周宣政二年破陈将吴明彻，迁其人于灵州，其江左之人崇礼好学，习俗相化，因谓之'塞北江南'。"上引灵州（今宁夏灵武）贺兰山下的"塞北江南"，原本是文化意义上的江南，即因被迁徙到那里的江南陈朝俘虏"崇礼好学，习俗相化"而得名，不过也可能因当地有"河渚""果园"，其自然风物与江南差可比拟。但从唐人韦蟾《送卢潘尚书之灵武》"贺兰山下果园成，塞北江南旧有名。水木万家朱户暗，弓刀千队铁衣鸣。……却使六番诸子弟，马前不信是书生"，则节度军镇所在的唐代灵武，士兵多为六胡子弟，触目皆是武蛮之风，那里一度有过的江南文化风气早已随朔风而去，荡然无存。不料数百年后的明代成化年间，张伦《救荒弭患疏》称，宁夏因"河坍、沙压、高亢、宿水"，一千数十顷土地抛荒，当地造册，申请免除这部分土地所征粮草地亩银两等。张伦先前曾在宁夏任职，他担心"夏镇素有江南之名，惟恐溺于旧闻者，见此蠲免，必曰夏有水利，税不可免，军饷岁用，额不可缩，不蒙亟赐蠲恤"；他又提到宁夏粮差素为繁重，而繁重之由，即因有"塞北江南之称"。"使夏人冒鱼米之虚名，受征敛之实祸"，而"江南财赋之地"，和"宁夏戎马之区"，本有"霄壤"之别（《（乾隆元年刊刻）甘肃通志·艺文》）。可见当初本来是文化地理意义的"塞北江南"，被后世视为或有意误读为经济意义上的江南，以致遭受了征敛繁重的实祸。

　　实际上即使在八府一州的江南内部，亦多差异。这里讲一点笔者的直接印象。初来江南，自然要参观水乡，特别是久仰的小莲庄和嘉业堂。但令我印象最深的，还是小莲庄往东不远的张石铭旧宅"懿德堂"。张石铭为南浔"四象"之一张颂贤的长孙，适园主人。1894年中举，曾参与"公车上书"。维新失败后回乡继承祖业，同时在上海开设钱庄、信托公司，参与新兴的股票、公债等现代金融业，并是我国最早的商办银行之一的浙江兴业银行的筹办者、大股东。懿德堂1899年开建，1906年落成，是一座中西合璧式楼群，正面仍是传统的门厅楼房，其中最令人称道的则是最里面的一进欧式洋楼大厅，这是一个设有更衣间、化妆间的豪华舞厅，舞厅又被切割成四周的舞池和中间的乐队池。其建材，包括彩绘法国乡村风景的地砖、克林斯铁柱、玻璃刻花、墙上壁炉，据说均舶自海外，如地砖及油画即来自法国。但最令我惊奇的，是这座地地道道的洋房两侧，乃由江南传统的高高的风火墙严密遮挡，除非被邀入内，这所舞厅则藏在深阁人未识，里面的灯红酒绿，翩跹舞姿，外人亦无从得见。尽管已是西风东渐的岁月了，但这样的舞厅，除非在上海、广州、天津，是很难见到的，更无论水乡小镇南浔了。后来我又在苏州河畔参观了阜丰面粉厂大楼，1898年由安徽人孙氏兄弟孙多森、孙多鑫创办。厂房聘请洋行设计，完全仿照欧美机房建造。站在它的门前，映入眼帘的是标准的西方建筑形式：爱奥尼氏的柱廊，巴洛克装饰的挑檐，充满着西洋文化氛围；而走进建筑内部，却是中国传统特色的天井，红色的木柱，绿色的栏杆，上面的图案也是中国式的，与其外部给人的印象迥异。这两处约略同时开建的楼群，一为外中而内洋，一为外洋而内中。它是否说明彼时的南浔，那样的舞厅建筑和生活方式还不为乡邦所喜闻乐见呢？须知清末还是男人拖着辫子、女人裹着小脚的时代，而张家可能是南浔"四象"中西化程度最高、从事对外贸易最早的。张石铭早已是上海滩的新式商人，他的堂弟，后来被孙中山称为"革命圣人"的国民党元老张静江，早在1902年26岁时，就开始发展海外贸易，辗转搭乘法国邮轮至马赛、巴黎，在巴黎筹办通运公司，不久又在英国伦敦和美国纽约建立公司，上海则为总公司。在上海，更无论在巴黎、伦敦，洋楼、舞厅里的生活自是日常，但在南浔，显然还不被人接受，我想这是张家将洋楼、舞厅掩蔽在高墙之内的缘故吧。而在上海，洋房、舞厅则触目可见，阜丰作为中国人办的第一家面粉厂，既然从经营方式和技术、机器都是取法西方现代工业，那么，至少在外表上也要有相应的西洋风貌。不过来自安徽的孙氏兄弟，也许还是觉得中国传统的住居更为舒适，因而厂房采取了与懿德堂相反的内中外洋方式。这两所建筑的形式是否反映了同处江南核心且相隔不远的上海和南浔在现代化进程中的落差呢？是否又反映了这批敢吃螃蟹的新式商人内心里传统与现代的紧张和纠结呢？这一类题目是值得进行比较研究的。

承主编美意，使笔者有机会借此序言，向江南史研究的先贤致敬，向加盟江南史课程的校外专家致谢，为参与课程建设的教研室同仁特别是辛勤的"后浪"们点赞，最后还画蛇添足地表达了一些陋见，以致拉杂冗长。在此特向读者致歉，并祈方家批评指正。

第一讲

江南的概念和范畴

黄爱梅

一、问题引入

本讲的目的在于揭示江南史的研究内容、研究对象和研究意义。

按照地理学的观点，中国由秦岭—淮河一线划分为南方和北方，长江是中国南方的大河。南方地区地域辽阔，从水系上来说，包括长江流域、珠江流域等；按地貌差异则可分为西藏高原、云贵高原、四川盆地、长江中下游平原、江淮平原、江南丘陵、南岭山地丘陵、东南沿海平原、广西丘陵、海南岛、台湾岛等。"江南史"所要研究的江南是哪一地域范围呢？从古至今，"江南"的范围是固定不变的吗？

二、"江"在哪里？

顾名思义，"江南"即江之南，可知"江"是一个非常重要的地理界线，这条界线的南方地带能够被称为江南。那么"江"在哪里？

在中国古代，"河"是黄河的专名，"江"则是长江的专名；但如果考察先秦秦汉时期的具体语境，辞例中出现的"江"不一定指的就是长江。

陆德明《经典释文》中说："河亦江也，北人名水皆曰河。"①《汉书》云："罢池陂陁，下属江河。"颜师古注："南方无河也，冀州凡水大小皆曰河。"② 对于《禹贡》"九江孔殷"一句，孔颖达注曰："江以南水无以大小，俗人皆呼为江。"③ 根据以上材料可知，唐代注疏者认为，中原先秦文献中的"江"并非长江之专名。据石泉先生研究，在先秦，古沂水、淮水、汉水都曾被称为"江"，直至《晋书·桓玄传》《宋书·王镇恶传》，还把汉水的支流蛮河与流

---

① ［唐］陆德明：《经典释文》，黄焯断句，北京：中华书局，1983 年版，第 396 页。
② ［汉］班固撰；［唐］颜师古注：《汉书》，北京：中华书局，1962 年版，第 2535—2536 页。
③ ［汉］孔安国传；［唐］孔颖达正义：《尚书正义》，黄怀信整理，上海：上海古籍出版社，2007 年版，第 212 页。

经黔东、湘西的沅水称为"江"。①

为什么南方的河流被称为"江"？东汉应劭编撰的《风俗通义》引用《尚书大传》的说法："江，贡也。珍物可贡献也。"②《广雅·释水》也说："江，贡也。"③此处运用的词语解释方法属于古代训诂学中的声训——因为古汉字往往"音近义通"，声训就是通过同音、近音的字来进行释义，亦即"因声求义"。"江"，从字形上看，三点水是表义偏旁，"工"为表音偏旁；"贡"字，"贝"是表义偏旁，表音偏旁同样是"工"。以上两字的表音偏旁相同，而且古音也相同，均为见母、东韵。而古书上之所以用"贡献"的"贡"字来解释"江"，是因为古人认为在"江"与"贡"之间，实际包含着某种意义上的联系。

所谓"贡"，即向君主贡献宝物。西周时期，对包括王畿内外的天下有所谓"五服"的划分："先王之制：邦内甸服，邦外侯服。侯、卫宾服，夷蛮要服，戎狄荒服。甸服者祭，侯服者祀，宾服者享，要服者贡，荒服者王。"④每一类"服"对应不同的义务，其中需要向周王行"贡物"义务的要服，其组成对象正是南方和东方的夷蛮，蒙文通先生解释说："'要'是'要约'，是羁縻约束的意思。'荒'是'慌忽无常'，是居处无定的意思。……据《周语》的说法，则东南只有要服而无荒服，西北只有荒服而无要服。这个说法就当时四裔民族来考察，是合适的；周秦以来西北是游牧之族是行国，故说它是慌忽不定，是荒服；而东南则是农耕之族，可以要约羁縻，是要服。"⑤

以此审视上古先秦文献中曾被称为"江"的古沂水、淮水和汉水，其流域都曾是远古"蛮夷"所在——沂水流域有"东夷"出没，淮水流域是淮夷的活动范围，汉水一带则由荆楚所据。将"五服"的说法与"江，贡也"的解释相对应，可知"江"之所以称"江（贡）"，可能与它们都位于夏商周三代王朝所控制区域的边缘地带有关。反之，我们可以推断，先秦时期"江"这一名称确实不为长江所专用，而是中原统治中心之外东方、南方河流的泛称。

三、江南≠长江之南

既然先秦时期的"江"是中原统治中心之外东方、南方河流的泛称，那么在探究先秦秦汉时期文献中出现的"江南"时，就不能简单以长江作为界限，而应当结合相关文献，做进一步的辨别和分析。

---

① 石泉：《古代荆楚地理新探》，武汉：武汉大学出版社，1988年版，第57页。

② ［汉］应劭：《风俗通义校注》，王利器校注，北京：中华书局，1981年版，第461页。

③ ［清］王念孙：《广雅疏证》，钟宇讯点校，北京：中华书局，1983年版，第303页。

④ 徐元诰：《国语集解》，王树民、沈长云点校，北京：中华书局，2002年版，第6—7页。

⑤ 蒙文通：《古学甄微》，成都：巴蜀书社，1987年版，第65页。

表1罗列了春秋时期《左传》《国语》两部先秦典籍中出现的"江南"的辞例：

表1　春秋文献中的"江南"辞例

文献时代	文献出处	相关地名	大致地点或范围
春秋	《左传》宣公十二年	俘诸江南，以实海滨	楚境
	《左传》昭公三年	田江南之梦	楚境，汉水西岸，离郢都不远
	《左传》昭公四年	复田江南	楚境，汉水西岸，离郢都不远
	《国语·吴语》	越王军于江南	古松江南岸

上引《左传》所涉均为郑、楚两国史事。鲁宣公十二年（公元前597年）楚王攻打郑国，郑国失利，郑伯向楚王负荆请罪，说"俘诸江南，以实海滨，亦唯命"[1]，意思是"你（代指楚王）把我（代指郑伯）放逐到江南之地，丢到海滨，我也任你处置"。今人杨伯峻《春秋左传注》引清代学者高士奇《地名考略》中的观点，提出自荆州往南地区皆是楚国所谓的江南，春秋战国时期楚国有多次迁小国的行动，即将小国迁到"江南"，所以郑伯自请流放到江南的举动其实也是援例于此。[2]从楚国以往迁小国的惯例看，其所迁之地皆在汉水以西至长江以南地区，因此郑自请流放之"江南"，其实指的也是汉水以西、以南的广大地区。联系作为楚王狩猎区的"江南之梦"可知，当时这一区域野生动物繁多，山林、川泽、原隰均未加开发。

据谭其骧考证，鲁昭公三年、昭公四年（公元前539、前538年）楚伯、郑伯田猎所在之"江南"，应在当时郢都附近，即今长江南岸的松滋、公安一带。[3]石泉则认为，先秦楚郢都及其后继城市——秦汉至齐、梁（下至梁末）的江陵城，并非如流行说法所云在今湖北省荆州市荆州区（原江陵县）境内，而是在汉水中游以西、蛮河下游今湖北省宜城市南境[4]，故而《左传》中田猎的"江南之梦"，也应在宜城平原之上。李孝聪也认为，楚王狩猎之地的古云梦在江汉平原而非长江之滨。[5]至于吴越两军对峙之"江"，《国语》韦昭注："松江也。"[6]此江则在今天浙江嘉兴附近。

战国史料中的"江南"，分见于《战国策》《吕氏春秋》《荀子》《韩非子》及《楚辞》

---

① 杨伯峻编著：《春秋左传注（修订本）》，北京：中华书局，2016年第4版，第785页。
② 同上。
③ 谭其骧：《长水粹编》，石家庄：河北教育出版社，2000年版，第575页。
④ 石泉：《古代荆楚地理新探》，武汉：武汉大学出版社，1988年版，第417页。
⑤ 李孝聪：《中国历史区域地理》，北京：北京大学出版社，2004年版，第233页。
⑥ 徐元诰：《国语集解》，王树民、沈长云点校，北京：中华书局，2002年版，第560页。

等书，所指的地域也并不固定（见表 2）。

表 2 战国文献中的"江南"辞例

文献时代	文献出处	相关地名	大致地点或范围
战国	《荀子·强国》	南有沙羡与俱，是乃江南也	沙羡，在今湖北江夏区西金口，在长江中游沿江南岸
	《楚辞·招魂》	魂兮归来，哀江南	包括汉代长沙郡罗县，今湖南省岳阳市境，洞庭东南
	《战国策卷八·齐一》	楚封田忌于"江南"	位置不明
	《战国策卷三·秦一》	洞庭、五都、江南	含郢都在内的江汉之间；或今涪陵以东黔江下流之地
	《战国策卷十四·楚一》	今边邑所恃，非江南泗上也	楚国长江以南部分
	《吕氏春秋·古乐篇》	周公逐以师逐之，至于江南	最远可至今长江下游宁镇丘陵一带

其中一些辞例与具体地名相关，如《荀子·强国》提到了沙羡，在今天湖北江夏区西金口[1]，其所代表的江南，大概就在长江中游沿江南岸一带。《楚辞·招魂》据说是宋玉的作品，其中"魂兮归来哀江南"[2]一句中所提及之"江南"有可能与屈原自沉相关，若此则"江南"应在今天湖南省岳阳市境内的汨罗江、洞庭的东南岸；此处之"江南"也可能与屈原自沉这件特别事迹无关，那么作者所指"江南"也可能仅是泛称楚国的江南。这个范围有可能是以汉水为界的汉水以南地区，也可能是以长江为界的长江以南地区，因为战国时期的楚国疆域范围已经比春秋时期大大向南推进了。

《战国策》中提到了三次江南，"楚封田忌于江南"[3]中作为田忌封地的"江南"，由于史载有缺，今天我们无从了解其位置。《秦策》中的"江南"，是与"洞庭""五都"并举的某一具体区域，换而言之，此处"江南"很明确地把"洞庭"与"五都"排除在外，《战国策》姚宏本注："洞庭、五都、江南，皆楚邑也。"[4]《史记·苏秦列传》《集解》引《战国策》此语为"取洞庭、五渚"，《韩非子·初见秦》则作"秦与荆人战，大破荆，袭郢，取洞庭、五湖、江南，荆王君臣亡走，东服于陈"[5]，可知《国策》中的"五都"即五渚、五湖。《史记·夏本纪》有"彭蠡既都"一句，《索隐》曰："都，《古文尚书》作'猪'。孔安国云'水所停曰猪'，郑玄云'南方谓都为猪'，则是水聚会之义。"[6]"猪"即

---

[1] 中国历史大辞典编纂委员会编：《中国历史大辞典》（历史地理卷），上海：上海辞书出版社，2008 年版，第 448 页。

[2] ［宋］洪兴祖：《楚辞补注》，白化文等点校，北京：中华书局，2015 年版，第 173 页。

[3] 诸祖耿编撰：《战国策集注汇考（增补本）》，南京：凤凰出版社，2008 年版，第 505 页。

[4] 同上书，第 156 页。

[5] 《韩非子》校注组：《韩非子校注》，南京：江苏人民出版社，1982 年版，第 5 页。

[6] ［汉］司马迁撰；［刘宋］裴骃集解；［唐］司马贞索引；［唐］张守节正义：《史记》，北京：中华书局，1963 年版，第 58 页。

"渚"，而"渚"亦即"湖"。先秦"五湖"之地望，素有多解：一与太湖相关，或即太湖别名；二是包括太湖在内的江南五大湖泊。[①] 然而秦始皇之前，秦人攻楚尚未涉及洞庭以东地区，此"五都（渚）"恐与鄱阳湖、太湖等无关。《战国策·卷三十·燕策二》有"汉中之甲，乘舟出于巴，乘夏水而下汉，四日而至五渚"[②] 的说法，对照"蜀地之甲，轻舟浮于汶，乘夏水而下江，五日而至郢"[③]，此"郢都"当为今江陵纪南城，南距长江约7000米，"五渚"亦当在汉水下游附近，不能远至鄱阳湖、太湖，但"五湖"无论何解，都是自然地理区域，而非城邑之名，洞庭与江南当与此同。

这个"江南"在何处？根据《史记》记载，秦入楚郢一役，在秦昭襄王二十九年[④]、楚顷襄王二十一年[⑤]，是役，白起取郢为南郡，烧楚先王墓夷陵，楚王"东北保于陈城"[⑥]。在此前一年，秦昭王二十八年，白起"攻楚，取鄢、邓"[⑦]，"拔西陵"[⑧]。鄢、邓"并在襄州"[⑨]；西陵，《集解》引徐广曰："属江夏。"《正义》引《括地志》云："故城在黄州黄山西二里。"[⑩] 此三地与郢都江陵（一说宜城）俱在汉水以南、长江以北。以白起入郢前后战役来看，其所取"江南"，亦只能指江汉间平原区域。

吴师道《战国策补注》引《史记正义》对"江南"另有解释："江南在豫章、长沙南楚之地。"[⑪] 然据《史记》，秦昭襄王三十年之后的很长时间里，秦国没有对楚再发动大规模战役；嬴政继位时，南方亦仅仅是"越宛有郢，置南郡"[⑫] 而已；政二十三年，王翦击楚，俘获楚王，作战区域在"陈以南至平舆"[⑬]，"王翦定荆江南地"[⑭] 则更在两年之后，此时韩非子已去世十年（政十四年亡），其《韩非子·初见秦》中所言"取江南"事，不

① 《史记·夏本纪》《集解》："五湖者，菱湖、游湖、莫湖、贡湖、胥湖，皆太湖东岸，五湾为五湖，盖古时应别，今并相连。"参见［汉］司马迁撰；［刘宋］裴骃集解；［唐］司马贞索引；［唐］张守节正义：《史记》，北京：中华书局，1963年版，第58页。《河渠书》《集解》引韦昭说："五湖，湖名耳，实一湖，今太湖是也，在吴西南。"《索隐》云："郭璞《江赋》云具区、洮滆、彭蠡、青草、洞庭是也。又云太湖周五百里，故曰五湖。"《史记·三王世家》《索隐》同。参见同书第1407页。

② 诸祖耿编撰：《战国策集注汇考（增补本）》，南京：凤凰出版社，2008年版，第1573页。

③ 同上。

④ ［汉］司马迁撰；［刘宋］裴骃集解；［唐］司马贞索引；［唐］张守节正义：《史记·秦本纪》，北京：中华书局，1963年版，第213页。

⑤ 同上书，《楚世家》，第1735页。

⑥ 同上。

⑦ 同上书，《秦本纪》，第213页。

⑧ 同上书，《楚世家》，第1735页。

⑨ 同上书，《秦本纪》正义，第215页。

⑩ 同上书，《楚世家》，第1735页。

⑪ 诸祖耿编撰：《战国策集注汇考（增补本）》，南京：凤凰出版社，2008年版，第157页。

⑫ ［汉］司马迁撰；［刘宋］裴骃集解；［唐］司马贞索引；［唐］张守节正义：《秦始皇本纪》，北京：中华书局，1963年版，第223页。

⑬ 同上书，《秦始皇本纪》，第234页。

⑭ 同上。

能与此同；而且，虽然《史记》所依据的战国史料有限，但与秦有关的部分应当相当可靠①，由此可以推知，《秦策》这一条史料所言"江南"，或只能在含郢都在内的江汉之间。②放宽来设想，假如《韩非子》所言的战绩并不局限于秦入楚郢一战，而是包括了昭王三十年拔楚巫郡及"江南地"的成果在内，那么此"江南"也可能指的是长江以南地区，但位置在"自今涪陵以东黔江下流之地"③，吴师道的解释也仍不确切。

无论指江汉之间或是长江以南，此段"江南"的范围并不太大。秦昭襄王三十一年，"楚人反我江南"④，同年即楚顷襄王二十三年，"襄王乃收东地兵，得十余万，复西取秦所拔我江旁十五邑以为郡，距秦"⑤。两相比对，可知此江南并非"即《汉志》楚地所谓江南地远者也"⑥，亦仅是在"江旁"而已。

《战国策·楚策》记载"边邑之所恃者，非江南、泗上也"⑦，意即"今天边疆城邑所能够依靠的并不是江南泗上这些地方"。如果此处"江南"是包括了郢都在内的江汉之间——正是楚国核心基业所在，怎么会不为楚国的边邑所依靠呢？该说显然不合情理，应该如鲍彪所注："云此皆远哉，故非所恃。"那么此条中的"江南"当指当时楚国的南境，也就是长江以南部分，因为这一地区与楚国当时征战的秦、韩、魏各国都相距甚远，也就不可能是这些"边邑"所能依靠的对象。⑧

《吕氏春秋》提到"周公遂以师逐之，至于江南"⑨，因为商周东夷活动的范围一般认为在黄河下游及淮河流域，而且根据石泉的考证，淮河在古代也曾经有过江名，所以这里的"江"其实有可能指淮水，但从考古学发现来看，今天宁镇丘陵沿江一带的山脉之上，确实发现了西周时期的青铜器，镇江丹徒还曾经出土宜侯夨簋，记载虞侯迁封至"宜"的事迹。由此推测周公逐商人所至之"江南"，可能远至今宁镇丘陵一带。

综上所引，我们可以看到，传世的先秦文献中所提到的"江南"范围并没有统一的界定，各史料所见及其考订的大致范围，实际上可以从汉水西岸直至长江中下游、南岸

---

① 《史记·六国年表序》："秦既得意，烧天下《诗》《书》，诸侯史记尤甚，为其有所刺讥也。诗书所以复见者，多藏人家，而史记独藏周室，以故灭。惜哉，惜哉。独有《秦记》，又不载日月，其文略不具。"参见［汉］司马迁撰；［刘宋］裴骃集解；［唐］司马贞索引；［唐］张守节正义：《史记》，北京：中华书局，1963年版，第686页。

② 由此论之，自秦昭襄王二十七自三十年的连续攻楚战役，并未到达洞庭以东地区。所以怀疑《秦策》所言"五都（渚）"，并不是与太湖有关的"五湖"，而是江汉平原之上或长江南北两岸的五个甚至多个湖泊而已。

③ 谭其骧：《长水集》，北京：人民出版社，1987年版，第14页。

④ ［汉］司马迁撰；［刘宋］裴骃集解；［唐］司马贞索引；［唐］张守节正义：《史记·秦本纪》，北京：中华书局，1963年版，第213页。

⑤ 同上书，《楚世家》，第1735页。

⑥ ［汉］刘向集录：《战国策》，上海：上海古籍出版社，1985年版，第102页。

⑦ 诸祖耿编撰：《战国策集注汇考（增补本）》，南京：凤凰出版社，2008年版，第730页。

⑧ 石泉认为此江指的是淮河，可备一说。参见石泉：《古文献中的"江"不是长江的专称》，载《古代荆楚地理新探》，武汉：武汉大学出版社，1988年版，第66页。

⑨ ［战国］吕不韦门客编撰：《吕氏春秋全译》，关贤柱等译注，贵阳：贵州人民出版社，1997年版，第168页。

或更南的地区。春秋时期以汉水为江，所以江南的位置偏北一些；战国时期长江则成了重要的地理分界线，江南的范围又向南拓展了不少。

此外，《战国策·楚策》中出现了"江东"一词：

> 且王尝用滑于越而纳句章，昧之难，越乱，故楚南察濑胡而野江东。计王之功，所以能如此者，越乱而楚治也。[1]

> 园女弟承间说春申君曰："……君用事久，多失礼于王兄弟，兄弟诚立，祸且及身，奈何以保相印、江东之封乎？……"[2]

前者以"江东"指越地，后者"江东"为春申君封地，两地实为一。故吴地即以下游长江以南的太湖平原北部和宁镇丘陵为主体，扩展到皖南的大部分丘陵，还有江北的苏北及淮南一部分地区，越灭吴后，尽有其地。《史记·春申君列传》载春申君"就封于吴，行相事"[3]，此时越早被楚所灭，故吴地亦为楚国之境[4]，这一地区当时也被称为"江南"。《吕氏春秋·古乐篇》中提到的周公所至"江南"，就与此地有重叠。

从"江东"亦称"江南"这一点来猜测：（一）最早提出"江东"这个地理概念的很可能是楚人，自今江西芜湖至江苏南京一段长江由西南向东北斜流，吴地正好在江的东岸，而且列国中只有楚国与吴国关系最为密切。（二）至于这段斜流的长江以东也仍被称作"江南"，反映的恐怕仍是当时中原地区的视角。在以中原各国为论述立场的先秦著作中，"江"是其南方世界最显著的标志，常与"江"并提的河流有江淮、江汉、河济江淮。当时人以河济江淮为"四渎"，"渎者，通也，所以通中国垢浊，民陵居，殖五谷也"[5]，可知四渎被视为最重要的水道。至于"江水"以南，当时中原人士知之甚少，故而不会细作区分，与此相对照的则是《楚辞》中出现了大量江南河流名称。春秋战国时期青铜器铭文也出现"江"字，如"江汉之阴阳"（敬事天王钟，《集成》1.73-4，1.76-7，1.78-9，1.80-1）、"余处江之阳"（姑发闇反剑，《集成》18.11718），另有战国楚鄂君启舟节（《集成》18.12113）有"逾江""上江"之说，指的都是长江。敬事天王钟出土于河南淅川下寺一号春秋楚墓，鄂君启舟节为战国楚器，姑发闇反剑则是春秋晚期吴器，吴人、

① 诸祖狄编撰：《战国策集注汇考（增补本）》卷十四《楚一》，南京：凤凰出版社，2008年版，第738页。
② 同上书，卷十七《楚四》，第851—852页。
③ ［汉］司马迁撰；［刘宋］裴骃集解；［唐］司马贞索引；［唐］张守节正义：《史记》，北京：中华书局，1963年版，第2396页。
④ 同上书，《楚世家》，第1735页。
⑤ ［汉］应劭：《风俗通义校注》，王利器校注，北京：中华书局，1981年版，第461页。

楚人对这一地区的熟悉程度自然远胜北人。顾颉刚认为，齐人田忌所封"江南"就在吴境。①若所言不虚，亦可为此猜测做一注脚。

待到秦汉时期，江南的区域进一步向南扩展。一方面，人们对于长江以南许多河流已经有了比较具体的认识，"江"成为长江的专名则使得时人有了认知基础，例如《论衡卷四·书虚篇》云："（子胥投江有恨）何江也？有丹徒大江、有钱唐浙江、有吴通陵江。或言投于丹徒大江无涛，欲言投于钱唐浙江，浙江、山阴江、上虞江皆有涛，岂分橐中之体散置三江中乎？"《论衡·书虚篇》又说"屈原怀恨，自投湘江"②，均可明显地反映出这种认识上的变化。另一方面，秦汉时期的"江南"仍然属于自然地理的范畴，所指范围存在很大的伸缩性。

以下罗列了司马迁《史记》中"江南"的辞例：

> 江南金锡不为用，西蜀丹青不为采。③

> 九疑、苍梧以南至儋耳者，与江南大同俗，而杨越多焉。番禺亦其一都会也，珠玑、犀、瑇瑁、果、布之凑。④

> 夫山西饶材、竹、穀、纑、旄、玉石。山东多鱼、盐、漆、丝、声色。江南出楠、梓、姜、桂、金、锡、连、丹沙、犀、瑇瑁、珠玑、齿革。龙门、碣石北多马、牛、羊、旃裘、筋角。⑤

> 布军败走，渡淮，数止战，不利，与百余人走江南。⑥

> 衡山、九江、江南豫章、长沙，是南楚也，其俗大类西楚。⑦

司马迁常把江南和中国其他地区进行对举，我们可以以此为基点来探索《史记》中"江南"的大致界限。"江南金锡不为用，西蜀丹青不为采"，江南和西蜀对列，那么在这一

---

① 钱谷融主编：《顾颉刚书话》，印永清辑，魏得良校，杭州：浙江人民出版社，1998 年版，第 161—165 页。

② ［汉］王充：《论衡》，华辰编，呼和浩特：远方出版社，2007 年版，第 54 页。

③ ［汉］司马迁撰；［刘宋］裴骃集解；［唐］司马贞索引；［唐］张守节正义：《史记·李斯列传》，北京：中华书局，1963 年版，第 2543 页。

④ 同上书，《货殖列传》，第 3268 页。

⑤ 同上书，《货殖列传》，第 3253—3254 页。

⑥ 同上书，《黥布列传》，第 2606 页。

⑦ 同上书，《货殖列传》，第 3268 页。

语境中，蜀地就不在江南的范围之中；"九嶷苍梧以南，与江南大同俗"，这里所讲的江南，即不包括九嶷苍梧以南，其实就是以今天南岭作为江南的南界；而把江南与华山以东、以西、龙门碣石北等区域进行对比，明显是根据自然环境和各地物产差异所做的划分。这里的江南大体相当于今天所说的南方地区，该种用法在秦汉文献中是比较普遍的。比如《盐铁论》《韩诗外传》等秦汉文献，经常将江南与江北对举而言，实际上就是以江淮为界，等同于现代话语中的南方与北方。

秦汉时期的"江南"也有指示较具体的区域的辞例。《史记》中出现了"江南＋具体地名"的新用法，如"（舜）葬于江南九疑"①、"（项羽）徙（义帝）都江南郴"②、"吴王濞弃其军，而与壮士数千人亡走，保于江南丹徒"③。

在《货殖列传》中另有一处"江南"："衡山、九江、江南豫章、长沙，是南楚也。"其中衡山、九江、豫章和长沙，是当时的郡、国，与之并列的"江南"，也可能是一个郡，其中《史记集解》即以为鄣郡（丹阳郡），今人雷虹霁以为庐江郡④；但也有另一种可能："江南"是修饰豫章和长沙的修饰词，因为衡山郡和九江郡包含了长江以北的区域，而豫章郡和长沙国的范围主要在长江之南。如后一说，这里的江南作为修饰词，也有它存在的合理性。可见这个问题仍然有争论的空间。

现将《史记》中所见江南的范围做了如下示意图：

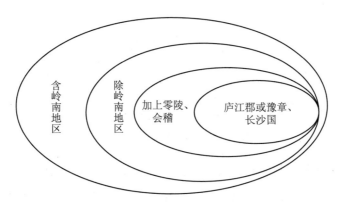

图1 《史记》中所见"江南"范围示意图

据上图可知，《史记》中所谓"江南"的地域范围存在比较大的伸缩性：比较狭小的江南范围，包括了豫章、长沙国在内，或者说江南就是秦汉时期的一个郡；扩大一些，江

① ［汉］司马迁撰；［刘宋］裴骃集解；［唐］司马贞索隐；［唐］张守节正义：《五帝本纪》，北京：中华书局，1963年版，第44页。

② 同上书，《秦楚之际月表》，第777页。

③ 同上书，《绛侯周勃世家》，第2076页。

④ 雷虹霁：《秦汉历史地理与文化分区研究——以〈史记〉〈汉书〉〈方言〉为中心》，北京：中央民族大学出版社，2007年版，第74—75页。

南范围也可以排除或者包括岭南地区在内的广大南方地区。可见在司马迁的时代，对于"江南"所指的地域范围，还没有出现一个非常具体的具有共识性的定义。

综上而论，《史记》中所提到的江南，首先还是一个自然地理的区域，即"长江之南"；而司马迁讲到了"江南"出产不同于其他区域的物产，所以"江南"开始粗具经济地理区域的含义；《史记》还提及这一地区具有不同的风俗，故而"江南"又包含了一定程度的文化地理区域的特性。在司马迁时代，"江南"的内涵开始丰富起来了。

四、本书"江南"的定义

在历史上提到"江南"，很多情况下是与政治地理相联系的：有时候它是某个统一王朝的某一行政区划，有时候它几乎就是一个国家国境的全部。（参图2）

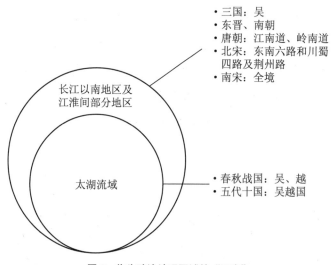

图2　作为政治地理区域的"江南"

如图2所示，春秋战国时期的吴、越两国的国境与太湖流域相关，五代十国的吴越国也主要在这个区域；长江以南地区加上江淮间的部分地区，则与三国时期的吴和后来的东晋、南朝的宋齐梁陈诸王朝疆域重叠；唐朝时期这一区域被划为江南道和岭南道，北宋时划分为东南六路、川蜀四路、荆州路等；而南宋时期，长江以南地区几乎就是其国境之全部。到了明清时期，仍然有作为行政区划的江南存在，亦即江南行省——清代的江南行省实际上是从明代的南直隶发展而来，清朝顺治年间，把明朝的南直隶改为江南承宣布政使司，康熙年间又改为江南行省。清代的江南行省所辖范围包括了今天的江苏和安徽两省；这个行省虽然称为江南，但其80%的地域在长江以北，很明显这个"江南"有点名不副实。同时，在明清时期还出现了另外一个"江南"，作为当时人们观念中的经济重心、财富中心，反复出现在该时期人们的谈论、书信、文集甚至奏折等文字中。

这个作为明清财富中心的"江南"，当时也存在狭义和广义两种定义：狭义之江南，实际上是指"五府"，即苏州府、松江府、常州府、嘉兴府和湖州府，基本上都在太湖周边；广义上的江南还包括杭州府、镇江府、应天府（也就是江宁府）和直隶的太仓州。这时的"五府"或"八府一州"，成为明清时期人们公认的财富中心，有明清王朝经济"江南腹心"之称。换言之，明清之时事实上出现了两个"江南"：一个是直接作为行政区划名称的江南行省，但是它主要管辖的区域是在长江以北；而另外一个的确分布在长江以南，是以太湖流域为中心的、由于其经济地位极其重要而被时人反复提及。这两个"江南"有各自的范围及含义。

以上，我们简要梳理了从先秦、秦汉一直到明清时期，"江南"所指称的地域范围变化。可见这一地域范围有缩小、有扩大，在不同时期具有不同的含义。

定义江南范围的标准，并不止于历史上的自然地理、政治区划和经济意义。扬州虽然不在长江以南，但它与太湖流域在文化上具有共同特征，诗情画意、小桥流水、园林亭台的意象也使得扬州获得了文化江南的性质，在文学上它也属于江南的范围。文学作品中还有其他关于江南的表述，如乐府诗"江南可采莲，莲叶何田田"，唐代诗人白居易词作"江南好，风景旧曾谙。日出江花红胜火，春来江水绿如蓝，何不忆江南？"，这些"江南"又在哪里？哪里没有荷花、荷叶？哪里没有红胜火的江花和绿如蓝的春水呢？我们很难从文学作品中考证作家和诗人所讲的"江南"确切在何处。文学中的"江南"更多是作为一种文学意象存在，是文人墨客心目中的天堂，是梦想的栖居地。

此外，不同的学科对于"江南"也有其不同的定义标准。例如，自然地理上的"江南丘陵"以江南命名，其范围包括湖南和江西两省以及安徽南部的丘陵；气象学所定义的"江南"是梅雨季所覆盖的长江中下游地区；方言学上所对应的"江南"，主要指的是吴语区，分布在今天浙江、江苏南部、上海、安徽南部、江西东北部和福建北部的个别地区。

以上，我们罗列了历史上"江南"所指称区域的变迁，也认识了不同学科所定义的"江南"。哪一个是江南史的研究对象呢？一方面，我们要了解"江南"是一个历史的概念，在不同历史时期其所指的区域范围是有区别的；另一方面，江南史研究的"江南"也有其核心区域，那就是明清时期被人们公认并形成共识的太湖流域的"八府一州"。

太湖流域是一个自成体系、相对独立的自然地理空间：东临大海，北靠长江，南边有杭州湾和钱塘江，西边是皖浙山地的边缘，水文、气候、生态都具有整体性；在这个地理小环境之内，不管是经济联系还是文化风俗等方面，明清时期的太湖流域已经具有了相对完整、具有共性的特征。虽然明清时期还有"江南行省"的行政区在，但人们的观念中"江南"的概念已经另有共识，并且影响至今。因此，明清时期的杭州、嘉兴、湖州、松江、苏州、常州、镇江、应天（江宁）府和太仓州，成为本书所要定义的"江南"的主体概念和主体范围。当然在具体讨论的过程中，"江南"的范围可能随着所讨论的时段而有所变化，比如长江以北的扬州、安徽南部、钱塘江以南的绍兴、宁波都有可能进入讨论范围，但是以太湖流域为中心的明清时期的"八府一州"，则是我们讨论江南史的核心范围。

五、研究江南史的意义

为什么要研究江南史？其独特的价值在哪里？对于这个问题，诸位专家将在后文的各讲中予以展现，本讲先用几段史料，略做引言。

傅斯年先生在《夷夏东西说》一文中指出：

> 自东汉末以来的中国史，常常分南北，或者是政治的分裂，或者由于北方为外族所统制。但这个现象不能倒安在古代史上。到东汉，长江流域才大发达。到孙吴时，长江流域才有独立的大政治组织。在三代时及三代以前，政治的演进，由部落到帝国，是以河，济，淮流域为地盘的。在这片大地中，地理的形势只有东西之分，并无南北之限。历史凭借地理而生，这两千年的对峙，是东西而不是南北。现在以考察古地理为研究古史的一个道路，似足以证明三代及近于三代之前期，大体上有东西不同的两个系统。这两个系统，因对峙而生争斗，因争斗而起混合，因混合而文化进展。[1]

傅文所提到的由地形差别而形成的不同经济生活、不同政治组织及所出现的东西二元对立，还可以延伸到三代历史之后，比如战国时期西方秦国和东方六国、秦汉之间项羽西楚与刘邦汉中、西汉前期作为王朝中心的关中与封于关东的诸侯，东汉末年董卓与袁绍所领导的讨伐联军也是东西对抗，再如北朝后期的东魏、北齐和西魏、北周之间的对垒，大一统的唐前期对于山东旧齐高门的防范和压制……这些都可以看作是历史上东西之间政治、军事对立的余绪。

这种东西对峙是在哪一时期转变为以长江为界的南北对立呢？傅先生认为应在东汉。三国吴国政权崛起，三国鼎立，实际上是吴蜀联盟对抗曹魏，这就已经变成了南北对峙。吴、蜀和魏之间，以及后来南北朝的政治军事分界线，大体上就是秦岭、汉水、淮水一线，此时就出现了比较明确的南北对立格局，而秦岭—汉水—淮水一线，又是中国自然地理上的南北分界线。在中国古代区域政治从东西对峙到南北对立的变化过程中，江南的崛起实际上成为非常重要的支撑点。位于江南的吴政权的崛起，改变了此前中国区域

---

[1] 傅斯年：《民族与古代中国史》，上海：上海人民出版社，2014年版，第1页。

政治东西二元对立的局面，江南经济得到不断的开发，实际上也是这一地区变得越来越重要的根本支持。

《史记·货殖列传》记载：

> 楚越之地，地广人稀，饭稻羹鱼，或火耕而水耨，果隋蠃蛤，不待贾而足，地势饶食，无饥馑之患。以故呰窳偷生，无积聚而多贫。是故江淮以南，无冻饿之人，亦无千金之家。①

其中提到了楚越之地，这显然是大江南的概念。在司马迁时代，这一地区"地广人稀，饭稻羹鱼"，地域广大、人民寡少，当地饮食以稻米为主、以鱼作为菜食，耕作方式则处于火耕水耨阶段，瓜果和水生的螺类、贝类非常丰富。但是丰富的自然资源却导致当地人生活的随意化和懒惰，积蓄较少，勉强果腹而已，虽"无饥馑祸患"但也不能进行财富汲取，这是《史记》所记载的当时江南地区的经济面貌，再加上受当时江南的气候、水患等影响，山林、川泽都未得到开发，故而很多地方仍处于原生态阶段，经济的不发达使之无法与中原相抗衡。

这种状况什么时候开始改变的呢？首先是两汉之际由于战乱，许多中原人的南迁推动了江南地区的开发；其次则是在东汉末期江南地方政治势力崛起之际，吴国对江南地区进行了持续的开发，到魏晋南北朝时期情况就发生了根本性的变化。

下一段史料来自《宋书》：

> 地广野丰，民勤本业，一岁或稔，则数郡忘饥。会（会稽）土带海傍湖，良畴亦数十万顷，膏腴上地，亩直一金，鄠杜之间，不能比也。荆城跨南楚之富，扬部有全吴之沃，鱼盐杞梓之利充牣八方，丝绵布帛之饶覆衣天下。②

南朝刘宋时期，这一地区的总体状态是"地广野丰"，这与司马迁所记的江南情况大体相同，但"地广野丰"之后的记载则显示出了极大的差别："民勤本业"说明在魏晋南朝之时，当地的百姓已经变得非常勤劳，致力于耕作；"一岁或稔，则数郡忘饥"，一年的好收成即可确保周围几郡的粮食供应，可见当地粮食产量之高；此地另有良田数十万顷，手工业也非常发达，"丝绵布帛之饶覆衣天下"则是刘宋时期江南地区富裕的写照。

---

① ［汉］司马迁撰；［刘宋］裴骃集解；［唐］司马贞索引；［唐］张守节正义：《史记》，北京：中华书局，1963 年版，第 3270 页。
② ［梁］沈约：《宋书》，北京：中华书局，1974 年版，第 1540 页。

唐代诗人韩愈曰："当今赋出于天下，江南居十九。"①中唐以后，随着经济重心的南移，唐王朝全国的赋税之中，90%来自江南地区，可以说正是江南地区的经济支持，才使得安史之乱后唐王朝仍能维系100多年的历史，江南赋税对于唐朝的存续功不可没。

唐五代以后，江南对于中原王朝的意义，就更加不言而喻了。明朝嘉靖年间礼部尚书顾鼎臣言："苏、松、常、镇、嘉、湖、杭七府，财赋甲天下。"②这里提到的"七府"，就是前述江南史所述江南对象的主体核心地区。明代江南的田地占全国田地的6%稍多，但各地上交朝廷税粮之中有20%来自江南，尤其是其中的苏州府和松江府，明代江南每年要上交600万担税粮，其中56%由苏州和松江二府缴纳。至清代，以康熙二十七年为例，江南八府的田地仅占全国田地总面积的7.37%左右，但该地区的征银数却占全国的16.92%，其所缴纳的米麦数量竟占到全国的76.84%。明清之江南确实可谓富甲天下，成为整个国家经济的重心所在。

明清时期江南地区社会经济还发生了另一个显著的变化。明正德年间《松江府志》中记载：

> 俗务纺织，……而精线绫、三梭布、漆纱方巾、剪绒毯，皆天下第一……要之，吾乡所出，皆出于实用，如绫布二物，衣被天下，虽苏杭不及也。③

此处所记是松江府的情况，从这一时期开始，按照今人李伯重等研究者的看法，江南已经进入早期工业化时期，也就是在近代工业化出现以前，江南就已经有了以丝织业、纺织业为特征的早期工业的发展。有数据表明，从明朝后期到清朝中叶，江南地区从事纺织工业的织工人数从3万—4万人发展到了16万—17万人，而织机（纺织的机器）的数量则从1.5万台左右发展到8万台以上，这个数目是非常惊人的。

到乾隆二十四年，两广总督李侍尧奏折云：

> 外洋各国夷船到粤，贩运出口货物，均以丝货为重，每年贩运湖丝并绸缎等货，自二十余万斤至三十二三万不等，统计所买丝货，一岁之中，价值七八十万两，或百余万两，至少之年亦买价至三十余万两之多。其货物均系江浙等省商民贩运来粤，转售外夷，载运回国。④

① ［唐］韩愈：《韩昌黎文集校注》，马其昶校注，马茂元整理，上海：上海古籍出版社，1986年版，第231页。
② 《明世宗实录》卷二〇四，嘉靖十六年九月戊戌条，"中研院"历史语言研究所校印本，1962年版，第4269—4270页。
③ 正德《松江府志》卷四《风俗》，载《天一阁藏明代方志选刊续编》，上海：上海书店出版社，1990年版，第213—214页。
④ 李侍尧：《奏请将本年洋商已买丝货准其出口折》，载《史料旬刊》第5期，1930年，第158页。

其中提到在广州，外国商人贩运出口的货物中以"江浙等省商民贩运来粤"的丝货、湖丝以及绸缎为大宗，且交易额巨大，一年之数就高达七八十万两甚至100余万两白银，最少的买价也能达到30多万两。

从这条材料我们可以看到，明清时期江南的棉纺织业、丝织业，不仅仅处于早期的工业化过程，还出现了出口的外向型经济形态，导致巨额的白银资本流入中国。早在明后期，江南就以这样的形式加入了全球化贸易，与世界接轨。

对于为什么要研究江南史，各位读者一定已经有了自己的答案。江南区域的历史不仅仅是地方政权更迭与统一的历史，也不仅仅是区域的经济开发史、社会发展史、文化变迁史，更是中国历史的缩影，反映了从多源到核心的中华文明演进史、从多元到一体的中华民族形成史。从"地方的江南""中国的江南"到"世界的江南"，江南的历史折射并预测着传统中国从历史走向未来的伟大历程。

参考书目

《韩非子》校注组：《韩非子校注》，南京：江苏人民出版社，1982年版。

［战国］吕不韦门客编撰：《吕氏春秋全译》，关贤柱等译注，贵阳：贵州人民出版社，1997年版。

［汉］班固撰；［唐］颜师古注：《汉书》，北京：中华书局，1962年版。

［汉］孔安国传；［唐］孔颖达正义：《尚书正义》，黄怀信整理，上海：上海古籍出版社，2007年版。

［汉］刘向集录：《战国策》，上海：上海古籍出版社，1985年版。

［汉］司马迁撰；［刘宋］裴骃集解；［唐］司马贞索引；［唐］张守节正义：《史记》，北京：中华书局，1963年版。

［汉］王充：《论衡》，华辰编，呼和浩特：远方出版社，2007年版。

［汉］应劭：《风俗通义校注》，王利器校注，北京：中华书局，1981年版。

［梁］沈约：《宋书》，北京：中华书局，1974年版。

［唐］韩愈：《韩昌黎文集校注》，马其昶校注，马茂元整理，上海：上海古籍出版社，1986年版。

［唐］陆德明：《经典释文》，黄焯断句，北京：中华书局，1983年版。

［宋］洪兴祖：《楚辞补注》，白化文等点校，北京：中华书局，2015年版。

《明世宗实录》卷二〇四，嘉靖十六年九月戊戌条，"中研院"历史语言研究所校印本，1962年版。

正德《松江府志》，载《天一阁藏明代方志选刊续编》第5—6册，上海：上海书店出版社，1990年版。

［清］王念孙：《广雅疏证》，钟宇讯点校，北京：中华书局，1983年版。

樊树志：《江南市镇：传统的变革》，上海：复旦大学出版社，2005年版。

范金民：《江南社会经济史研究入门》，上海：复旦大学出版社，2012年版。

范金民主编：《江南社会经济研究》（明清卷），北京：中国农业出版社，2006年版。

傅斯年：《民族与古代中国史》，上海：上海人民出版社，2014年版。

雷虹霁：《秦汉历史地理与文化分区研究——以〈史记〉〈汉书〉〈方言〉为中心》，北京：中央民族大学出版社，2007 年版。

李孝聪：《中国历史区域地理》，北京：北京大学出版社，2004 年版。

蒙文通：《古学甄微》，成都：巴蜀书社，1987 年版。

牟发松、陈江主编：《历史时期江南的经济、文化与信仰》，上海：华东师范大学出版社，2014 年版。

钱谷融主编：《顾颉刚书话》，印永清辑，魏得良校，杭州：浙江人民出版社，1998 年版。

石泉：《古代荆楚地理新探》，武汉：武汉大学出版社，1988 年版。

谭其骧：《长水粹编》，石家庄：河北教育出版社，2000 年版。

谭其骧：《长水集》，北京：人民出版社，1987 年版。

徐元诰：《国语集解》，王树民、沈长云点校，北京：中华书局，2002 年版。

杨伯峻编著：《春秋左传注（修订本）》，北京：中华书局，2016 年第 4 版。

中国历史大辞典编纂委员会编：《中国历史大辞典》（历史地理卷），上海：上海辞书出版社，2008 年版。

诸祖狄编撰：《战国策集注汇考（增补本）》，南京：凤凰出版社，2008 年版。

第二讲

良渚文化

金蕙涵

一、考古学文化

良渚文化是江南地区重要的史前文化，所处年代约在公元前 3300—前 2300 年。由于良渚文化的内涵主要来自考古学的发掘与研究，因此，在进入正题之前，首先需要介绍考古学文化的相关观念。例如，良渚文化和良渚遗址有何区别？文化类型与遗址之间是何关系？这两个问题都与考古学文化的定义有关。

夏鼐先生在 20 世纪 50 年代对于考古学文化的解释，至今仍有重要的参考价值。夏鼐（1910—1985 年）被称为新中国考古的奠基者，也是良渚文化的定名者[①]，生前任职于中国社会科学院考古研究所（原中国科学院考古研究所）。在夏鼐先生的定义中，"考古学的文化有地域上的局限性，一种'文化'不能代表世界范围内的一个时期，各种不同的'文化'往往在同一时期中并存，实际是各自代表具有文化传统的共同体"[②]。由于考古学文化有区域的差别和局限性，1959 年，夏鼐先生在《关于考古学上文化的定名问题》中提出几个定义考古学文化的关键方法：（1）必须是具有明确特征的类型品，共同伴出而不是单独出现；（2）这种共同伴出的类型品，最好是发现不止一处；（3）必须对这一文化的内容有相当充分的认识，必须至少有一处遗址或墓地是做过比较全面而深入的研究。[③]

以良渚文化为例，良渚的玉琮非常具有代表性。除了良渚文化的核心区，广东也曾经出土过玉琮[④]，但这不代表良渚文化延伸到了广东。根据考古学文化的定义，只有玉琮

---

① 夏鼐：《夏鼐文集》（上），北京：社会科学文献出版社，2000 年版，第 153—157 页。朱叶菲：《良渚遗址考古八十年》，杭州：浙江大学出版社，2019 年版，第 33—38 页。

② 夏鼐：《夏鼐文集》（上），北京：社会科学文献出版社，2000 年版，第 12 页。

③ 夏鼐：《关于考古学上文化的定名问题》，《考古》1959 年第 4 期。

④ 刘斌：《神巫的世界》，杭州：杭州出版社，2013 年版，第 34 页。广东省博物馆、曲江县文化局石峡发掘小组：《广东曲江石峡墓葬发掘简报》，《文物》1978 年第 7 期。

一种类型品不足以断定一个遗址属于良渚文化，需要同时具备其他良渚文化的典型文物或文明特征，例如，良渚文化常见的三足器，或者是以特定农业方式为主的生活方式。这些典型器物的结合，不一定会在同一个地方发现。例如，良渚文化的核心区在良渚镇（今浙江省杭州市余杭区良渚街道）附近，但是类似的文化遗存，在上海也有相关发现。

夏鼐先生提出的考古学文化观念形成于 20 世纪 50 年代，当时考古发掘还十分有限。到了 20 世纪 70 年代，考古发掘已经较为丰富，如何系统性地对考古学文化进行分类，对于开展研究非常重要。因此，苏秉琦先生（1909—1997 年）在 20 世纪 70 年代，针对中国新石器时代的考古学文化，提出了区系类型理论，根据考古发掘的材料，把中国分成六大文化区，即陕豫晋邻境地区、山东及邻省一部分地区、湖北和邻近地区、长江下游地区、以鄱阳湖—珠江三角洲为中轴的南方地区和以长城地带为重心的北方地区。这六大区并不是地理的分区，而是考古学文化渊源和特征的分区[①]。其中，良渚文化属于长江下游地区的区系文化。

长江地区下游的考古文化区系是以环太湖为中心的东南区系，它的文化影响还扩及了江西北部、湖北东部部分地区以及杭州湾南岸的宁绍平原。具有该区系文化特征的文物包括了穿孔石斧、石钺、有段石锛、圈足陶器和三足器。[②] 而长江下游地区的区系文化可以依据地理范围和文化属性再进行细分，例如，苏北地区和杭嘉湖一带，从早到晚属于马家浜文化、崧泽文化和良渚文化，这三种文化之间具有继承关系。与马家浜文化同期的河姆渡文化虽然同属长江下游的区系文化，但是因为和马家浜文化的差别较大，所以又被分了出来。[③] 从器物的角度进行说明，以三足陶器为例，马家浜文化和良渚文化都有三足陶器，但是长得不一样。在马家浜文化中，三足器的腹部比较大；在良渚文化中，器形有早晚期的区别，到了晚期它的腹部更小，而且足部也出现了区别。[④]

考古学通过同中存异，对文化遗存进行分类。通过以上分类，可以得出良渚文化在中国新石器文化中的序列：最大的范围是新石器文化；在新石器文化的六大区中，良渚所属的是长江下游文化区；长江下游文化区又可以分成很多次一级的文化，良渚文化是其中一种。如果良渚文化本身还可以细分，就可以被称为良渚文化某某类型。

二、文化和遗址的关系

考古学文化和出土文物遗址之间关系密切。遗址的命名一般是当地的地名；一种文化的命名则是以第一次出土典型文物的遗址为名。不过，一个遗址存在不止一种单一的

---

① 苏秉琦：《中国文明起源新探》，北京：生活·读书·新知三联书店，1999 年版，第 35—37 页。
② 同上书，第 65 页。
③ 同上书，第 185 页。
④ 同上书，第 65—66 页。

文化，因为一个地点不会只有一群人居住。例如，江苏苏州的草鞋山遗址，可以看到马家浜、良渚和吴越文化的堆积。文化层是考古学受到地层学影响产生的概念，即地层越下，年代越早。以草鞋山遗址为例，创造马家浜文化的人群，在草鞋山生活期间，形成了马家浜文化层，在这个文化层中，考古学家发现了具有马家浜特色的三足器等文物。在马家浜文化消失之后，良渚人创造了有别于马家浜的文化，形成良渚文化层，在良渚之后是吴越文化。[1] 草鞋山遗址的三种不同文化层堆积，可以协助考古学家判断这三种文化的先后关系。一个遗址包含多种文化，一种文化也会涵盖多个遗址。例如，莫角山遗址和反山遗址都属于良渚文化。所以，良渚文化虽然以位于良渚的遗址为核心，因为这里发现了良渚文化的精华，也是良渚文化的中心区域，但是，良渚文化的影响超过良渚镇遗址所在的地理范围。在上海和太湖以东区域也都发现了和良渚文化相关的遗址，其影响甚至可以达到江苏和安徽。[2]

三、"发现"良渚文化——新知识的建构过程

良渚文化的"被发现"与20世纪30年代考古学和史前史的传入、兴起有关。简而言之，在考古学和史前史的观念传入中国以前，中国传统史学以文献记载的信史时代为历史之始。在这种旧有的知识架构下，即使古人曾经发现过良渚时代的器物，也将之视为信史时代的文物。所以，良渚文化的"被发现"，反映的是20世纪初新知识的建构过程。

金石学是兴起于宋代的古物收藏之学，其收藏门类包括了青铜器、玉器等。在金石学的重要著作中，记载了与良渚玉琮非常类似的器物。因此，古人可能曾经见过良渚的玉器，并将之列入收藏之属。在宋代的《考古图》中，便出现了一件玉琮。[3]《考古图》提到这件物品来自西洛，可能是古市集得来的，也可能是见过良渚玉器的工匠做的仿制品。虽然无法确定《考古图》记载的琮是否出土于现在的良渚，但当时的人可能见过良渚的玉器。除了金石学的记录，考古学家在杭州南宋官窑，发现了许多仿良渚玉琮的瓷瓶。由于南宋官窑在杭州，和良渚在地理上很接近，当时的工匠可能见过在良渚出土的玉器，继而对其样貌进行模仿。[4] 宋代是一个崇尚复古器物的时代[5]，很可能把玉琮当成

① 周膺：《良渚文化与中国文明的起源》，杭州：浙江大学出版社，2010年版，第18页。
② 同上书，第16—21页。
③ ［宋］吕大临：《考古图》，载［宋］吕大临、赵九成《考古图·续考古图·考古图释文》，北京：中华书局，1987年版，第266页。
④ 赵大川、施时英编著：《良渚文化发现人施昕更》，杭州：杭州出版社，2013年版，第193—195页。
⑤ 与宋代仿古有关的研究可见陈芳妹：《青铜器与宋代文化史》，台北：台大出版中心，2016年版。许雅惠：《宋、元〈三礼图〉的版面形式与使用——兼论新旧礼器变革》，《台大历史学报》第60期，第57—117页。

历史上的古玉来模仿①。到了清代，相关的收藏更多。例如，端方《陶斋古玉图》中记载的琮，连纹样都和现在良渚出土的玉琮几乎一模一样②；乾隆皇帝的收藏中也包括了应是良渚的玉琮和三叉器③。因此，时人见过良渚玉器的可能性很高④。

金石学的著作反映了良渚玉器在中国古物收藏的历史中如何被理解和流传，但在金石学中，良渚文化的整体性并未被凸显，只有玉器受到了收藏家的关注。良渚文化的"被发现"与20世纪初中国考古学的建立密切相关。其中，殷墟、仰韶文化、龙山文化的发掘以及《城子崖——山东历城县龙山镇之黑陶文化遗址》的撰写，对于良渚文化的"被发现"有直接影响。良渚文化受到重视的历史，也是南方文化源头的发现史⑤。在20世纪20年代至30年代，河南仰韶的彩陶和山东龙山的黑陶，开始成为判断史前文化的重要文物。最先注意到仰韶彩陶的是西方学者，因为这些彩陶与出土于印度、中亚的彩陶十分类似，西方学者认为仰韶的彩陶可用于证明中国文化源自于印度、中亚⑥。中国学者是在西方学者研究的影响下才开始关注陶器的重要性和陶器与古文化之间的关联性。因为在金石学的传统中，陶器缺乏收藏价值，所以陶器并不存在于中国知识分子的知识体系之中。直到仰韶和龙山发掘之后，报刊上才出现和彩陶文化、黑陶文化相关的报道⑦。

1928年殷墟的发掘被视为中国考古学之始，不但对科学考古有标志性的意义，对于良渚文化的发现也有关键的影响。科学考古和传统金石学的差别主要有二。第一，金石学属于私人的收藏；科学考古的精神是出土物不属于任何人，不能买卖，不能私藏，并应该以公开展示的方式向公众展示考古学家发现的文物。第二，金石学重视特定的文物和文物本身，例如青铜器和玉器；但考古学重视的是遗址的整体脉络，也就是对所有出土的物品都加以记录和观察。例如，良渚的玉器和石器在很长一段时期内被认为是不同时期的产物，比较精致的玉器属于历史时期，而相对粗糙的石器属于原始时代，这种不准确的认识就是因为缺乏考古学注重地层学和整体脉络的知识背景。此外，基于科学考古公开展示的精神，在1931年，殷墟出土的文物曾经在南京进行展览，当时引起了很

---

① 蒋卫东：《神圣与精致——良渚文化玉器研究》，杭州：浙江摄影出版社，2007年版，第22—36页。赵大川、施时英编著：《良渚文化发现人施昕更》，杭州：杭州出版社，2013年版，第183、195、203页。马亦超：《南宋杭州修内司官窑研究》，杭州：中国美术学院出版社，2006年版，第224页。

② ［清］端方：《陶斋古玉图》，上海：上海科技教育出版社，1993年版，第699页。赵大川、施时英编著：《良渚文化发现人施昕更》，杭州：杭州出版社，2013年版，第189—192页。

③ 刘斌：《法器与王权：良渚文化玉器》，杭州：浙江大学出版社，2019年版，第2页。

④ 刘斌：《神巫的世界》，杭州：杭州出版社，2013年版，第5页。

⑤ 赵大川、施时英编著：《良渚文化发现人施昕更》，杭州：杭州出版社，2013年版，第207—217页。

⑥ ［瑞典］安特生：《甘肃考古记》，乐森璕译，北京：文物出版社，2011年版，第37—50页。［瑞典］安特生：《中华远古之文化》，袁复礼节译，北京：文物出版社，2011年版，第25—29页。

⑦ 赵大川、施时英编著：《良渚文化发现人施昕更》，杭州：杭州出版社，2013年版，第205、216、218页。

大的轰动，对当地的学者产生了重要的启示[①]。殷墟的文物使许多吴越当地的知识分子回忆起幼时见过在农耕时翻出的石器或玉器[②]。然而，新观念的建立很难一蹴而就，例如，1933 年浙江省立西湖博物馆的《西湖博物馆馆刊》仍然把良渚的玉器判断为宋玉："如有杭州凤凰山麓乌龟山南宋修内司官窑故地，掘得窑片及工具甚多，并在良渚获得宋代玉器多件。"[③] 馆刊中也列出了西湖博物馆收藏的玉琮和玉璧，应当属于良渚文化的玉器。但在 1933 年左右，这些玉器仍然被认为是宋代的玉器，可见，考古层位学与史前史观念尚未健全。另外，在《西湖博物馆馆刊》中，玉器、石器、陶器也被认为属于不同的时代，恐怕也是从技术上进行判断，而不是层位学。当良渚精良的玉器出土时，由于缺乏考古学的观念，人们难以相信它们是信史之前制造的手工艺品。

1931 年，在山东的城子崖遗址发现了黑陶；1934 年，城子崖的发掘报告《城子崖——山东历城县龙山镇之黑陶文化遗址》出版。《城子崖》是中国考古学划时代的发掘报告，撰写人包括傅斯年、中国考古学之父李济以及中国第一个在海外得到考古学博士的梁思永等等。既然考古学的精神是将发掘内容公之于世，除了展览外，撰写发掘报告也是其中一种方式。根据发掘报告，其他学者便可以获得与遗址相关的信息，并进行研究。《城子崖》在撰写上特别注意记录地层和土质、地色、建筑、陶片、石器、蚌器、骨器、遗骨等内容[④]，不但形成了中国考古学报告体例，也影响了良渚第一本发掘报告的撰写与出版[⑤]。

1936 年，发生了两件与良渚直接相关的事件。第一个事件是施昕更开始在良渚进行发掘。他当时是西湖博物馆的馆员，年约二十五六岁。受到黑陶文化、彩陶文化和殷墟发掘的启发，施昕更回忆起小时候在老家看过一些玉器和石器，加上在博物馆工作的经验，便开始进行试掘。当时的盗掘很盛行，黑陶文化的重要性通过杂志、展览得到宣传，在古物市场上的价格已经翻了十几倍，文物贩子也会利用农闲时间让农民挖掘文物赚钱。人们对于考古学家和盗墓者无法清楚地分别，施昕更在发掘的过程中，曾经被质疑其发掘是为了古物交易，可以想象他当时遭遇了不少困难，也承受了极大的压力。[⑥]

1936 年的第二个重要事件是吴越史地研究会在上海成立，施昕更是会员之一。其他重要的会员包括会长蔡元培、总干事卫聚贤、何天行等人。[⑦]蔡元培（1868—1940 年）

---

① 赵大川、施时英编著：《良渚文化发现人施昕更》，杭州：杭州出版社，2013 年版，第 205—207 页。
② 同上书，第 221、229、230 页。刘斌：《神巫的世界》，杭州：杭州出版社，2013 年版，第 6 页。
③ 赵大川、施时英编著：《良渚文化发现人施昕更》，杭州：杭州出版社，2013 年版，第 202 页。
④ 傅斯年等：《中国考古报告集：城子崖——山东历城县龙山镇之黑陶文化遗址》，台北："中研院"历史语言研究所，1992 年版，第 1—91 页。
⑤ 赵大川、施时英编著：《良渚文化发现人施昕更》，杭州：杭州出版社，2013 年版，第 207—216 页。
⑥ 同上书，第 258—261 页。刘斌：《神巫的世界》，杭州：杭州出版社，2013 年版，第 72 页。
⑦ 赵大川、施时英编著：《良渚文化发现人施昕更》，杭州：杭州出版社，2013 年版，第 216 页。

在《吴越史地研究会成立开会词》中提到，江浙两省在五六千年前应该有极高的文化，而非在春秋时代仍是野蛮之区，他期待在吴越史地研究会成立后，会员能继续多有发现，以供研究。[①] 从 1936 年 8 月 30 日研究会成立至 1937 年卢沟桥事变的一年间，该会会员如卫聚贤、施昕更等在上海的《时事新报》上发表了许多与良渚有关的研究、发掘内容，并组织演讲、展览等，促进大众对于良渚的关注和了解。[②] 卫聚贤（1898—1990 年）曾任南京古物保存所所长，并参与过南京明故宫的发掘。[③] 在 20 世纪 20 年代至 30 年代，中国考古学界认为江南并无新石器时代文化，但卫聚贤在简单试掘后，提出不同看法，并倡导南方应该自主进行发掘。[④] 何天行也曾经在良渚镇进行简单试掘，并在 1937 年出版了《杭县良渚镇之石器与黑陶》。[⑤] 何天行认为良渚是南方考古界很重要的创获，"因为浙江在春秋战国以前，绝少历史上真确的史料，文化不彰，向以为文身断发的蛮荒境界。现在发现了这样优秀的文化遗迹，可见浙江的远古文化本极悠久，将吴越文化的源流拉长了几千年"[⑥]。这些说法反映了在发现良渚之前，吴越文化被认为是浙江一带最古老的文化，一直到商末周初周太伯来此后，荆蛮才得以开化，所以，比吴越文化更早的良渚文化使吴越知识分子产生非常大的期待。[⑦] 施昕更也发表了许多文章，例如在《浙江青年》上发表《浙江远古的历史》，时间刚好在抗日战争之前，希望浙江青年对家乡产生认同感。[⑧]

1937 年，由于对日抗战的影响，相关的发掘和研究都中止了。1938 年，施昕更撰写的《良渚》出版。这本报告的出版因为抗战而变得非常困难。施昕更多次带着稿子逃亡，一直到了 1938 年，《良渚》才正式出版。[⑨]《良渚》仿照了《城子崖》的体例[⑩]，施昕更还写信给梁思永，希望梁为《良渚》作序，但因时局较乱，没有成功。[⑪] 施昕更的发掘和撰写《良渚》的想法受到了仰韶和龙山在北方发掘的影响。当时在黄河流域已经建立起东西两大文化对峙的看法，即以黑陶为代表的龙山文化和以彩陶为代表的仰韶文化。在施

---

① 赵大川、施时英编著：《良渚文化发现人施昕更》，杭州：杭州出版社，2013 年版，第 216 页。

② 同上。

③ 同上书，第 226 页。

④ 同上书，第 221—228、234 页。

⑤ 同上书，第 218—220 页。周膺、何宝康编校：《良渚文化与中国早期文化研究：何天行学术文集》，天津：天津社会科学院出版社，2008 年版，第 4—50 页。

⑥ 周膺、何宝康编校：《良渚文化与中国早期文化研究：何天行学术文集》，天津：天津社会科学院出版社，2008 年版，第 5 页。

⑦ 同上书，第 27—30 页。赵大川、施时英编著：《良渚文化发现人施昕更》，杭州：杭州出版社，2013 年版，第 227 页。

⑧ 赵大川、施时英编著：《良渚文化发现人施昕更》，杭州：杭州出版社，2013 年版，第 246、248、234、239 页。

⑨ 同上书，第 248—252 页。施昕更：《良渚：杭县第二区黑陶文化遗址初步报告》，杭州：浙江省教育厅，1938 年版，卷首语。

⑩ 赵大川、施时英编著：《良渚文化发现人施昕更》，杭州：杭州出版社，2013 年版，第 252 页。

⑪ 同上书，第 261—267 页。

昕更的时代，考古学文化的讨论仍然是以黄河中心论为主。因此，时人认为良渚地区发现的黑陶不是本地所产，而是龙山文化向东南传播、对当地产生影响的产物。施昕更在发掘报告中提到"杭县黑陶遗址，在现在所得的资料，虽然还不十分丰富，而从其本身的文化特质上看来，是与山东城子崖同一文化系统的产物，那是无可疑义的"[①]。从这一段论述可知良渚文化的本土性还没有得到认识，而被认为是龙山文化传播的结果。

一直到了20世纪50年代，东南文化的本土性才开始凸显。1959年，夏鼐先生在长江流域考古队队长会议上，把良渚遗址发现的文化称为"良渚文化"，他的定名就来自施昕更的《良渚》。[②]20世纪60年代，受到传统史观的影响，良渚文化的下限被认为大概是商周。一直到了20世纪70年代，通过碳14测定，考古学家才发现良渚文化不晚于龙山文化，换言之，它并非龙山文化向东南传播的一支。

四、良渚的考古学内涵

良渚原本是一个地理名词，咸淳《临安志》、成化《杭州府志》和清龚嘉儁修《杭州府志》都提到了钱塘县灵芝乡下属的梁渚里。[③]当初的"良"写作"梁"，意为河堤；"渚"是小洲，意为水中可居之处。考古学意义的良渚文化位于杭州市西北18公里处，集中在良渚街道和瓶窑镇之间[④]，目前发掘和调查的遗址有上百处之多。良渚古城遗址是整个良渚文化的核心，严文明先生将之称为良渚文化的"首都"，与良渚玉器同为良渚文明最具代表性的物质文化遗存。[⑤]

良渚古城遗址位于C型盆地，南、北边是天目山的余脉，东边则是开阔的平原。[⑥]良渚古城的结构可以分为三重，中心是莫角山宫殿区，其外有两道城墙环绕，堆积高度由内向外降低，显示出明显的等级差异。古城的北部和西北部分布着规模宏大的水利系统和与天文观测有关的瑶山、汇观山等遗址。[⑦]目前的发掘显示，良渚古城的空间安排似乎有统一的考虑，莫角山宫殿和古城墙的始建年代，应该与反山、瑶山墓地以及城外的水

① 施昕更：《良渚：杭县第二区黑陶文化遗址初步报告》，杭州：浙江省教育厅，1938年版，"序言"，第2页。
② 刘斌：《神巫的世界》，杭州：杭州出版社，2013年版，第6页。
③ ［宋］潜说友纂：咸淳《临安志》，载浙江省地方志编纂委员会编《宋元浙江方志集成》第2册，杭州：杭州出版社，2009年版，第562页。［明］陈让、夏时正修撰：成化《杭州府志》，载《四库全书存目丛书》史部第175卷，台北：庄严出版社，1996年版，第29页。［清］龚嘉儁修：《杭州府志》第一册，台北：成文出版社，1983年版，第308页。
④ 浙江省文物考古研究所编：《良渚遗址群》，北京：文物出版社，2005年版，第21页。
⑤ 严文明：《良渚随笔》，《文物》1996年第3期。浙江省文物考古研究所等编著：《权力与信仰：良渚遗址群考古特展》，北京：文物出版社，2015年版，第53页。
⑥ 浙江省文物考古研究所等编著：《权力与信仰：良渚遗址群考古特展》，北京：文物出版社，2015年版，第53页。
⑦ 同上。

利系统年代一致，距今约5000年。2019年，良渚古城遗址被联合国列入世界遗产名录。①

良渚古城的总面积接近300万平方米，约等于8个故宫②，城内分布着许多人造高台，其中莫角山位于古城城内的正中心，占了古城10%的面积，应为古城的宫殿区③。考古学家在古城遗址的外围发现东西长约1500米至1700米、南北长1800米至1900米的石坎堆积，很可能是良渚的古城墙。莫角山是一个由人工堆积、高于地面9至14米的土台，在这个土台上面另有3座较小的土台。其中最高的一座被称为大莫角山，应是良渚古城的制高点，海拔约18米。在大莫角山的土台上还有几座300至900平方米的大型建筑，很可能是宫殿遗址，也是目前所知最大的古城址，可能也是同时期世界上最大的人工建筑。④古城内发现了50多条水道，纵横交错，宛如水城，足见水路交通对良渚而言是重要的交通方式。⑤水道多是人工挖掘，而挖掘水道的淤泥便用于堆积莫角山的高台。⑥

反山墓葬区位于瓶窑镇南与莫角山西北之间的区域。反山是莫角山宫殿遗址的组成部分，发掘的墓葬大约有11座，其中编号M12的墓葬出土了玉器647件⑦，最受关注的是位于墓主左肩上的玉琮（M12：98）和身体左侧的玉钺（M12：100）⑧。这两件物品有两个特点。第一，器身有被学界称为神人兽面的纹样。玉琮（M12：98）器型为扁方柱体，内圆外方，四面中间有直槽将面一分为二，在四面直槽内上、下各雕刻一神人兽面纹图像，每个图像基本相同，高3厘米，宽约4厘米。⑨玉钺（M12：100）器型呈风字形，刃部上角为正面浅浮雕神人兽面纹，下角为浅浮雕鸟纹。⑩第二，这两件物品的体量非常大，加上雕刻非常精致，所以被学界称为"琮王"和"钺王"。玉琮重6500克，形体硕大，纹样独特繁缛，可谓良渚玉琮之最⑪。玉钺通长17.9厘米，刃部宽16.8厘米⑫。这些玉器反映了这座墓的墓主社会地位非常高。

关于"琮王"和"钺王"上神人兽面纹样代表的意义，学界有许多说法。这个纹样不只出现在M12，在其他良渚出土的玉器上也可以见到。大多学者认为，这个图像是一个骑在兽上的神人；刘斌则认为，神人的羽冠和兽面都是浮雕，身体是用阴刻，神人和

---

① 参见UNESCO官方网站：https://whc.unesco.org/en/list/1592/，引用日期2020.07.28。
② 方向明：《土筑金字塔：良渚反山王陵》，杭州：浙江大学出版社，2019年版，序，第3页。
③ 浙江省文物考古研究所等编著：《权力与信仰：良渚遗址群考古特展》，北京：文物出版社，2015年版，第54页。
④ 浙江省文物考古研究所编著：《良渚古城综合研究报告》，北京：文物出版社，2019年版，第136—235页。
⑤ 浙江省文物考古研究所等编著：《权力与信仰：良渚遗址群考古特展》，北京：文物出版社，2015年版，第55页。
⑥ 同上。
⑦ 浙江省文物考古研究所编著：《反山》（上），北京：文物出版社，2005年版，第27—87页。
⑧ 同上书，第29、43、59页。
⑨ 同上书，第43页。
⑩ 同上书，第65页。
⑪ 同上书，第43页。
⑫ 同上书，第65页。

兽看似一个整体，不可分割①。目前学界的共识是，这组图像除了可能是良渚人崇拜的半人半兽图腾，也可能是良渚神话中的创世祖或重要的氏族首领。②此外，玉琮内圆外方的形状，可能呼应了宇宙天圆地方的形象，再搭配上神人兽面的纹样，有可能被巫用来沟通天地。③也有学者指出，琮可能中间穿有木柱，在祭祀时作为神祇、图腾或祖先的象征物。④因为良渚文化并没有发展出文字，玉琮的功能在良渚文化消失之后也没有流传下来，所以，玉琮的功能还在讨论之中。一样的纹样也见于"钺王"。⑤钺在良渚文化的玉器中数量最少，等级最高，只有在极少数的墓葬中才有发现，通常一座墓只会出土一件玉钺，出土钺的墓葬，随葬品也比其他墓葬好很多。⑥钺是一种兵器，但是玉制兵器并不具有杀伤力，所以学者认为这可能只是军事或是管理权力的象征。⑦在林沄的研究中，"钺"字与"王"字同义，故钺可能与王权有紧密关系。⑧

良渚的另一个重要遗址是瑶山遗址，瑶山是祭坛和墓葬的复合遗址。⑨瑶山是一座海拔约35米的自然山丘，位于良渚古城东北约5千米。⑩祭台建在人工堆砌的土台上，由内而外形成红土台、灰土框和砾石台面的三重结构。⑪祭坛上分布着13座打破祭坛的大墓，分两排埋在祭坛的两侧。⑫目前学界对于祭坛和墓葬之间的关系还不是非常确定。打破关系是地层学的概念，就是先建祭坛，在建墓时把祭坛挖开。祭坛是否是为了墓葬所设，目前仍然不确定。学者经过了两年的实测，发现冬至时，日出的方向刚好和祭坛的东南角一致，日落则是跟西南角方向一致；夏至时正好相反；春分、秋分时，太阳则从祭坛的东方升起。⑬学者认为这种规律可能不是巧合，而是与农业的需求或观测太阳以进行测年有关。⑭

---

① 刘斌：《法器与王权：良渚文化玉器》，杭州：浙江大学出版社，2019年版，第64页。
② 同上书，第64页。刘斌：《神巫的世界》，杭州：杭州出版社，2013年版，第115页。
③ 刘斌：《神巫的世界》，杭州：杭州出版社，2013年版，第125—127页。张光直：《从商周青铜器谈文明与国家的起源》，载《中国青铜时代（第二集）》，台北：联经出版社，2000年版，第125页。
④ 刘斌：《神巫的世界》，杭州：杭州出版社，2013年版，第126页。张光直：《谈琮及其在中国古史上的意义》，载《中国青铜时代（第二集）》，台北：联经出版社，2000年版，第67—80页。
⑤ 浙江省文物考古研究所编著：《反山》（上），北京：文物出版社，2005年版，第59—65页。
⑥ 刘斌：《法器与王权：良渚文化玉器》，杭州：浙江大学出版社，2019年版，第188页。
⑦ 刘斌：《神巫的世界》，杭州：杭州出版社，2013年版，第144—149页。
⑧ 林沄：《说王》，《考古》1965年第6期。
⑨ 浙江省文物考古研究所编著：《良渚古城综合研究报告》，北京：文物出版社，2019年版，第236—259页。浙江省文物考古研究所编著：《瑶山》，北京：文物出版社，2003年版，第207页。
⑩ 浙江省文物考古研究所等编著：《权力与信仰：良渚遗址群考古特展》，北京：文物出版社，2015年版，第62页。
⑪ 同上书，第63页。
⑫ 周膺：《良渚文化与中国文明的起源》，杭州：浙江大学出版社，2010年版，第27—28页。浙江省文物考古研究所等编著：《权力与信仰：良渚遗址群考古特展》，北京：文物出版社，2015年版，第63页。
⑬ 刘斌：《神巫的世界》，杭州：杭州出版社，2013年版，第54—66页。浙江省文物考古研究所编著：《良渚古城综合研究报告》，北京：文物出版社，2019年版，第262—269页。
⑭ 浙江省文物考古研究所等编著：《权力与信仰：良渚遗址群考古特展》，北京：文物出版社，2015年版，第65页。

良渚也出现了一般居民的村落遗址，距离古城中心区有一段距离。这类遗址大概位于良渚街道中西部的荀山附近，目前大约发现了30余处遗址。其中，荀山的庙前遗址是一个典型的村落遗址，发掘面积大约3500平方米。考古学家发现了可能与杆栏式建筑有关的基址、木构水井、窑址、出土纺轮、石钺、玉璜等墓葬品以及灰坑等等，展现了当时居民临水而居的生活形态。①

还有一个重要的村落遗址是卞家山遗址。它位于瓶窑镇的东南缘，这个村落遗址在1935年被何天行发现，21世纪再度进行系统发掘。卞家山位于莫角山南面，年代跨度从良渚中偏早期一直到良渚的末期，自南向北揭露了良渚文化时期的码头②、大型灰沟③和墓地④。遗址东部是居住区，北部为墓地，南与水域相通，淤塞之后又另建了码头。墓葬虽然等级不高，但是规模较大。位于遗址中部的灰沟形制独特，淤积层中完好地保留了各类史前遗存⑤。灰沟中发现了许多木桩、铺头以及先民的废弃物，包括漆木器、食物（如鱼骨、蚌壳）等等，可能用于停船、养殖、洗涤。⑥卞家山遗址出土了大量植物果实和种子、动物骨骼、水生动物的遗存。⑦根据分析，此时稻米是先民的主要淀粉粮食⑧，另有菱角、芡实补充淀粉来源⑨。蔬菜有越瓜、葫芦、豌豆等；水果则有桃子、枣子、葡萄、柿子等，其中不少种类的植物可能已经实现栽培化。⑩动物骨骼以猪最多，大约有两成个体在成年后便宰杀，符合获取肉食的最大利益；但是猪的死亡年龄分布广泛，说明此时的猪可能已经驯化，但是饲养技术有限，故无法掌握猪的生长速度。⑪卞家山出土的软体动物主要是淡水贝类，包括河蚬和多种环棱螺，良渚先民应是从河流或湖泊采集到这些贝类。当时的气候较冷，良渚离海岸较远，因此没有发现海生贝类。⑫卞家山遗址特殊的保存环境，使得有机物得以留存至今，提供给学者研究良渚先民饮食习惯和营养结构的证据。

良渚古城的西北部有11条水坝遗址，主要修建在两山之间的谷口位置，其建造的方

---

① 浙江省文物考古研究所编：《庙前》，北京：文物出版社，2005年版，第19—303页、第365—369页。周膺：《良渚文化与中国文明的起源》，杭州：浙江大学出版社，2010年版，第29页。

② 浙江省文物考古研究所编著：《卞家山》（上），北京：文物出版社，2014年版，第182—186页。

③ 同上书，第166—181页。

④ 同上书，第33—123、152—165、189—192页。

⑤ 同上书，第389页。

⑥ 同上书，第180—181、389—390页。

⑦ 同上书，第406—437页。

⑧ 茅山遗址是目前发现最完整的新石器时代稻田遗址，参见陈杰：《良渚文化的古环境》，杭州：杭州出版社，2014年版，第116页。

⑨ 浙江省文物考古研究所编著：《卞家山》（上），北京：文物出版社，2014年版，第422页。

⑩ 同上。

⑪ 同上书，第425—427页。

⑫ 同上书，第433—435页。

式是利用自然的山体，把多段坝体用堆积的方式结合在一起，可以分为两组水坝群。[①] 这是目前所知道世界上同时期最大的城市防御工程。这两组水坝的功能可能是防洪、运输、用水或是灌溉。从防洪的角度来看，良渚附近的天目山是浙江省最大的暴雨中心，在夏天的时候很容易形成山洪，所以利用高低两组水坝把水储藏在山谷跟低地之间，推测可以解除山洪直接的威胁。根据目前的研究，高坝和低坝遗址可在短期内蓄积 870 毫米的降水，相当于此地区百年难得一遇的降水量。也有学者提出，这两组水坝的蓄水可以用于山谷中的水上交通、运送山里的石料跟木材等。[②]

五、良渚文化的性质

根据考古发掘的成果，良渚是一个具有动员力的社会。最明显的证据来自莫角山一类的大型建筑，以及大量的精美玉器。以莫角山平台的工程为例，若非有效的组织和规划，难以想象远古时期的人力如何大规模聚集并有效工作。[③] 莫角山的面积约 30 万平方米，可以换算为数个故宫的规模。[④] 不同学者推测的工时数据不同，例如，将农闲算作工作日，一年的农闲时间大概 100 天，每天用工一万人以上，需要 22.5 年才能完成莫角山的平台工程。[⑤] 日本学者中村胜一认为莫角山的大型建筑基址，需要至少一千人连续工作 30 年以上才能完成。[⑥] 不论是哪一种推测，重点仍然在于有组织的规划跟动员。因此，良渚文化权力核心的形成是一个非常重要的问题，但是相关讨论仍停留在推测阶段。

良渚是一个阶级化明显的社会，除了莫角山一类大型建筑，也有一般居民的村落遗址，一些学者推断良渚可能已经形成了地方性集团。[⑦] 除了聚落遗址反映的等级化[⑧]，墓葬的分布区域、规模和随葬品也可以看出明显的等级序列[⑨]。第一个等级可以反山为例，

① 浙江省文物考古研究所等编著：《权力与信仰：良渚遗址群考古特展》，北京：文物出版社，2015 年版，第 59 页。
② 周膺：《良渚文化与中国文明的起源》，杭州：浙江大学出版社，2010 年版，第 32 页。浙江省文物考古研究所等编著：《权力与信仰：良渚遗址群考古特展》，北京：文物出版社，2015 年版，第 60—61 页。浙江省文物考古研究所编著：《良渚古城综合研究报告》，北京：文物出版社，2019 年版，第 282—284 页。
③ 浙江省文物考古研究所编著：《良渚古城综合研究报告》，北京：文物出版社，2019 年版，第 325—326 页。
④ 程世华：《农业，灼亮良渚文化的曙光》，载余杭市政协文史资料委员会等编《文明的曙光——良渚文化》，杭州：浙江人民出版社，1996 年版，第 153 页。
⑤ 周膺：《良渚文化与中国文明的起源》，杭州：浙江大学出版社，2010 年版，第 26、72 页。许倬云：《良渚文化到哪里去了？》，《新史学》1997 年第 8 期。
⑥ 周膺：《良渚文化与中国文明的起源》，杭州：浙江大学出版社，2010 年版，第 26、72 页。[日] 中村慎一：《良渚文明的社会考古學》，《日中文化研究 7　长江文明》，东京：勉诚社，1995 年版，第 37 页。
⑦ 浙江省文物考古研究所：《良渚遗址群》，北京：文物出版社，2005 年版，第 319—321 页。赵辉：《良渚文化的若干特殊性——论一处中国史前文明的衰落原因》，载浙江省文物考古研究所编《良渚文化研究》，北京：科学出版社，1999 年版，第 109—110 页。
⑧ 关于聚落的等级化，可见王宁远：《何以良渚》，杭州：浙江大学出版社，2019 年版，第 63—183 页。浙江省文物考古研究所编：《良渚遗址群》，北京：文物出版社，2005 年版，第 319—321 页。
⑨ 周膺：《良渚文化与中国文明的起源》，杭州：浙江大学出版社，2010 年版，第 26、72 页。

反山的 11 座墓葬中总共出土了 1000 多件的玉器。第二个等级可以荷叶地遗址为例，荷叶地遗址出土的玉器数量比反山少，在 16 座墓葬中，随葬品总共约 200 多件。第三个等级如海宁遗址，出土的墓葬品只有少量陶器和石器。在第四个等级的墓葬中，则完全没有发现随葬品。[①] 除了数量的多寡，随葬品在品质上也有明显的等级区别，特别是玉器。

除了贵族墓，平民墓也出土了不少玉器，由此可以推想良渚文化是一个崇尚玉器的社会，但平民墓葬只出土较小的玉器，例如锥形器坠、管状器或玉猪等等。只有在像反山这种大型墓葬中，才出土玉琮、玉璧、玉钺、三叉器、鸟形器等类型的玉器。[②] 从玉器的数量以及材质，也可以看出等级的区别。在反山、瑶山的高级墓葬中，随葬品的材质几乎都属于真玉，也就是品质较高的玉器。在其他遗址，玉器不但数量少，品质也比较差，例如在福泉山等遗址，玉器的质量就比较差，也会用假玉随葬 [③]。

从考古发掘成果而言，良渚文化的性质是什么？目前学界的说法很多，例如由于玉琮可能是代表宗教权威的法器，而钺则是代表军事权威的权杖 [④]，所以，良渚可能是一个政教合一的古国或社会。但也有学者提出辩驳，因为良渚文化出土的兵器非常少 [⑤]，所以，良渚并不是一种以征讨为主的文化。在这种情况下，钺恐怕不是军事的象征，而只是代表刑法权力的礼器。学者许倬云认为，良渚在信仰上是一个非常复杂的社会，未必是现代定义的国家形态 [⑥]。既然考古材料并不支持良渚文化及其社会组织的形成是通过征服而来，还有什么其他方法让良渚集中人力去完成水利工程或莫角山这类大型建筑基址？

卡尔·魏特夫（Karl Wittefogel）在《东方专制论》(*Oriental Depotism：A Comparative Study of Total Power*) 中提出水利工程可能是促成人类发展君王权威的设施，而良渚发现了大规模的水利工程。水利工程有一个特点，就是排水、散水、护墙、造堤、开垦，不可能由单一城镇完成。因为水流不可能只经过单一村落，所以治水或水利工程必须有超越单一社区的集体合作。在组织和动员这些社区时，可能会发展出动员体系以及权力关系。这种通过水利工程来凝聚社群的关系，也被学者用来讨论良渚灭亡的原因 [⑦]。良渚文

[①] 周膺：《良渚文化与中国文明的起源》，杭州：浙江大学出版社，2010 年版，第 74—76 页。张忠培：《简论良渚文化的几个问题》，载余杭市政协文史资料委员会等编《文明的曙光——良渚文化》，杭州：浙江人民出版社，1996 年版，第 31—44 页。吴汝祚：《良渚文化——中华文明的曙光》，载余杭市政协文史资料委员会等编《文明的曙光——良渚文化》，杭州：浙江人民出版社，1996 年版，第 46—47 页。学者对于良渚墓葬有不同的分类方法，张忠培先生将良渚墓葬分为六个级别、四大等级，见张忠培：《良渚文化墓地与其表述的文明社会》，《考古学报》2012 年第 4 期。

[②] 刘斌：《神巫的世界》，杭州：杭州出版社，2013 年版，第 74—75、80—83 页。

[③] 周膺：《良渚文化与中国文明的起源》，杭州：浙江大学出版社，2010 年版，第 74 页。

[④] 刘斌：《神巫的世界》，杭州：杭州出版社，2013 年版，第 69—72 页。

[⑤] 许倬云：《良渚文化到哪里去了？》，《新史学》1997 年第 8 期。

[⑥] 同上。

[⑦] 同上。

化大概维持了1000年，在极盛的时期消失，而在良渚之后出现的文化，并没有继承良渚的精华。良渚灭亡的原因目前并没有一个确定的说法，包括洪水和海水侵蚀①、对外征伐②、权力滥用③或是青铜文化的冲击④。对于洪水造成毁灭的说法，反驳者认为良渚已经维持了1000多年，应该具备防范水患的能力，不至于因为洪水就突然灭亡。⑤也有学者提出是权力滥用的结果。在良渚后期，原本含盐量很高的沼泽已经变成了肥沃的土壤，地区性的社区力量已经可以处理小规模的水利问题，已经不再需要原本不同社区间互相合作以建设大型水利系统或排除泥沼。⑥当社会已经不再需要一个统治者来动员人群后，滥用权力便会造成社会的负担。滥用权力的象征，很可能就是良渚遗址发现的玉器和高台。

学者认为，在良渚晚期，旧有的社会秩序已无存在的必要。此时，来自他处的青铜技术和文化影响了良渚的生产工具，加上江西、安徽等铜矿分布及开采区离浙江不远，通过密集的水系可以到达江南一带。在技术、原料无虞的情况下，青铜器取代了良渚使用的石器，原本的社会阶层瓦解，使良渚文化的特色逐渐消亡。⑦在良渚文化消失之后，一直到春秋时代的吴越文化兴起之前，中间仍有长期的马桥文化和湖熟文化。目前学界认为，马桥文化是越国文化的祖先；湖熟文化则是吴国文化的祖先。湖熟跟马桥是两种平行的文化。马桥文化虽然继承了良渚的部分特征，但这两种文化都没有再出现良渚文化典型的玉器，包括良渚最重要的玉琮。相较之下，马桥和湖熟这两种文化都吸收了中原文化，玉器的特色消退，出现了大量的印纹陶。印纹陶的器型和纹样都跟中原地区的二里头、二里岗类似，也就是夏商时代的文化遗存，在商文化中特殊的甲骨也出现在湖熟文化中。⑧因此，马桥文化和湖熟文化受到中原的影响远比有地缘关系的良渚深。在良渚文化中具有权力象征的玉琮，在领导中心失去社会的基础后，也不再被往后的文化继

① 俞伟超：《江阴佘城城址的发现与早期吴文化的探索》，载《古史的考古学探索》，北京：文物出版社，2002年版，第178页。浙江省文物考古研究所编著：《良渚古城综合研究报告》，北京：文物出版社，2019年版，第305页。

② 赵辉：《良渚文化的若干特殊性——论一处中国史前文明的衰落原因》，载浙江省文物考古研究所编《良渚文化研究》，北京：科学出版社，1999年版，第105页。

③ 同上书，第109—117页。

④ 许倬云：《良渚文化到哪里去了？》，《新史学》1997年第8期。

⑤ 赵辉：《良渚文化的若干特殊性——论一处中国史前文明的衰落原因》，载浙江省文物考古研究所编《良渚文化研究》，北京：科学出版社，1999年版，第105页。

⑥ 许倬云：《良渚文化到哪里去了？》，《新史学》1997年第8期。

⑦ 同上。

⑧ 同上。王明珂：《惊人考古发现的历史知识考古》，载《"中研院"历史语言研究所集刊》76本4分，2005年版，第580页。俞伟超：《江阴佘城城址的发现与早期吴文化的探索》，载《古史的考古学探索》，北京：文物出版社，2002年版，第178页。黄宣佩、孙维昌：《马桥类型文化分析》，《考古与文物》1983年第3期。

承。[1] 以上都只是学者的推测，没有直接的证据。毕竟，良渚文化只出现了一些符号性质的纹样，没有文字记录相关的历史。

六、结语

本讲以良渚文化为中心，进而延伸出四个主题。第一个主题是考古学中的文化、遗址等基本概念。第二个主题是良渚文化的发现史。第三个主题是良渚文化的考古学内涵。近年来，考古学家在良渚文化的中心区域发现了古城、水利工程、村落、高级墓葬和与天文相关的各种遗址。这些遗址进一步拓展了 20 世纪 30 年代以后人们对于良渚文化的理解。在科技考古以及新发掘的基础上，良渚文化不再被认为是龙山文化南传的一支，而是本地发展的古文化。值得注意的是，在日后的考古发掘中如果再出现突破性的成果，仍有可能改变我们目前对良渚文化的解读。第四个主题是学界基于目前的考古发掘对良渚文化的性质以及灭亡的推论，内容包括良渚的权力集中可能来自对水利工程的需求，而良渚的灭亡可能也与这种需求的消失有关。此外，良渚虽然是一个高度发展的社会，但当社会基础或环境出现变化时，原有的高度发展的社会模式不一定能够延续下来，而可能会顺应人类的需求转化成更适合的模式。本讲除了阐述良渚文化被发现的过程，更侧重于探讨由此而生的新的思考方式和角度如何改变了人们对历史的理解。如果没有现代考古学的传入，学界今日对良渚文化的了解，可能难以超越金石学的范围和视角。

参考书目

〔宋〕吕大临、赵九成：《考古图·续考古图·考古图释文》，北京：中华书局，1987 年版。

〔宋〕潜说友纂：咸淳《临安志》，载浙江省地方志编纂委员会编《宋元浙江方志集成》第 2 册，杭州：杭州出版社，2009 年版。

〔明〕陈让、夏时正修撰：成化《杭州府志》，载《四库全书存目丛书》史部第 175 卷，台北：庄严出版社，1996 年版。

〔清〕端方：《陶斋古玉图》，上海：上海科技教育出版社，1993 年版。

〔清〕龚嘉儁修：《杭州府志》第一册，台北：成文出版社，1983 年版。

陈芳妹：《青铜器与宋代文化史》，台北：台大出版中心，2016 年版。

陈杰：《良渚文化的古环境》，杭州：杭州出版社，2014 年版。

方向明：《土筑金字塔：良渚反山王陵》，杭州：浙江大学出版社，2019 年版。

傅斯年等：《中国考古报告集：城子崖——山东历城县龙山镇之黑陶文化遗址》，台北："中研院"历史语言研究所，1992 年版。

马亦超：《南宋杭州修内司官窑研究》，杭州：中国美术学院出版社，2006 年版。

---

① 许倬云：《良渚文化到哪里去了？》，《新史学》1997 年第 8 期。

蒋卫东：《神圣与精致——良渚文化玉器研究》，杭州：浙江摄影出版社，2007 年版。

刘斌：《法器与王权：良渚文化玉器》，杭州：浙江大学出版社，2019 年版。

刘斌：《神巫的世界》，杭州：杭州出版社，2013 年版。

施昕更：《良渚：杭县第二区黑陶文化遗址初步报告》，杭州：浙江省教育厅，1938 年版。

苏秉琦：《中国文明起源新探》，北京：生活·读书·新知三联书店，1999 年版。

王宁远：《何以良渚》，杭州：浙江大学出版社，2019 年版。

夏鼐：《夏鼐文集》（上），北京：社会科学文献出版社，2000 年版。

余杭市政协文史资料委员会等编：《文明的曙光——良渚文化》，杭州：浙江人民出版社，1996 年版。

俞伟超：《古史的考古学探索》，北京：文物出版社，2002 年版。

张光直：《中国青铜时代（第二集）》，台北：联经出版社，2000 年版。

赵大川、施时英编著：《良渚文化发现人施昕更》，杭州：杭州出版社，2013 年版。

浙江省文物考古研究所编：《良渚文化研究》，北京：科学出版社，1999 年版。

浙江省文物考古研究所编：《良渚遗址群》，北京：文物出版社，2005 年版。

浙江省文物考古研究所编：《庙前》，北京：文物出版社，2005 年版。

浙江省文物考古研究所编著：《卞家山》（上），北京：文物出版社，2014 年版。

浙江省文物考古研究所编著：《反山》（上），北京：文物出版社，2005 年版。

浙江省文物考古研究所编著：《良渚古城综合研究报告》，北京：文物出版社，2019 年版。

浙江省文物考古研究所编著：《瑶山》，北京：文物出版社，2003 年版。

浙江省文物考古研究所等编著：《权力与信仰：良渚遗址群考古特展》，北京：文物出版社，2015 年版。

周膺：《良渚文化与中国文明的起源》，杭州：浙江大学出版社，2010 年版。

周膺、何宝康编校：《良渚文化与中国早期文化研究：何天行学术文集》，天津：天津社会科学院出版社，2008 年版。

朱叶菲：《良渚遗址考古八十年》，杭州：浙江大学出版社，2019 年版。

［日］中村慎一：《良渚文明の社會考古學》，《日中文化研究 7　長江文明》，东京：勉诚社，1995 年版。

［瑞典］安特生：《甘肃考古记》，乐森璕译，北京：文物出版社，2011 年版。

［瑞典］安特生：《中华远古之文化》，袁复礼节译，北京：文物出版社，2011 年版。

第三讲

春秋时期越国的县制

王进锋

"江南"的概念，不同学者有不同界定。关于先秦时期的越国属不属于"江南"，学者们也有不同的看法。笔者认为，先秦时期越国属于江南地区，因而越国的县制属于江南史的一部分。

一、中国最早的"县"出现于西周时期

县在春秋时期广泛设立，战国以后逐步成为地方行政区划中的重要单元。学者对春秋乃至以后历史时期的县进行了不少的研究[①]，使我们有了较为清楚的认识。

实际上，春秋时期的县并不是忽然出现的，而是从更早的历史时期发展来的。那么，春秋以前的县，从何时兴起？传世文献中有如下记载：

> 东南四百五十里，曰长右之山，无草木，多水。有兽焉，其状如禺而四耳，其名长右，其音如吟，见则郡、县大水。（《山海经·南次二经》）

> 又东三百四十里，曰尧光之山，其阳多玉，其阴多金。有兽焉，其状如人而彘鬣，穴居而冬蛰，其名曰猾裹，其音如斫木，见则县有大繇。（《山海经·南次二经》）

---

① 前人研究春秋乃至以后历史时期县制的论著非常多，涉及多个方面，其中比较重要的论著如顾颉刚：《春秋时代的县》，《禹贡》1937年第6、7合期，又载《顾颉刚全集：顾颉刚古史论文集（卷五）》，北京：中华书局，2010年版，第231—274页。［日］增渊龙夫：《说春秋时代的县》，载刘俊文主编《日本学者研究中国史论著选译（第三卷）》，黄金山、孔繁敏等译，北京：中华书局，1993年版，第189—213页。［日］增渊龙夫：《先秦时代的封建与郡县》，载《中国古代的社会与国家》，吕静译，上海：上海古籍出版社，2017年版，第287—366页。杨宽：《春秋时期楚国县制的性质问题》，《中国史研究》1981年第4期。周振鹤：《县制起源三阶段说》，《中国历史地理论丛》1997年第3期。鲁鑫：《东周郡县制度研究》，南开大学博士学位论文，2008年。等等。

有夏孔甲，扰于有帝，帝赐之乘龙，河、汉各二，各有雌雄。孔甲不能食，而未获豢龙氏。有陶唐氏既衰，其后有刘累，学扰龙于豢龙氏，以事孔甲，能饮食之。夏后嘉之，赐氏曰御龙，以更豕韦之后。龙一雌死，潜醢以食夏后。夏后飨之，既而使求之，惧而迁于鲁县①，范氏其后也。(《左传·昭公二十九年》)

国之所以存者，道德也。……夏桀、殷纣之盛也，人迹所至，舟车所通，莫不为郡、县。然而身死人手，而为天下笑者，有亡形也。(《淮南子·氾论训》)

一般认为，《山海经》是禹、益口述而世代相传下来的②，而禹、益是尧、舜时期的人。根据以上材料，尧、舜、孔甲、桀、纣时期似乎就已经有了县。然而，这些资料多是后人追述，其内容是否为当时历史的真实反映，值得怀疑，诚如顾颉刚所言，这些史料"在我们的理智里已失却了信仰"③。客观判断，尧、舜、孔甲、桀、纣时期应当还没有县。在商代甲骨文中，并没有出现"县"字，这个时期也没有县。探讨春秋以前县的发展历程，需要从西周时期说起。

那么，西周时期有没有县呢？

其中的关键点就在于免簋铭文(《集成》4626，西周中期)"郑遝徹(林)、罙吴(虞)、罙牧"和元年师旋簋铭文(《集成》4279，西周晚期)"丰遝左右师氏"中的"遝"如何释读。

关于"遝"字，过去学者提出如下一些释读方案：

(一)读为"苑"。郭沫若主之④、吴镇烽从之⑤。与之类似，《铭文选》认为"遝"读为"园"，通假为"苑"。⑥

(二)读为"咸"。杨树达主之，他认为咸应与徹(林)连读，咸林为地名。⑦

(三)通假为"垣"，又或"假为环涂之环"，为环城之道。陈梦家主之⑧。

---

① 杨伯峻注："鲁县在今河南鲁山县东北。"见杨伯峻编著：《春秋左传注(修订本)》，北京：中华书局，1990年版，第1502页。

② 袁珂译注：《山海经全译》，贵阳：贵州人民出版社，1991年版，第1—16页。

③ 顾颉刚：《春秋时代的县》，《禹贡》1937年第6、7合期，又载《顾颉刚全集：顾颉刚古史论文集(卷五)》，北京：中华书局，2010年版，第231—274页。顾先生还在此文中花了大量的篇幅论证《左传·昭公二十九年》所记载的"鲁县"不可信，当时并不存在鲁县。

④ 郭沫若：《两周金文辞大系图录考释》，北京：科学出版社，2002年版，第90页。

⑤ 吴镇烽编著：《商周青铜器铭文暨图像集成(第十二卷)》，上海：上海古籍出版社，2012年版，第43页。

⑥ 马承源主编：《商周青铜器铭文选(三)》，北京：文物出版社，1988年版，第180、199页。

⑦ 杨树达：《积微居金文说(增订本)》，北京：中华书局，1997年版，第101—102页。

⑧ 陈梦家：《西周铜器断代》，北京：中华书局，2004年版，第203—204页。

（四）释作"积"，通假为"环"。熊梅主之。①

"遣"在免簠和元年师旋簋铭文中都出现了，而且语境相近。在这种情况下，检验某个"遣"字释读方案是否正确的标准应该是：首先看其文字、音韵、训诂是否正确；其次看它能否同时解释得通这两篇铭文。如果某一方案在文字、音韵、训诂正确的情况下，只能解释得通一篇铭文，而不能解释得通另外一篇，可以基本判断其说不正确。

在方案（一）中，郭沫若、吴镇烽在考释过程中，并没有对其说展开论述，因而我们并不知道其说法的具体指向，所以并不好辨析。好在《铭文选》进行了详细的论述，我们可以通过缕析它的正误，来看方案（一）的正确性。

《铭文选》在释读免簠铭文的时候，似乎将苑看成是和林、虞、牧（从下文可知，免簠铭文中的林、虞、牧和元年师旋簋铭文中的左右师氏都是职官）性质相似的官职，类似于《周礼》中的载师或场人；在释读元年师旋簋铭文的过程中，却将"丰苑"看成是丰京的王苑，为一块区域。② 二者的含义有差别。而且，《铭文选》似乎认为在免簠铭文中，苑和林、虞、牧是并列的，为顿号；在元年师旋簋铭文中，丰苑和左右师氏是相连的，左右师氏是捍卫丰苑的。二者的标点也有差别。两条相似的铭文，理解起来却有这么多的差异，只能说明释"遣"为"苑"可能有问题。

在方案（二）中，杨树达是在释读免簠铭文过程中，提出这种看法的。然而，"遣"与"咸"的古音并不相同，二者并不能通假③；同时，用"咸"来解释元年师旋簋铭文中的"遣"，明显扞格不通。可见，释"遣"为"咸"不正确。如果按照方案（三），将"遣"解释为城墙或道路，则很难与之后的林、虞、牧或左右师氏来连贯地理解④，那么，这种说法也不正确。在方案（四）中，作者提出"遣"先读为"积"，再通假为"环"。这种方案，转了一大圈只不过到了别人的原点，显然迂曲。同时，熊说在第一步上举出了证据，但是在第二步上没有举出通假上的证据，存在着逻辑纰漏。黄锦前更是举出诸多的金文证据，论证熊说不可信。⑤ 可见，方案（四）也不正确。

1987年，李家浩在阮元⑥、唐兰⑦等人的基础上，释"遣"为"县"，并在字形和字音

① 熊梅：《西周都邑的卫成分区——立足于铭文"遣"的试探》，《中国历史地理论丛》2014年第1期。
② 马承源主编：《商周青铜器铭文选（三）》，北京：文物出版社，1988年版，第180、199页。
③ 如王晖指出："'遣'，古音为匣母，元部。'咸'，古音为匣母，侵部。二者韵部相去甚远，并不符合通假条件。"见王晖：《西周春秋"遣（县）"制性质研究——从"县"的本义说到一种久被误解的政区组织》，《史学集刊》2017年第1期。
④ 林、虞、牧和左右师氏，要么在"遣"的内部，要么与"遣"并列。如果是前者，则"遣"是一块大范围的区域；如果是后者，则"遣"是与林、虞、牧和左右师氏性质相似的职官。无论是哪种，方案（三）都不能满足。
⑤ 黄锦前：《申论西周金文的"县"——兼谈古文字资料对相关研究的重要性》，《文史哲》2017年第6期。
⑥ ［清］阮元：《积古斋钟鼎彝器款识》卷七，嘉庆九年自刻本，第4页。
⑦ 唐兰：《西周青铜器铭文分代史征》，上海：上海古籍出版社，2016年版，第382—383页。

两方面进行了论证。① 其说因为证据确凿，获得了广泛的认同 ②。这样，西周时期存在县逐渐成为学者的共识。

在此，我们还可以补充一些西周时期的传世文献证据。其一，《逸周书·作雒解》记载：

> （周公）及将致政，乃作大邑成周于土中。……制郊、甸，方六百里，因西土为方千里。分以百县，县有四郡，郡有□鄙。大县立城方王城三之一；小县立城方王城九之一。

这则材料，过去被研究者普遍忽视，主要原因在于大家认为"《逸周书》材料很有问题，不便充分相信"③。然而，根据学者最近的研究，《逸周书·作雒解》是一篇反映西周历史的可靠文献，如黄怀信认为该篇的文字"必出西周，或据西周旧文加工整理而成，要必不晚于春秋早期"④；杨宽通过对城邑大小的比照、宗周和成周相连情况的印证，论证得出此篇"是一篇西周重要文献"⑤；张怀通将《作雒解》所记载的史事与西周金文中的相关内容比较之后，认为此篇"所记的史实可靠"⑥。根据这则材料，周公在营建成周的时候，在郊、甸地带设置了百县。换句话说，西周时期是有县的。

其二，春秋时期的鲁国曾发生冰雹灾害，执政者季武子向大夫申丰询问关于救灾的方法。申丰在回答问题的时候，言及古代的县制：

> 古者，日在北陆而藏冰，西陆朝觌而出之。其藏冰也，深山穷谷，固阴冱寒，于是乎取之。其出之也，朝之禄位，宾食丧祭，于是乎用之。……山人取之，县人传之，舆人纳之，隶人藏之。夫冰以风壮，而以风出。其藏之也周，其用之也遍，则冬无愆阳，夏无伏阴，春无凄风，秋无苦雨，雷不出震，无灾霜雹，疠疾不降，民不夭札。（《左传·昭公四年》）

① 李家浩：《先秦文字中的"县"》，《文史》1987 年第 28 辑，又载《著名中年语言学家自选集：李家浩卷》，合肥：安徽教育出版社，2002 年版，第 28 页。
② 近来，李峰试图推翻李家浩的论证，认为"这种忽视了制度发展史而进行的语音类比的研究方法很有误导性"，见李峰：《西周的政体：中国早期的官僚制度和国家》，吴敏娜等译，北京：生活·读书·新知三联书店，2010 年版，第 172 页。然而，李峰先生对其说并没有进行论证，因而并没有说服力。目前来看，李家浩先生的观点还是不刊之论。
③ 顾颉刚：《春秋时代的县》，《禹贡》1937 年第 6、7 合期，又载《顾颉刚全集：顾颉刚古史论文集（卷五）》，北京：中华书局，2010 年版，第 233 页。
④ 黄怀信：《逸周书校补注译（修订本）》，西安：三秦出版社，2006 年版，第 55 页。
⑤ 杨宽：《论〈逸周书〉》，载《西周史》，上海：上海人民出版社，2003 年版，第 867—868 页。
⑥ 张怀通：《〈逸周书〉新研》，北京：中华书局，2013 年版，第 260—276 页。

申丰在此所说的"古者"，应当不是春秋时期，而更像是西周时期。因为其间提到了"县人"，所以这段文字也是我们了解西周县制的珍贵史料。关于这段引文中的几个职官，杜预解释为"山人，虞官。县人，遂属。舆、隶皆贱官"。杨伯峻进一步注解道：

> 据《周礼·遂人》"五县为遂"，《地官》亦有"县正"，县人或即县正。①

而《周礼·地官·县正》明确记载了县正的职掌，"各掌其县之政令征比，以颁田里，以分职事，掌其治讼，趋其稼事而赏罚之。若将用野民，师田、行役、移执事，则帅而至，治其政令。既役，则稽功会事而诛赏"②，可见"县正"是管理县的官员。这则材料进一步证明了西周时期存在县。

二、西周时期县的形态

（一）第一种形态：县邑之县

既然西周时期存在县，那么此时的县呈现怎样的形态？根据相关研究来看，学者的意见可以分为两类：

1. 多数学者认为西周时期的县只有一种形态。在这一点上，不同的学者看法有所差别。其中，李家浩③、鲁鑫④、李峰⑤、黄锦前⑥等人的看法相似，认为县是国都或大城邑四周的广大地区。与之不同，唐兰⑦、王晖⑧等人认为西周时期的县已经等同于后来的郡县之县了。

2. 一些学者认为西周时期的县有两种形态，分别为：中心城邑的周边地区，外在呈环状地带；包含中心城邑及其辖区在内的整个地区，外在呈块状区域。⑨

诸多说法到底谁对谁错？接下来，我们将通过进一步的研究来辨析。

上文提及的《逸周书·作雒解》记载：

---

① 杨伯峻编著：《春秋左传注（修订本）》，北京：中华书局，1990年版，第1249页。

② 《周礼》中有不少关于县制的记载。但是，由于过于系统化和理想化，在没有其他可信史料的印证下，其可靠性不高。因而，本讲只引用了《周礼》中一些有其他文献参证的材料，其他的基本不用。

③ 李家浩：《先秦文字中的"县"》，《文史》1987年第28辑，又载《著名中年语言学家自选集：李家浩卷》，合肥：安徽教育出版社，2002年版。

④ 鲁鑫：《东周郡县制度研究》，南开大学博士学位论文，2008年，第32—36页。

⑤ 李峰：《西周的政体：中国早期的官僚制度和国家》，吴敏娜等译，北京：生活·读书·新知三联书店，2010年版，第172页。

⑥ 黄锦前：《申论西周金文的"县"——兼谈古文字资料对相关研究的重要性》，《文史哲》2017年第6期。

⑦ 唐兰：《西周青铜器铭文分代史征》，上海：上海古籍出版社，2016年版，第382—383页。

⑧ 王晖：《西周春秋"遷（县）"制性质研究——从"县"的本义说到一种久被误解的政区组织》，《史学集刊》2017年第1期。

⑨ 如陈剑：《先秦时期县制的起源与转变》，吉林大学博士学位论文，2009年，第23—27页。

（周公）及将致政，乃作大邑成周于土中。城方千七百二十丈，郭方七百里。南系于洛水，北因于郏山，以为天下之大凑。

制郊、甸，方六百里，因西土为方千里。分以百县，县有四郡，郡有□鄙。大县立城方王城三之一；小县立城方王城九之一。郡鄙不过百室，以便野事。农居鄙，得以庶士；士居国家，得以诸公、大夫。凡工、贾、胥市、臣仆，州、里俾无交为。

《说文》："郭，郭也。"《礼记·礼运》："城郭沟池以为固。"孔颖达疏："城，内城；郭，外城也。"潘振谓："郭谓之郭，外城也。"① 《说文》："制，裁也。"《大戴礼记·千乘》："陈刑制辟。"王聘珍《解诂》："制，裁制也。"《左传·襄公二十一年》："罪重于郊、甸。"杜预注："郭外曰郊，郊外曰甸。"黄怀信也谓："郊，邑外；甸，郊外。"② 以上引文可以根据含义分为两段：第一段总讲周公营建成周的状况，以及成周的内、外城规模和位置；第二段讲洛邑郊、甸区域的范围、具体划分和不同人群的居住区域。

这段材料只有第二段文字中出现了县，说明当时的洛邑只在郊、甸地区设置了县。根据引文内容，周初在营建成周的时候，曾将成周的郊、甸地区分成100个县，每个县有4个郡，每个郡里有鄙。同时，这些县有大小之别：大县筑城，边长为王城边长的三分之一；小县筑城，边长为王城的九分之一。

从中可以看出这些县的特点：位于成周这样的城市的郊区地带；大小有别，但是都筑造了城池；数量很多，有100个，是可数的；县下还设置了郡，郡下设置了鄙；这些县是附属于成周的。

这段史料中出现了县、郡的概念，那么这些县是否就是郡县之县？此处介绍一下"县"的几种含义和特征。根据研究者的总结，先秦时期的县主要有三种含义：县鄙之县，县邑之县，郡县之县。后两种县，虽然在形态上有不少相似的地方，但是也有差别，主要体现在：其一，郡县之县不是采邑，而完全是国君的直属地；其二，郡县之县的长官不是世袭，可随时或定期撤换；其三，郡县之县的幅员或范围一般经过人为划定，而不是天然形成；其四，郡县之县以下还有乡、里等更为基层的组织。③ 这种总结是非常到位的，可以成为我们判断县是县邑之县还是郡县之县的依据。笔者在综合各种资料后，还补充一个标准：其五，一个县能成为郡县之县，还必须是郡下有县，县上有郡。比较来

① 黄怀信、张懋镕、田旭东：《逸周书汇校集注（修订本）》，上海：上海古籍出版社，2007年版，第528页。
② 黄怀信：《逸周书校补注译（修订本）》，西安：三秦出版社，2006年版，第236页。
③ 周振鹤：《县制起源三阶段说》，《中国历史地理论丛》1997年第3期。

看，《逸周书·作雒解》的这段材料中虽然出现县、郡的概念，但并不符合郡县之县的标准，只能是县邑之县。

（二）第二种形态：县鄙之县

西周金文中的县，和传世文献中的不一样，呈现出另一种形态。

金文中的县主要见于以下两篇青铜器铭文：

> 唯三月既生霸乙卯，王在周，<u>令免作司土（徒），司奠（郑）還（县）敝（林）、眔吴（虞）、眔牧</u>。赐织衣、銮。对扬王休，免其万年永宝用。（免簋铭文，《集成》4626，西周中期）

> 唯王元年四月既生霸，王在减庭，甲寅，王格庙，即位，遟公入佑师旋，即立中廷。王呼作册尹克册命师旋，曰："備于大左，<u>官司丰還（县）左右师氏</u>[1] 把"官司丰還（县）左右师氏"一句断读为"官司丰還（县），佐佑师氏"，将"左右"通假为"佐佑"，看成是动词。按：这种读法虽然从文句上讲是通顺的，但是，从下文可知，"丰县"是一个复杂的地区，里面事务众多。师旋作为一个军事类的职官，是没有办法管理这么多的事务的。所以，还是读为"左右师氏"，将其看成是"丰县"内部的一种事务，这样师旋的职掌更具体明确）。易（赐）女（汝）赤市、同黄（衡）、丽般，敬（凤）夕用事"。旋拜稽首，敢对扬天子丕显鲁休命，用作朕文祖益仲尊簋，其万年子子孙孙永宝用。（元年师旋簋铭文，《集成》4279，西周晚期）

与讨论相关的信息都位于以上画线的部分，我们将重点缕析之。

免簋铭文中的郑，即周穆王所都的西郑，在陕西华县北[2]；林、虞、牧，分别相当于《周礼·地官》中的职官"林衡"、"山虞"和"泽虞"[3]、"牧人"[4]。元年师旋簋铭文中的"大左"是官名，"備于大左"即职掌大左[5]；"丰"，即丰京，是周文王所营建的都城[6]；"左右师氏"相当于左右虎臣、左右走马，是一官职全称[7]。

---

① 张亚初：《殷周金文集成引得》，北京：中华书局，2001年，第82页。
② 李家浩：《先秦文字中的"县"》，《文史》1987年第28辑，又载《著名中年语言学家自选集：李家浩卷》，合肥：安徽教育出版社，2002年版，第16—18页。
③ 西周职官的分工、分类不一定像《周礼》那么细，所以，不用辨别免簋铭文中的"虞"是"山虞"还是"泽虞"。参见张亚初、刘雨：《西周金文官制研究》，北京：中华书局，1986年版，第10页。
④ 李家浩：《先秦文字中的"县"》，《文史》1987年第28辑，又载《著名中年语言学家自选集：李家浩卷》，合肥：安徽教育出版社，2002年版，第19页。
⑤ 马承源主编：《商周青铜器铭文选（三）》，北京：文物出版社，1988年版，第199页。
⑥ 陈梦家：《西周铜器断代》，北京：中华书局，2004年版，第203—204页。
⑦ 同上。

在免簋铭文中，"林、眔虞、眔牧"不是与"郑县"并列的，而是"郑县"内部的职官。这一方面是因为"林、眔虞、眔牧"是职官，"郑县"是地区，二者性质根本不同，不宜并列；另一方面是因为将"林、眔虞、眔牧"看成是"郑县"内部的职官，"林、眔虞、眔牧"的地址就比较明确，符合金文的通常规则。同理，在元年师旋簋铭文中，"左右师氏"是"丰县"内部的职官。所以，免簋铭文的"郑县"与"林、眔虞、眔牧"之间、元年师旋簋铭文的"丰县"与"左右师氏"之间不能断读，而应连起来读。

关于以上铭文中"县"的性质以及与"郑""丰"之间的关系，以前的学者有两种看法：

1. 认为"县"是郡县之县；"郑县""丰县"是同位语结构，"县"就是"郑""丰"；"郑""丰"本身就是县。如唐兰指出：

> 由此可见此铭（笔者注：即免簋铭文）郑寰即郑县。《礼记·王制》"天子之县内"，郑玄注："县内，夏时天子所居州界名也。殷曰畿，《诗·商颂·玄鸟》曰：'邦畿千里，维民所止'。周亦曰畿"。《周书·作雒》："制郊甸方六百里，因西土为方千里，分以百县，县有四郡"。可见周制县大于郡，县大约方百里，但由于地理不同，不能划一，所以有大县、小县之分。《左传·哀公二年》赵简子说"上大夫受县，下大夫受郡"，还用周制，秦制则郡大于县。①

可见唐先生似乎将免簋铭文中的"县"看成是郡县之县；他还认为郑本身是县。持相同看法的还有王晖。他认为西周金文中的"县"，和春秋以及战国以后的"县"在性质上是基本相同的，即将西周金文中的"县"看成是郡县之县；他还将郑、丰本身看成是县。②这种看法并不正确。因为林、虞、牧、左右师氏都是城市郊区的职官，它们不可能位于城市的内部。请看以下证据：其一，西周金文中有如下的内容：

> 唯十又二月初吉丁丑，王在宗周，格于大庙。荣伯佑同，立中廷，北向。王命同："左（佐）右（佑）吴大父，司场、林、虞、牧。自淲东至于河，厥朔至于玄水。世孙孙子子左（佐）右（佑）吴大父，毋汝有闲"。对扬天子厥休，用作朕文考芫仲尊宝簋。其万年子子孙孙永宝用。（同簋盖铭文，《集成》4270，西周中期）

> 唯十又二月初吉，王在周，昧爽，王格于太庙，邢叔佑免，即命，王授作册尹

---

① 唐兰：《西周青铜器铭文分代史征》，上海：上海古籍出版社，2016年版，第382—383页。

② 王晖：《西周春秋"還（县）"制性质研究——从"县"的本义说到一种久被误解的政区组织》，《史学集刊》2017年第1期。

书，俾册命免，曰："令汝疋周师，司林。赐汝赤⌀市，用事"。免对扬王休，用作尊簋，免其万年永宝用。（免簋铭文，《集成》4240，西周中期）

第一篇铭文中的林、虞、牧，与免簋铭文同。"场"与林、虞、牧并列，职务也相当，即《周礼·地官》中的"场人"。"自淲东至于河，厥朔至于玄水"，意为从淲水向东一直到黄河，其北方至于玄水；是场、林、虞、牧所在的具体区域。[①]那么，场、林、虞、牧似乎是位于城市的郊区地带。第二篇铭文中的林，与免簋铭文中的林衡相同；此处的林衡本是由周师来管理的。根据学者的研究，西周时期设置了林、虞、牧一类的职官来管理宗周畿内的山林薮泽，而山林薮泽往往位于城市外围的郊区地带[②]，所以，此处的林衡位于城市的郊区。以此来看，免簋铭文中的林、虞、牧也位于城市的郊区。

其二，在元年师旋簋铭文中，"左右师氏"是丰地军队内部的职官。我们知道，西周时期的城市从中心到外围可分为"国"和"野"两大区域，二者以"郊"为分界线；"国"从内到外又包括"国中""郊"两部分。周代在郊的区域设立"六乡"；在野的区域设立"六遂"。[③]而西周军队的编制和乡的组织密切对应，军队的成员也主要来自乡内居民。[④]换言之，左右师氏主要位于丰地的近郊，是郊区内职官。

在这种看法中，专家们把郑、丰本身看成是县，照此下去，"林衡""山虞""泽虞""牧人""左右师氏"等职官也位于作为城市的郑、丰之内，即处于城区地带。这与"林衡""山虞""泽虞""牧人""左右师氏"位于城市郊区的事实，是矛盾的。据此，这种看法并不正确。

2. 认为"县"是县鄙之县；"郑县""丰县"是偏正结构，"县"是中心词，"郑""丰"是修饰词；"郑县""丰县"即指郑的县、丰的县，为郑、丰周围的郊区地带。如李家浩认为：

周代的"县"是指国都或大城邑四周的广大地区，如《国语·周语中》："国无寄寓，县无施舍，……国有班事，县有序民。"这里所说的"国"即指国都，"县"即指国都四周的广大地区。天子称王畿为县即由此而来。……西周文字资料中的"县"属于县鄙之"县"。[⑤]

---

① 马承源主编：《商周青铜器铭文选（三）》，北京：文物出版社，1988 年版，第 163 页。

② ［日］增渊龙夫：《先秦时代的山林薮泽及秦的公田》，载《中国古代的社会与国家》，吕静译，上海：上海古籍出版社，2017 年版，第 262—263 页。

③ 杨宽：《西周史》，上海：上海人民出版社，2003 年版，第 395—404 页。

④ 杨宽：《论西周金文中的"六""八"和乡遂制度的关系》，《考古》1964 年第 8 期，又载《杨宽古史论文选集》，上海：上海人民出版社，2003 年版，第 46—48 页。

⑤ 李家浩：《先秦文字中的"县"》，《文史》1987 年第 28 辑，又载《著名中年语言学家自选集：李家浩卷》，合肥：安徽教育出版社，2002 年版，第 19 页。

可见李先生将西周金文中的"县"看成是县鄙之县，具体指代城市四周的地区。鲁鑫赞同这种说法。① 李峰也认为这个区域"指的是一个城市的周边地区"②。黄锦前持相同的看法，他认为西周金文中的"县"性质为县鄙之县，与后世郡县之县有别。③

我们认为这种看法是正确的。这是因为：

第一，县在《左传》中有用作郊区的例证。《左传·昭公二十年》记载齐国的晏子说"县鄙之人，入从其政"，即郊野之地的人，入国从政，县也指郊野之地。据之，西周金文中的"郑县""丰县"就是指城市郑、丰的郊区地带。

第二，西周金文中一些词语用法，也可以证明"郑县""丰县"是偏正结构，而非同位语结构；同时证明"县"是城市的郊区地带。西周金文记载：

> 唯正月初吉丁亥，王格于康宫，中倗父内佑楚，立中廷。内史尹册命楚赤雝市、銮旂，取徽五乎。司莽鄙，官内师、舟。楚敢拜手稽首，虔扬天子丕显休，用作尊簋，其子子孙孙万年永宝用。（楚簋铭文，《集成》4246—4249，西周中期）

> 王曰：恒，令汝更乔克司直鄙。赐汝銮旂，用事。凤夕无废朕命。恒拜稽，敢对扬天子休，用作朕文考公叔宝簋，其万年子子孙孙虞宝用。（恒簋盖铭文，《集成》4199、4120，西周中期）

以上铭文中莽和直都是城市。"莽鄙"和"直鄙"是指莽和直的郊区地带。④ 所以，"莽鄙"和"直鄙"都是偏正结构，而非同位语结构。"郑县""丰县"与之结构相同，语境类似，当也是偏正结构。

不仅如此，古汉语中的县、鄙时常同义，因而有很多"县鄙"连称的情况，如《左

---

① 鲁鑫：《东周郡县制度研究》，南开大学博士学位论文，2008 年，第 32—36 页。

② 李峰：《西周的政体：中国早期的官僚制度和国家》，吴敏娜等译，北京：生活·读书·新知三联书店，2010 年版，第 172 页。

③ 黄锦前：《申论西周金文的"县"——兼谈古文字资料对相关研究的重要性》，《文史哲》2017 年第 6 期。

④ "鄙"在先秦时期大致有三种内涵：其一，诸侯国国境内，都城以外的广大区域。《国语·齐语》："叁其国而伍其鄙。"韦昭注："国，郊以内也。……鄙，郊以外也。……谓三分国都以为三军，五分其鄙以为五属。"可见这里的鄙就是指齐国国都以外的广大区域。其二，地域性的社会组织。《逸周书·作雒解》"分以百县，县有四郡，郡有□鄙"中的"鄙"就是地域社会组织。其三，都城或中心城邑周边的郊区地带。《合集》7074"炑、叟鄙三邑"就是指炑、叟周边郊区地带的三个邑；《左传·襄公二十八年》"与晏子邶殿，其鄙六十［邑］"中的"鄙"就是指城市邶殿周边的郊区地带。金文"莽鄙"和"直鄙"与第三种情况相合，应当是指莽、直周边的郊区地带。

传·昭公二十年》"县鄙之人，入从其政，逼介之关，暴征其私"、《吕氏春秋·孟夏》"命司徒循行县鄙"，研究者因而指出"县、鄙是对一件事物的不同称呼，只有用词上的不同，……其所指是基本一致的，都是指环绕在中心城邑周边的直辖区域"[①]，可从。所以，"郑县""丰县"和"莽鄙""直鄙"性质也相同，是城市周边的郊区地带。

三、县在春秋时期的发展

西周时期的县鄙之"县"[②]在春秋时期有所发展，表现在两个方面。其一，周王国和诸侯国的国境内，国都以外的地方都可以称县。《国语·周语》记载周定王派单襄公去聘楚，假道于陈国。他发现陈国"国无寄寓，县无施舍"，还说周制是"国有班事，县有序民"。此处的"国"是指国都，"县"与国都相对，是指陈国和周王国国都以外的广泛区域。[③]《谷梁传·隐公元年》："寰内[④]诸侯。"陆德明《释文》："寰，音县，古县字。一音环，又音患。寰内，圻内也。"杨士勋疏："寰内者，王都在中，诸侯四面绕之，故曰寰内也。"可见这里的"寰"即"县"。这里的县指的是周王国内、王都以外的区域。其二，县可以指代整个诸侯国周边的地带。《左传·昭公十九年》记载：

> 晋人使以币如郑，问驷乞之立。……子产不待而对曰："……若寡君之二三臣，其即世者，晋大夫而专制其位，是晋之县鄙，何国之为？"

大意是说郑国会成为晋国的县鄙，即晋国的周边地带。所以这里的县是指整个诸侯国的周边地带。

接下来看西周县邑之县的发展。

虽然有孑遗，但是西周县邑之县在春秋时期更多的是变化和发展。与西周时期的县相比，春秋时期的县有着诸多异同，我们可以通过考察这些因素，来看这种发展历程。与西周相比，春秋时期，县的不同之处表现在：

[①] 陈剑：《先秦时期县制的起源与转变》，吉林大学博士学位论文，2009年，第28—29页。

[②] 春秋时期只有县邑之县和县鄙之县，应当还没有郡县之县。春秋时期郡、县虽然都已经形成，如《国语·晋语二》中晋国公子夷吾说秦国"君实有郡、县"，但是这只能说明秦国有郡、县，二者的大小、统属关系并不清楚。春秋时期的郡、县之间的关系，更多的时候当如《左传·哀公二年》所描述的：

　　克敌者，上大夫受县，下大夫受郡。

即县比郡重要，而且县比郡大。这与上文所说的郡县之县形成的第五个标准，完全违背。所以，可以说春秋时期还没有形成郡县之县。春秋时期仍然只是正式的郡县制度形成之前的铺垫和酝酿阶段。

[③] 顾颉刚：《春秋时代的县》，《禹贡》1937年第6、7合期，又载《顾颉刚全集：顾颉刚古史论文集（卷五）》，北京：中华书局，2010年版，第253页。

[④] 《谷梁传》的"寰内"，即《礼记·王制》"天子县内"之"县内"。

第一，春秋时期，县可以指代整个城市。《左传·襄公三十年》记载：

> 二月癸未。晋悼夫人食舆人之城杞者。绛县人或年长矣，无子而往，与于食。……赵孟问其县大夫，则其属也。……与之田，使为君复陶，以为绛县师，而废其舆尉。

绛是晋国的首都新绛，绛县即指绛。① 可见，这里的县指的是整个城市——绛。《左传·成公十三年》记载晋国的吕相绝秦时说道：

> 利我有狄难，入我河县，焚我箕、郜。

杨伯峻引刘文淇《春秋左氏传旧注疏证》谓："河县疑是河曲之变文。"② 若确如是，晋国在河曲建立了县。杜预注："箕、郜，晋二邑。"根据语境，河县与箕、郜性质相当。所以，此处的河县指的是河曲这个城市。另外，春秋时期楚国的县，如商、期思、叶、沈、寝、白、武城、析、东西二不羹，都是整个城市。③

第二，春秋时期，县的设置区域更加广泛，大小规模相对自如。

晋国的绛县位于新都的位置。楚国的商、期思、叶、沈、寝、白、武城、析、东西二不羹位于楚国的国都以外、边境以内的地方。清华简《越公其事》中有一些关于春秋时期越国县制的材料，其中的"边县"就是指越国边境上的县邑。④ 另外，春秋时期灭诸侯国所建立的县，往往也是位于边境的位置。可以说，春秋时期国都以外的地方都可以设置县。⑤

西周时期的县，如《作雒解》中的县，虽然有大小之别，但相差应当不是很大。春秋时期则不一样，有的县是灭国后建立的，面积一定不小。晋献公十六年，晋灭耿、霍、魏三国，并设置了县（《左传·闵公元年》）。那么，这些县的面积是十分广阔的。同时，有些县的面积并不大。《晏子春秋·外篇重而异者第七》载齐景公对晏婴说"昔吾先君桓公予管仲狐与谷，其县十七"，这里，县的面积应当就不大。可见，当时县的大小规模比较自如。正是因为春秋时期有规模很大的县的存在，所以存在从大县中分立"别县"的现

---

① 王晖：《西周春秋"遱（县）"制性质研究——从"县"的本义说到一种久被误解的政区组织》，《史学集刊》2017年第1期，第44—45页。

② 杨伯峻编著：《春秋左传注（修订本）》，北京：中华书局，1990年版，第863页。

③ 杨宽：《春秋时代楚国县制的性质问题》，《中国史研究》1981年第4期，又载《杨宽古史论文选集》，上海：上海人民出版社，2003年版，第66—67页。

④ 李学勤主编：《清华大学藏战国竹简（七）》，上海：中西书局，2017年版。

⑤ 从这个角度讲，春秋时期县鄙之"县"内涵的扩展，与县邑之"县"设置区域的日益广泛是紧密联系的。正是因为在诸侯国国都以外的地方设置了县邑之县，所以渐渐地，县鄙之县可以指代诸侯国内都城以外的区域。正是随着将新灭的国家设置为县，县鄙之县才有了诸侯国周边地区的内涵。

象，如晋国的州县是温县的别县（《左传·昭公三年》）；也存在将大县分成多个小县的现象，如晋国"分祁氏之田以为七县，分羊舌氏之田以为三县"（《左传·昭公二十八年》）。

第三，春秋时期，县内的职官逐渐细致化。从《左传·昭公四年》的内容可知，西周时期县邑之县已经设置了"县人"来管理，但是更精细的职官却不见于记载。春秋时期则不同，县内的职官设置呈愈发细致化的趋势。在《左传·襄公三十年》中，晋国在绛县设置了"县大夫""绛县师"之类的职官。《左传·庄公三十年》记载："楚公子元归自伐郑而处王宫，……秋，申公斗班杀子元。"杜预注："申，楚县。楚僭号，县尹皆称公。"可见楚国在县里设置了县尹这一类职官。

这些转变的产生，都为后来县邑之县的进一步发展和郡县之县的最终形成奠定了基础。那么，是什么原因促使了这种差异的产生？一方面，这与春秋时期一些诸侯国的改革有关系。我们可以从齐国的改革来管窥当时普遍的状况。春秋时期，齐国管仲曾采取如下措施来改革齐国：

> 制鄙三十家为邑，邑有司。十邑为卒，卒有卒帅。十卒为乡，乡有乡帅。三乡为县，县有县帅。十县为属，属有大夫。五属故立五大夫，各使治一属焉。故政之听属，牧政听县，下政听乡。（《国语·齐语》）

此处"鄙"，是与"国"相对的，指国都以外的地区。可见，管仲在国都以外的地区设立了邑、卒、乡、县、属五级大小相统属的基层社会组织。这种改革是将之前城市的模式推广到了全国，但是客观效果却是促使县的形态发生变迁。

另一方面，这也与春秋时期的灭国战争有关。许多大诸侯国灭掉小诸侯国后，往往模仿本国用县管理城市郊区的方法，设立县来管理新灭的诸侯国。《左传·哀公十七年》记载"彭仲爽，申俘也，文王以为令尹，实县申、息"，这里的申和息，以前是诸侯国，在此就被楚国设立了县来管理。《左传·宣公十一年》记载，楚庄王因为夏征舒之乱，率领诸侯伐陈，"遂入陈，……因县陈"，陈国以前是诸侯国，在此也设立了县。清华简《系年》[1]记载："楚灵王立，既县[2]陈、蔡。……秦异公命子蒲、子虎率师救楚，与楚师伐阳（唐），县之。"（第104—107号简）又谓："（楚）灵王先起兵，……为南怀之行，县陈、蔡，杀蔡灵侯。"（第98—99号简）这里的陈、蔡、唐本是诸侯国，被灭后都设立了县。《史记·秦本纪》记载秦武公十年"伐邽、冀戎，初县之"、武公十一年"初县杜、郑"，称县的邽、

---

[1] 李学勤主编：《清华大学藏战国竹简（七）》，上海：中西书局，2017年版。
[2] 清华简《系年》简文中的多个"县"字，都写作"闐"，为"闲"的异体字。它的古音在见母元部，可以通假为匣母元部的"县"。

冀戎、杜、郑，被灭国前都是诸侯国。这推动了县的设置区域和大小规模的变化。

当然，春秋时期的县邑之县与西周时期仍然有很多相同的地方，表现在：

其一，都有一定的统属与被统属关系。《逸周书·作雒解》中的"县"统属"郡""鄙"二级更基层的地域社会组织。而《国语·齐语》中的"县"统属"邑""卒""乡"三级更基层的地域社会组织，同时被"属"这样更大的地域社会组织统属。这些为郡县制度下郡统属县这一关系的最终确立提供了范本。

其二，都要依附于更大的社会组织。西周时期的县依附于更大的社会组织，如《逸周书·作雒解》中的县依附于成周。春秋时期不同诸侯国之间县的形态差别较大，但是都依附于更大的社会组织的特点是一致的。楚国攻灭其他小的诸侯国后建立的县，权、申、息、陈、郑①，都依附于楚国。秦国灭邽、冀、杜、郑几国后建立的县（《史记·秦本纪》），都依附于秦国。上文提及的，齐国叔夷钟（《集成》273）、叔夷镈铭文（《集成》285）铭文中的"其县三百"是依附于莱都脒膠的。这应当也是春秋时期设立的社会组织称"县"的原因。

其三，国君能很好地控制县。《逸周书·作雒解》中的县，周王一定能很好地控制。春秋时期的县虽然位于不同的诸侯国中，有一些差别，但是它们都有一个共同的特点，就是能被国君很好地控制。春秋时期的楚国、秦国在灭掉别的诸侯国之后都设立县，最根本的原因在于他们能通过县来很好地控制这些地区。

春秋时期还有一些表面上看似属于贵族的县，实际上诸侯国君对它们有很强的控制力。《史记·吴世家》记载"王余祭三年，齐相庆封有罪，自齐来奔吴，吴予庆封朱方之县，以为奉邑。……富于在齐"；《说苑·臣术》篇说齐景公因晏子食不饱，"令吏致千家之县一于晏子"；春秋晚期的叔夷钟（《集成》273）、叔夷镈铭文（《集成》285）说"公曰：'尸，……余赐汝莱都脒膠，其县三百'"；《左传·闵公元年》记载"晋侯作二军，公将上军，太子申生将下军，赵夙御戎，毕万为右，以灭耿、灭霍、灭魏。还，……赐赵夙耿，赐毕万魏，以为大夫"，这些县表面上看似为贵族所有，但是它们在贵族绝嗣之后就很快被国君收回。实际上，诸侯国君对他们有很好的控制力②。这正是春秋战国时代，县被广泛设立的原因。

四、春秋时期越国的县制

接下来我们可以通过一个具体的案例——春秋时期越国的县制——来进一步考察春秋时期县的形态。

---

① 顾颉刚：《春秋时代的县》，《禹贡》1937 年第 6、7 合期，又载《顾颉刚全集：顾颉刚古史论文集（卷五）》，北京：中华书局，2010 年版，第 233—239 页。

② 晋国在春秋时期有很多县为贵族所有，但是研究者根据晋县主官不世袭和赋税受国家支配等情况，指出晋县是国君的直属地，参见杜勇：《关于春秋时代晋县的性质问题》，《天津师范大学学报》2009 年第 1 期。

2017年出版的《清华大学藏战国竹简（七）》中收录了《子犯子余》《晋文公入于晋》《赵简子》《越公其事》四篇简文。[①] 其中，《越公其事》由75支简构成，是竹简和字数最多的一篇。根据内容，它不是思想类或者子书类的竹书，而是侧重史实类的文献。这篇简文最迟成书于战国中期，内容却是反映春秋末年越国的史事，从时间上讲二者相距不远，相关记载的可信性较高。综合判断，《越公其事》是一篇史料价值不在《左传》和《国语》之下的文献。

一方面，在传世文献和出土文献中，有反映西周时期城市郑、丰县制的青铜器铭文[②]，也有描述春秋时期楚国、晋国、秦国、齐国、吴国县制的材料[③]，还有体现东周时期燕国和三晋地区县制的古文字资料[④]，却没有见到反映越国县制的史料。《越公其事》中有很多简文是关于春秋时期越国县制的，无疑为这方面的研究提供了宝贵的资料。

另一方面，过去学者对春秋时期的县进行了不少的研究。其中，有学者对春秋时期的县进行了综合性的探讨[⑤]，有学者对具体诸侯国的县进行了考察[⑥]，还有学者关注了不同

[①] 李学勤主编：《清华大学藏战国竹简（七）》，上海：中西书局，2017年版。

[②] 《集成》4626，西周中期的免簠铭文中出现了"郑县"；《集成》4279，西周晚期的元年师旋簋铭文中提到了"丰县"。它们都是反映西周县制的重要材料。

[③] 顾颉刚先生的《春秋时代的县》一文，对传世文献中关于县制的材料进行了全面的梳理，探讨得也很深入。从中我们可以看出春秋时期的楚国、晋国、秦国、齐国、吴国的县制，都有相应的文献记载。参见顾颉刚：《春秋时代的县》，《禹贡》1937年第6、7合期，又载《顾颉刚全集：顾颉刚古史论文集（卷五）》，北京：中华书局，2010年版，第231—274页。

[④] 李家浩先生的《先秦文字中的"县"》一文，对当时能见到的周代出土文字中的"县"进行了全面的梳理，据之可以看出东周时期的齐国、燕国和三晋地区都有县。参见李家浩：《先秦文字中的"县"》，《文史》1987年第28辑，又载《著名中年语言学家自选集：李家浩卷》，合肥：安徽教育出版社，2002年版，第15—34页。

[⑤] 如［清］顾炎武：《郡县》，载《日知录集释（全校本）》，黄汝成集释，栾保群、吕宗力校点，上海：上海古籍出版社，2006年版，第1238页。［清］姚鼐：《郡县考》，载《惜抱轩诗文集》，刘季高标校，上海：上海古籍出版社，1992年版，第12页。［清］赵翼：《郡县》，载《陔余丛考》，上海：商务印书馆，1957年版，第293—295页。顾颉刚：《春秋时代的县》，《禹贡》1937年第6、7合期，又载《顾颉刚全集：顾颉刚古史论文集（卷五）》，北京：中华书局，2010年版，第233—239页。［日］增渊龙夫：《说春秋时代的县》，载刘俊文主编《日本学者研究中国史论著选译（第三卷）》，黄金山、孔繁敏等译，北京：中华书局，1993年版，第189—213页。冉光荣：《春秋战国时期郡县制度的发生与发展》，《四川大学学报》1963年第1期。虞云国：《春秋县制新探》，《晋阳学刊》1986年第6期。韩连琪：《春秋战国时代郡县制及其演变》，《文史哲》1986年第5期。李家浩：《先秦文字中的"县"》，《文史》1987年第28辑，又载《著名中年语言学家自选集：李家浩卷》，合肥：安徽教育出版社，2002年版，第15—34页。周振鹤：《县制起源三阶段说》，《中国历史地理论丛》1997年第3期。周书灿：《春秋时期"县"的组织形式和管理形态》，《江海学刊》2003年第3期。陈剑：《先秦时期县制的起源和转变》，吉林大学博士学位论文，2009年。王晖：《西周春秋"遭（县）"制性质研究——从"县"的本义说到一种久被误解的政区组织》，《史学集刊》2017年第1期。等等。

[⑥] 研究楚国县制的有杨宽：《春秋时期楚国县制的性质问题》，《中国史研究》1981年第4期，又载《杨宽古史论文选集》，上海：上海人民出版社，2003年版，第61—83页。徐少华：《关于春秋楚县的几个问题》，《江汉论坛》1990年第2期。谭黎明：《春秋时期楚国的县制》，《吉林师范大学学报》2005年第2期。研究晋国县制的有周苏平：《春秋时期晋国的县制》，《史学月刊》1986年第2期。吕文郁：《春秋时代晋国的县制》，《山西师大学报》1992年第5期。衣保中：《春秋时期晋国县制的形成及特点》，《吉林师范学院学报》1995年第2期。杜勇：《关于春秋时代晋县的性质问题》，《天津师范大学学报》2009年第1期。研究吴国县制的有张晓芳：《春秋吴国郡县制考论》，《边疆经济与文化》2008年第9期。等等。

诸侯国之间县制的差异①，也有学者对春秋县与战国县的差异进行了讨论②。这些研究都富有启发性，为进一步的研究奠定了良好的基础，但是遗憾的是没有涉及越国县制的研究。

出于以上两方面的考虑，在下文中，笔者将依托《越公其事》，对春秋时期越国的县制进行探讨。

（一）春秋越县的规模和位置

清华简《越公其事》中"县"字的形态和所处的语境，具体如下：

郮徺。（第 35 号简）

郮鄏。（第 39 号简）

郮還。（第 44、52 号简）

以上"郮"和其后一字，清华简整理小组分别释读为"边"和"县"。③上博简《曹沫之阵》"郮城奚如"、上博简《郑子家丧》（甲）"郑子家亡，郮人来告"中的"郮"都通假为"边"，可作为"郮"读为"边"的证据。④同时，"徺"、"鄏"和"還"，都从睘得音；而睘可以通假为"县"。《古玺汇编》1903"睘史"，"睘"读为"县"；方城睘小器"方城睘"，"睘"读为"县"，皆是证据。因而"徺""鄏"和"還"都可以通假为"县"。⑤所以，清华简《越公其事》中的以上三组文字都是"边县"。

越国的县，和城市一样，被设置在越都以外的"野"。清华简中有如下的内容：

王乃遽（趣）使人戩（察）賭（省）成（城）市、边還（县）小大远狇（迩）之甸（匀）、著（落）。……王既察知之，乃命上会，王必亲圣（听）之。……王既必听之，乃品呈（野）会。厸（三）品交于王賓（府），厸（三）品年謂攴譽，由（有）賍（牵）由

---

① 如郑殿华：《论春秋时期的楚县与晋县》，《清华大学学报》2002 年第 4 期。又如吕文郁在《春秋时代晋国的县制》中对晋国县制与秦楚县制进行了比较，参见吕文郁：《春秋时代晋国的县制》，《山西师大学报》1992 年第 5 期。

② 如周苏平在《春秋时期晋国的县制》一文的最后部分探讨了春秋县制与战国县制的差别，参见周苏平：《春秋时期晋国的县制》，《史学月刊》1986 年第 2 期。

③ 李学勤主编：《清华大学藏战国竹简（七）》，上海：中西书局，2017 年版，第 130、133、137 页。

④ 白于蓝提供了更多"郮"通假为"边"的证据，参见白于蓝编著：《战国秦汉简帛古书通假字汇纂》，福州：福建人民出版社，2012 年版，第 761—762 页。

⑤ 李家浩在《先秦文字中的"县"》一文中列举了更多"徺""鄏"和"還"通假为"县"的证据，参见李家浩：《先秦文字中的"县"》，《文史》1987 年第 28 辑，又载《著名中年语言学家自选集：李家浩卷》，合肥：安徽教育出版社，2002 年版，第 15—34 页。

（有）毁。有奁戕，有赏罚。善人则由（迪），昏（谮）民则怀（否）。（第44—47号简）

"上会"，即上计①，是由城市、边县的长官定期向越王呈上计文书，报告地方治理状况。以上的第一个"品"是动词，意为评价等次②，"坖"即"野"字③，"品野会"，即对野地上计来的物品评定等次。这段文字大意为：越王派人视察大小远近城市和边县里人口的聚集和疏散；之后，越王命令城市、边县的长官上计，并亲自聆听他们的汇报；再后，越王对城市、边县进献上来的物品评定等级。可见，简文中的"野"就是指代城市、边县。

西周春秋时期周王国和诸侯国，普遍可以分为国、野两大政治区域。④《周礼·天官·冢宰》"惟王建国，辨方正位，体国经野，设官分职，以为民极"，正是对这种情况的描述。其中，国是指国都及其附近四郊，野是国都的郊以外的广大区域，如焦循所云："就一国言之，则郊以内为国，外为野。"（《周礼正义》甸师疏）国、野又称为国、鄙。《国语·齐语》记载管仲在齐国"叁其国而伍其鄙"，韦昭注："国，郊以内也；鄙，郊以外也。"《左传·庄公二十八年》记载："（晋）群公子皆鄙，唯二姬之子在绛。"当时晋献公使太子申生居曲沃，重耳居蒲城，夷吾居屈，"群公子皆鄙"就是指三位公子所住之地；绛是晋国的都城。这两则材料证明当时将国都以外地方称为鄙；鄙就是野。国、野又称为都、鄙。《国语·楚语》："国有都鄙，古之制也。"这里的都指国都，国都以外的地方称为鄙；鄙也就是野。可见，春秋时期的人们将国都以外的地方称为"野"。以上这段简文中"野"能指代城市、边县，正是因为它们设置在国都以外的地方。

关于春秋时期越县的规模和相隔越都的距离，《越公其事》中有如下的记载：

边县小大远汜（迩）。（第35号简）

城市、边县小大远汜（迩）。（第44号简）

"汜"通假为"迩"；上博简《从政》"闻之曰：君子之相就也，不必在近迡"中的"迡"通假为"迩"，可以作为证据。《说文》："迩，近也。"《玉篇》："迩，近也。"第一则材料中的"小大远迩"是修饰"边县"的，应该读为"小大远迩边县"；这是一种定语后置的现象。定语后置在古文字材料中经常出现，如西周金文中经常出现的赏赐物"玄衣黹屯

① 李学勤主编：《清华大学藏战国竹简（七）》，上海：中西书局，2017年版，第138页。
② 同上。
③ 赵平安：《谈谈战国文字中用为"野"的"冶"字》，《文明的和谐与共同繁荣——互信·合作·共享》，北京论坛，2016年。
④ 胡新生：《西周春秋时期的国野制与部落国家形态》，《文史哲》1985年第2期。

（纯）"（如《集成》2781庚季鼎铭文）中的"黹纯"就是后置的定语；"旂五日"（《集成》4257，弭伯师耤簋铭文）的正确语序应为"五日旂"。[1]《越公其事》第50—52号简中两次出现"边县城市"，与第二则材料对读可知"城市"和"边县"之间应该断开来读；材料二中的"小大远迩"既修饰"城市"，又修饰"边县"。根据这两则材料，春秋时期越国的县在规模上有大、小之分，在距离上有远、近之分。这里的远、近，应该是相对于越国的首都来说，即距离越都的远和近。

春秋时期越国的县具体设立在什么位置？为了解答这个问题，我们首先来考察"边"的含义。《尔雅·释诂下》："边，垂也。"《说文》："垂，远边也。"《国语·吴语》记载："句践用帅二三之老，亲委重罪，顿颡于边。"韦昭注："边，边境。"根据这些例证，可知"边"有边境的含义。清华简《越公其事》中有这样一段话：

孤用率我一二子弟以奔告于边。（第19—20号简）

其中的"边"也是指边境。以此看来，《越公其事》中的"边县"应当就设置在越国的边境地区。

其次，来辨析战国竹简和传世文献中与"边县"结构相似的"边X"的用法，如"边人"。《国语·鲁语上》记载："晋人杀厉公，边人以告，成公在朝。公曰：'臣杀其君，谁之过也？'大夫莫对，里革曰：'君之过也。'"韦昭注："边人，疆场之司。"即边境上管理疆场的官员。《左传·昭公二十四年》记载："吴人踵楚，而边人不备，遂灭巢及钟离而还。"这里的"边人"是指楚国边境上的人。上博七《郑子家丧》云："郑子家丧，边人来告。"[2]这里"边人"和《国语·鲁语上》中的"边人"相同，指边境上管理疆场的官员。[3]同样地，《越公其事》中还有如下两段文字：

孤所得罪，无良边人称怨恶，交斗吴越，使吾二邑之父兄子弟朝夕粲然为豺狼，食于山林草莽。……孤用率我一二子弟以奔告于边。边人为不道，或抗御寡人之辞。（第16—20号简）

王卒既服，舟乘既成，吴师未起。越王勾践命边人聚怨，变乱私成，挑起怨恶，边人乃相攻也，吴师乃起。（第61—63号简）

---

① 潘玉坤：《西周金文语序研究》，上海：华东师范大学出版社，2005年版，第205—211页。
② 马承源主编：《上海博物馆藏战国楚竹书（七）》，上海：上海古籍出版社，2008年版。
③ 陈伟：《新出楚简研读》，武汉：武汉大学出版社，2010年版，第306页。

第一则材料中的"边人"指吴、越两国边境上的人，第二则材料中的"边人"指越国边境上的人。可见，以上的"边人"就是边境上的官员或民众。

又如"边邑"。《史记·伍子胥列传》记载：

> 久之，楚平王以其边邑钟离与吴边邑卑梁氏俱蚕，两女子争桑相攻，乃大怒，至于两国举兵相伐。吴使公子光伐楚，拔其钟离、居巢而归。[1]

钟离和卑梁氏分别是楚国和吴国边境上的邑，那么，指代它们的"边邑"就是指边境上的邑。清华简《越公其事》中的"边县"，与"边人""边邑"的用法相同，是指边境上的县。综之，春秋时期，越国的县都设置在越国的边境上。

春秋时期，在边境地区设县的不只越国一国，楚国也是如此。楚国的许多县是把边境上的小国灭掉后改建的，也有不少是利用原来边境附近小国的旧的国都改建而成的，又有少数是利用原来设在边境的别都改建而成的。[2] 这可与越国县的情况相互印证。

（二）越县在越国地方管理体系中的地位

在清华简《越公其事》中，"边县"和"城市"多次相伴出现。为了进一步了解"边县"的情况，我们对"城市"略作辨析。在传世文献中，"城市"最早见于《韩非子·爱臣》，其内容为：

> 昔者纣之亡，周之卑，皆从诸侯之博大也；晋之分也，齐之夺也，皆以群臣之太富也。夫燕、宋之所以弑其君者，皆此类也。故上比之殷、周，中比之燕、宋，莫不从此术也。是故明君之蓄其臣也，尽之以法，质之以备。故不赦死，不宥刑；赦死宥刑，是谓威淫。社稷将危，国家偏威。是故大臣之禄虽大，不得藉威城市；党与虽众，不得臣士卒。故人臣处国无私朝，居军无私交，其府军不得私贷于家。此明君之所以禁其邪。是故不得四从，不载奇兵；非传非遽，载奇兵革，罪死不赦。此明君之所以备不虞者也。

此处的"城市"是人口集中、工商业发达、居民以非农业人口为主的地区，通常是周围

---

[1] 《史记·吴太伯世家》中有段相关的文字，内容为："初，楚边邑卑梁氏之处女与吴边邑之女争桑，二女家怒相灭，两国边邑长闻之，怒而相攻，灭吴之边邑。吴王怒，故遂伐楚，取两都而去。"两段材料关于"边邑"部分的信息是基本相同的。

[2] 杨宽：《春秋时期楚国县制的性质问题》，《中国史研究》1981年第4期，又载《杨宽古史论文选集》，上海：上海人民出版社，2003年版，第61—83页。

地区的政治、经济、文化中心。

《越公其事》中的"城市"与《韩非子·爱臣》中"城市"的性质相同。春秋时期越国的城市，是商业汇集的地方，有"□□□而□（价）贾"，也有"市贾"（第 38 号简），还有商人之间的"争讼"（第 38 号简）。它们还有如下特征：

城市、边县小大远迩（迩）。（第 44 号简）

上文已经指出"小大远迩"是后置的定语，正常的语序应为"小大远迩城市、边县"；其中"小大远迩"既修饰"边县"，又修饰"城市"，即"小大远迩边县"和"小大远迩城市"。以此看来，越国在距离首都远近不等的地方，设置了大小有别的多处城市。越国的城市作为商业汇集之地，应当处在各个区域的核心位置；而县都设置在边境地区，二者的设置区域正好相对；这可能也是《越公其事》中"城市"与"边县"经常相对而言的原因。

边县和城市是越国地方管理体系中两个非常重要的单元。《越公其事》中有如下一段文字：

越邦服信，王乃好陞（升）①人。王乃逗（趣）②使人戠（察）䁠（省）成（城）市、边還（县）小大远迩（迩）之匋（勾）、著（落）③。……是以劝民，是以收宾，是以匋（勾）邑。……东夷、西夷、古蔑、句吴四方之民乃皆闻越地之多食、政薄而好信，乃波往归之，越地乃大多人。（第 44—49 号简）

在以上的简文中，越王为了吸引别国民众进入越国，特别重视对"城市"和"边县"的治理。在经过一系列的举措后，"城市"和"边县"都收到了很好的治理效果，结果也吸引了很多来自其他地区或诸侯国的移民进入越国。可见，"城市"和"边县"是越国地方管理系统中非常重要的两个单位。简文中还有如下的内容：

---

① "陞"，整理小组读为"征"。但是，二字的音有点远，似不确。按：陞，即升。《楚辞·九叹·远游》："志升降以高驰。"旧注："升，一作陞。"《周礼·春官·视瞽》："九曰隋。"郑玄注："隋者，升气也。"孙诒让的《周礼正义》："陞、升字通。"《方言》卷十二："未陞天龙谓之蟠龙。"戴震疏证："升、陞通。"升，进。《吕氏春秋·孟秋》："农乃升穀。"高诱注："升，进也。"《公羊传·隐公元年》："所闻异辞。"何休注："于所闻之世见治升平。"徐彦疏："升，进也。"《文选·张衡〈西京赋〉》："升觞举燧，既醁鸣钟。"李善注："升，进也。"《玉篇》："进，升也。"升人，即进人，即引进民众。
② 趣，疾，迅速。《说文》："趣，疾也。"《战国策·东周策》："即且趣我攻西周。"鲍彪注："趣，疾也。"
③ 通假为勾。《说文·勹部》："勹，聚也。"《释名·释宫室》："勹，聚也。"《玉篇·勹部》："勹，聚也。"著，通假为落。参见白于蓝编著：《战国秦汉简帛古书通假字汇纂》，福州：福建人民出版社，2012 年版，第 467 页。落，零落、散落。《逸周书·酆保》："五落。"朱右曾《逸周书集训校释》："落，散也。"《汉书·郑当时传》："宾客益落。"颜师古注："落，散也。"《史记·汲郑列传》："宾客益落。"司马贞《史记索隐》："落，犹零落，谓散也。"

越邦皆服升人、多人，王乃好兵。凡五兵之利，王日习之，居诸左右；凡金革之攻，王日论省其事，以闻五兵之利。王乃亲使人请问群大夫及边县、城市之多兵、无兵者，王则与。唯多兵、无兵者是察，问于左右。举越邦至于边县、城市乃皆好兵甲，越邦乃大多兵。（第50—52号简）

为了增加兵员，越王仍然重视对城市和边县的监管，对这两个地方进行巡查，后来也收到了很好的治理效果。《越公其事》又记载：

越邦服农多食，王乃好信。

乃修市政。凡群度之不度，群采物之不对，佯谕谅人则刑也。□□□而□（价）贾焉，则诘诛之。凡市贾争讼，反背欺诒，察之而孚，则诘诛之。因其过以为之罚。

凡边鄙（县）之民及有管（官）师之人或告于王廷，曰："初日政勿若某，今政砫（重），弗果（和）。"凡此类也，王必亲见而听之，察之而信，其在邑司事及官师之人则发（废）也。

凡城、邑之司事及官师之人，乃无敢增壆（益）其政，以为献于王。凡有狱讼至于王廷，曰："昔日与吕（己）言员（云），今不若其言。"凡此类，王必亲听之，旨（稽）之而信，乃母（毋）有贵贱，刑也。（第37—42号简）

以上文字根据意群，可以分成四段。第一段介绍越王"好信"，希望通过一系列的行政措施达到举国好信的目的。第二、三、四段都是越国为了达到"好信"而采取的具体措施。仔细分析，后三段内容各有所指：第二段虽然没有明确提到"城市"，但实际上讲的是城市地区的治理举措；第三段讲的是边县地区的治理举措；第四段是总讲城市、边县地区的治理举措。以此来看，越国仍然需要通过对城市、边县的治理来达到举国"好信"的目的。根据《越公其事》可以判断，越国就是通过城市和边县来管理整个国家的。据之，我们可以绘制出越国地方治理方式的理想图示（如图1）。

（三）春秋越县内部的管理方式

越国在县内设置了一些官员来对其进行管理，这些官员内部有高低之分。《越公其事》记载：

凡边县之民及有官师之人或告于王廷，曰："初日政勿若某，今政砫（重），弗果（和）。"凡此类也，王必亲见而听之，察之而信，其在邑司事及官师之人则发（废）也。（第39—40号简）

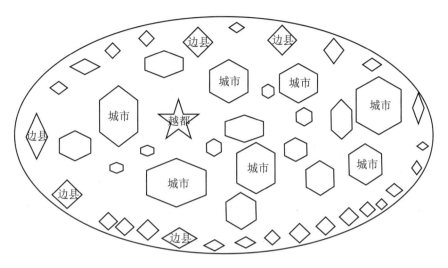

图1　越国地方治理方式理想图示

《广雅·释诂三》："某，名也。"王念孙《广雅疏证》："凡言某者，皆所以代名也。"简文中的"某"指县内的现状。"果"通假为"和"；马王堆帛书《易之义》"是故履以果行也，谦以制礼也。"可作为证据。和，意为和睦、融洽。《尚书·皋陶谟》"同寅协恭，和衷哉"，孔传"以五礼正诸侯，使同敬合恭而和善"，《孟子·公孙丑下》"天时不如地利，地利不如人和"，其中的"和"都是这种用法。

简文中第一次出现的"官师之人"是举报之人，第二次出现的"官师之人"是被举报之人，二者虽然同属一个群体，却不是同一批人，后者可能是前者的上司或者同事，可见县内的"官师之人"数量很多。"司事"应是管理被举报事务的最高职官。关于县内职官的设置情况，我们还可以看以下一段简文：

> 凡城、邑之司事及官师之人，乃无敢增墜（益）其政，以为献于王。凡有狱讼至于王廷，曰："昔日与吕（己）言员（云），今不若其言。"凡此类，王必亲听之，旨（稽）之而信，乃母（毋）有贵贱，刑也。（第40—42号简）

上文已经指出这段文字是总讲城市和边县的状况，所以其中也谈到了边县内部的官制。可见，边县里有"司事"和"官师之人"的设置。

《越公其事》记载越王会让城市和边县的管理人员定期汇报自己的治绩，并会据之进行奖惩：

> 王既察知之，乃命上会，王必亲圣（听）之。其匈（勾）者，王见其执事人则

訇（怡）念（豫）熹（熹）也，不可□（疑"笑笑"前的□是一个意为"仅"的字。"不可□笑笑也"，意为不可以仅仅喜乐，还要有实际的奖赏行为）芺（笑）芺（笑）也，则必饮食赐夋（予）之。其荅（落）者，王见其执事人，则顐（忧）感（戚）不豫，弗余（予）饮食。（第45—46号简）

可见，县内有管理官员"执事人"。所以，从这两段文字我们可以看出县内的官员及其等级状况（如表1）。

表 1　越国县官及其等级

最高级别	司事	执事人
第二级别	官师之人（被举报者）	
第三级别	官师之人（举报者）	

越王对县有很强的控制力。《越公其事》有如下两部分文字。

第一部分：

越邦服信，王乃好陞（升）人。王乃遝（趣）使人戠（察）睧（省）成（城）市、边還（县）小大远伖（迩）之匈（勾）、荅（落）。王则賊①（与），唯匈（勾）、荅（落）是察省，闻之于左右。

王既察知之，乃命上会，王必亲圣（听）之。其匈（勾）者，王见其执事人则訇（怡）念（豫）熹（熹）也，不可□②芺（笑）芺（笑）也，则必饮食赐夋（予）之。其荅（落）者，王见其执事人，则顐（忧）感（戚）不豫，弗余（予）饮食。

王既必听之，乃品𥦥（野）③会。厽（三）品交于王賓（府），厽（三）品年誦女臂，

---

① 賊，在简文中作"戉"，左部为"見"，右部为"戉"。整理专家隶定为"覕"，则认为这个字的右部是"必"。实际上，"必"字也见于《越公其事》，作"必"（42号简）、"必"（61号简），下部的三撇相互平行，并不相交。但是，"戉"字的下部有两撇相交，字形差别较大，应该不是"必"字；它反而与"戉"字结构相同，应当就是"戉"。参见汤余惠主编：《战国文字编》，福州：福建人民出版社，2001年版，第823页。所以这个字正确的隶定应为"覾"。"覾"在本篇简文中应当通假为"与"。"覾"应是从戉得音，戉的古音在匣纽月部与古音在喻纽鱼部的"与"字音近，可以通假。参见唐作藩编著：《上古音手册》，南京：江苏人民出版社，1982年版。《群经平议·尚书三》："在商邑越殷国灭无罪"，俞樾按："'越'与'与'同。"与，参与。《论语·八佾》"吾不与祭，如不祭"，《礼记·王制》"五十不从力政，六十不与服戎，七十不与宾客之事"，《汉书·王莽传上》"以光（孔光）为太师，与四辅之政"，其中的"与"都是这种含义，可作为证据。

② 疑"笑笑"前的□是一个意为"仅"的字。"不可□笑笑也"，意为不可以仅仅喜乐，还要有实际的奖赏行为。

③ 赵平安：《谈谈战国文字中用为"野"的"冶"字》，《文明的和谐与共同繁荣——互信·合作·共享》，北京论坛，2016年。

由（有）取（牵）由（有）毁。① 有燮戕，有赏罚。善人则由（迪），暜（谮）民则怀（否）。②

是以劝民，是以收宾，是以匎（勾）邑。王则唯匎（勾）、荅（落）是徙（趣），熹于左右。举越邦乃皆好阩（升）人，方和于其堃（地）。东夷、西夷、古蔑、句吴四方之民乃皆闻越地之多食、政薄而好信，乃波往归之，越地乃大多人。（第44—49号简）

第二部分：

凡边酆（县）之民及有管（官）师之人或告于王廷，曰："初日政勿若某，今政砫（重），弗果（和）"。凡此类也，王必亲见而听之，察之而信，其在邑司事及官师之人则发（废）也。

凡城邑之司事及官师之人，乃无敢增塦（益）其政，以为献于王。凡有狱讼至于王廷，曰："昔日与吕（己）言员（云），今不若其言。"凡此类，王必亲听之，旨（稽）之而信，乃母（毋）有贵贱，刑也。（第37—42号简）

从以上两部分的简文可以看出越王对于县有很强的控制力，主要体现在以下四个方面。其一，越王可以派人视察县。简文记载"王乃趣使人察省城市边县小大远迩之匎（勾）、落"，意即越王迅速派人视察城市和小大远近边县的聚集和零落。"王则与"，越王自己甚至也参与这种视察。其二，县里的长官需要对越王进行"上计"，即就县内的治绩对越王进行汇报。"上会"，整理专家指出即"上计"。其三，越王会根据治理的情况，对县官进行擢升和废除，奖励和惩罚。做得好的，会被"饮食赐奂（予）之"；会被"牵"，即擢升；会被"迪"，即任用。做得不好的，会被"弗余（予）饮食"；会被"毁"，即废除职务；会被"否"，即不任用。其四，县的最终狱讼权力掌控在越王手里。县里的民或官师之人可以到王廷举报县里"政重"的事情，也可以向越王检举"增益其政"，如果调查结

---

① 取，通假为牵。参见白于蓝编著：《战国秦汉简帛古书通假字汇纂》，福州：福建人民出版社，2012年版，第860—861页。《说文·牛部》："牵，引前也。"《玉篇·牛部》："牵，引前也。"在简文中意指擢升某些人员。毁，撤除；废除。《梁书·儒林传·司马筠》"吴太妃既朝命所加，得用安成礼秩，则当祔庙，五世亲尽乃毁"就是这种用法。毁的这种用法与《越公其事》40号简"其在邑司事及官师之人则发（废）也"是一致的。"有牵有毁"就是指有擢升也有废除。

② 由，通假为迪。迪，进用，任用。《尚书·牧誓》："昏弃厥遗王父母弟不迪。"王引之《经传释词》卷六："《史记·周本纪》'不迪'作'不用'，迪为'不用'之用。"《诗经·大雅·桑柔》："维此良人，弗求弗迪。"毛传："迪，进也。"郑玄笺："国有善人，王不求索，不进用之。"暜，不信。《诗·大雅·瞻印》："鞫人忮忒，暜始竟背。"郑玄笺："暜，不信也。"怀，通假为否。暜民则否，意思为"不信的人则不会被任用"。

果属实，越王会处置相关的官员。

（四）春秋越县的其他特征

外来的移民除了居住在城市里，也会居住在县里。在《越公其事》中，越王治理边县的主要目的就是吸引别的诸侯国的民众，后来治理好了，果然吸引了来自"东夷、西夷、古蔑、句吴四方之民"（第48—49号简），可见县是越国外来移民的居住区域。

越国的县又称为邑。《越公其事》第39—40号简记载：

> 凡边县之民及有官师之人或告于王廷，曰："初日政勿若某，今政重，弗和。"
> 凡此类也，王必亲见而听之，察之而信，其在邑司事及官师之人则废也。

仔细体会这段文字可以发现，画线的两处，实际上都是指代一事。另外，第40号简"凡城、邑之司事及官师之人"，这里的"城"指"城市"，"邑"是指"边县"。可见，春秋时期越国的县又可以称为邑。

春秋时期的客观情况是，有的诸侯国设立了县，有的没有。县可以称为邑的事例，春秋时期其他国家也有不少。《左传·昭公五年》"韩赋七邑，皆成县也"，是晋国邑、县等同的例证；《左传·成公七年》"楚围宋之役，师还，子重请取于申、吕以为赏田，王许之。申公巫臣曰：'不可。此申、吕所以邑也，是以为赋，以御北方。若取之，是无申、吕也'"，而申、吕实际上都是楚国的县，这则材料说明楚国的县、邑也可等同。

还有一些国家没有设立县，但是它们的邑实际指县。如：

> 郑伯赏入陈之功。三月甲寅朔，享子展，赐之先路，三命之服，先八邑。赐子产次路，再命之服，先六邑。子产辞邑，曰："自上以下，隆杀以两，礼也。臣之位在四，且子展之功也，臣不敢及赏礼，请辞邑。"公固予之，乃受三邑。（《左传·襄公二十六年》）

> 公（卫侯）与免余邑六十，辞曰："唯卿备百邑，臣六十矣。下有上禄，乱也，臣弗敢闻。且宁子唯多邑，故死。臣惧死之速及也。"公固与之，受其半。（《左传·襄公二十七年》）

> 宋左师（向戌）请赏，曰："请免死之邑。"公与之邑六十。（《左传·襄公二十七年》）

与《晏子春秋·外篇第七》载齐景公对晏婴说"昔吾先君桓公，予管仲狐与奴，其县十七"，《史记·吴世家》"王余祭三年，齐相庆封有罪，自齐来奔吴，吴予庆封朱方之县"，春秋时期器叔夷镈铭文"公曰：夷，……余赐汝莱都脒鳌其县三百"（《集成》285，春秋晚期）相比较，可见郑国、卫国、宋国的邑也可以称为县。

五、结语

至此，我们可以总结本讲的内容：

西周时期已经存在县，这不仅可以被西周金文中的"郑县"和"丰县"所证明，也可以被诸如《逸周书·作雒解》和《左传·昭公四年》之类的传世文献所证明。

西周时期县的形态有两种，分别为：县邑之县，即位于城市郊区的附属小邑；县鄙之县，即城市周边的郊区地带。

西周时期，两种形态的县之间有着密切的关系。当时应该先有县邑之县。因为这类县设置在围绕城市的郊区地带，而且设置得很多，分布很广，所以慢慢地设置这类县的广泛区域——鄙都可以用"县"来代替。随之，"县"的内涵也发生了变化，有了意为郊区的"鄙"的含义。这样就产生了县鄙之县。

西周时期的县邑之县在春秋时期有着很大的发展，主要体现在二者的差异方面。春秋时期的县可以指城市，而且设置区域广泛，大小规模灵活。这种差别是由春秋时期诸侯国的改革活动和灭国战争推动产生。同时，两个时期的县也有共同点，表现在：都有一定的统属与被统属关系——为郡县制度下郡统属县这一关系的最终确立提供了范本；都要依附于更大的社会组织——这可能是春秋时期新设立的社会组织称"县"的原因；都能被所有者很好地控制——这应该就是春秋战国时期县被普遍设置的原因。

我们可以通过考察春秋时期越国的县制来进一步了解春秋时期县的形态。

春秋时期越国的县都设置在边境地区，因而又被为"边县"。它们大小有别，设立的位置也距离越国首都远近不等。

与"边县"相对，"城市"都设立在各区域的核心位置。越国的城市也有大小、远近的不同，它们是商业汇集的地方。越国就是通过设立"城市"和"边县"来管理整个国家的。

春秋时期越国的县的内部设置了司事、官师之类的官员，他们人数众多，又有等级之别；还设置了"执事之人"来管理相关的事务。越王通过视察县、让县的长官向自己汇报治理状况、根据政绩对县的职官进行升降奖惩、掌控县的最终狱讼权力等方式，牢固控制着县。

春秋时期越国的县设置的区域被称为野，又被称为邑。来自别的诸侯国的移民中的一部分就居住在县里。

对于春秋时期越国县制的研究，有助于我们进一步认识春秋时期的县，也有利于我们进一步了解县的早期形态。

参考书目

［清］顾炎武：《日知录·郡县》，载《日知录集释（全校本）》，黄汝成集释，栾保群、吕宗力校点，上海：上海古籍出版社，2006年版。

［清］姚鼐：《郡县考》，载《惜抱轩诗文集》，刘季高标校，上海：上海古籍出版社，1992年版。

［清］赵翼：《郡县》，载《陔余丛考》，上海：商务印书馆，1957年版。

［清］阮元：《积古斋钟鼎彝器款识》卷七，嘉庆九年自刻本。

白于蓝编著：《战国秦汉简帛古书通假字汇纂》，福州：福建人民出版社，2012年版。

陈梦家：《西周铜器断代》，北京：中华书局，2004年版。

陈伟：《新出楚简研读》，武汉：武汉大学出版社，2010年版。

顾颉刚：《顾颉刚全集：顾颉刚古史论文集（卷五）》，北京：中华书局，2010年版。

郭沫若：《两周金文辞大系图录考释》，北京：科学出版社，2002年版。

黄怀信：《逸周书校补注译（修订本）》，西安：三秦出版社，2006年版。

黄怀信、张懋镕、田旭东：《逸周书汇校集注（修订本）》，上海：上海古籍出版社，2007年版。

李峰：《西周的政体：中国早期的官僚制度和国家》，吴敏娜等译，北京：生活·读书·新知三联书店，2010年版。

李家浩：《著名中年语言学家自选集：李家浩卷》，合肥：安徽教育出版社，2002年版。

李学勤主编：《清华大学藏战国竹简（七）》，上海：中西书局，2017年版。

刘俊文主编：《日本学者研究中国史论著选译（第三卷）》，黄金山、孔繁敏等译，北京：中华书局，1993年版。

马承源主编：《商周青铜器铭文选（三）》，北京：文物出版社，1988年版。

马承源主编：《上海博物馆藏战国楚竹书（七）》，上海：上海古籍出版社，2008年版。

潘玉坤：《西周金文语序研究》，上海：华东师范大学出版社，2005年版。

汤余惠主编：《战国文字编》，福州：福建人民出版社，2001年版。

唐兰：《西周青铜器铭文分代史征》，上海：上海古籍出版社，2016年版。

唐作藩编著：《上古音手册》，南京：江苏人民出版社，1982年版。

吴镇烽编著：《商周青铜器铭文暨图像集成（第十二卷）》，上海：上海古籍出版社，2012年版。

杨伯峻编著：《春秋左传注（修订本）》，北京：中华书局，1990年版。

杨宽：《西周史》，上海：上海人民出版社，2003年版。

杨宽：《杨宽古史论文选集》，上海：上海人民出版社，2003年版。

杨树达：《积微居金文说（增订本）》，北京：中华书局，1997年版。

袁珂译注：《山海经全译》，贵阳：贵州人民出版社，1991年版。

张怀通：《〈逸周书〉新研》，北京：中华书局，2013年版。

张亚初、刘雨：《西周金文官制研究》，北京：中华书局，1986年版。

［日］增渊龙夫：《中国古代的社会与国家》，吕静译，上海：上海古籍出版社，2017年版。

第四讲

六朝政权与江南历史

刘　啸

六朝，是指孙吴、东晋以及南朝的宋、齐、梁、陈这六个定都于今天南京地区的政权，由于它们的疆域大致在中国的南方地区，涵盖了今天江南的全部，所以历史上江南的开发与六朝政权有着密切的关系。

一、农业的发展

孙权继承父兄基业，据有江南之后，为了求生存、谋发展，大兴屯田。《晋书·食货志》记载当时的背景：

> 于时三方之人，志相吞灭，战胜攻取，耕夫释耒，江淮之乡，尤缺储峙。[1]

《三国志·吴书·孙权传》：

> （黄武）五年（226年）春，令曰："军兴日久，民离农畔，父子夫妇，不听相恤，孤甚愍之。今北虏缩窜，方外无事，其下州郡，有以宽息。"是时陆逊以所在少谷，表令诸将增广农亩。权报曰："甚善。今孤父子亲自受田，车中八牛以为四耦，虽未及古人，亦欲与众均等其劳也。"[2]

《晋书》中的"江淮之乡，尤缺储峙"就是陆逊说的"所在少谷"。粮食的生产不仅关系到民众的生计、社会的安定，更关系到国家的存亡，所以孙权不仅赞成这个意见，

---

① ［唐］房玄龄：《晋书》卷二六《食货志》，北京：中华书局，1974年版，第782页。
② ［晋］陈寿：《三国志》卷四七《孙权传》，北京：中华书局，1959年版，第1132页。

而且身体力行。《晋书·食货志》对此评论道："有吴之务农重谷，始于此焉。"①

孙吴的屯田，以长江中下游地区最为集中，今天的常州、无锡地区就是当时吴国境内较大的屯垦地。《三国志·吴书·诸葛瑾传附诸葛融传》注引《吴书》：

> 赤乌（238—250年）中，诸郡出部伍，新都都尉陈表、吴郡都尉顾承各率所领人会佃毗陵，男女各数万口。②

除此以外，在今天的安徽、江西、浙江境内，也都置有屯田。除了广泛设置民屯以外，孙吴的全体军队在平时也从事耕种。《三国志·吴书·陆凯传》载陆凯上孙皓疏：

> 先帝战士，不给他役，使春惟知农，秋惟收稻，江渚有事，责其死效。③

可见军队在没有战争的时候，也从事农业生产。在孙权统治的时期，吴国不仅广开屯田，而且注意保护农业生产的正常进行。《三国志·吴书·孙权传》：

> （赤乌）三年（240年）春正月，诏曰："盖君非民不立，民非谷不生。顷者以来，民多征役，岁又水旱，年谷有损，而吏或不良，侵夺民时，以致饥困。自今以来，督军郡守，其谨察非法，当农桑时，以役事扰民者，举正以闻。"④

徭役的征发往往使得农桑失时，不仅严重破坏农业生产的有序进行，而且导致大量人口流亡。对于这种情况，孙权是要求予以制止的。

孙吴能在短时间内开辟出规模不小的屯田区，是与对江南山越的征发分不开的。《三国志·吴书·诸葛恪传》：

> 恪以丹杨山险，民多果劲，虽前发兵，徒得外县平民而已，其余深远，莫能禽尽，屡自求乞为官出之，三年可得甲士四万。⑤

同书《陆逊传》：

① ［唐］房玄龄：《晋书》卷二六《食货志》，北京：中华书局，1974年版，第783页。
② ［晋］陈寿：《三国志》卷五二《诸葛瑾传附诸葛融传》，北京：中华书局，1959年版，第1235页。
③ 同上书，卷六一《陆凯传》，第1407页。
④ 同上书，卷四七《孙权传》，第1144页。
⑤ 同上书，卷六四《诸葛恪传》，第1431页。

会丹杨贼帅费栈受曹公印绶，扇动山越，为作内应，权遣逊讨栈。栈支党多而往兵少，逊乃益施牙幢，分布鼓角，夜潜山谷间，鼓噪而前，应时破散。遂部伍东三郡，强者为兵，羸者补户，得精卒数万人。①

将山越驱逼出山，使孙吴不仅补充了军队，而且补充了农业生产的人口。所谓"山越"之中，古代越族的后裔其实很少，更多的是为了躲避战乱或无限制的赋役征发而逃亡进山的汉人。他们聚族自保，依附于某些强宗大族，在一个个"宗帅"的领导下，发展生产，对抗政府。孙吴对山越发动战争，不仅是为了获得劳动力，而且直接关系到政权的稳定。② 由于孙吴统治阶级注重发展农业生产，所以当时吴国境内的经济得到很大的恢复，特别是太湖平原与钱塘江流域，渐渐成为富庶地区。关于这一点，左思在《吴都赋》里多有描述。

西晋短暂统一，随着"八王之乱"的连年混战和北方民族的趁机南侵，黄河流域遭受了持久的破坏。当时长江以南地区尚称安定，所以大量人口南迁。③《宋书·州郡志一》"南徐州"条：

南徐州刺史，晋永嘉大乱，幽、冀、青、并、兖州及徐州之淮北流民，相率过淮，亦有过江在晋陵郡界者。晋成帝咸和四年，司空郗鉴又徙流民之在淮南者于晋陵诸县，其徙过江南及留在江北者，并立侨郡县以司牧之。④

由此可见，除了随司马睿渡江的中州士族"百六掾"⑤以外，还有大量的流民南迁。流民不仅是重要的军力来源⑥，也是重要的生产力量。他们不仅带来了中原先进的生产技术，还与江南人民一起劳动。晋元帝为了立足江南自保，同时对抗北方入侵，势必发展生产。《晋书·食货志》：

① ［晋］陈寿：《三国志》卷五八《陆逊传》，北京：中华书局，1959 年版，第 1344 页。
② 参见吕思勉：《吕思勉读史札记》，增订本，上海：上海古籍出版社，2005 年版，第 640—645 页。唐长孺：《孙吴建国及汉末江南的宗部与山越》，载《魏晋南北朝史论丛》，北京：中华书局，2011 年版，第 1—26 页。
③ 参见谭其骧：《晋永嘉丧乱后之民族迁徙》，载《长水集》（上），北京：人民出版社，1987 年版，第 199—223 页。
④ ［梁］沈约：《宋书》卷三五《州郡志一》，北京：中华书局，1974 年版，第 1038 页。
⑤ ［唐］房玄龄：《晋书》卷六《元帝纪》，北京：中华书局，1974 年版，第 145 页。
⑥ 参见陈寅恪：《述东晋王导之功业》，载《陈寅恪集：金明馆丛稿初编》，北京：生活·读书·新知三联书店，2011 年版，第 65—71 页。周一良：《乞活考——西晋东晋间流民史之一页》，载《魏晋南北朝史论集》，北京：北京大学出版社，1997 年版，第 15—32 页。田余庆：《论郗鉴》，载《东晋门阀政治》，北京：北京大学出版社，2005 年第 4 版，第 32—85 页。

元帝为晋王，课督农功，诏二千石长吏以入谷多少为殿最。其非宿卫要任，皆宜赴农，使军各自佃作，即以为廪。太兴元年（318年），诏曰："徐、扬二州土宜三麦，可督令熯地，投秋下种，至夏而熟，继新故之交，于以周济，所益甚大。昔汉遣轻车使者氾胜之督三辅种麦，而关中遂穰。勿令后晚。"其后频年麦虽有旱蝗，而为益犹多。①

元帝刚过江，就开始关心江南的粮食生产，以谷物的收获量作为考核长吏的标准。同时，他还继续施行军屯的措施，就地解决军粮问题。

南朝政权同样重视农业的发展，颁布一系列政策鼓励农耕。《宋书·文帝纪》：

（元嘉二十一年，444年，七月）乙巳，诏曰："比年谷稼伤损，淫亢成灾，亦由播殖之宜，尚有未尽。南徐、兖、豫及扬州浙江西属郡，自今悉督种麦，以助阙乏。速运彭城下邳郡见种，委刺史贷给。徐、豫土多稻田，而民间专务陆作，可符二镇，履行旧陂，相率修立，并课垦辟，使及来年。凡诸州郡，皆令尽勤地利，劝导播殖，蚕桑麻纻，各尽其方，不得但奉行公文而已。"②

宋文帝除了提供麦种，要求各地及时补种以弥补水灾造成的损失以外，还要求所有州郡劝课农桑，因此，史称"上时务在本业，劝课耕桑，使宫内皆蚕，欲以讽励天下"③。《梁书·武帝纪中》：

（天监）十七年（518年）春正月丁巳朔，诏曰："……今开元发岁，品物惟新，思俾黔黎，各安旧所。将使郡无旷土，邑靡游民，鸡犬相闻，桑柘交畛。凡天下之民，有流移他境，在天监十七年正月一日以前，可开恩半岁，悉听还本，蠲课三年。"④

梁武帝给予流民各种优惠的政策，目的就是"使郡无旷土，邑靡游民"，鼓励百姓安土重迁，从事生产。《陈书·宣帝纪》：

---

① ［唐］房玄龄：《晋书》卷二六《食货志》，北京：中华书局，1974年版，第791页。
② ［梁］沈约：《宋书》卷五《文帝纪》，北京：中华书局，1974年版，第92页。
③ 同上书，卷九九《二凶传》，第2424页。
④ ［唐］姚思廉：《梁书》卷二《武帝纪中》，北京：中华书局，1973年版，第57页。

（太建二年，570 年，八月）又诏曰："民惟邦本，著在典谟，治国爱民，抑又通训。……有能垦起荒田，不问顷亩少多，依旧蠲税。"①

陈宣帝对于新垦土地，不论多少，一律免税。《宣帝纪》中有"依旧"一语，可见新垦土地免税是有成规的。

正是在统治者的鼓励下，东晋南朝的农业得到了很大的发展，其中突出的表现就是水利的兴修。众所周知，江南水系密布，水网发达，但是自然条件影响下，并不能完全满足农业生产的需求。太湖流域与钱塘江流域作为江南最重要的灌溉区域，在当时就兴修了很多水利工程，用来助力农业的生产。《晋书·张闿传》：

> 帝践阼，出补晋陵内史，在郡甚有威惠。……时所部四县并以旱失田，闿乃立曲阿新丰塘，溉田八百余顷，每岁丰稔。②

晋陵曲阿在今天江苏丹阳境内，是孙吴大型屯垦地所在，张闿建"新丰塘"以灌溉。《晋书·孔愉传》：

> 顷之，出为镇军将军、会稽内史，加散骑常侍。句章县有汉时旧陂，毁废数百年。愉自巡行，修复故堰，溉田二百余顷，皆成良业。③

句章是会稽属县，大致在今天浙江宁波南部。这里有汉代修建的水利，可早已废毁。孔愉修复了这些旧陂用以灌溉，皆成良田。《水经·浙江水注》：

> （上虞）县之东郭外有渔浦湖……湖之南，即江津也。江南有上塘、阳中二里。隔在湖南，常有水患。太守孔灵符遏蜂山前湖以为埭。埭下开渎，直指南津。又作水楗二所，以舍此江，得无淹溃之害。④

这里的太守是指会稽太守，孔灵符当会稽太守大致在宋孝武帝末年。他遏湖筑坝，坝下开渎，又作两座水闸以控制水位，不仅避免了水灾，而且可以储水以备旱灾。《南

---

① ［唐］姚思廉：《陈书》卷五《宣帝纪》，北京：中华书局，1972 年版，第 79 页。
② ［唐］房玄龄：《晋书》卷七六《张闿传》，北京：中华书局，1974 年版，第 2018 页。
③ 同上书，卷七八《孔愉传》，第 2053 页。
④ ［北魏］郦道元注：《水经注疏》卷四〇，杨守敬、熊会贞疏，段熙仲点校，陈桥驿复校，南京：江苏古籍出版社，1989 年版，第 3334—3335 页。

史·夏侯详传附子夔传》：

> 中大通六年（534年），为豫州刺史，加督。豫州积岁连兵，人颇失业，夔乃率军人于苍陵立堰，溉田千余顷，岁收谷百余万石，以充储备，兼赡贫人，境内赖之。①

苍陵在今天安徽寿县西，夏侯夔在此地立堰，灌溉千余顷良田。政府鼓励从事农耕，一部分地方官员也注意奉行劝农政策，兴修水利②。但需要指出的是，六朝时期土地占有的基本形态仍然是大土地所有制，大量的土地控制在皇室、官僚、门阀、士族等特权阶级和少数寒门地主的手中③。《抱朴子·吴失》：

> 僮仆成军，闭门为市。牛羊掩原隰，田池布千里。④

葛洪描绘的就是孙吴时期豪族的大土地所有情况。孙吴实行复客制度，这是一种保证权贵土地占有的方式。《三国志·吴书·潘璋传》：

> 璋妻居建业，赐田宅，复客五十家。⑤

同书《蒋钦传》：

> 权素服举哀，以芜湖民二百户、田二百顷，给钦妻子。⑥

同书《周瑜传》：

> （孙权）后著令曰："故将军周瑜、程普，其有人客，皆不得问。"⑦

---

① ［唐］李延寿：《南史》卷五五《夏侯详传附子夔传》，北京：中华书局，1975年版，第1361页。
② 关于六朝时期的水利兴修，参见冀朝鼎：《中国历史上的基本经济区与水利事业的发展》，朱诗鳌译，北京：中国社会科学出版社，1981年版，第84—85、89—90页。田昌五、漆侠总主编：《中国封建社会经济史》（第3卷），济南：齐鲁书社，1996年版，第244—249页。王炎平：《从政治与经济的关系看三国至五代南方经济的发展》，载黄惠贤、李文澜主编《古代长江中游的经济开发》，武汉：武汉出版社，1988年版，第291—295页。
③ 参见唐长孺：《三至六世纪江南大土地所有制的发展》，载《唐书兵志笺正（外二种）》，北京：中华书局，2011年版。本书专门讨论建康及吴、会地区的大土地所有制问题。
④ 杨明照：《抱朴子外篇校笺（下）》，北京：中华书局，1997年版，第145页。
⑤ ［晋］陈寿：《三国志》卷五五《潘璋传》，北京：中华书局，1959年版，第1300页。
⑥ 同上书，卷五五《蒋钦传》，第1287页。
⑦ 同上书，卷五四《周瑜传》，第1264页。

所谓"复客"，就是免除这些客的田租服役，他们的生产所得全部归主人所有与支配，"人客"的增多实际上就保证了地产的扩大。

晋武帝太康元年（280 年）灭吴之后，旋即颁布占田制。《晋书·食货志》：

> 其官品第一至于第九，各以贵贱占田，品第一者占五十顷，第二品四十五顷，第三品四十顷，第四品三十五顷，第五品三十顷，第六品二十五顷，第七品二十顷，第八品十五顷，第九品十顷。而又各以品之高卑荫其亲属，多者及九族，少者三世。宗室、国宾、先贤之后及士人子孙亦如之。[1]

这是明确规定以官品等级占田，即使是品级最低的九品官，所占田地也可以达到十顷之多。这条法令，不仅保证了当时官僚的占田特权，而且允许官僚依官品高低庇荫亲属宗族。更重要的是，"士人子孙亦如之"一句说明士人也可以庇荫亲属，士之成为士族就有了法律上的保证。[2] 过江以后的东晋继承了这种制度，《隋书·食货志》：

> 晋自中原丧乱，元帝寓居江左，百姓之自拔南奔者，并谓之侨人。皆取旧壤之名，侨立郡县，往往散居，无有土著。……都下人多为诸王公贵人左右、佃客、典计、衣食客之类，皆无课役。官品第一第二，佃客无过四十户。第三品三十五户。第四品三十户。第五品二十五户。第六品二十户。第七品十五户。第八品十户。第九品五户。其佃谷，皆与大家量分。……客皆注家籍。[3]

东晋虽然试图限制官僚无限占有佃客，但实际上收效甚微。由于"客皆注家籍"，属于主人的私产，就相当于孙吴的"复客"，因此在广泛占有人客的基础上，大土地所有制得以充分发展。《梁书·太宗王皇后传附父骞传》：

> 时高祖于钟山造大爱敬寺，骞旧墅在寺侧，有良田八十余顷，即晋丞相王导赐田也。高祖遣主书宣旨就骞求市，欲以施寺。骞答旨云："此田不卖；若是敕取，所不敢言。"酬对又脱略。高祖怒，遂付市评田价，以直逼还之。[4]

---

① ［唐］房玄龄：《晋书》卷二六《食货志》，北京：中华书局，1974 年版，第 790 页。
② 参见唐长孺：《魏晋南北朝史论拾遗》，北京：中华书局，2011 年版，第 64—67 页。
③ ［唐］魏征：《隋书》卷二四《食货志》，北京：中华书局，1973 年版，第 673—674 页。
④ ［唐］姚思廉：《梁书》卷七《太宗王皇后传附父骞传》，北京：中华书局，1973 年版，第 159 页。

东晋丞相王导的赐田，到了梁武帝时仍为子孙所保有。从这个故事可以看出，除非以帝王的权威强买强卖，高门大族完全可以长时间占有土地，并不会受朝代更替的影响。

相比于东晋，南朝的官僚高门已经不满足于占有从事农业生产的土地，他们的目标已经扩大到封山固泽了。《宋书·羊玄保传附兄子希传》：

> 时扬州刺史西阳王子尚上言："……官品第一、第二，听占山三顷；第三、第四品，二顷五十亩；第五、第六品，二顷；第七、第八品，一顷五十亩；第九品及百姓，一顷。皆依定格，条上赀簿。若先已占山，不得更占；先占阙少，依限占足。若非前条旧业，一不得禁。有犯者，水土一尺以上，并计赃，依常盗律论。停除咸康二年壬辰之科。"从之。①

这条法令从表面上看，是限制官僚占山的规模；实际上"先已占山，不得更占"，并没有要求归还多占的山泽，"先占阙少"的官员却可以依据这条法令"依限占足"，最大程度地保证了官僚的群体利益。②

在政府的宽纵下，南朝大土地所有制的发展达到了惊人的地步。③《宋书·谢灵运传》：

> 灵运父祖并葬始宁县，并有故宅及墅，遂移籍会稽，修营别业，傍山带江，尽幽居之美。与隐士王弘之、孔淳之等纵放为娱，有终焉之志。每有一诗至都邑，贵贱莫不竞写，宿昔之间，士庶皆遍，远近钦慕，名动京师。作《山居赋》并自注，以言其事。
>
> 灵运因父祖之资，生业甚厚。奴僮既众，义故门生数百，凿山浚湖，功役无已。寻山陟岭，必造幽峻，岩嶂千重，莫不备尽。……尝自始宁南山伐木开径，直至临海，从者数百人。临海太守王琇惊骇，谓为山贼，徐知是灵运乃安。④

谢家在始宁有故宅及别墅，对于谢灵运来说，这都是祖业。依靠奴僮、义故、门生这些"父祖之资"，谢灵运能够"凿山浚湖"，弄得临海太守王琇以为山贼进犯，惊骇不

---

① ［梁］沈约：《宋书》卷五二《羊玄保传附兄子希传》，北京：中华书局，1974年版，第1537页。

② 唐长孺：《南朝的屯、邸、别墅及山泽占领》，载《山居存稿》，北京：中华书局，2011年版，第15—17页。

③ 参见王伊同：《五朝门第》，北京：中华书局，2006年版，第133—137页。

④ ［梁］沈约：《宋书》卷六七《谢灵运传》，北京：中华书局，1974年版，第1754、1775页。

已。由此可见，谢家不仅占据了大量不动产，而且依靠众多的依附人口，完全可以自给自足。《宋书·孔季恭传附子灵符传》：

> 灵符家本丰，产业甚广，又于永兴立墅，周回三十三里，水陆地二百六十五顷，含带二山，又有果园九处。为有司所纠，诏原之，而灵符答对不实，坐以免官。后复旧官，又为寻阳王子房右军长史，太守如故。[1]

《梁书·止足·顾宪之传》：

> 时司徒竟陵王于宣城、临成、定陵三县界立屯，封山泽数百里，禁民樵采，宪之固陈不可，言甚切直。王答之曰："非君无以闻此德音。"即命无禁。[2]

这些大地主的土地占有都是连山带湖、周回上百顷的规模，甚至凭特权占有山泽之后，就视为私产，禁止平民染指。

虽然如此，但是大土地所有制的发展的确促进了江南农业的开发。唐长孺先生指出：

> 大土地所有制的发展，在稳定和恢复农业生产上是起了一定作用的。我们认为大土地所有制所以能在此时获得胜利，最重要的一点就是它还不是生产力的枷锁。[3]

平民对于国家来说，负担着赋税与徭役，实际造成平民逃亡的往往是徭役，特别是兵役。六朝是个战乱的时代，从三国鼎立到南北对峙，战备往往是常态。在这种情况下，躲避兵役，除了流亡之外，就只有投靠权势之家，取得他们的庇护，这就是六朝荫附人口如此众多的主要原因。在权贵们的"保护"下，这些被荫庇的人口虽然要缴纳比国家公赋多得多的租税，但能够躲避徭役，特别是兵役，避免了转死沟壑的命运，能够专心生产。

上举晋陵内史张闿的例子，说他立新丰塘之后，"每岁丰稔"。《元和郡县图志·江南道一》载：

> 新丰湖，在县东北三十里。晋元帝大兴四年（321年），晋陵内史张闿所立。旧

---

① ［梁］沈约：《宋书》卷五四《孔季恭传附子灵符传》，北京：中华书局，1974年版，第1533—1534页。
② 同上书，卷五二《顾宪之传》，第759页。
③ 唐长孺：《三至六世纪江南大土地所有制的发展》，载《唐书兵志笺正（外二种）》，北京：中华书局，2011年版，第96页。

晋陵地广人稀，且少陂渠，田多恶秽。阊创湖成灌溉之利。①

可见立新丰塘使"田多恶秽"的状况得到了很大的改善。上举那位占着水陆地二百六十五顷的孔灵符，据《宋书·孔季恭传附子灵符传》：

> 山阴县土境褊狭，民多田少，灵符表徙无赀之家于余姚、鄞、鄮三县界，垦起湖田。……上违议，从其徙民，并成良业。②

他将贫民从地少人多的山阴县迁往余姚等三县，开垦湖田。东晋南朝时期，江南的土地开发主要集中在京口晋陵与会稽等地。吴郡、义兴、吴兴等地本是吴人势力强盛之处，北人在政治上占据高位者只能向东至会稽求田问舍，如王羲之辈；北人中的次等士族或流民帅等则聚居于京口晋陵区域，如东晋的北府兵。③虽然不知道六朝时期江南土地开垦的具体数字，但从上举南朝关于依据官品占山的法令，可知这种开发已经从平原到山区，包括河湖等水区也被最广泛地利用起来了。

二、手工业的发展

南方矿冶、纺织、造船等手工业在六朝时期都得到了很大的发展。
首先来看矿冶业。《宋书·百官志上》：

> 卫尉，一人。……晋江右掌冶铸，领冶令三十九，户五千三百五十，冶皆在江北，而江南唯有梅根及冶塘二冶，皆属扬州，不属卫尉。
> （少府）东冶令，一人。丞一人。南冶令，一人。丞一人。汉有铁官，晋置令，掌工徒鼓铸，隶卫尉。江左以来，省卫尉，度隶少府。宋世虽置卫尉，冶隶少府如故。江南诸郡县有铁者或置冶令，或置丞，多是吴所置。④

由于金属采冶关系到农具、兵器、钱币生产，所以政府设有专门的官员掌管冶炼。《太平御览·资产部·冶》引《武昌记》曰：

① ［唐］李吉甫：《元和郡县图志》卷二五，贺次君点校，北京：中华书局，1983 年版，第 592 页。
② ［梁］沈约：《宋书》卷五四《孔季恭传附子灵符传》，北京：中华书局，1974 年版，第 1533 页。
③ 参见陈寅恪：《述东晋王导之功业》，载《陈寅恪集：金明馆丛稿初编》，北京：生活·读书·新知三联书店，2011 年版，第 66—71 页。
④ ［梁］沈约：《宋书》卷三九《百官志上》，北京：中华书局，1974 年版，第 1230、1232 页。

北济湖本是新兴冶塘湖，元嘉初，发水冶。水冶者，以水排。冶令颜茂以塘数破坏，难为功力，茂因废水冶，以人鼓排，谓之步冶。①

可见当时冶铸业已经注意到对水利设施的利用，这是铸造方式的进步。同书《道部·剑解》引陶隐居曰：

近造神剑研十五芒，观其铁色青激，光采有异，盖薛烛所谓涣如冰之将释者矣。顷来有作者十余人，皆不及此。作刚朴是上虞谢平，錾镂装治是石尚方师黄文庆，并是中国绝手。以齐建武元年（494年）甲戌岁八月十九日辛酉建于茅山造。至梁天监四年（505年）乙酉岁，敕令造刀剑形供御用，穷极精功，奇丽绝世。别有横法刚，公家自作百炼，黄文庆因此得免隶役，为山馆道士也。②

冶铸技术的进步促成了分工，开始出现一些制作技艺上的名家，如谢平、黄文庆等。黄文庆甚至凭借自己出色的冶炼技术，被免除了隶役。

其次，纺织业也得到了发展。东晋南朝向以麻织业为主，民众缴纳的租布也以麻布居多。除了麻织业以外，当时也引进了织锦技术。《太平御览·布帛部·锦》引《丹阳记》：

斗场锦署，平关右，迁其百工也。江东历代尚未有锦，而成都独称妙。故三国时魏则市于蜀，而吴亦资西道。③

所谓"平关右"，是指东晋末年刘裕灭后秦。刘裕将后秦百工迁至江南，江南才有了织锦业。经过一百多年的发展，到了梁武帝末年，江南的锦产量已经很大。《梁书·侯景传》：

景既据寿春，遂怀反叛……又启求锦万匹，为军人袍，领军朱异议，以御府锦署止充颁赏远近，不容以供边城戎服，请送青布以给之。景得布，悉用为袍衫，因尚青色。又以台所给仗，多不能精，启请东冶锻工，欲更营造，敕并给之。④

---

① ［宋］李昉等：《太平御览》卷八三三，北京：中华书局，1960年版，第3717页。
② 同上书，卷六六五，第2970页。文中"石尚方"恐是"右尚方"之误。
③ 同上书，卷八一五，北京：中华书局，1960年版，第3624页。
④ ［唐］姚思廉：《梁书》卷五六《侯景传》，北京：中华书局，1973年版，第841页。

侯景一次可以向朝廷要求锦万匹,可见产量之大。除了织锦业以外,豫章蚕桑业也很发达。沈约所修《宋书》有一段"史臣曰"也能说明问题:

> 江南之为国盛矣……荆城跨南楚之富,扬部有全吴之沃,鱼盐杞梓之利,充仞八方,丝绵布帛之饶,覆衣天下。①

"覆衣天下"一语已可见江南纺织业的繁荣。

再次,造船业发达。六朝地处江南,与北方常形成对峙之势,商路既然被阻,所以历代多注重海上交通,开拓贸易。②造船业随着商业的发展而发达。此外,南方水网密布,与北方对抗时常利用水道优势加强防守,所以重视修造船舰。《晋书·卢循传》:

> 循遣(徐)道覆寇江陵,未至,为官军所败……乃连旗而下,戎卒十万,舳舻千计,败卫将军刘毅于桑落洲,径至江宁。③

《宋书·武帝纪上》:

> (徐)道覆闻(刘)毅上,驰使报(卢)循曰……循即日发巴陵,与道覆连旗而下。别有八艚舰九枚,起四层,高十二丈。④

卢循对于东晋朝廷来说,是所谓叛军。叛军能在短时间内占据如此众多的船舰,其中不乏四层高的楼船,可见当时造船业的发达。《隋书·高祖纪下》:

> (开皇)十八年(598年)春正月辛丑,诏曰:"吴、越之人,往承弊俗,所在之处,私造大船,因相聚结,致有侵害。其江南诸州,人间有船长三丈已上,悉括入官。"⑤

---

① [梁]沈约:《宋书》卷五四,北京:中华书局,1974年版,第1540页。
② 参见[日]藤田丰八:《前汉时代西南海上交通之记录》,载《中国南海古代交通丛考》,何建民译,上海:商务印书馆,1936年版,第83—115页。刘淑芬:《六朝南海贸易的开展》,《食货(复刊)》1986年第9期。
③ [唐]房玄龄:《晋书》卷二〇〇《卢循传》,北京:中华书局,1974年版,第2635页。参见冯君实:《晋书孙恩卢循传笺证》,北京:中华书局,1963年版,第69—74页。
④ [梁]沈约:《宋书》卷一《武帝纪上》,北京:中华书局,1974年版,第18页。
⑤ [唐]魏征:《隋书》卷二《高祖纪下》,北京:中华书局,1973年版,第43页。

从隋文帝的诏命就可以看出，江南人民往往私造大船，而这是由于"往承弊俗"，即从以前就是如此。所以，隋文帝严令江南三丈以上船，都收归官有。

三、商业的发展

东晋南朝由于连续立都于建康，所以长江中下游的商业逐渐发达了起来。当时长江中游的荆州和长江下游的扬州，不仅是东晋南朝最重要的军事基地，也是最重要的商业都会。特别是建康所在的扬州，不仅是政治中心，也是江南最大的都市。《隋书·地理志下》：

> 丹阳旧京所在，人物本盛，小人率多商贩，君子资于官禄，市廛列肆，埒于二京，人杂五方，故俗颇相类。京口东通吴、会，南接江、湖，西连都邑，亦一都会也。……宣城、毗陵、吴郡、会稽、余杭、东阳，其俗亦同。然数郡川泽沃衍，有海陆之饶，珍异所聚，故商贾并凑。[①]

隋代丹阳郡郡治江宁，即六朝的建康、今天的南京。经过六朝的发展，《隋书》所记的丹阳郡，也就是南朝建康的商业繁荣程度已经可以与长安、洛阳二京相提并论。《太平御览·资产部·市》引山谦之《丹阳记》曰：

> 京师四市：建康大市，孙权所立；建康东市，同时立；建康北市，永安中立；秣陵斗场市，隆安（397—401年）中发乐营人交易，因成市也。[②]

建康城中分为四市，只能是商业繁荣的体现。

最能够体现南朝商品经济发达的就是非官方的草市[③]开始出现。唐长孺先生对此已经有了详细的研究。从唐先生所举的史料中，可以看到在南朝交通枢纽之处出现了一些草市，虽然不多，但：

> 草市的产生是作为经济发展过程的自然结果，是社会分工发展、商品交换相对

---

① ［唐］魏征：《隋书》卷三一《地理志下》，北京：中华书局，1973年版，第887页。

② ［宋］李昉等：《太平御览》卷八二七，北京：中华书局，1960年版，第3688页。建康北市立在永安中，吴有永安年号，当公元258—264年；晋也有永安年号，当公元304年。既然说是永安中，很可能指的是孙吴景帝永安中。

③ 对于"草市"含义的探讨，参见牟发松：《唐代长江中游的经济与社会》，武汉：武汉大学出版社，1989年版，第188—190页。

活跃的产物，因而它在东晋南朝的开始出现仍具有重要的意义，它是南方商业相对发展的一个标志。①

草市首先出现在东晋南朝就很能说明南方商业的发达。
商业的繁荣还可从商税的征收中看出来，《隋书·食货志》：

> 晋自过江，凡货卖奴婢马牛田宅，有文券，率钱一万，输估四百入官，卖者三百，买者一百。无文券者，随物所堪，亦百分收四，名为散估。历宋齐梁陈，如此以为常。以此人竞商贩，不为田业，故使均输，欲为惩励。虽以此为辞，其实利在侵削。又都西有石头津，东有方山津，各置津主一人，贼曹一人，直水五人，以检察禁物及亡叛者。其获炭鱼薪之类过津者，并十分税一以入官。其东路无禁货，故方山津检察甚简。淮水北有大市百余，小市十余所。大市备置官司，税敛既重，时甚苦之。②

东晋南朝，凡买卖货物，买卖双方共同缴纳百分之四的税钱。不仅陆地上买卖要缴税，过江津等水路的货物也要缴纳十分之一的税收。虽然"时甚苦之"，但因为利润丰厚，所以"人竞商贩"。特别是那些贵族官僚，凭借着特权，从事商业活动。《南齐书·豫章文献王传》载豫章王萧嶷上启：

> 伏见以诸王举货，屡降严旨，少拙营生，已应上简。府州郡邸舍，非臣私有，今巨细所资，皆是公润，臣私累不少，未知将来罢州之后，或当不能不试学营觅以自赡。③

可见当时"诸王举货"是常态，因此皇帝才要严旨屡降。萧嶷竟然以"私累不少"为借口，要求罢官之后，去"试学营觅"之术。因为"公润"不在的话，只能靠自己，从事商业无疑是便捷的生财之道。《南史·恩倖·沈客卿传》：

> 至德（583—586年）初，以为中书舍人，兼步兵校尉，掌金帛局。以旧制军人士人，二品清官，并无关市之税。后主盛修宫室，穷极耳目，府库空虚，有所兴造，恒苦不给。客卿每立异端，唯以刻削百姓为事，奏请不问士庶，并责关市之估，而

---

① 唐长孺：《魏晋南北朝隋唐史三论》，武汉：武汉大学出版社，1992年版，第131—134页。
② ［唐］魏征：《隋书》卷二四《食货志》，北京：中华书局，1973年版，第689页。
③ ［梁］萧子显：《南齐书》卷二二《豫章文献王传》，北京：中华书局，1972年版，第412页。

又增重其旧。①

按照当时制度，军人、士人以及中正品二品的清官，如果从事商业，都是没有关市之税的。沈客卿为了满足陈后主追求奢侈的欲望，不再遵循旧制，普"责关市之估"。这就说明，官贵、军将从事商业的利润是非常可观的，否则沈客卿也不会在"府库空虚"的情况下，首先想到拿他们的商业利益开刀。

除此以外，南朝政权还通过和籴、和市等手段对谷物、丝麻等主要商品进行干预，调控物价。《南齐书·武帝纪》：

> （永明五年，487 年，九月）丙午，诏曰："……京师及四方出钱亿万，籴米谷丝绵之属，其和价以优黔首。远邦尝市杂物，非土俗所产者，皆悉停之。必是岁赋攸宜，都邑所乏，可见直和市，勿使遣刻。"②

和市的目的是"以优黔首"，也就是赈济贫苦百姓。

四、结语

以上仅就六朝政权与江南农业、手工业、商业发展之间的关系略做了一些描述。挂一漏万，甚至错误之处，敬请大家批评。必须指出的是，江南的发展虽然有赖于政权的稳定，但最主要的还是仰赖于广大人民群众的辛勤劳作。他们负担着国家租税的大部分、徭役的全部，这些人民群众才是历史的根基。

参考书目：

［晋］陈寿：《三国志》，北京：中华书局，1959 年版。

［北魏］郦道元注：《水经注疏》，杨守敬、熊会贞疏，段熙仲点校，陈桥驿复校，南京：江苏古籍出版社，1989 年版。

［梁］萧子显：《南齐书》，北京：中华书局，1972 年版。

［梁］沈约：《宋书》，北京：中华书局，1974 年版。

［唐］房玄龄：《晋书》，北京：中华书局，1974 年版。

［唐］李吉甫：《元和郡县图志》，贺次君点校，北京：中华书局，1983 年版。

［唐］李延寿：《南史》，北京：中华书局，1975 年版。

---

① ［唐］李延寿：《南史》卷七七《沈客卿传》，北京：中华书局，1975 年版，第 1940 页。
② ［梁］萧子显：《南齐书》卷三《武帝纪》，北京：中华书局，1972 年版，第 54 页。

［唐］魏征：《隋书》，北京：中华书局，1973 年版。

［唐］姚思廉：《梁书》，北京：中华书局，1973 年版。

［唐］姚思廉：《陈书》，北京：中华书局，1972 年版。

［宋］李昉等：《太平御览》，北京：中华书局，1960 年版。

陈寅恪：《陈寅恪集：金明馆丛稿初编》，北京：生活·读书·新知三联书店，2011 年版。

冯君实：《晋书孙恩卢循传笺证》，北京：中华书局，1963 年版。

黄惠贤、李文澜主编：《古代长江中游的经济开发》，武汉：武汉出版社，1988 年版。

冀朝鼎：《中国历史上的基本经济区与水利事业的发展》，朱诗鳌译，北京：中国社会科学出版社，1981 年版。

吕思勉：《吕思勉读史札记》，增订本，上海：上海古籍出版社，2005 年版。

牟发松：《唐代长江中游的经济与社会》，武汉：武汉大学出版社，1989 年版。

谭其骧：《长水集》（上），北京：人民出版社，1987 年版。

唐长孺：《唐书兵志笺正（外二种）》，北京：中华书局，2011 年版。

唐长孺：《山居存稿》，北京：中华书局，2011 年版。

唐长孺：《魏晋南北朝史论丛》，北京：中华书局，2011 年版。

唐长孺：《魏晋南北朝史论拾遗》，北京：中华书局，2011 年版。

唐长孺：《魏晋南北朝隋唐史三论》，武汉：武汉大学出版社，1992 年版。

田昌五、漆侠总主编：《中国封建社会经济史》（第 3 卷），济南：齐鲁书社，1996 年版。

田余庆：《东晋门阀政治》，北京：北京大学出版社，2005 年第 4 版。

王伊同：《五朝门第》，北京：中华书局，2006 年版。

杨明照：《抱朴子外篇校笺（下）》，北京：中华书局，1997 年版。

周一良：《魏晋南北朝史论集》，北京：北京大学出版社，1997 年版。

［日］藤田丰八：《中国南海古代交通丛考》，何建民译，上海：商务印书馆，1936 年版。

第五讲

江南的开发与环境的若干问题

孙竞昊

一、引子：江南何为美？为何美？

唐末诗人韦庄（约 836—910 年）有一首著名的《菩萨蛮》[①]，广为传诵：

> 人人尽说江南好，游人只合江南老。
>
> 春水碧于天，画船听雨眠。
>
> 垆边人似月，皓腕凝霜雪。
>
> 未老莫还乡，还乡须断肠。

江南景美、物美、人美，历史上留下多少才子佳人美丽、婉约、浪漫还有伤感的故事、传说！这种美不是空谷幽境、世外桃源，而是物产丰富、市井繁华、人丁兴旺，一派热热闹闹、熙熙攘攘的景象。江南是富且美！

在韦庄生活的唐末五代之交，江南泛指长江以南，涵盖长江中游、下游流域，后来逐渐特指长江三角洲地区。

我们知道，这千年以来，江南是中国最发达、最富有生机的地区，无论是经济上，还是文化上；无论是在开埠前的传统时代，还是在欧风美雨沁润下的近现代。那么江南是如何做到土肥、物阜、民安、景美、水秀、人靓的呢？

我们常用"多元一体"来描述庞大包容、绵延不绝的中华文明，不同区域的文化特色甚至模式不尽一致。那么，今天我们回顾江南富且美的历程，当然要考虑作为经济与文化发展条件的天（时）、地（利）、人（和）的因素：天与地就是自然因素，但自然因

[①] ［五代］韦庄：《菩萨蛮》，载［唐］温庭筠、［五代］韦庄：《温庭筠韦庄词选》，刘尊明注评，上海：上海古籍出版社，2002 年版，第 99 页。

素也是变化着的，尤其是与人持续地相互作用。

本讲的重点就是从江南的自然条件发凡，以环境史的视野，在自然与人的互动中，考察江南开发和发展的道路，并提炼大中华"多元一体"中的"江南模式"。

二、江南的自然环境和自然资源

中国古代社会是农业社会。在 5000 年里，中华民族培育了一种十分典型的成熟、稳定的农耕文明，使古代社会达到前工业社会的发展巅峰，而以江南最为发达。

江南独有的地利、天时，是该地区发展首要的自然前提和客观制约。

（一）地理区位：鱼米之乡何处寻？

历史上，"江南"指称的地理范围不尽一致，有不同历史时期的演变，也有狭义与广义之分。然而，学者们的界定异中有同，总的说来是指长江中下游流域；而且到了明清时期，更集中在长江三角洲地区的环太湖流域。

从生态地理出发，我们赞成李伯重的说法：江南由东部的江南平原、西北的宁镇丘陵、西南的浙西山地组成。由此，江南可分为江南东部和江南西部两部分。江南东部包括苏州、常州、松江、嘉兴四府，而江南西部包括江宁（应天）、镇江、湖州、杭州四府。平原水乡基本上就坐落在苏、松、常、杭、嘉、湖六府。

从古地理的角度考稽，这块环绕着太湖的带状平原是由长江带来的泥沙冲积、灌注而成。长久以来，滚滚不息的江水挟泥沙入海，泥沙不断沉积，大陆架逐渐隆起，形成新的陆地，迄至明清时期，海岸线已大体与现在吻合。

江南地处东南沿海，地势大略西北高、东南低、中间低洼，地面坦荡，仅有少数残丘兀立其上。

这里属于温润的亚热带季风气候，冬温夏热，降水丰沛，季节分配比较均匀，宜于农作物和各种植物的生长。

年鉴学派以长时段（环境）、中时段（制度）、短时段（事件）来分析历史，是一种合理的史学研究方法。作为长时段的自然环境因素，总体上变化相对缓慢，但还是受到自然本身的因素和人为因素的影响而变动不居。人类开发、改造自然的行为，在江南环境变化中发挥的作用尤为显著。

对江南地区的大规模开发，也是对原始生态的无情破坏。江南的自然植被逐渐被农业植被和栽培树种所替代。到了后来，原始森林被滥伐殆尽；而自然土壤亦因各种农业活动而人为熟化为耕作土壤，其中以水稻田为主。人类行为导致的结果，也就是马克思、恩格斯所说的第二自然（即人化自然，humanized nature）。这种后果有利、有弊，十分复杂，可以说利中有弊，弊中有利，而且利弊得失也相互转化。

（二）自然环境与自然资源特色："三江五湖之利"

源于地理区位的气候、地貌，江南最突出的景观、最充沛的自然资源就是水。

关于长江中下游（也就是大江南）自然环境的优势，司马迁在2000多年前就用"三江五湖之利"来形容，见于《史记·货殖列传》：

> 夫吴自阖庐、春申、王濞三人招致天下之喜游子弟，东有海盐之饶，章山之铜，三江、五湖之利，亦江东一都会也。[①]

哪"三江"？哪"五湖"？大家看法不一，况且不同历史时期的自然地貌及时人的观察不一，但我们还是大约地认定为长江中下游地区：自北向南的长江、吴淞江（吴江）、钱塘江（浙江）流域；中心是太湖平原。大家所说的江南"鱼米之乡"就处于这个水资源丰沛的平原上。

一般认为，太湖由潟湖演变而来。这种湖沼平原的排涝和疏水是一项异常艰巨、繁重和复杂的工程，然而一旦得到开发利用，即为农业发展提供极其优质的土壤、水文条件。

河流、湖泊、沼泽、池塘，以及后来的人工河道（水渠、运河）和水库，纵横交错，四通八达，构成了以太湖为中心的江南水网系统，既用于农业灌溉，又服务于前现代通常比陆路更为节省和高效的水路交通运输。其中作为京杭大运河重要组成部分的江南运河，是江南区域内和跨区域的重要干线。

这些优势对传统农业社会而言很重要。经过人类长期垦殖经营，到了明清时期，除了沿海滩涂外，江南基本上已被改造成水网平原和水网圩田平原，以及湖荡平原和湖荡圩田平原，盛产稻、麦、棉、油料和桑蚕，享有"鱼米之乡"的盛誉。明清时期，江南地区农业发展臻至巅峰，成为当时中国最为富庶的地区，也是世界上传统农业效益最高的区域之一。

但从如何突破传统农业生产方式瓶颈的角度来看，彭慕兰等人认为长江三角洲地区矿产、燃料等资源贫乏，对于可能的工业革命所需要的能源与动力而言是个明显的缺陷。这也是尽管江南商品化、城市化发达，但江南人民的主要生产活动依然局限于农业经营以及建立在种植业基础之上的加工业的原因之一。

三、早期的开发与区域文明类型的确立

在中国的历史进程中，各地区自然条件相差甚巨，各地经济与文化的历史发展

---

① ［汉］司马迁：《史记》卷一二九《货殖列传》第六九，北京：中华书局，2011年版，第3267页。

因此呈现出极大的差异，区域间发展不平衡、不同步，以及文明中心移动，都是常见的现象。

（一）史前的原始性开发

黄河流域开发早，并长期作为中国的经济、文化和政治中心。相对而言，南方（广义而言，泛指长江中下游地区）早期地广人稀，开发粗放，文明低级，长期处于华夏文明圈的边缘。

南方虽早有原始性的开发，但由于排涝防洪和沼泽地的处理所需要的大量人力和较为先进的工具、技能等条件尚不具备，所以生产活动长期滞留在火耕水耨的原始经营阶段，从而难以建立起稳固有力的政权，难以发展起固定而高级的文明。

但是，近百年来的考古发现和相关研究表明，南方地区也存在过多种璀璨的史前文明，并在经济和文化上与北方有所区别，形成了所谓中华文明多元起源之说。但长江流域的史前文化不像黄河流域那么连续，使得黄河流域被称为延绵不绝的华夏文明的摇篮，并在壮大中融合了各地的文明。

南方农业的起源，可以追溯到新石器时代：河姆渡文化遗迹让我们看到稻谷种植的源头，可以断定世界上最早栽培水稻的是中国。同时期，在相对干旱、寒冷的北方，农作物品种是粟和稷。

而良渚文化遗迹，使我们看到水利建设在稻田开发中的作用，突出地体现在具有防洪、防潮、航运、灌溉和滩涂围垦等综合功能的拦洪水坝系统上。

（二）东周时期东南地区的一度崛起

从有文字记载的殷商一直到秦统一中国，先进的经济与文化中心大都在北方。东周时代，各诸侯国、地方政权竞相"富国强兵"，从而促进了中华文明的长足发展。

先秦时期的东南常被称为吴越。春秋末期，吴国首先崛起称霸，逐鹿中原；后来越王勾践卧薪尝胆，灭吴，势力纵贯南北，成为春秋时代最后一位霸主。

"兵强"的基础当然是"国富"，这归功于吴越地区的早期开发：大举兴修水利工程，用于农业灌溉和交通运输。但总的说来，先秦时代吴越地区的开发还是粗放型的；那些盛极一时的政权可谓昙花一现。

先秦之前吴越地区的原始性开发和野蛮民风，一如《越绝书》上所描述的："夫越性脆而愚，水行而山处，以船为车，以楫为马，往若飘风，去则难从，锐兵任死，越之常性也。"①

（三）秦汉统一时期东南吴越故地的边缘化

秦、汉是大一统中央集权帝制形态的奠基时代，中央政府与地方政府的行政构架成

---

① ［汉］袁康、［汉］吴平：《越绝书》，上海：中华书局，1936年版，第63页。

型。政治、经济、文化中心依然在北方。

秦、汉先后持续地向南开拓，逐步把以前视为"化外之地"、对北方正统政权若即若离的长江以南广大地区纳入帝国的正式政区，于是东南成了秦汉帝国不容分割的一部分。但是，失去了区域独立性的东南，其经济与政治的地位在帝国格局里也被边缘化了。

与早期的粗放型开发相比，这时期的开发向成熟型农业经济缓步进行着。

四、中古时期长江中下游流域经济中心的形成

汉王朝衰亡后，中国的经济中心开始南移，江南得到了实质意义的开发，后来居上。

（一）汉末以来的移民潮与经济中心的南移

汉末及三国鼎立时期，战乱剧烈，人口大量流失，北方经济遭到破坏而凋敝、衰落。而黄河流域的自然环境也因为长期开发和战争蹂躏，日渐恶化。结果，天灾、人祸频仍交替，恶性循环，愈演愈烈。

汉末以降移民的到来促进了南方的真正开发：中原人民蜂拥南迁，北方先进的经济组织和生产技术在南方推广使用，推动了南方农业经济的成熟型开发。南北朝时期，长江流域潜在的优越自然条件得以充分开掘和发挥出来，生产力水平很快超过其他地区，特别是超越了北方。

南朝士族沈约（441—513 年）评论道："江南之为国盛矣，虽南包象浦，西括邛山，至于外奉贡赋，内充府实，止于荆、扬二州……既扬部分析，境极江南，考之汉域，惟丹阳、会稽而已……会土带海傍湖，良畴亦数十万顷，膏腴上地，亩直一金，鄂、杜之间，不能比也。"[1]

（二）六朝时期南方环境开发与区域经济发展的特点

众所周知，农业社会的基本劳动是种植农作物和饲养家畜，其他生产活动均为附属、补充，这种典型的以农为本、以粮为纲的相对单一型自然经济的特征在中国北方尤为明显。

而长江中下游的自然条件与北方殊异，开发又晚，由此形成了经济生活的特殊性。

一是水利技术在稻田建设中的重要性，主要体现在排涝与灌溉上。南方平原上"治水"细碎、精致，与北方由政府主导的大工程不同。

二是对改造沼泽中常见疾病的克服。如疟疾、痢疾等"瘟疫"（传染性疾病）的防治是稻田开发进程中的重要安全保障。

三是人口压力对农业等生产的（高度）集约化和商业化的促进。基于南方相对和平

---

[1] ［梁］沈约：《宋书》，北京：中华书局，1974 年版，第 1540 页。

的局面,北人不断南下,人口迅速繁殖,人口在较短时期内的大量迁入形成了地狭人稠的尖锐矛盾。迫于人地关系的加剧紧张,江南人民除了发展精耕细作的集约型种植业外,也纷纷从事工、商等副业——"货殖"业,经济活动多样化,市场化程度高。所以,六朝以来的江南经济沿循着市场机制为重要杠杆的轨迹。

六朝时期长江中下游地区成为中国新的经济中心。而且相比于北方,南方大规模的动乱较少,经济活动大致保持着持续嬗进、稳定上升的态势,没有北方那样过大过多的起落。

(三)隋唐宋时期作为主要经济板块的东南沿海地区

隋朝出现了全国性的人工河道网络,这就是大运河。其中,隋炀帝开凿江南运河,贯通南北。自此,历唐、五代十国、北宋,长江、钱塘江流域的漕粮、百货可以抵达中原北方地区,解决了政治中心与经济中心分离的矛盾。

在东南沿海,唐代广修海塘使得沿海平原减少了海潮侵蚀的危害,有利于内河、湖泊水利、水运体系的稳定,既维护了交通安全,也保障了农业生产的用水。唐朝还致力于修整湖泊、疏治河网等多项水利建设。

五代十国时期,吴越国(907—978年)立国近百年,重视民生,大兴水利,东南沿海进一步开发。

北宋时期,江南区域延续五代十国时期急遽发展的步伐,王朝的财政越来越依赖东南财富,以致南方在人文、政治等方面的影响力都急剧上升;到南宋时,完成了中国经济中心的彻底南移。

早在中唐时期,韩愈曾说:"今赋出于天下,江南居十九。"安史之乱是个重要转折点,"天宝之后,中原释耒,辇越而衣,漕吴而食"。《新唐书》也载称:中唐以后,"江、淮田一善熟,则旁资数道,故天下大计,仰于东南"。吴越国纳土归宋时,"两浙既献地,岁运米四百万石"。宋朝北部领土收缩,漕粮主要来自东南,漕运空前发达,"两浙之富,国用所恃"。大江南地区成为国家财政与经济的保证。北宋灭亡后,南宋依据南方半壁江山,先后与北方的政权金、元对峙,竟然也坚持了一个半世纪之久,无论是战,还是和,必定以足够的物质财富作后盾。

五、元明清时期的环境、资源与农业经济

元朝重修南北大运河,把南方的漕粮运到北方,后来主要靠海运。而之后的明清两朝,其财政收入主要来自江南,承担主要漕运任务的京杭大运河成为明清两朝的生命运输线。

明清时期大运河关系国计民生最切者为漕运和钞关。明代的漕粮分为"北粮"和"南粮",还有"白粮"。"北粮"由山东、河南提供。"南粮"是漕粮的主体,由长江中下

游的 6 个省份提供。而专供宫廷和京师的"白粮",则由苏、松、常、嘉、湖这 5 个经济最发达的府提供。

彼时谚语有"苏湖熟,天下足""苏松熟,天下足""苏常熟,天下足"等等,都生动反映了江南的富庶。

而"江南重赋"、江南"赋税甲天下"的说法,固然说明国家对江南的压榨,也反映出国家对江南的严重依赖。

明清时期的江南还涌现出一些经济、文化领域的新气象,广为中外学界注意,出现了关于"资本主义萌芽""早期近代""早期近世""早期工业化"等的讨论。

这时期的环境开发与经济发展的关系有以下 5 个方面的特点。

（一）水利工程与地表景观

江南农业的发展依赖水资源的充分利用。我们知道,水利的发生与发展一方面受到区域自然结构的制约,另一方面受到生存需求、社会关系和政治权力等多种因素的制导和规范。与北方一般由国家主导大型水利项目不一样,明清时期江南水乡的水利建设经常由地方精英主导。江南人民因势利导地发掘和发挥了既有的环境与资源优势,工程规模小、数量多,基础设施分布零散;而若干人工运道的开凿和使用基本上属于对天然水系的疏导性改造。这种开发带来的地表特征表现为:

1. 水利景观:海塘、运河、水渠、水闸、堤坝、池塘星罗棋布,道路与桥梁环绕其中,保障了农业生产与生活的稳定。

2. 发达的圩田设施及功能:这是肥腴江南水乡最有代表性的景观。用于农地灌溉和保持土壤（淤泥）肥力的蓄水问题在江南得到了很好的解决。

（二）耕作模式

1. 季节性整地:使用各种技术以节约劳动;加强力度,也就是"深耕细作",使得"一寸水田一寸金"。但这种耕作模式下,如不加节制,就会产生不良后果:竭泽而渔。

2. 大量施肥:这是有机肥（粪肥、绿肥、饼肥）的广泛使用。在许多农学和农业史学者看来,利用各种废弃物质酿肥、施肥,施行作物轮种和农林牧渔多种经营,促进有机物质循环利用,不断改良土壤,是中国传统农业得以数千年持续发展的一个主要原因。这种废物的循环利用,比较符合生态（园艺型）农业的特征。

（三）种植制度与技术

1. 选种与种植制度:对于江南水乡而言,水稻是重要的栽培品种。基于生态环境、品种特性的不同,水稻的类型主要分为早、中、晚三种,以适应不同季节中光照、温度、水分等条件的变化。选种亦有多种要求,如作物长势、耐肥性、耐水性、产量、品质等。良种的选育,强调挑选肥实光润、颗粒饱满的种子,种植于肥沃土地上,进行精心施肥与灌溉，收成之后，从中再选更加优质的种子进行养种，如此"三年三番后，则谷大如黍"。

江南的种地模式有两年一作、一年一作和稻麦轮作的一年两作制等，重视轮作制、间作制、翻田制的应用，以水稻与春花（即冬季作物）轮作的两熟制比较普遍。当时主要的春花作物是麦、油菜和豆。耕地复种指数的提高，使得亩产量亦随之增加。春花作物的种植，更大幅度地增加了耕地亩净产值。

2. 选地：平原因地制宜开发成稻、棉、桑田。不同农作物，对于生长环境的要求各有差异。基于作物的生长习性，合理地利用水土资源，颇为重要。水稻性喜温湿。棉花耐旱，适宜疏松、通气性强的土壤性质。而桑树是喜光树种，但不耐涝。经过长期的农业发展，江南逐步形成较为稳定的作物区。低田地带种植水稻，高田地带适宜种棉，杭嘉湖平原及太湖周边宜于栽桑。

相较于平原地带，山地、丘陵的水土条件有所不同。供水不便、地势较高、土燥多石的生态环境，不适宜农作物的大面积种植。山区的自然条件虽不宜于种植粮棉，但是却有利于桑、茶、竹、木和各种经济林木的生长。山地资源的合理使用，不仅有利于农户的生存发展，更助于生态环境的维护。

3. 经济作物种植的比重越来越大。仰赖于适宜的水土资源以及发达的市场体系等优势，江南地区种植经济作物的比例越来越高。农户积极地改变生产结构，调整作物种类，目的在于效益最大化。经济作物的种植与推广，在改善农户生活的同时，促进了贸易网络与商品经济的发展与繁荣。

（四）劳动组织

1. 密集的劳动与资本投入和合理的劳动分工：传统农业生产中，提高作物产量的途径之一，是提高生产过程的集约化程度。农业集约化，通常是指在单位面积的土地上集中投入较多的劳动、资本和技术，以期获得更高产量的经营方式。明清江南集约经营的主要形式，就是增加单位面积人力、资本的投入数量，精耕细作。

此外，农妇由田间劳动逐渐转向蚕桑业、棉纺织业，主要是利益使然。男耕女织或依据性别差异而从事不同的劳动，在纺织业发达的江南地区日渐盛行。在农历四五月即农忙与蚕忙季节，农家往往宁可雇用劳力下田帮忙，也不愿他事影响妇女养蚕。况且，较之大田农作，蚕桑或棉纺对体力、时间、年龄的限制颇为宽松，老幼均可有所协助，可谓男女老少齐上阵，不分白昼与黑夜。

2. 多种、综合经营的"副业"：致力于提高农业技术与生产效率的农户，在种稻植棉外，发展出独具特色的农林牧副渔综合生产的生态农业，如动植物生产和有机废物的循环利用。按照生态食物链原理，构建生态上协调的生产模式，不仅能够产生更高的经济效益，亦有助于节约自然资源、保护生态环境。

正如李根蟠所言："这些生产方式，巧妙地利用水陆资源和各种农业生物之间的互养关系，组成合理的食物链和能量流，形成生产能力和经济效益较高的人工生态系统，把土地利用率提到了一个新的高度。"

3. 市场化程度高。受益于江南发达的市场体系与畅通的贸易网络，家庭手工业产品得以在更广阔的区域进行交换。而市场供求关系的变化所引起的价格运动，亦会推动家庭手工业的专业化、市场化。较于稻粮，丝、棉手工业在江南市场中的需求、收益更具优势，以致出现"棉农售棉买粮"的现象。

（五）环境开发与国计民生

环境的开发与国计民生的相互作用越来越紧密。

1. 人口压力下粮田的无止境开垦：缘于地少人多的处境，江南农户在拓垦耕地、开发山林方面颇具成效。但时至乾隆时期，江南的荒地开垦殆尽，而无节制地围垦湖地、毁林开荒，对于自然生态造成了很大压力。同时，外来的棚民把开垦山地、丘陵作为生计来源，粗放型的使用方式，导致可使用的土地在量和质上濒临枯竭。

2. 明中期以来（基于商业化、货币化）的赋税变革对经济活动的影响：促使经济活动追寻市场利润最大化，也即最大限度地从土地榨取财富，在充实了国库的同时，也直接和间接地造成不良的环境后果。

3. 生态环境日益脆弱化：农业生产片面地强调高效而忽视生态环境的保护，因此在实现增长的同时，生态环境的恶化一步步加剧。山林滥伐导致泥沙淤塞，水利事业发展的后果又总是旱、涝灾害的加剧；而部分山地的植树造林也多为直接经济效益所驱动，并非致力于遏制或治理水土流失。

六、江南环境与人互动模式的历史价值与定位

对特定时空下历史现象的分析，除了剖析其本身，还要"瞻前顾后"地考察——这是历史主义原则，也要"左顾右盼"地思辨——这是区域比较视野，从而在历时性纵坐标与空间比较的横坐标中确立其运动中的位置。

（一）"理性"的小农经济

李伯重高度评价江南小农经济的"合理性"：一是合理地利用现有的农业资源——耕地、水以及人力、畜力，二是提高农业生产的集约水平，也就是增加对耕地单位面积的劳动和资本的投入，以获得更高的产量。李伯重把"两熟制"（一年两作制）、"一夫十亩"和"男耕女织"称为"三位一体"的江南农民经济模式。正是在这种模式下，即三种组

织或结构的有机结合下，江南地区劳动生产率达到最优。[①]

吴承明认可李伯重的观点，即在没有重大技术变革的情况下，土地、水、劳动力、畜力等农业资源的合理利用，亦即资源配置一定程度的优化，是可能的。但是，他也指出，小农经营模式下的中国传统农业经济，实际上没有催生出技术革命。

明清的江南很少有大规模组织生产的"经营地主"现象，说明中国古代以租佃地主制下一家一户的小农家庭单位为基本经济细胞的结构不仅能最大化地发掘出生产效益，而且能最大程度地适应市场化机制。而且，地主制下小农经济不断变化、不断重建的生命力，说明了中国传统社会结构从总体上具有"弹性"的特点。

（二）前现代经济"增长"

如何认识和评估前现代江南的经济状况，是重新理解农业史的关键。"衰退""迟滞""有增长而无发展""过密化"等诸多论断的相互质疑与丰富，使中国传统农业经济的实质概况及中英之间的异同考辨越发明晰。

黄宗智以江南和华北的研究为例，用内卷化或过密性（involution）增长来表述当时的经济状况是一种"没有发展的增长"，即总产量迅速增长的过程中，农业劳动生产率却并未实现相应的提高，由此指出中国传统农业经济的衰退、迟滞本质。[②]而李伯重和加州学派的其他学者则是对"斯密式增长"模式进行延伸和完善，即农业资源的合理利用程度的提升，推动了集约化、市场化高度发展，从而提高了劳动生产率，超越了"总产量增加，生产率下降"的过密化（或内卷化）增长范式。故而"集约化"与"内卷化"有实质的区别。前者着眼于增加单位面积耕地上劳动与资本的投入数量，以此提高劳动生产率；而后者则是以降低劳动生产率为代价，实现农业产量的增长。

但是，按照加州学派的观点，开埠前以江南为典型代表的发达地区还是未能突破以劳动分工和市场规模的深化与扩张为内容的斯密式增长瓶颈，不似发生在欧洲的技术和制度创新与扩散（或英格兰模式）所推动的总量与人均产出同时增长，即所谓的库兹涅茨型增长或现代经济增长。所以，虽然加州学派高度评估"江南道路"所带来的物质财富和发达市场，但还是与他们所批评的黄宗智对开埠前江南经济的定性没有从根本立场上区分开来。

（三）"前现代技术锁定"与"高水平均衡陷阱"

伊懋可用"前现代技术锁定"与"高水平均衡陷阱"来解释开埠前的传统中国社会的发展态势。他认为，虽然中国在农耕技术上领先于工业革命前的欧洲，但收益被增

[①] 李伯重：《明清江南农业资源的合理应用》，《中国农史》1985 年第 1 期。
[②] 黄宗智：《国家与村社的二元合一治理：华北与江南地区的百年回顾与展望》，《开放时代》2019 年第 2 期。

长的人口吞噬；人口增长又驱使技术改进。然而，技术的每一次进步在产生一定成效的同时，取得了适应一定环境条件的既有霸权，并阻碍潜在的实质性革新，最终陷于所谓"前现代技术锁定"。资源的开发和利用受到限制，使得传统的经济与生活停滞在较高水平上，却难以打破既有的技术、经济、环境相互掣肘的魔咒。

伊懋可的问题关怀与所谓"李约瑟难题"的旨归并无二致。李约瑟尽管高度评价中国古代科学技术的发展，但还是将其置于前科学阶段（proto-scientific approach），认为没有出现以节省劳力（cheap labor）为动机的革命性发明。

这里，有必要指出中国传统社会商业化与城市化途径与形态的张力及其限制。以获取自然与人力资源的最大回馈的小农经济为基础，明清江南呈现出了高度的生产专业化、分工劳动的地域分化、市场化及城市化。这时的江南地区已不囿于自然环境因素的界域，成为一个存在内在经济联系和共同点的粗具"现代"意义的经济区。我们甚至可以推论，明清时期的江南是最有可能发生现代化、产生资本主义的地区。可是，历史的结局却不是这样。鸦片战争后的开埠，根本性地改变了中国固有的历史轨辙。

（四）19世纪的江南：危机与转机

近年来学者们常用"19世纪危机"形容中国在19世纪从环境到经济、政治的全面危机。但对一些区域来说，危机与转机、发展并存。

近千年来，江南虽有零星的民乱，但皆非大规模战乱。鸦片战争后的太平天国运动对江南来说是飞来横祸，江南的财富、文化、人口损失空前地惨重。但江南随后的复原和发展同样惊人。"同治中兴"，不单是王朝秩序的恢复，更重要的是兴办"洋务"以"自强"。在这个"三千年未有之变局"中，与大多数内地城乡传统经济与社会的瓦解不同，江南等东南沿海地区奇迹般地进行了现代转型，充当了现代化的先锋。

明清时期江南商品经济的充分发展也为现代经济起飞提供了必要的前提和基础。以通商口岸上海为中心的新经济区代替了苏州、杭州为中心的传统江南经济区；原有的市镇也大都成为新经济网络与秩序的桥头堡，向现代城市或城镇转变；充分商品化的农业经济作物为新型的工场和工厂提供了原料；精明强干、技术熟练、训练有素的江南手工业劳动者成为最早的现代工人阶级。

开埠以来外来资本、现代技术与国际市场在东南沿海的成功，说明了江南优越的积淀与活力。今天作为上海的广阔腹地的长江三角洲，依然生机勃勃，争奇斗艳。

七、启示：江南开发和发展历史经验中的环境与人

通过考察江南区域开发与环境变迁的历程，我们可以看到：为了生存和发展，人力、技术、组织等因素不断地改变既有的地理环境、人文结构，乃至社会生态。这个复杂曲

折之过程以及成败得失，为我们思考区域与国家、自然与人的关系提供了一个很好的参考案例。

（一）环境史视野中的"江南模式"

从环境与人互动的角度看开埠前的所谓江南模式，就是高密度地集中人力、物力、技术，"合理"地把这些因素优化组合，最大程度地从自然攫取财富的典范。江南模式的利弊，是我们需要认真面对的历史遗产。

其"利"，体现在区域经济收益、社会安定上，也就是"富"，这既有利于"民生"，又有益于"国计"；还体现在人为环境的"美"上，反映了特定历史阶段相对和谐的天、地、人也即自然与人的互动关系，并造就了江南城乡相对持续的和平发展和理性平和的精神、文化氛围。

可见，在特定的时间和空间里，人类通过农业与水利对自然的干预可以起到积极的效应。江南富且美的故事演绎了一个前现代社会人为世界与自然世界谋求平衡的范例，在开埠前的中国乃至世界文明史上也格外耀眼。

其"弊"，长期来看，主要是环境因人为开发而日益恶化带来的自然与社会问题。

第一，原生自然条件丧失，导致生态结构失衡。生物的多样性日渐减弱，自然界自身的新陈代谢能力变弱了，抗拒天灾人祸的能力下降。

第二，环境的脆性也加剧了社会（生产、生活及组织）的脆性，不断地增加了经济、社会发展的复杂性和可持续性发展的困难。

王建革认为，宋代农业发展的生态还算平衡，但元明清时期失衡了。他指出："传统时期的战争破坏并没有对生态环境造成不可避免的崩溃，真正的损害更多源于和平时期的愚昧，鉴湖消失，吴江成陆，黄埔改道，都是过度开发引起的变化。"这种历史教训凸显了人为因素干涉自然的适度性的重要性，我们应该对此保持警惕。

（二）如何超越"经济发展—环境衰退"的因果研究公式？

"经济发展—环境衰退"几乎是近年来评析人类开发自然界的一个公式，不免有简单化之嫌。江南开发的利与弊，不能孤立地被评估，而应超越江南区域，置入历史进程，在中国的版图里进行整体性的考辨。

一是应从全国范围的环境变化与后果看。

作为西方研究中国环境史的两位开拓者，伊懋可用"大象的退却"，马立博用"虎的消失"为象征符号，说明中国东部从北向南的经济开发过程中自然条件的巨大改变。东部被高度开发了，经济发展，人口繁茂，东南少数发达区域的财富勉力支撑着整个国计民生。而国家严重地依赖江南，迫使其过度开发，结果在经济高度发展的同时，自然生态也接近消失了，可持续性经济发展的环境成本越来越高昂。与此对应的是，西部则越来越破败、落后，常常成为区域性或全国性动乱的源头。南与北、东与西两极分化的畸重畸轻的格局延续至今，可以说利、弊俱存。

二是应进行国家层面的相关政治—经济分析。

无论在传统时代，还是在近现代，江南都是国家的"基本经济区"；即便在分裂时期，也是各个政治势力争夺的中心地区。只有把江南放到整个国家的经济—政治体系中，并在政治治乱、权力消长、王朝更替的轨迹里考稽，才能做出更有说服力的评估。像如何看待江南及全国的人口问题，李伯重认为明清江南"劳动力短缺"，而不是过剩——因为集约需要的劳动付出高，吸引了外地劳力的迁入。但是，如果宏观地、长时间跨度地、实质地看这个问题呢？在胡焕庸线以东地区，开埠前开发殆尽，人口压力日益增加，特别是康乾时期以来的"人口爆炸"，是不是陷于像伊懋可所说的"高水平均衡陷阱"？大范围、大规模的战乱是不是"马尔萨斯模式"灾难？看一个区域，不能忽视中国历史中特有的"周期"性循复，即增长—衰退—继续推进—失衡—重建的王朝兴亡更替现象，和近现代的动乱、革命，对江南境遇和命运的左右。

（三）环境变迁中人的能动性及其限制

人类有生存和发展的逻辑诉求。在中国历史上，尤其是明清阶段，江南做到了"富"而"美"；国家大体上实现了既定目标，即江南成为帝国的"基本经济区"，"江南重赋"的局面也得以出现。

但自然环境也有自身的限制和逻辑。自然界不是用之不尽、取之不绝，而且特定知识、技术、社会组织形式、政治管理体制制约了资源、能源的发掘和使用。明清江南的经济发展达到了前现代的物质自然极限：尤其是鉴于康乾以来人口的急剧增加，平原水田单位面积的产出能力达到极致。虽然聪明勤劳的江南人民竭力从事多种经济活动，但利益也多直接或间接来自包括丘陵山地在内的土地。

另外，人力作用的环境后果具有可操纵和不可操纵性、可预期和不可预期性。自然界被改变往往孕育着更大更多的危险，其反作用力往往表现为更为频仍、更为剧烈的灾害、疾病的"报复"与自我修复。

一个区域或地方的兴衰，固然受制于生态环境与技术手段之间的关系，但来自政治权力的强大影响不可轻视。从江南的个案，我们可以看到区域生态环境变迁中自然与人力两种交织在一起的作用力，而国家扮演了关键的角色。国家权力、战略部署常常决定着地方区域经济与社会的波动，并进而制动甚至主宰了环境的嬗变。比如，国家财政对江南的过分依赖，以用于全国范围的平均主义的再分配，迫使江南竭尽一切手段和途径，不断地向自然无节制地榨取资源，所以，在大一统体制下江南繁荣维系和发展的环境和劳动代价高昂。结果，江南虽然相对于其他地区富足，但主要财富为国家与外地商帮掠取，难以实现原始资本积累，不具备量与质上扩大再生产的自主再生力。

即便到了今天，我们对自然与人类相互作用的关系已经有了比较深刻的认识，但在生存和发展的实践中如何达到天、地、人的动态"合一"或和谐，依旧是永无休止的探索之路。古罗马有句谚语："历史是生活的教师。"江南开发与环境的故事告诉我们：人可以有所作为，但不能为所欲为。这也是环境史学给我们的启示。

参考书目

［汉］司马迁：《史记》，北京：中华书局，2011 年版。

［汉］袁康、［汉］吴平：《越绝书》，上海：中华书局，1936 年版。

［梁］沈约：《宋书》，北京：中华书局，1974 年版。

［唐］温庭筠、［五代］韦庄：《温庭筠韦庄词选》，刘尊明注评，上海：上海古籍出版社，2002 年版。

［宋］欧阳修等：《新唐书》，北京：中华书局，1975 年版。

李根蟠：《中国古代农业》，增订版，北京：商务印书馆，1998 年版。

李伯重：《江南的早期工业化（1550～1850 年）》，北京：社会科学文献出版社，2000 年版。

李伯重：《江南农业的发展（1620—1850）》，王湘云译，上海：上海古籍出版社，2007 年版。

王建革：《江南环境史研究》，北京：科学出版社，2016 年版。

［美］黄宗智：《长江三角洲小农家庭与乡村发展》，北京：中华书局，2000 年版。

［美］黄宗智：《华北的小农经济与社会变迁》，北京：中华书局，2000 年版。

［美］马立博：《中国环境史：从史前到现代》，关永强、高丽洁译，北京：中国人民大学出版社，2015 年版。

［英］伊懋可：《大象的退却：一部中国环境史》，梅雪芹、毛利霞、王玉山译，南京：江苏人民出版社，2014 年版。

Elvin，M. *The Pattern of the Chinese Past*. Stanford：Stanford University Press，1973.

Perdue，P. C. *Exhausting the Earth：State and Peasant in Hunan*，*1500—1850*. Cambridge：Council on East Asian Studies，Harvard University，1984.

第六讲

历代重大事件与江南历史变迁

章义和

历史是空间、时间和人的集合。如果将人类的历史比作一条大河的话，时间、空间和人的活动诸方面的集合便是这条大河的流水，形形色色的历史事件就是其中的浪花。时代的潮流，国家的兴替，民族的盛衰所组成的历史声色，绝大多数都能从历史事件中反映出来。所有历史事件串联起来，便是历史演化的大致脉络。

在人类数千年的文明史中，无数个事件改变着人类文明的进程，尤其是重大历史事件的发生，更有着改变历史航道的作用，历史的长河往往因此而呈现出各具特色的发展段落。关注历史事件，研究其中的前因后果，不仅是历史认知的当然需要，更是历史研究的重要方法。因此学习江南史，首先要认识到历史事件与历史进程的紧密关系。

那么，有哪些重大历史事件影响着江南区域的历史进程呢？本讲基于两个简单的标准，即直接影响江南的历史发展且对江南的历史发展有重大影响，从纵向角度大致地梳理影响江南历史的重大事件。依据这两个标准，可以梳理出如下影响江南社会历史变化的重大事件：泰伯奔吴——吴越争霸——楚败越国——秦皇南巡——刘项灭秦——吴楚之乱——孙氏据吴——西晋统一——永嘉之乱——典午南渡——侯景之乱——隋初平陈——南北运河——炀帝南巡——唐初文政——安史之乱——吴越立国——方腊造反——靖康南渡——伯颜定南——漕运海运——元末起义——洪武建都——江南重赋——永乐迁都——海禁倭乱——东林结社——嘉定三屠——江南文案——康乾南巡……

在我上面所列的三十个重大事件中可以看到，关乎江南历史演进的重大事件是多种多样的，可以分为五个类型。一是涉及江南史开端的，如泰伯奔吴。二是属于重大政治事件，如皇帝南巡、文人党事之类。三是重大的文化事件，如唐太宗李世民设文学馆、弘文馆招徕天下文人学士，包括江南在内的东南人士占有较大的比例。科举制下江南士人的涌起也是江南史的重要内容。五朝门阀对江南风气的改变更是其中的一个表现。四是重大经济事件，如运河开凿和河道改易之于江南经济和城市的发展、三次北方人口大南迁对江南经济社会的影响，都属于这一类。五是重大的军事事件，这方面的内容最为丰富，也最为典型，其中包括一统战争、割据战争、民众起事，等等。

一、从文化融汇的角度来看

中华文明源远流长，区域文化精彩纷呈。近百年的考古证明，我国各地文化是多源发生的，江南地区有着高度发展的河姆渡文化、良渚文化。但考古和文献资料也证明，中原地区最早进入文明社会，最早成为中华民族的核心。由于各种因素的综合作用，相对而言，在唐宋之前，中国政治、经济、文化的重心在北不在南。根据司马迁的说法，江南的历史是从泰伯奔吴开始的。商代后期，周开始强大，泰伯和他的弟弟仲雍都是周太王古公亶父的儿子，季历的兄长。季历就是周文王的父亲。泰伯、仲雍为了成全父亲传位于季历的意愿，就离开陕西岐山下的周原，经过了千山万水来到被称为荆蛮之地的江南。当时的江南，一派原始莽荒。泰伯、仲雍得到了当地民众的拥护，自号句吴。对这个事件，邹逸麟先生的解说很有意思，他说："从这一历史事实中，我们可以推测，太伯、仲雍远离故土，跑到数千里外的太湖流域，并不是完全不想搞政治，隐匿山林，而明显是为了避祸。这说明季历当年恐怕是采用一种非和平手段获得政权的，太伯、仲雍不走，恐有杀身之祸。后人为了歌颂文王，把这些事都隐匿了。"[1] 邹先生的分析有他的道理，但不管是尽孝，还是避难，泰伯、仲雍这两兄弟来到江南便是一件大事，他们以其带来的周原先进文化，结合江南水乡的特点，带领当地居民开掘人工运河"泰伯渎"，既保证了两岸农田的灌溉，也便利了远近的舟楫往来。泰伯还建有"鸭城""麋城"以饲养禽畜，并大力种桑养蚕。这些开发都是适合江南地理的，为后来的江南经济社会发展起到了重要作用。这一事件说明江南的历史在开端的时候就具有不同文化互相交融的特性，中原文化与江南文化的融合与交流，带来了江南区域诸方面的变化和发展。

这种在文化融汇基础上的重大发展，是江南社会演化的基本规律之一，在之后的历史上屡屡见到。永嘉之乱就是这样的例子。公元 280 年，西晋平灭了东吴，一统天下，但司马氏一连串的政治失误使西晋的统治很快走向终结，先是八王之乱，接着便是永嘉之乱。中原兵祸接连，洛阳化为灰烬。公元 317 年，琅琊王司马睿在建康重建晋廷，是为晋元帝。史书上说，永嘉之乱后，"中州士女避乱江左者十六七"[2]，也就是从中原地区避战逃难到江南的人有十分之六七，非常多。许多士族大姓，携宗族、部曲、宾客以及同乡同里纷纷南逃。有的逃到广陵，有的逃到了京口，还有更南的地区。永嘉南渡的北

---

[1] 邹逸麟：《谈历史上"江南"地域概念的政治含义》，《浙江学刊》2010 年第 2 期。
[2] ［唐］房玄龄：《晋书》卷六五《王导传》，北京：中华书局，1974 年版，第 1746 页。

方移民不仅人数众多，更重要的是素质高，很多是皇室贵族、官僚地主、文人学士，他们在南方所起的作用远远大于他们所占的人口比例。根据谭其骧先生的统计，《南史》列传中录有人物 728 位，原籍北方的有 506 人，南方籍的只有 222 人。东晋南朝的所有君主，都毫无例外是北方移民及其后裔。[①]这说明在东晋南朝的政治、军事、经济、文化、艺术各方面起主要作用的是北方移民。这一特点在局部地区表现得更加突出。如南徐州所在的今江苏镇江、常州一带，原来在江南不属于发达地区，孙吴时是毗陵典农校尉所辖的屯田区。这里的北方移民最为密集，南北文化充分融汇，使这一带很快成为经济文化发达区，南朝的杰出人才多产生于这个区域，如刘裕、檀道济、萧道成、萧衍等等。还有一个现象耐人寻味，即太湖以东的吴郡、太湖以南的吴兴郡、浙东的会稽郡，东晋政权没有侨置行政单位。这里的自然条件与人文环境，均属最佳，是东晋朝廷的主要根据地。没有侨置行政单位，应当是这里的土著大姓势力太大，他们对侨置进行了抵制，东晋朝廷为了顾全大局，对他们做出了让步。吴郡、吴兴郡、会稽郡虽然没有侨置行政单位，却吸引了大量的北方移民，说明有许多北方移民宁愿放弃侨置的政策保护，而选择到条件比较好的地方自谋出路，这些人往往是移民中各方面素养都比较高的人物。

南北文化的融汇增添了江南各方面的发展内涵，也促使了社会风气的转变。根据史籍记载，六朝时期江南地区的社会风气发生了从尚武到崇文、由轻悍好勇到敦庞厚朴的转变。西晋统一后，江南叛乱屡起，晋武帝深以所忧，曾与臣下华谭有过讨论。晋武帝说：现在吴地和蜀地都被我们荡平了，蜀人诚心归服，没有叛逆之心，而吴地就不一样了，屡屡为妖作寇，难道"蜀人敦朴，易可化诱；吴人轻锐，难安易动"[②]吗？华谭的应答是：吴人不服有两个原因，一是吴地被征服的时间较蜀地为短，二是吴地与中原有长江之阻隔，旧有的习俗固化，吴人难以接受北方的风俗习惯。尽管晋武帝与华谭对吴地动乱不断的起因，看法不尽相同，但他们都承认"吴人轻锐""难安易动""旧俗轻悍"。为安定江南社会秩序，晋武帝恩威并施，采取了一系列措施，但效果并不显著，江南地区仍是"窃发为乱者相继"[③]。江南轻悍好斗的社会风气，由来已久。此地崇尚好勇斗狠，鄙视恻隐忘仇。由于尚武，吴、越两国都特别重视利器的制造，吴戈和越剑以其工艺精良而誉满天下。此外，江南还不乏慷慨悲歌、伏节死难之士。江南社会风气的变化，大约始于东晋后期。孙恩卢循之乱时，晋军主帅刘裕就有"吴人不习战"的评价。进入南朝，"南人怯懦"已成为官场定论，社会上下弥漫着文弱畏难之风。《颜氏家训·涉务》中就有许多这方面的故事，比如视马如虎之类，从这些故事中我们都能领略到当时的江

---

①　谭其骧：《晋永嘉丧乱后之民族迁徙》，载《长水集》(上)，北京：人民出版社，1987 年版，第 199—223 页。

②　[唐] 房玄龄：《晋书》卷五二《华谭传》，北京：中华书局，1974 年版，第 1450 页。

③　[梁] 沈约：《宋书》卷三一《五行志二》，北京：中华书局，1974 年版，第 914 页。

南社会风气。①

何以有这样的改变呢？那便是文化融汇的结果。具体地说，主要原因有两点：第一，东晋南朝，由于北方侨姓大族的南下，江南统治集团在构成与心理素质两个方面都发生了巨变。北方侨姓大族凭借政治、军事和文化的优势，反客为主，政权的实际权力始终牢牢地掌握在侨姓大族的手里。原处于主导地位的江南土著大族受到排挤。对于北方侨姓大族，江南土著由仇恨抵制到屈从依附，乃至崇拜模仿，并以消灭自己的固有特征而与对方合流。最终，南北高门凭借世资，享受着尊荣优待，位高爵显。过分的享乐严重地腐蚀了当时的社会风气，使轻武观念成为普遍的社会意识。第二，就下层民众来说，宗教信仰从力主抗争的原始道教向劝诱忍让的佛教转移。六朝前期，活跃于江南下层社会的鬼神迷信和太平道教，其思想主旨是崇尚武力的，主张对现实不合理现象予以抗争。从葛洪开始，经陆修静，再到陶弘景，经过他们的改造，具有反抗精神的民间道教终于被驯化成替上层社会服务的官方道教，道教在下层社会中的影响逐渐被佛教所替代。在佛教徒看来，列为戒规首恶的尚武喜杀风气及其观念，不仅无价值，而且是罪恶，会给个人、家庭、群体乃至来世带来灾难性的后果，人们只有平心静气地服从现实，戒除各种欲念，反省自身，才能等待现世与来世的解脱。这些观念的广泛流布和深入人心，促成了这一地区传统群体心理结构的解体，从而使忍让取代了尚武，抗争让位于服从。② 当然，江南地区相对的安定环境，也容易使江南社会风气受到软化。

二、从经济发展的角度看

永嘉之乱给江南带来的影响是全方位的，最重要的影响还是在经济方面，比如经济重心的南移问题。经济重心的南移是一个渐进过程，重大历史事件是其中的重要推手，而永嘉之乱、安史之乱和靖康之乱是这些推手中最为紧要的。

六朝是江南经济发展的重要时期。永嘉之乱给江南地区带来了数百万计的流徙人口，这是北方人口第一次的大规模南移，对江南的开发起到了重要作用。上面已经说过了，不多重复。

安史之乱（755—762 年）及之后的一两百年，出现了中原人口第二次大规模南迁。相关研究表明，安史之乱是中国历史人口南北比重的分水岭，在此以前北方人口占全国的半数以上，在此以后南方的人口占了半数，而且南方人口进一步向东南地区集中。在古代中国，户口数是经济实力的标志，从户口数可知，北宋时期的经济重心已经移到了

---

① 王利器：《颜氏家训集解（增补本）》，北京：中华书局，2013 年第 2 版，第 381—394 页。
② 曹文柱：《六朝时期江南社会风气的变迁》，《历史研究》1988 年第 2 期。

南方，江南地区是重中之重。

安史之乱期间，北方难民移居江南，以现在的苏州市最为集中。此地其时称吴县。梁肃《吴县令厅壁记》记载："当上元之际，中夏多难，衣冠南避，寓于兹土，叁编户之一，由是人俗舛杂，号为难治。"[1] 所谓"叁编户之一"，即当时吴县人口的三分之一是北方难民。李吉甫《元和郡县图志》记载了唐后期的州郡户数。经安史之乱，各州郡控制的户数普遍下降，只有苏州所辖七县（吴、长洲、嘉兴、昆山、常熟、海盐、华亭）上升了46.28%，开元年间是68913户，元和年间是100808户[2]。很明显，苏州所增加的户口数便是北方难民。

1126年，金兵攻陷北宋都城开封，徽、钦二帝被掳，史称"靖康之难"。第二年，徽宗第九子赵构在逃亡途中即位称帝，是谓南宋高宗。1132年宋高宗定都杭州，改杭州为临安。靖康之难期间，北方难民大量南迁，所迁地域分布甚广，遍及南宋各路，江南、江西、福建是移民的主要分布区，其中以江南路最为集中，此所谓"四方之民云集二浙，百倍常时"[3]。这是北方人口的第三次大规模南移。

北方人口的这三次大南移为江南开发提供了富裕的劳动力，给江南发展带来了先进的生产技术，促成了古代中国经济中心的渐次南移。过去的研究比较强调这一点，这当然是正确的，但是不能忽视江南发展的一系列内因作用，如因地制宜地发展生产、生产的商品化倾向以及对生产经验的积累总结等等，尤其是生产技术的进步使社会生产力的三要素（劳动者、劳动资料、劳动对象）得以很好地结合，最终实现南北经济的大换位。

运河修凿以及河道改向也是江南经济发展的重大事件。隋朝京杭大运河的贯通对江南的发展至为重要。"杭州"之名第一次出现是隋初。开皇十一年（591年），在凤凰山依山筑城，这是最早的杭州城。大业三年（607年），改置为余杭郡。六年，杨素凿通江南运河，从江苏镇江起，经苏州、嘉兴等地而通达杭州，全长400多公里，自此，拱宸桥成为大运河的起讫点。杭州一跃而"咽喉吴越，势雄江海"，确立了它在整个钱塘江下游地区的交通枢纽地位。江南运河沟通了苏州和杭州，使两者逐渐成为江南地区的双子星城。当然，较之苏州，杭州的发展要晚一些，唐代的杭州，地位不如扬州、苏州，直至吴越国建都杭州，经过七八十年的开拓建设，杭州才发展成为全国经济繁荣和文化荟萃之地。欧阳修在《有美堂记》一文中这样描述杭州："独钱塘自五代始时……不烦干戈，今其民幸富完安乐，又其俗习工巧，邑屋华丽，盖十余万家。环以湖山，左右映带。而

---

① ［宋］李昉等编：《文苑英华》卷八〇四，北京：中华书局，1966年版，第4254页。
② ［唐］李吉甫：《元和郡县图志》卷二五，贺次君点校，北京：中华书局，1983年版，第600页。
③ ［宋］李心传：《建炎以来系年要录》卷一五八，北京：中华书局，1988年版，第2573页。

闽商海贾，风帆浪舶，出入于江涛浩渺、烟云杳霭之间，可谓盛矣。"[1] 北宋时，杭州为两浙路路治，是全国四大商港之一。杭州的发达有运河的因素，更重要的还是政权政策的推动。

三、从政权政策的变化来看

春秋末期，吴、越先后强盛，进而争霸中原，一度显示了江南的力量，但在公元前333年楚威王打败越国之后，江南地区自北而南渐次发生了种族变换，经济、社会和文化处于转型之中。在这之后相当长的时间里，江南是中原王朝心目中的异域地区，处处加以防备。举例而言，南京这个地方一直是东南形胜之地，被称为虎踞龙盘，在这儿建都的政权有好几个，有意思的是，但凡在南京建立的政权，寿命都不长。其中原因，民间有很多传说，史书也有记载，说这事儿与秦始皇的东巡有关。统一六国后，秦始皇巡游天下，东巡会稽途中经过金陵之时，"望气者云金陵地形有王者都邑之气，故掘断连冈，改名秣陵"[2]。望气是古代的一种方术，观察云气以预测吉凶。王者都邑之气，就是天子之气、王者之气。秦始皇一听，金陵这地方有天子之气，不高兴了，立即令人掘断连冈，将连绵不断的山脉挖断了，也就是断了龙脉。秣为马的食料，改金陵为秣陵，意思是说这儿是马的饲料场，明显是贬义。秦淮河原来称淮水，秦始皇派人凿通山冈，让淮水流进城内，故曰秦淮河。还有凿平方山之传说，说方山峰顶平坦如官印，故称之为天印山，秦始皇派人开山，以泄王气。这些当然是传说，可信度不高，但说明秦虽然统一了六国，当时中原人对包括江南在内的吴楚故地一直抱有戒备的意识。同样，吴楚故地对秦也没有多少好感。秦末项羽起兵于江东，有八千子弟跟随，这八千子弟自然多数是荆吴的后裔，这种情况说明秦统一之后，这里一直潜伏着一股反抗中原的势力。顾祖禹《读史方舆纪要·南直方舆纪要序》中说："以东南形势而能与天下相权衡者，南直而已。"[3] 他认为："亡秦者，非江东子弟之力不可也。"[4] 果然，灭亡秦朝的是江东的项羽。

刘邦是从项羽的手中夺得政权的。汉初，刘邦在翦平异姓王的同时，大封同姓王。吴国受封于高帝十二年（前195年），吴王刘濞是刘邦二哥刘仲的儿子。淮南王英布叛乱之时，汉高祖亲征平叛。刘濞当时年仅二十，跟随刘邦在蕲县之西击破英布的军队。英布逃亡被杀。刘邦认为东南之地与京城南北悬隔，非勇猛强壮的藩王难以统治，而此时

---

[1] ［宋］欧阳修：《欧阳修诗文集校笺》，洪本健校笺，上海：上海古籍出版社，2009年版，第1035—1036页。

[2] ［晋］陈寿：《三国志》卷五三《张纮传》，北京：中华书局，1959年版，第1246页。

[3] ［清］顾祖禹：《读史方舆纪要》卷十九《南直方舆纪要序》，贺次君、施和金点校，北京：中华书局，2005年版，第867页。

[4] 同上。

刘邦自己的儿子都还年幼，承担不起这个重任，于是就立刘濞为吴王，统辖三郡五十三城。《史记》对这一段历史的记载很有意思："已拜受印，高帝召濞相之，谓曰：若状有反相。心独悔，业已拜，因拊其背，告曰：汉后五十年东南有乱者，岂若邪？然天下同姓为一家也，慎无反！濞顿首曰：不敢。"[①] 刘邦已经给了刘濞官印了，却有点后悔，叫刘濞前来，他要给刘濞相面，看了之后就说："你的容貌是反叛之相啊。"这一句话当然将刘濞吓得半死。刘邦轻轻拍拍刘濞的后背，说："汉立五十年后东南方向将有叛乱发生，难道说的是你吗？你可不能造反，天下同姓是一家！"刘邦大封同姓王时，何以独独对刘濞有这么大的猜忌之心呢？其中的缘由是秦末以来江东子弟骁勇善战，而且此地有铜盐之利，又地处偏远，为朝廷鞭长莫及，容易起问鼎中原之念。果不其然，后来刘濞"招致天下亡命者盗铸钱，煮海水为盐，以故无赋，国用富饶"[②]，在汉景帝时所发生的吴楚七国之乱，吴王刘濞为其中实力最强者。史书上说，江南之地到秦汉时代，民众仍然好勇善斗，喜爱用剑，轻死易发。这就是刘邦忌惮刘濞的原因。实际上整个汉代，中央政权对江南区域一直抱有警惕戒备之心，表明这一地区尚武的民风对远在西北的朝廷始终是个隐匿的威胁。

永嘉之乱后江南成为中原以外另一个政治中心，经过了两百多年的发展，江南的政治地位发生了重大变化，社会风气也有了很大的改变，但即便如此，中原王朝对江南的防备意识依然存在。开皇九年（589年）隋文帝杨坚平陈，将建康城夷为平地，并将江南士人悉数播迁到京师长安。除了吴兴沈氏等个别家族以外，世族高门无论侨姓，还是吴姓，在江南基本上都不复存在。文帝下诏在江南当地厉行北方制度，如大量改变原南朝行政区划，撤换南方地方长官；整顿乡村以推行户籍制度；灌输中原王朝的意识形态，提高中央集权，削弱地方势力。在推行这些政策的时候，隋朝政权存在着无视江南社会特性与历史背景的倾向，带有很大的强制性，结果带来了民愤，遭到江南多地的强烈反抗。这种情况在隋炀帝继位后有所改变。炀帝仰慕甚至迷恋江南文化风物。之所以有这方面的情感，与他登基前长驻南方有着密切的关系。灭陈之战，杨广为行军元帅。陈朝覆亡的次年，隋朝的苛急政治造成江南大乱，为了纾解与缓和南方的怨恨，打破南北方的政治及文化隔阂，杨广在平定叛乱之后出任扬州总管，一直到开皇十九年才离开江都入朝，在任整整九年。在任期间，杨广招徕大量江南文人名士进入王府，引为学士。这些文人名士多数来源于梁陈旧朝，如虞世南、王胄、顾彪等人。这些"王府学士"后来形成了以炀帝为中心的核心政治圈。在他们的作用下，隋炀帝完成了由抗拒江南到倾慕

① ［汉］司马迁：《史记》卷一〇六《吴王刘濞传》，北京：中华书局，1959年版，第2821页。
② ［汉］班固：《汉书》卷三五《吴王刘濞传》，北京：中华书局，1962年版，第1904页。

江南的心理转变，进而影响了他的政治决策和政治行为。比如在使用人才方面，炀帝与他的父皇便存在着明显的不同。

李唐兴起之初，东南地方势力的反抗仍然很厉害。唐初平定江南后，改金陵为白下，后改白下为江宁，都带有贬义，反映出唐初李氏对江南地区的心态。太宗之后国势渐平，黄河流域再度辉煌。由于中原王朝的强势，江南地区在政治上无所作为的表现仍在继续，但文化和制度上的影响力日趋上升。相对而言，唐宋两代的统治者对江南的戒备心理有所减弱，但到了元明清，情况又有了反转，随着经济重心的南移，王朝统治者对江南的忌惮又增添了一些新的内容。

朱元璋的江南观是值得重视和研究的。在消灭张士诚并据有江南以后，朱元璋对这块经济发达、文采风流的地区十分厌恶和疑惧，故对江南地区课以重赋。实际上对江南实行重赋，不仅仅是明初，明朝的各个历史阶段都是如此，在朝在野的官绅士庶对这一政策一直都有激烈的争论，改革的呼声居高不下，但终明之亡，"江南重赋"的局面并没有实质性的调整。

同时，朱元璋对江南士绅实施严厉的打击和迫害，还强行迁徙大量苏州富民于皖北等地，比如沈万三的故事。沈万三本名沈富，字仲荣。其父从湖州路乌程县南浔镇迁徙至平江路长洲县东蔡村。沈万三是元末明初江南第一富家，也是全国首富。水乡周庄就是因为有了沈万三才成为江南著名的古镇的。据《吴江县志》载："沈万三有宅在吴江二十九都周庄，富甲天下，相传由通番而得。"[①] 著名历史学家吴晗也说：沈万三之所以发财，是由于做了海外贸易，从而迅速成为"资巨万万，田产遍于天下"的江南豪富。[②] 沈万三在致富之后把苏州作为重要的经商地，他曾支持过张士诚的大周政权，张士诚以此为沈万三树碑立传。明初，朱元璋定都南京，沈万三助建都城三分之一，虽然朱元璋封了他的两个儿子官爵，还让沈万三在南京建造了舒适的住宅，但不久之后，沈万三就被朱元璋发配充军，在云南度过了他的余生。

据学者考证，朱元璋在位三十一年内，苏州知府换了三十人，而且这三十人中，受到"坐法死"等严厉惩罚者就有十四人。他又规定："浙江、江西、苏松人毋得住户部。"由此种种，表明朱元璋等统治者对南宋以来商品经济和文化事业比较发达的江南，怀有忌恨和恐惧，进而严加防范。然而社会发展终究是势不可挡的。明朝中叶后，江南商品经济进一步发展，市民意识增强，这一地区士大夫阶层的反专制思想日渐滋生，并成为新的时代生成因素。

---

① 同治《苏州府志》卷一四六《杂记三》，载《中国地方志集成·江苏府县志辑》第10册，南京：江苏古籍出版社，1991年版，第704页。

② 吴晗：《元代的民间海外贸易》，载《吴晗文集》（第一卷），北京：北京出版社，1988年版，第483—484页。

清朝对江南的政策变化最为剧烈。清初摄政王多尔衮重北抑南，对江南实行高压政策，如扬州十日、嘉定三屠等，征剥屠戮，排斥打击江南士大夫，使满汉民族矛盾一度成为社会的主要矛盾。顺治皇帝亲政后试图改进江南政策，却因多方掣肘而不得实施。康熙继位后，江南政策始得以全面调整：政治上广收江南士大夫参与国政，奖掖人才；经济上以解决淮扬水灾和苏松重赋为重点，兴利除弊；文化上钳制与利用相结合，既打击反清思想（如一系列的江南文案），又利用南人文化优势整理古籍，弘扬中华传统文化；民族关系上秉公处理满汉官员矛盾，以明朝继承者自居引导汉人忠顺。清初社会从战乱到稳定，经济发展，文化繁荣，盛世再现，是与江南政策的改变相关联的。

帝制时代，帝都多在北方，皇帝对江南重视的表现之一便是对南方的巡视。历史上，秦始皇南巡过，隋炀帝南巡过，动静很大，影响也不小。清朝的皇帝更重视南巡，康熙皇帝南巡六次，乾隆也曾六次下江南。康乾南巡的目的，除了关心治河、漕运、海通之事外，最主要的还是了解江南的民情，获得江南士民的认同。更具体地说，康乾南巡的意义有四个方面：首先，康乾南巡是对满族特性的坚守，以武力保持对江南的威慑。满族历来重视骑射。在南巡期间，凡有八旗驻防之地，康乾二帝必行盛大的阅兵仪式。阅武之地主要集中于杭州、江宁、松江、镇江、苏州、嘉兴六座城市。其中，杭州、江宁两地阅武的次数最多。康乾二帝在南巡阅武时不仅考察官兵骑射，还让诸皇子、侍卫等人比射，康熙帝更是身先士卒，亲御躬矢。这种阅武活动，使参阅军民备受鼓舞，对军旅起到督促和整饬的作用。其次，康乾南巡是对满汉文化一统的追求和努力。两位皇帝都是励精图治、颇有作为的一代君主，在南巡途中注重对中华帝王情怀的传承，帝王情怀实际上就是帝王的政治抱负与职分担当。他们的南巡诗中多有体现帝王职分担当的内容。再次，康乾南巡是对民生民瘼关怀的表达，通过实行赋税蠲免减轻了农民的负担，南巡途中一系列重视耕织、注重阴阳、关心年成的言行，正是重农亲民思想的体现。最后，康乾南巡追求思想征服，渴望江南士绅的拥戴。南巡途中康乾二帝通过优容文人、笼络士绅等做法，既安抚了民心，消除了对立，也树立了明君形象。

从康乾南巡诸多言行可知，对于清王朝来说，江南地位非比寻常，却潜藏着满汉历史积怨；江南为财富聚集之地，却水患频繁、海塘告急；江南为人文渊薮之地，江南的文化精英却难以实行政治控制。对于汉人尤其是江南士人，康乾二帝的内心既羡慕又恐惧。要想有效地统治江南地区，单纯依靠武力肯定不行。如何获得江南汉人尤其是士大夫发自内心的认可，实现政治文化格局的大一统，是康乾二帝南巡的最终目的。而历史的演化证明康乾二帝实现了他们的愿望。康乾南巡是满汉文化融合的有效催化剂，康乾二帝陶醉于江南佛寺、山水、园林和祠庙等江南景观之中，南巡过程即是满族与汉族、宫廷与民间、北方与江南之间文化融合的过程。如果说康熙南巡之初尚有满汉文化冲突，到乾隆南巡结束之时，清王朝已正式纳入中国传统文化的承续脉络之中，康乾二帝通过南巡举措证明了清王朝入继中华正统的合法性。[1]

然而，江南之地毕竟是新因素的产生之所，当政局稍有风吹草动，江南又成为最不安定的区域。如晚清对变法、新政，支持者以东南人士为多。晚清以来，废科举，开学堂，兴报业，制造社会舆论，江南士绅又成为一股在野的政治势力，推动着改良和革命的到来。

四、从战乱的角度看

罗曼·罗兰曾说过："从呼喊的深渊中，从一切憎恨的深渊中，我要向您高歌，神圣的和平。"[2] 战争给社会生活带来极大影响，无数财富毁于一旦，众多生灵倒毙疆场。人们厌恶战争，热爱和平。尽管如此，历史上的战争与和平既相互矛盾，又是互相交替的。有些地区，战争与和平的时间一样长，甚至战争时期比和平时期还要长。历史上，战争对江南的影响同样是重大的。在江南区域之外的战争和动乱，前文已有论述。在江南区域内，也发生过多次惨烈的战争，其对生产生活的破坏性是显而易见的。如东晋末年的孙恩卢循起义，《晋书·孙恩传》说，起义军"烧仓廪，焚邑屋，刊木堙井，虏掠财货"[3]。又如南朝萧梁末年的侯景之乱，造成了江南的大饥荒，百姓流亡，死者涂地，"父子携手共入江湖，或弟兄相要俱缘山岳"[4]，"千里绝烟，人迹罕见，白骨成聚如丘陇焉"[5]。北宋末年的方腊起义和元末的张士诚起兵，都是发生在苏杭一带的战乱，对民众生活和社会生产造成了极大的破坏。

列宁说过："战争虽然会造成种种灾祸和苦难，但也会带来相当大的好处：战争会无情地暴露、揭穿和破坏人类制度中许多腐朽、过时和僵死的东西。"[6] 确实，战争冲击了腐朽，孙恩卢循起义以及侯景之乱对于南朝门阀制度的冲击是强有力的，战争所带来的南人北迁，有利于南北文化的多向交流和融汇。北宋末年的方腊起义推动了江南土地关系的调整，延缓了土地兼并的速度，推动了永佃权的形成。而土地永佃权形态的出现，为农业经济商品化和农村市场的扩大提供了强有力的基础。至于张士诚反元，情况要复杂一些。在元末天下大变的形势下，张氏兄弟与十几位盐徒，扛扁担而起，杀死长期欺压

① 吴建、王卫平：《从康乾南巡看"满族汉化"问题之争》，《学习与探索》2017 年第 9 期。
② 罗曼·罗兰：《和平的祭坛》，载孙梁辑译《罗曼·罗兰文钞》，上海：上海译文出版社，1985 年版，第 3 页。
③ ［唐］房玄龄：《晋书》卷一〇〇《孙恩传》，北京：中华书局，1974 年版，第 2633 页。
④ ［唐］李延寿：《南史》卷八〇《侯景传》，北京：中华书局，1975 年版，第 2009 页。
⑤ 同上。
⑥ 列宁：《第二国际的破产》，载中共中央马克思恩格斯列宁斯大林著作编译局编译《列宁全集》(第 26 卷)，北京：人民出版社，1984 年版，第 224 页。

他们的豪强富户，占据了富庶的苏州，并同江南的一些文人保持着良好的关系。以镇江为界，朱元璋与张士诚保持着长达十年的对峙，双方并未发生大规模战争，故对江南的破坏不大。及至至正二十四年（1364 年），朱元璋在消灭劲敌陈友谅之后，腾出手来围剿张氏势力，分三路兵马从外围逐渐收网，到 1367 年 4 月，苏州成为孤城一座。徐达、常遇春等将领采用围而不攻的战略，半年之后拿下了苏州。但是，朱元璋对江南核心地带的争夺，影响了明朝社会经济政策的生成。明开国后，过去比较认可张氏的江南士大夫，大多选择与朱元璋的新朝不合作的方式，不愿意入仕新朝，所以明初文字狱主要的指向是针对他们。明朝恶劣的党争以及上面提到的江南重赋问题也是由此而发轫的。

以上分别从文化、经济、政治、社会和军事的角度，简要讨论了历代重大事件对江南区域各方面的影响。囿于篇幅，只能是轻描淡写，挂一漏万。在研究影响江南社会变迁重大事件的过程中，如能认真研读史料，并在此基础上举一反三，触类旁通，进行深入分析，则可以加深对江南历史和文化的认识。

参考书目

［汉］班固：《汉书》，北京：中华书局，1962 年版。

［汉］司马迁：《史记》，北京：中华书局，1959 年版。

［晋］陈寿：《三国志》，北京：中华书局，1959 年版。

［梁］沈约：《宋书》，北京：中华书局，1974 年版。

［唐］房玄龄：《晋书》，北京：中华书局，1974 年版。

［唐］李吉甫：《元和郡县图志》，贺次君点校，北京：中华书局，1983 年版。

［唐］李延寿：《南史》，北京：中华书局，1975 年版。

［宋］李昉等编：《文苑英华》，北京：中华书局，1966 年版。

［宋］李心传：《建炎以来系年要录》，北京：中华书局，1988 年版。

［宋］欧阳修：《欧阳修诗文集校笺》，洪本健校笺，上海：上海古籍出版社，2009 年版。

［清］顾祖禹：《读史方舆纪要》，贺次君、施和金点校，北京：中华书局，2005 年版。

刘昶、陆文宝主编：《水乡江南：历史与文化论集》，上海：上海古籍出版社，2014 年版。

谭其骧：《长水集》（上），北京：人民出版社，1987 年版。

吴晗：《吴晗文集》（第一卷），北京：北京出版社，1988 年版。

王家范主编：《明清江南史研究三十年（1978—2008）》，上海：上海古籍出版社，2010 年版。

王利器：《颜氏家训集解（增补本）》，北京：中华书局，2013 年第 2 版。

赵世瑜：《在空间中理解时间：从区域社会史到历史人类学》，北京：北京大学出版社，2017 年版。

第七讲

江南稻作农业

牟发松

一、稻与江南

水稻是现在世界上栽培面积最广、产量最大、养育人口最多的粮食作物。世界上除南极洲以外的各大洲，都有水稻的栽培。世界上一半以上的人口，30多个国家，以稻米为主食。人口大国印度，以稻米为主食的人口占65%。国土面积在世界上排名50多位的日本，却是世界第九大水稻生产国，将稻米称为"国米"。2004年联合国首次设立国际稻米年，"稻米就是生命"为其主题。[1]

中国历来都是世界上最大的水稻生产国。当今世界水稻总产量中的35%产自中国，半数以上的中国人口靠稻米养活。长江中下游地区历来是中国水稻的主产区，其中长江三角洲地区即古代江南，长期引领着中国稻作农业的发展进程。

古代江南经济的基本问题，经济的基本面，江南经济活动的核心，可以说是水稻生产。作为一种作物、食物、租税、商品，水稻在形塑江南形象并联结中国南北乃至东亚地区的历史等方面，发挥着重要作用。

从秦汉到唐宋，政治文化中心随着朝代的更替数经移动，这种移动的大趋势可以概括为从西到东、自北徂南。从秦朝的咸阳到西汉的长安，从西汉的长安到东汉的洛阳，隋唐两朝东都（洛阳）的地位日益重要，五代中的四代乃至北宋均以东京开封为首都，而以洛阳为西京，是为从西到东。从西晋洛阳到东晋南朝的建康，从北宋开封到南宋的临安，则是自北徂南。隋唐两朝天子曾多次率百官、军队从长安到东都就食，以规避水运经三门底柱的覆溺风险或陕洛间陆运的高额劳费，就近消费江淮租米及其他物质，大运河时代开封成为运河南北交通枢纽，在获取北输的东南物质上较洛阳更为近便[2]，可知

---

[1] 曾雄生：《中国稻史研究》，北京：中国农业出版社，2018年版，第8页。

[2] 全汉昇：《唐宋帝国与运河》，《"中研院"历史语言研究所专刊》第24期，1944年，又载《中国经济史研究（上）》，台北：稻乡出版社，1991年版，第279—292、357—386、389—391页。

政治文化中心之东移洛阳、开封，与财税、经济重心的南移密切相关。政治文化中心之自北徂南，虽起于北族政权入主中原，却也与经济重心的南移趋势相一致，六朝政权、南宋政权得以长期偏安江南，显然是以江南经济的长足发展为基础的，同时又进一步推促了经济重心的南移。[①] 经济重心的南移，表现为水田作物（水稻）相对于旱田作物（粟、麦）的潜在优势之逐步显现，并最终化为现实优势，这一过程可以说滥觞于东晋南朝，显著于中唐，而最终完成于南宋。

二、江南：基于考古学证据的水稻栽培起源地

（一）中国稻作的起源

河姆渡遗址发掘之前，丁颖先生的稻作起源于"华南说"为主流；发掘之后，"长江下游说""长江中下游说"先后成为主流。[②] 长江中下游地区是我国目前考古学证据最为充分的稻作起源地，环太湖的沪宁杭地区出土的一系列考古文化，则以实物完整系统地再现了整个江南原始农业不断发展的全过程。请见表1。

表1　环太湖地区（杭嘉湖平原、苏南平原、上海市）自成一体的原始文化系列 [③]

文化类型	代表性遗址	距今年代
河姆渡文化	余姚	7000—5000
马家浜文化	嘉兴	6500—5500
崧泽文化	青浦	5500—5000
良渚文化	余杭	5300—4300
钱山漾类型	湖州	4400—3200
广富林类型	松江	4200—3700
马桥文化	闵行	3700—3300
吴（扬越）文化		西周中期—春秋末期
越（于越）文化		西周晚期—公元前四世纪上半叶

上述原始文化中的良渚文化，代表着江南原始稻作的最高水平。

（二）良渚文化时期的稻作农业

2019年7月6日，在阿塞拜疆首都巴库举行的第43届世界遗产大会上，良渚文化遗址获选列入《世界遗产名录》。联合国教科文组织世界遗产委员会的相关决议称："良

① 牟发松：《火耕水耨与南方稻作农业的发展》，载中国唐史学会、湖北省社会科学院历史研究所编《古代长江中游的经济开发》，武汉：武汉出版社，1988年版，第248—249页。

② 裴安平、熊建华：《长江流域的稻作文化》，武汉：湖北教育出版社，2004年版，第26—27、35—47页。

③ 裴安平、熊建华：《长江流域的稻作文化》，武汉：湖北教育出版社，2004年版，第64—69页。付琳：《吴越之迹：江南地区早期国家形态变迁》，厦门：厦门大学出版社，2020年版，第14—15页。

渚古城遗址展现了一个存在于中国新石器时代晚期的以稻作农业为经济支撑、并存在社会分化和统一信仰体系的早期区域性国家形态，印证了长江流域对中国文明起源的杰出贡献。"①

河姆渡出土的稻作遗存相当丰富，大量的骨耜表明当时已进入耜耕农业阶段，另外在第四文化层还发现了约400平方米、厚度自10厘米到80厘米的稻谷、稻壳和稻草堆积。②

环太湖地区的稻作农业在良渚文化时期得到繁荣发展。如浙江临平茅山良渚文化的小型村落遗址，发现总面积5600平方米（约85亩）的稻田遗迹。浙江余杭莫角山良渚遗址发现被烧毁的约26000斤稻谷。新近在莫角山高台以南发现南北两片总体量约6000立方米、39万斤的碳化稻米堆积。③

良渚文化稻作农业的发展，表现为规模巨大的水利工程、灌溉水渠，成片的人工稻田，广泛使用石犁。

余姚良渚遗址群的西北有一条超过5公里长、数十米宽的连绵不断的长堤，沿天目山山脚由西向东延伸，堤与山脚之间相距200余米，并列分布着大大小小的水塘200多处，长堤可能具有防洪蓄水、灌溉运输、调节水系等多种功能。④这无疑是中国原始社会最早、最宏伟的水利工程，是中国新石器时代江南先民与自然抗争的伟大杰作。正是有赖于水利工程的保障，成规模的稻田才可能出现。

石镰、破土器、耘田器（一说兼用于水稻收割）特别是良渚石犁的发现，表明良渚文化时期在稻作的耕、种、除草、收割等环节，都出现了相应的稻作农具，并有一定的劳动投入。⑤

总之，全国还没有一个地区像环太湖的沪宁杭地区那样，能以考古学证据如此完整地、多层次地、清晰具体地显示整个原始稻作农业不断发展的全过程。我们看到，从河姆渡文化、马家浜文化、崧泽文化的耜耕发展到良渚文化的犁耕，良渚文化无疑是长江下游原始稻作农业的中心、高峰和代表。传世文献对良渚古国及其社会的复杂化和分化，以及大型水利工程和稻作农业成就，几乎毫无反映。这可能与良渚文化的发展过程中出现了断层，以及历史记忆的严重缺位有关，而断层的原因是否与地理环境的变化和自然灾害有关，还有待于更深入的探讨。

---

① 应妮：《"良渚古城遗址"列入〈世界遗产名录〉》，《大众考古》2019年第7期。
② 严文明：《中国稻作农业的起源》，《农业考古》1982年第1、2期。
③ 付琳：《吴越之迹：江南地区早期国家形态变迁》，厦门：厦门大学出版社，2020年版，第23页。
④ 浙江省文物考古研究所：《杭州市良渚古城外围水利系统的考古调查》，《考古》2015年第1期。
⑤ 裴安平、熊建华：《长江流域的稻作文化》，武汉：湖北教育出版社，2004年版，第128—131页。

三、从象耕鸟耘到火耕水耨——西汉以前江南的稻作农业

（一）有关象耕鸟耘的几条相关重要史料及其解读

传书言：舜葬于苍梧，象为之耕；禹葬会稽，鸟为之田。盖以圣德所致，天使鸟兽报祐之也。……考实之，殆虚言也。……夫天报舜、禹，使鸟田象耕，何益舜、禹？……非其实也。实者，苍梧多象之地，会稽众鸟所居。……象自蹈土，鸟自食草。土蹶草尽，若耕田状，壤靡泥易，人随种之，世俗则谓为舜、禹田。海陵麋田，若象耕状，何尝帝王葬海陵者邪？①

雁鹄集于会稽，去避碣石之寒，来遭民田之毕，蹈履民田，啄食草粮。粮尽食索，春雨适作，避热北去，复之碣石。象耕灵陵，亦如此焉。传曰："舜葬苍梧，象为之耕。禹葬会稽，鸟为之佃。"失事之实，虚妄之言也。②

有长洲泽。原注：县多麋。《博物记》曰："千千为群，掘食草根，其处成泥，名曰麋畯。民人随此畯种稻，不耕而获，其收百倍。"又扶海洲上有草名蒒，其实食之如大麦，从七月稔熟，民敛获至冬乃讫，名曰自然谷，或曰禹余粮。③

昔者，越之先君无余，乃禹之世，别封于越，以守禹冢。……大越海滨之民，独以鸟田，……其故何也？曰：禹始也，忧民救水，到大越，上茅山，大会计，爵有德，封有功，更名茅山曰会稽。及其王也，巡狩大越……因病亡死，葬会稽。……尚以为……无以报民功，教民鸟田，……当禹之时，舜死苍梧，象为民田也。④

越之前君无余者，夏禹之末封也。……（禹）即天子之位。……登茅山，以朝四方群臣。……乃大会计治国之道。……遂更名茅山曰会稽之山。……乃纳言听谏，安民治室……造井示民，以为法度。凤凰栖于树……百鸟佃于泽。……命群臣曰："吾百世之后，葬我于会稽之山。……葬之后，田无改亩。"以为居之者乐，为之者苦。禹崩之后，众瑞并去。天美禹德，而劳其功，使百鸟还为民田。⑤

---

① ［汉］王充：《论衡 · 书虚篇》，载《论衡注释》，北京大学历史系《论衡》注释小组注释，北京：中华书局，1979年版，第243—244页。

② 同上书，《偶会篇》，第149—150页。

③ ［晋］司马彪：《后汉书 · 后（续）汉书志》卷二一《郡国志》，北京：中华书局，1965年版，第3461页。

④ 《越绝书》卷八《越绝外传记 · 地传》，载李步嘉《越绝书校释》，武汉：武汉大学出版社，1992年版，第195页。

⑤ ［汉］赵晔：《吴越春秋》卷六《越王无余外传》，载周生春《吴越春秋辑校汇考》，上海：上海古籍出版社，1997年版，第101、107—108页。

古来传说虞舜所葬之地（苍梧）有象耕田，夏禹所葬之地（会稽）有鸟耘田，这是上天对舜、禹"圣德"的"报祐"。王充认为这是不合事实的"虚言"，实际情况是苍梧本来多象，会稽本来有很多秋来春去的雁、鹄等候鸟，"象自蹈土，鸟自食草"，本无关人事，但象、鸟的行为使得这些地方适合于耕种，"土蹶草尽，人随种之"，于是成为稻田，"世俗则谓为舜、禹田"。王充又称海陵县麋鹿群聚之地，也像被大象践踏过一样，适于耕种，于是人们在那里种稻，但海陵何尝有圣贤帝王的坟墓呢？《论衡》又谈到自北方碣石避寒南来会稽的雁、鹄等候鸟，"蹈履民田，啄食草粮"，当它们来春避热北返之时，所逗留之地则犹如深耕熟耘的良田，这就是所谓象耕鸟耘、舜田禹田的真相。这种现象原本是动物的自然活动所造成的，实与古圣王无关。《越绝书》称"大越海滨之民独以鸟田"，乃因大禹"巡狩大越"、大会诸侯于会稽时，因病卒葬于会稽，"为报民功"而"教民鸟田"。《吴越春秋》则称因为大禹的功德，会稽出现多种祥瑞，"百鸟佃于泽"（"鸟田"）即为其中之一，大禹死后"众瑞并去"，但因"天美禹德而劳其功，使百鸟还为民田"。总之，两书所载会稽"鸟田"都与大禹功德有关，已被王充斥之为"失事之实"的"虚言"。

《论衡》作者王充，会稽上虞人。今本《吴越春秋》的祖本，作者为会稽山阴人赵晔。[①]传为《越绝书》的作者如袁康、吴平，也被认为是"会稽当地怀有乡土情结的人士"[②]。他们都是东汉人，作为江南人记江南事。而会稽禹迹之众多，也是自古而然。绍兴市文化部门编辑出版的《绍兴禹迹图》《浙江禹迹图》，所收大禹文化遗迹凡209处，其中禹活动的中心地绍兴（会稽），多达50余处。[③]

禹是传说人物，但会稽多候鸟（《论衡》谓"雁鹄"等）却是实事。江南地区秋冬之际有大量候鸟前来避寒，春夏之际北返，自古至今皆然。在王充生活的年代，其家乡会稽地区特别是钱塘江口和曹娥江沿岸，有大片的沼泽地，是候鸟越冬的极好环境。它们在群聚之地掘食草根的活动造成了可供人们直接用来种植水稻的农田，也应是事实。《初学记·雁》引北魏阚骃《十三州志（志一作记）》称："（会稽郡）上虞县有雁，为民田，春衔拔草根，秋啄除其秽。是以县官禁民不得妄害此鸟，犯者有刑无赦。"[④]王充正是东汉会稽上虞人氏，曾以农桑为业，对于当地的鸟田，想必他非徒得诸文献，或为其亲眼所见。[⑤]

《续郡国志》的作者司马彪和《博物志（志一作记）》的作者张华，为晋人，且均

① 仓修良：《吴越春秋辑校汇考序》，载周生春《吴越春秋辑校汇考》，上海：上海古籍出版社，1997年版，"序"，第2页。
② 乔治忠：《〈越绝书〉成书年代与作者问题的重新考辨》，《学术月刊》2013年第11期。
③ 邱志荣、张钧德、金小军主编：《浙江禹迹图》，北京：中国文史出版社，2019年版，第9—10页。
④ ［唐］徐坚等：《初学记》卷三〇《雁》，北京：中华书局，1962年版，第735页。
⑤ ［北魏］郦道元注；陈桥驿校证：《水经注校证》，北京：中华书局，2007年版，第977—980页。曾雄生：《"象耕鸟耘"探论》，《自然科学史研究》1990年第1期。

非江南人。《续郡国志》称东阳县"多麋",《博物记》则称由于麋鹿"千千为群,掘食草根,其处成泥,名曰麋畯",当地人民在麋畯种稻,收获极丰,是高产稳产的稻田。张华所讲的"麋畯",适与《论衡》所称同郡海陵县的"麋田"互为佐证。东阳县地濒高邮湖西北(治今江苏金湖县西),海陵县位于高邮湖东南(治今江苏泰州市),且东临海、南滨江,二地多沼泽、麋鹿,经群麋反复践踏、掘挖(以食草根),从而宜于种植水稻,实不难理解。所谓象田、鸟田、麋田,实际上是这些动物觅食、践踏之后所留下的可供农人直接耕种的天然稻田。

(二)汉代江南的火耕水耨

我们还是先读以下史料。

> 楚越之地,地广人希,饭稻羹鱼,或火耕而水耨,果隋蠃蛤,不待贾而足,地势饶食,无饥馑之患,以故呰窳偷生,无积聚而多贫。是故江淮以南,无冻饿之人,亦无千金之家。[1]

> 江南地广,或火耕水耨。民食鱼稻,以渔猎山伐为业,果蓏蠃蛤,食物常足。故呰窳偷生,而亡积聚,饮食还给,不忧冻饿,亦亡千金之家。[2]

> 扬州于《禹贡》为淮海之地。……吴、越得其分野。江南之俗,火耕水耨,食鱼与稻,以渔猎为业,虽无蓄积之资,然而亦无饥馁。[3]

《史记》《汉书》所谓江南,为"楚、越之地",当时主要指长江中下游地区,兼概"江东"之地。[4]《隋志》"江南"约当"吴、越"故地,大致范围为淮河以南、长三角迤东南至宁绍平原等海滨之地,可大体分为江淮、江南即传统的"江西""江东",约略相当于唐元和方镇中的淮南、宣歙、浙东、浙西四道,而以其中的长三角地区为中心,即今日广义的江南。[5]此即本讲"江南"之大致区域。

今日所见最早对火耕水耨加以解释的乃是《史记》《汉书》注家东汉人应劭和唐人张守节,大抵认为"火耕",即是"烧草下水种稻",继而以水淹死稻田杂草(此草或为陆

---

① [汉]司马迁:《史记》卷一二九《货殖列传》,北京:中华书局,1959年版,第3270页。

② [汉]班固:《汉书》卷二八《地理志》,北京:中华书局,1962年版,第1666页。

③ [唐]魏征、令狐德棻:《隋书》卷三一《地理志》,北京:中华书局,1973年版,第886页。

④ 周振鹤:《释江南》,载钱伯城主编《中华文史论丛(第四十九辑)》,上海:上海古籍出版社,1992年版,第141—142页。

⑤ 范金民:《江南社会经济史研究入门》,上海:复旦大学出版社,2012年版,"前言"。陈勇:《唐代长江下游经济发展研究》,上海:上海人民出版社,2006年版,"导论"。

草），是为"水耨"。总之是劳动投入少，自因当时江南"地广人稀"，"无积聚而多贫"，社会分化程度低，人们改造自然的能力低下，为了以较少的投入获得较多回报，就必须充分利用当地所特有的自然禀赋，即濒湖临江之地，以粗放的火耕水耨法从事稻作生产。[1] 同时鉴于江南水产丰富，"地势饶食"，"果隋蠃蛤，不待贾而足"，故在火耕水耨种稻之外，又从事"渔猎山伐"，从而形成一种农渔并重的生产结构，"饭稻羹鱼"则是为这种生产结构所决定的饮食结构。[2] 而据上引《博物志》中所述人们在扶海洲采摘"食之如大麦"的蒒草籽，名之为"自然谷""禹余粮"，则采集农业仍占一定比例，其采集对象当即所谓"果蓏"，即莲藕、芡实以及蒒草籽等野生谷物之类。

相对于象耕鸟耘之被动地、天工代人地利用自然，火耕水耨则是主动地、天人结合地利用、改造自然。这应该是一种进步。当然，火耕水耨仍需要对水、火尤其是水有一定程度的控制，需要有特定的自然地理环境（濒湖临江的泽渚之地）和社会条件（地广人稀），从而构成了它进一步发展的瓶颈。

四、水田制之由人——东汉六朝时期江南稻作农业的发展

（一）"水田制之由人"：一种有别于火耕水耨的新稻作法的显著特征

是否如《隋书·地理志》所述，江南的稻作生产直至隋代仍然是"火耕水耨"呢？是否还存在其他更先进的稻作法呢？西嶋定生认为，两汉六朝流行的稻作法仍然是火耕水耨，是一种一年休闲制的直播列条栽培法。[3] 米田贤次郎则认为，火耕水耨在六朝时不是普遍性的稻作技术。当时南方稻作是连种制而非休闲制，其先进地带还出现了稻麦轮作，是一种以插秧为标志的有别于火耕水耨的新稻作法。米田贤次郎还特别强调这种集约化程度较高的新稻作法是以陂渠灌溉为前提的。[4] 彭世奖对火耕水耨的看法与米田贤次郎有相同之处。[5]

如果说火耕水耨稻作法的基本特征是粗放原始、劳动投入少，那么，有别于火耕水耨的先进稻作法，则是劳动集约化水平的显著提高，体现在整地、除草、施肥、晒田、选种泡种、农具的改进乃至轮作、插秧等多个环节，但对于以水作为生存基本条件的水稻来说，最根本的还是水利工程的建设。《太平御览·资产部·田》引《傅子》（西晋人傅

---

[1]　牟发松：《火耕水耨与南方稻作农业的发展》，载中国唐史学会、湖北省社会科学院历史研究所编《古代长江中游的经济开发》，武汉：武汉出版社，1988 年版，第 222—249 页。

[2]　牟发松：《江南"火耕水耨"再思考》，《中国农史》2013 年第 6 期。

[3]　［日］西嶋定生：《中国经济史研究》，冯佐哲、邱茂、黎潮译，北京：农业出版社，1984 年版，第 147 页。

[4]　［日］米田贤次郎：《陂渠灌溉下的稻作技术》，《史林》第 3 号，1981 年。［日］米田贤次郎：《论汉魏六朝期间的稻作技术——火耕水耨再探》，《鹰陵史学》第 7 号，1981 年。

[5]　彭世奖：《历史上岭南水稻的特殊栽培及其展望》，《古今农业》1987 年第 1 期。

玄）："陆田者，命悬于天也。人力虽修，水旱不时，则一年功弃矣。（水）田制之由人，人力苟修，则地利可尽。天时不如地利，地利不如人事。"[①]"水田制之由人"，即是这种新稻作法的显著特征。

（二）东汉六朝时期江淮地区稻作

淮水流域的陂塘灌溉自古号称发达，两汉时期又有显著发展，最有名的是淮水及其支流汝水之间的"鸿隙大陂"，组成了一个以淮水及其淮北支流为脉络、以鸿隙陂为中心、陂塘串连有如"长藤结瓜"、纵横交错宛若蜘蛛结网的灌溉系统。淮南支流则以穷水、沘水、泄水、肥水诸水入淮口段（包括各水支流），以及其上的诸多陂塘，汇成一个以大型水体芍陂为中心的陂塘系统。两汉时期淮河流域的水利建设，淮北的发展远过于淮南，而且水利工程的效益并不限于水田稻作。淮南的芍陂遗迹至北魏犹存，东汉曹魏时虽间有维护，但时而修治，时而"芜废"。魏齐王芳正始（240—249 年）年间，邓艾提议并主持淮上屯田，以军屯形式，规模空前。其重点在淮北，淮南则集中在以寿春芍陂为中心的淮水支流沘水、肥水流域和淮水下游的白水陂。白水陂位于广陵郡淮阴县西南，"东西长三十五里"，"置屯田四十九所"，"开八水门"，"溉田万二千顷"，成效颇彰。当时魏、吴南北对峙，徐、泗、江、淮为战争之地，其间"不居者各数百里"，从而出现大量的抛荒田土，为大规模屯田及水利兴修提供了条件，加之军屯劳动力充足，组织严密，故淮上屯田的稻作总产、单产一度达到很高水平。但邓艾屯田后不到十年，曹魏相继爆发淮南三叛，屯田淮上的兵士、士家全部卷入内战，并招致吴军深入，淮南屯田及其水利设施的破坏尤其严重，其后屯田效益亦因各种原因日见低下，产量之低甚或"不足以偿种"，在西晋灭吴前后，淮南军屯遂告废止。晋室东迁，直至隋唐一统，淮河流域又重新成为南北争夺、对峙的"中间地带"，疆域一彼一此，稻作生产主要以军屯耕垦熟荒，带有很强的军事性、权宜性、特殊性，故稻作方式亦返于粗放。这与同时期江东地区稻作生产的长足发展有着显著的区别。[②]

（三）东汉六朝时期江东地区的水利工程与稻作生产

江东（或曰狭义江南地区）历史上最古老的大型农田水利工程，当推东汉时兴建于会稽的鉴湖（时称镜湖），位于今浙江绍兴县境。绍兴县从东南到西北，为会稽山脉所围绕，发源于山脉诸丘陵分支之间的许多自南而北的河流，分别汇入曹娥、浦阳二江下游，流入后海（杭州湾），在北部形成广阔的冲积平原（山会平原），整个地区呈现出"山—原—海"的台阶式特有地形。

① ［宋］李昉等：《太平御览》卷八二一《资产部·田》，北京：中华书局，1960 年版，第 3658 页。
② 以上详见牟发松：《从"火耕水耨"到"以沟为天"——汉唐间江南的稻作农业与水利工程》，载牟发松、陈江主编《历史时期江南的经济、文化与信仰》，上海：华东师范大学出版社，2014 年版，第 64—73 页。

雨季的山水盛发造成的曹娥、浦阳二江下游洪水泛滥，钱塘大潮又使富含盐分的海水经由二江倒灌，造成平原北部的严重内涝及盐碱化，潴成无数湖泊，洪水季节则沦为一片泽国。东汉永和五年（140年），会稽太守马臻主持修筑鉴湖。该工程的主体是围堤，即在山会平原北端亦即分散的众多湖泊北缘，修建了一条以会稽郡城为中心，向西向东分别延伸到浦阳江、曹娥江侧近，总长120余里的长堤，堤南河湖因遭拦截而形成一个巨大的长形水体，即鉴湖（一称长湖）。工程的一个重要部分是由斗门、闸、堰、阴沟组成的水利设施系统，以控制湖水，对山会平原北部农田进行排、灌。①

鉴湖的拦蓄滞洪能力和丰富蓄水，使鉴湖以北的山会平原解除了洪水威胁和盐碱浸蚀，同时拥有了充分的灌溉用水；门闸堰沟水利设施系统，加之"山—原—海"台阶式地形，使排、灌均相对简便而成本较低；山会平原北部遂被改造成为旱涝保收的优质稻田。这近万顷稳产高产稻田，可能是当时中国南部最早也是最大的一块成片优质稻田。直到南朝，鉴湖仍在发挥作用，当地因之旱涝保收而无"凶年"。及至两宋之际最终埋废，鉴湖为这一大片优质稻田服役达八百年之久，成为保障宁绍平原经济发展的标志性工程和基础性建设。

江东滨海地区稻作农业生产对水利建设的需求，一是蓄淡、滞洪，一是拒咸、捍潮。东汉时钱塘防海大塘是江南的又一标志性水利工程，在我国捍潮海塘建筑史上具有开创意义。《世说新语·雅量》刘注所引《钱唐县记》②和《水经注》"浙江水"所引《钱唐记》③有不同的记载，但有一点是一致的，即钱塘防海大塘是以本县"豪富"同时为本郡僚佐华信为首的"县诸豪姓"发起兴建的，属于民间筹资，劳动力、土石及工程建设，都是通过市场交易，买卖双方自愿，与官方投资主办、以强制性的徭役方式集结劳动力的鉴湖工程迥然不同。若就防海大塘使"一境蒙利"而言，可以说这是一个民办的地方公共工程或曰公益事业，因而"百姓怀德、立碑塘所"，至刘宋时犹存。④这种民办甚至也是民管的公共工程，在汉宋间的江南不乏其例，而在他地则鲜见。

在东晋南朝相对安定的环境下，伴随着官私农田水利工程的兴修，代表着水利设施完善、劳动投入集约化程度高的先进稻作方式的"良田"，正在稳步扩展，原始粗放的火耕水耨式稻作正在相应地退缩。《宋书》卷五四末"史臣曰"："江南之为国盛矣……至

① 陈桥驿：《古代鉴湖兴废与山会平原农田水利》，载陈桥驿《吴越文化论丛》，北京：中华书局，1999年版，第230—257页。
② ［宋］刘义庆著；［梁］刘孝标注：《世说新语笺疏》中卷上《雅量》，修订本，余嘉锡笺疏，周祖谟、余淑宜、周士琦整理，上海：上海古籍出版社，1993年版，第359页。
③ ［北魏］郦道元注；陈桥驿校证：《水经注校证》卷四〇《浙江水》，北京：中华书局，2007年版，第939页。
④ 牟发松：《从"火耕水耨"到"以沟为天"——汉唐间江南的稻作农业与水利工程》，载牟发松、陈江主编《历史时期江南的经济、文化与信仰》，上海：华东师范大学出版社，2014年版，第48—98页。

于外奉贡赋，内充府实，止于荆、扬二州。……自晋氏迁流，迄于太元之世，百许年中，无风尘之警，区域之内，晏如也。……自此以至大明之季，年逾六纪，民户繁育，将曩时一矣。地广野丰，民勤本业，一岁或稔，则数郡忘饥。会土带海傍湖，良畴亦数十万顷，膏腴上地，亩直一金，鄠、杜之间，不能比也。"① "会土带海傍湖"的良田，由东汉时期以"万顷"计，发展到南朝时以"十万顷计"，更重要的是，《禹贡》中田土质量位处"下下"的会土（扬州），其先进地区的土地价值已超过《禹贡》中"上上"的鄠杜（雍州）地区②，这在历史上，似乎是第一次见诸记载。

五、以沟为天：唐代江南稻作农业的长足发展及其意义

凭借六朝以来数百年的开发积累，唐代江南地区的稻作农业以更快的速度向前发展。安史之乱以后，由于黄河流域迭遭战祸，强藩割据，以江南为主的长江中下游流域几乎独力担当了李唐王朝的财赋供给，这是意义深远的重大变局，对于江南地区来说，在建都于北方的统一王朝中扮演如此重要的角色，在历史上还是第一次。这一变局的深层背景，仍是基于江南稻作农业生产的发展，而唐代江南稻作农业的发展，同样是以水利事业的发达为基础的。

据冀朝鼎所制"中国治水活动的历史发展与地理分布的统计表"：春秋至隋（前770—617年）的治水活动共45项次，唐代（618—907年）74项次。③后者是前者的164%，可知唐代300年较之前此时代1387年的治水活动有显著增加。

牟发松据《新唐书·地理志》对中唐前后南北水利工程数量做了统计：唐代水利工程总数可知兴建时间的236项次中，中唐以前153项次，北方诸道103项次，占全国总数67%，是南方诸道的206%；中唐以后83项次，南方诸道71项次，占全国总数86%，是北方诸道的592%。可知唐代后期南方的水利工程数量较前期显著增加，无论是占全国比例，还是相对于北方，增加的幅度都非常大。④

据汪家伦的研究，唐代十道中的江南、淮南二道（相当于本文的江南），前期的农田水利工程有26项次，占全国总数的17%，后期有54项次，占全国总数提高到64%。⑤而据陈勇《唐代长江下游地区水利工程兴修表》：唐代前期（以755年安史之乱为界）当地的水利工程29项次，后期83项次，后期是前期的286%；其中溉田千顷以上的水利工程

---

① ［梁］沈约：《宋书》卷五四《孔季恭传》，北京：中华书局，1974年版，第1540页。

② 《尚书正义》卷六《禹贡》，载［清］阮元校刻《十三经注疏》，北京：中华书局，1980年版，第148、150页。

③ 冀朝鼎：《中国历史上的基本经济区与水利事业的发展》，朱诗鳌译，北京：中国社会科学出版社，1981年版，第36页。

④ 牟发松：《唐代长江中游的经济与社会》，武汉：武汉大学出版社，1989年版，第75—77页。

⑤ 汪家伦、张芳编著：《中国农田水利史》，北京：农业出版社，1990年版，第236—237页。

共 15 项次，后期有 12 项次，后期是前期的 400%。[①] 又《中国水利史稿》称：唐代全国灌溉面积千顷以上的农田水利工程有 33 项，其中江南 10 项，占全国 30%。可见唐代江南地区的水利工程，在中唐后呈加倍增长态势，这在大型水利工程的兴建上表现得更为充分。[②] 中唐后在全国水利工程兴建重心的南移过程中，江南具有举足轻重的地位。

唐代农田水利工程和稻作农业的发展，主要表现在如下数端。

其一，东汉以来的一些重要的水利工程，均在唐代得到修复或扩建，继续发挥其效益。

其二，规模空前的海塘工程的兴建。

其三，水利工程带来稻田垦辟的加速，唐代与水争田（围田、湖田）的现象突出，还出现了向水面要田的葑田（架田）。

在个别地方，由于与水争田，夺湖造田，还影响到水文生态的平衡。唐代宗永泰二年（766 年），转运使刘晏上《奏禁隔断练湖状》称："案《图经》练湖周回四十里，比被丹阳（治今江苏丹阳市）百姓筑堤横截一十四里，开渎口泄水，取湖作田"，以致"湖中地窄，无处贮水，横堤壅碍，不得北流，秋夏雨多，即向南奔注，丹阳、延陵、金坛等县良田八九千顷，常被淹没。稍遇亢阳，近湖田苗，无水灌溉"，还影响到漕运，于是下令退田还湖："今已依旧涨水为湖，官河又得通流，邑人免忧旱涝。"[③]

其四，由于兴建了一系列规模宏大、系统整备的水利工程，环太湖周围形成了前此未见的一大片高产、稳产稻田。李翰《苏州嘉兴屯田纪绩颂并序》称代宗大历年间，"浙西有三屯，嘉禾为之大"；"嘉禾土田，二十七屯，广轮曲折，千有余里。公画为封疆，属于海，浚其畎浍，达于川"，"故道既堙，变沟为田"；"旱则溉之，水则泄焉，曰雨曰霁，以沟为天"。苏州嘉禾屯田西及太湖，东南至海，屯田四周的堤塘差不多环绕着半个太湖，内布沟渠。在这一水利系统的保障下，"旱则溉之"犹如代天降"雨"，"水则泄焉"好似让天放晴（"霁"），此即所谓"以沟为天"：天工"沟"其代之。由于屯田旱涝保收，"郡（苏州）无凶年"，"屯（嘉禾）无下岁"，其收入"与浙西六州租税埒"，号称"嘉禾一穰，江淮为之康；嘉禾一歉，江淮为之俭"。[④] 可以说苏州嘉禾屯田是水利工程在太湖平原东南部造就的唐代最大的一片优质稻田。

其五，唐代私人水利工程的普遍兴修，产生了对公共水利工程的垄断性、破坏性利用。

其六，唐代稻作生产的进步，水利工程的发达以外，还有稻作技术的提高，劳动工具的改进，其中最具代表性、先进性的是江东犁的出现和江南工匠所创制的龙骨水车。

---

① 陈勇：《唐代长江下游经济发展研究》，上海：上海人民出版社，2006 年版，第 60—63 页。
② 武汉水利电力学院《中国水利史稿》编写组：《中国水利史稿（中册）》，北京：水利电力出版社，1987 年版，第 25 页。
③ ［清］董诰等编：《全唐文》卷三七〇，上海：上海古籍出版社，1990 年版，第 1664 页。
④ 同上书，卷四三〇，第 1936 页。

江东犁的形制具见陆龟蒙《耒耜经》："耒耜，农书之言也，民之习通谓之犁。冶金而为之者：曰犁镵，曰犁璧（或作鐴）。斫木而为之者：曰犁底，曰压镵，曰策额，曰犁箭，曰犁辕，曰犁梢，曰犁评，曰犁建，曰犁盘。木与金凡十有一事。耕之土曰墢，墢犹块也；起其墢者镵也，覆其墢者璧也。"[①] 这是真正下到水田的适合于当时江南稻作的耕犁。[②]

其七，唐代稻作生产的进步，为唐代的空前强盛以及安史之乱后唐政权的延续提供了经济基础。"强汉"的经济基础主要凭借北方旱田作物，《史记·平准书》记述汉武帝时的强盛，是"太仓之粟陈陈相因"[③]，而杜甫《忆昔》称"盛唐"的公私仓廪，则是"稻米流脂粟米白"[④]。中唐后江南是朝廷的主要赋税来源地，韩愈所谓"今赋出于天下，江南居十九"，杜牧所谓"今天下以江淮为国命""三吴者国用半在焉"[⑤]，是其生动写照。

其八，唐代江南稻作的崛起及呈现出来的相对于北方旱作农业的显著优势，开启了中国农业史上两大农业地区的地位变迁，即落后的南方水田农业逐步赶上北方旱作农业并最终取代其先进地位的过程，经济重心的南移隐隐发轫。农业史上的这一变迁即南方稻作农业的崛起，还对中国前近代社会的阶段性演进或曰发展，提供了新的经济活力和动力。[⑥]

六、以湖为田与十年九潦——宋元明清时期江南稻作农业发展的极限与局限

（一）苏常熟、天下足——宋代江南农水工程建设及稻作农业的长足进步

北宋时江南海塘建设成绩最为突出。《宋史·河渠志七》载真宗朝知杭州戚纶、两浙转运使陈尧佐以柴塘法修成浙江海塘，后因柴薪易朽，后任者在仁宗时又改建石塘。[⑦] 王安石知鄞县创筑斜坡式石料海塘。华亭县沿海筑海塘百余，"得美田万余顷"。[⑧]《宋史·王安石传》称神宗时"四方争言农田水利，古陂废堰悉务兴复"[⑨]，或与王安石变法中农田水利法的施行有关。[⑩]《宋史·食货志》则称南宋时因"水田之利，富于中原，故水利大兴"。[⑪] 王桢《农书》引宋代《农书》称："惟南方熟于水利，官陂官塘，处处有之，民间

---

① ［清］董诰等编：《全唐文》卷八〇一，上海：上海古籍出版社，1990 年版，第 3731 页。

② 牟发松：《唐代长江中游的经济与社会》，武汉：武汉大学出版社，1989 年版，第 32—35 页。

③ ［汉］司马迁：《史记》卷三〇《平准书》，北京：中华书局，1959 年版，第 1420 页。

④ ［清］彭定求等编：《全唐诗》卷二二〇，上海：上海古籍出版社，1986 年版，第 526 页。

⑤ 韩愈《送陆员外出刺歙州诗序》，杜牧《上宰相求杭州启》《浙江西道观察使崔郾行状》，载［宋］李昉等编《文苑英华》卷七一七、卷六六〇、卷九七七，北京：中华书局，1966 年版，第 3706、3391、5146 页。

⑥ 牟发松：《从"火耕水耨"到"以沟为天"——汉唐间江南的稻作农业与水利工程》，载牟发松、陈江主编《历史时期江南的经济、文化与信仰》，上海：华东师范大学出版社，2014 年版，第 48—98 页。

⑦ ［元］脱脱等：《宋史》卷九七《河渠志》，北京：中华书局，1985 年版，第 2396 页。

⑧ ［宋］郑獬：《郧溪集》卷二一《户部员外郎直昭文馆知桂州吴公墓志铭》，载文渊阁《四库全书》第 1097 册，台北：商务印书馆，1983 年版，第 308 页。

⑨ ［元］脱脱等：《宋史》卷三二七《王安石传》，北京：中华书局，1985 年版，第 10545 页。

⑩ 吴存浩：《中国农业史》，北京：警官教育出版社，1996 年版，第 788—789、793 页。

⑪ ［元］脱脱等：《宋史》卷一七三《食货志》，北京：中华书局，1985 年版，第 4182 页。

所自为溪塌水荡，难以数计。大可灌田数百顷，小可灌田数十亩。若沟渠陂塌，上置水闸，以备启闭。若塘堰之水，必置涵窦，以便通泄。"①江、浙、闽等省陂塘水利工程的发展几乎达到了"有水必用"的地步。②

南宋时水利建设针对不同的地理条件，与稻田建设相辅而行，有机结合。大抵为三种类型：（1）沿江沿湖地带，围绕着圩田（围田）的开发、复垦，组织实施水利工程，这是向江湖要田；（2）在沿海建设蓄洪拦潮防台工程，同时开发出大批滩涂地，这是向海要田；（3）通过修建堰坝、陂塘蓄水灌溉，开发梯田，特别是南宋时，稻田面积随着水利建设向山区迅速推进，这是向丘陵山地要田。③

兴办农田水利在宋代被视为地方行政的"头等要务"，中央及地方监司、郡县三级部门"齐抓共管"，经费亦由三级财政支付，同时包括民间资本的集募。据县志，南宋后期福建兴化军莆田县还出现将"抵海长围"工程发包给寺院僧人，用贷款方式筑堤，以学田为抵押，以每年三分之二的学田租还贷的新颖方式。④

圩田（围田、湖田、垸田）是一种在湖沼河滩上通过围堤筑圩挡水于外、围内开沟渠设涵闸实施排灌的水利田。宋代尤其南宋时，两浙、江南东路的官私圩田最称发达，圩堤有周环长达一百数十里者，一圩之田动辄成百上千顷。⑤南宋文学家杨万里《圩丁词十解》记述今安徽沿江平原的圩堤："上通建德下当涂，千里江湖缭一圩。本是阳侯水精国，天公敕赐上农夫。""两岸沿堤有水门，万波随吐复随吞。""河水还高港水低，千支万派曲穿畦。斗门一闭君休笑，要看水从人指挥。"⑥

中国传统的水稻栽培技术以育秧移植为中心，辅之以耕、耙、耖为基本环节的整地技术，以耘田、烤田为主的肥水管理技术，目的在于为水稻生长创造良好的生长环境，提高水稻的产量。这套技术在宋元时期的南方已基本成熟定型。⑦

唐代即流行于江南的龙骨车、江东犁，仍是宋代最为普及的稻田排灌、耕作工具，据王祯《农书》，南宋还发明、使用了以水力、畜力为动力的水转翻车、牛转翻车，前者在水流湍急且落差大的地方使用，后者则在前者基础上改制而成。⑧

---

① ［清］王祯：《农书》卷三《农桑通诀》，上海：商务印书馆，1937年版，第26页。

② 方健：《南宋农业史》，北京：人民出版社，2010年版，第456—467页。

③ 同上书，第447页。

④ 方健：《南宋农业史》，北京：人民出版社，2010年版，第465—474页。

⑤ 宁可：《宋代的圩田》，《史学月刊》1958年第2期。缪启愉：《太湖地区塘浦圩田的形成和发展》，《中国农史》1982年第1期。张建民：《江苏、安徽沿江平原的圩田水利研究》，《古今农业》1993年第3、4期。

⑥ ［宋］杨万里：《诚斋集》卷三二《圩丁词十解》，载文渊阁《四库全书》第1160册，台北：商务印书馆，1983年版，第345—346页。

⑦ 曾雄生：《中国稻史研究》，北京：中国农业出版社，2018年版，第113页。

⑧ 吴存浩：《中国农业史》，北京：警官教育出版社，1996年版，第777—778页。方健：《南宋农业史》，北京：人民出版社，2010年版，第494—495页。

稻麦轮作复种制在唐代即已出现，宋元时期得到推广，可能与北宋真宗时为江淮两浙路引进推广"耐水旱而成实早"的籼稻品种占城稻有一定关系。[①]

由于农田水利工程的保障，技术的进步，特别是劳动集约化程度的提高，宋代江南水稻亩产及总产量均有显著的提高。据闵宗殿研究，宋代太湖地区水稻平均亩产稻谷450斤，较之唐代要多出174市斤，即增长了63%。[②]北宋岁运江淮稻米达600万—800万石，据《续资治通鉴长编》所载庆历三年（1043年）范仲淹奏文，苏州平常年景，"系出税"之田即能"出米七百余万硕"[③]，水稻在宋代完全取代旱田作物的位置而跃居首位。[④]北宋中期，已是"江浙二方，天下仰给"[⑤]；北宋末，号称"苏常熟，天下足"；南宋人吴泳《隆兴府劝农文》称："（吴中）耕无废圩，刈无遗垄，所以吴中之农事，专事人力。故谚曰'苏湖熟，天下足'，勤所致也。"[⑥]《元史·食货志》亦称元朝财费"无不仰给于东南"，"岁漕东南粟，由海道以给京师"。[⑦]

（二）十年九涝：宋代江南圩田大兴所造成的水文生态问题和江南稻作发展的局限

圩田（围田、坝田、湖田）就是与水争地，即如杨万里《圩丁词》所描述的，皖江南岸千里圩堤所围之田，"本是阳侯水精国"，即江湖水体。两宋之际江南地区的圩田建设已呈现出一种病态性的发展趋势，盗垦湖田持续泛滥，越州鉴湖即因之而堙废。太湖流域圩田密布，由于大量占用湖河水体，水文生态改变，圩岸卑狭、河网紊乱的圩田水利系统，御洪蓄洪能力极其低下，以致水灾频繁。[⑧]早在北宋元祐六年（1091年），苏轼《进单锷吴中水利书状》即指出太湖流域"十年九潦"，乃因"吴中本江海太湖故地，鱼龙之宅，而居民与水争尺寸，以故常被水患，盖理之当然"。[⑨]南宋以降情况更趋严重，江南水利治理遂成为热门话题。《宋会要辑稿·食货》所载有关南宋水利的诏谕奏疏，多篇涉及两浙江东，特别是太湖地区的滥开圩田导致河道淤塞、水旱失调问题。如绍兴二十八年（1158年）两浙路转运副使赵子潇奏称地势低洼的平江府"十年之间，涝

① 曾雄生：《中国稻史研究》，北京：中国农业出版社，2018年版，第195—237、255—265页。
② 闵宗殿：《宋明清时期太湖地区水稻亩产量的探讨》，《中国农史》1984年第3期。
③ ［宋］李焘：《续资治通鉴长编》卷一四三《仁宗》，上海师范大学古籍整理研究所、华东师范大学古籍整理研究所点校，北京：中华书局，2004年第2版，第3440页。
④ 吴存浩：《中国农业史》，北京：警官教育出版社，1996年版，第822—824页。
⑤ ［宋］宋祁：《景文集》卷二八《请募民入米京师扎子》，北京：商务印书馆，1936年版，第360页。
⑥ 上引依次见［宋］宋祁《景文集》卷二八《请募民入米京师扎子》、［宋］陆游《渭南文集》卷二〇《常州奔牛闸记》、［宋］吴泳《鹤林集》卷三九《隆兴府劝农文》，载文渊阁《四库全书》第1088册第244页、第1163册第465页、第1176册第383页，台北：商务印书馆，1983年版。
⑦ ［元］脱脱等：《元史》卷九三《食货志一》、卷九七《食货志五》，北京：中华书局，1985年版，第2364、2481页。
⑧ 张建民：《江苏、安徽沿江平原的圩田水利研究》，《古今农业》1993年第3、4期。吴存浩：《中国农业史》，北京：警官教育出版社，1996年版，第792—793页。
⑨ ［宋］苏轼：《苏轼文集》卷三二，孔凡礼点校，北京：中华书局，1986年版，第916页。

岁八九";乾道八年（1172 年）王彻上言称数十年来平江府、湖、秀、常诸州"每岁被水";乾道三年（1167 年）周操奏称宣州六县因"圩田最多"，且皆地形低下，"人力矫揉，以成田亩"，故"十年九潦，常有水患";次年（1168 年）又有知绍兴府史浩上书称诸暨县滥围湖田，以致旱涝交作，"岁岁受害"。当时还不断有官员上书提议，且有多处奉诏实施开决圩堤，退田还湖，如越州余姚上虞二县（鉴湖）、萧山（湘湖）、明州鄞县（广德湖），苏州长洲、昆山、常熟等县废围田，宣州决童圩，等等。[①] 朝廷还多次下令甚至立法严禁滥围湖田，破坏原有水系，正说明了问题严重且屡禁不止。

明清时期，江南稻作生产得到全面发展，但所面临的水旱灾害也愈益频繁，太湖地区尤为严重。据汪家伦研究，明清时期太湖地区水灾频次剧增，每四年就要发生一次水灾，1510 年、1561 年、1587 年、1608 年、1624 年、1849 年则为特大水灾年。[②] 如明张内蕴《三吴水考》记述嘉靖四十年（1561 年）水灾："太湖襄陵溢海，六郡全淹，秋冬淋潦，塘市无路，场圃行舟，吴江城垣崩圮者半，民户漂荡垫溺无算，村镇断火，饥殍相望。"[③] 又如万历三十六年（1608 年）夏季，江南地区遭遇了两百年一遇的特大水灾，松江人徐光启《告乡里文》指出："近年水利不修，太湖无从泄泻，戊申（1608 年）之水，到今（1610 年）未退，所以一遇霖雨，便能淹没……今后若水利未修，不免岁岁如此。"故明清时江南"十年九潦"几成常态 [④]，甚至是旱涝交作 [⑤]。

中国稻作史上有两件重要农具：江东犁和铁搭。王祯《农书》称：铁搭"似耙非耙，斫土如搭"，故名，"南方农家或乏牛犁，举此斫地，以代耕垦"。[⑥] 从技术的先进性而言，江东犁远胜铁搭，但研究表明，原本在唐宋就已广泛使用的江东犁，在明清时反而被看似落后的铁搭所取代，根本的原因在于铁搭用人力，江东犁用牛力，农民养牛成本太高，即若明末宋应星《天工开物·乃粒》所述，"吴郡力田者"之所以"不藉牛力"，乃因"贫农之家，会计牛值与水草之资，窃盗死病之变，不若人力亦便"。[⑦] 铁搭和江东犁的此兴彼废从一个特定角度反映了江南稻作农业发展的局限。[⑧]

① ［清］徐松辑：《宋会要辑稿·食货七》《宋会要辑稿·食货八》，北京：中华书局，1957 年版，第 4931—4940、4950 页。
② 汪家伦：《历史时期太湖地区水旱情况初步分析（四世纪—十九世纪）》，载华南农学院《农史研究》编辑部《农史研究（第三辑）》，北京：农业出版社，1983 年版，第 88 页。
③ 《三吴水考》卷六，载文渊阁《四库全书》第 557 册，台北：商务印书馆，1983 年版，第 235 页。
④ 曾雄生：《告乡里文：一则新发现的徐光启遗文及其解读》《〈告乡里文〉所见稻作问题》，载《中国稻史研究》，第 87—98、125 页。
⑤ 汪家伦：《历史时期太湖地区水旱情况初步分析（四世纪—十九世纪）》，载华南农学院《农史研究》编辑部《农史研究（第三辑）》，北京：农业出版社，1983 年版，第 88 页。
⑥ ［清］王祯：《农书》卷十三《农器图谱》，上海：商务印书馆，1937 年版，第 183 页。
⑦ ［明］宋应星编著：《天工开物》卷一《乃粒》，上海：商务印书馆，1933 年版，第 3 页。
⑧ 曾雄生：《从江东犁到铁搭：9—19 世纪江南的缩影》，载《中国稻史研究》，北京：中国农业出版社，2018 年版，第 78—80 页。

两宋之际，稻麦二熟制面积虽在南方有所扩大，但在江南的稻麦复种并不普遍，双季稻的普及程度更为有限，直到明清，江南的水稻生产仍然以单季晚稻为主。[①]据陈超研究，由于气候变化、水利生态恶化乃至棉丝纺织业的崛起等，在明清南方双季稻取得发展的时代，江南的双季稻种植在 15 世纪、17 世纪和 19 世纪却出现衰退状况，17 世纪甚至是逐渐消亡的。[②]

明清时期江南水稻亩产量也在波动中下滑，据闵宗殿研究，江南在明代常年的平均亩产量为 667 市斤稻米，比宋代增长了 217 市斤，即提高了 48%。清代江南平均亩产量却较明代减少了 127 市斤，下降幅度达 19%。[③]当然，下降的原因是多方面的，不可忽视的是江南棉植业、蚕桑业以及与之相应的棉丝纺织业的崛起和市镇的勃兴对稻作的冲击，造成了江南农业种植结构乃至整个产业结构的改变，以及在稻作生产投入上的减少。

七、棉丝纺织业崛起与市镇勃兴对江南稻作农业的影响

北宋太湖的蚕桑业最为发达。据研究，两浙路向北宋政府缴纳租税和上供的丝织品占全国的四分之一到三分之一，其中丝绵的占比更是高达三分之二。南宋太湖地区几乎无家不蚕。明清太湖地区蚕桑业及湖丝贸易空前发达，既有宫廷所需（明清二代有苏、杭、宁三个织造局），清代又有洋商所争购。上海开埠后，洋商纷纷到太湖地区收购丝茧，湖州、嘉兴所产的"辑里丝"驰名中外[④]，依托于丝纺织业的市镇蓬勃兴起。

南宋时，棉花从岭南传播到长江流域；元代时，上海乌泥泾一带，经黄道婆的大力倡导，很快成为太湖地区棉花生产和纺织的技术中心，棉花种植面积和蚕桑经营的扩大，大大压缩了水稻耕地面积和稻作人力物力的投入。明清时，原来种植水稻的很多田块，改种棉花，嘉定有些地方，如顾炎武《天下郡国利病书》指出"种稻之田不能什一""其民独托命于木棉"。[⑤]松江地区的棉纺织业在当地总体经济中的比重迅速上升，如明末徐光启指出，松江"农亩所入，非能有加于他郡邑也。所徭共百万之赋……全赖此一机一

① 曾雄生：《中国稻史研究》，北京：中国农业出版社，2018 年版，第 195—237、246 页。
② 陈超：《气候视野下的宋元明清时期江南农业问题研究》，郑州：郑州大学出版社，2016 年版，第 106—115 页。
③ 闵宗殿：《宋明清时期太湖地区水稻亩产量的探讨》，《中国农史》1984 年第 3 期。
④ 中国农业科学院、南京农业大学中国农业遗产研究室太湖地区农业史研究课题组编著：《太湖地区农业史稿》，北京：农业出版社，1990 年版，第 176—184 页。
⑤ ［清］顾炎武：《天下郡国利病书》，载《顾炎武全集》，华东师范大学古籍整理研究所整理，黄坤、严佐之、刘永翔主编，上海：上海古籍出版社，2011 年版，第 574、586 页。中国农业科学院、南京农业大学中国农业遗产研究室太湖地区农业史研究课题组编著：《太湖地区农业史稿》，北京：农业出版社，1990 年版，"前言"。

杼而已"[1]。及至清代，不仅松江府，环太湖地区都是如此，"皆恃此女红末业，以上供赋税，下给俯仰"。[2]

棉丝纺织业的崛起与市镇勃兴，对当地稻作农业的发展构成负面影响，以致江南地区水稻收成、单位面积产量，均出现下降趋势，普遍出现本地供粮不足而需要外地运粮以支应的状况。

此外我们也看到，明清时期湖广地区农田水利建设成绩突出。南宋时期就存在水利田垸田，随着元末明初移民大规模持续不断地迁入，湖北荆江、湖南洞庭湖流域形成了兴建垸田的高潮，带来了两湖平原的大开发[3]，稻作生产取得显著发展，湖广在稻作生产上的地位显露出取代江南之势，及至明末清初，出现了"湖广熟天下足"的谚语。康熙三十八年（1699年）六月初一日上谕："谚云：湖广熟天下足，江浙百姓全赖湖广米粟。朕南巡江浙，询问地方米贵之由，百姓皆谓数年来湖广米不至，以致价值腾贵。"[4]清代前期，正是"湖广熟天下足"谚语得到广泛传诵的时代[5]，江浙一带市场上的米粮价格，在很大程度上取决于湖广以及江西米谷运到的多少。大量新兴的江南商业市镇人口，更是仰食客米，专业植棉的农户"每年口食全赖客商贩运"[6]。江宁一带的机户也是以布易米，所以"米商稔知江宁有布可易，故岁岁载米，依期而来"。[7]从"苏常熟天下足"到"湖广熟天下足"，生动反映了两地在全国稻作生产上的地位变迁。

来自湖广的"客米"，并不限于部分解决了江南先进经济区民众的吃饭问题，更深层、更重要的意义，在于它保障并促进了江南地区棉丝纺织业及城镇商品经济的发展，使后者作为国家财赋渊薮的传统地位因之而更加巩固，从而使"湖广熟天下足"成为具有全国意义的经济现象。[8]在这一意义上，湖广米粮之东输江南并不足以说明两湖地区的农业生产水平业已超过江浙先进农业区，据以认为在稻作生产上明清时期的湖广取代了宋代江南在全国的地位，同样是不尽妥当的。

① ［明］徐光启：《农政全书校证》，石声汉校注，西北农学院古农学研究室整理，上海：上海古籍出版社，1979年版，第969页。
② 杜君立：《明清时期的棉花革命》，《企业家观察》2015年第11期。
③ 梅莉、张国雄、晏昌贵：《两湖平原开发探源》，南昌：江西教育出版社，1995年，第87—134页。
④ 《圣祖仁皇帝圣训》卷二三，载文渊阁《四库全书》第411册，台北：商务印书馆，1983年版，第425页。
⑤ 梅莉、张国雄、晏昌贵：《两湖平原开发探源》，南昌：江西教育出版社，1995年版，第136—140、176—182页。
⑥ ［清］高晋：《请海疆禾棉兼种疏》，载罗振玉辑《皇清奏议》（下），张小也、苏亦工等点校，南京：凤凰出版社，2018年版，第1231页。
⑦ ［清］魏源：《魏源全集》第15册，长沙：岳麓书社，2004年版，第571页。参张建民：《"湖广熟，天下足"述论——兼及明清时期长江沿岸的米粮流通》，《中国农史》1987年第4期。张国雄：《明清时期两湖外运粮食之过程、结构、地位考察——"湖广熟，天下足"研究之二》，《中国农史》1993年第3期。
⑧ 张国雄：《明清时期两湖外运粮食之过程、结构、地位考察——"湖广熟，天下足"研究之二》，《中国农史》1993年第3期。

八、结论与思考

（一）结论

1. 中国历来都是世界上水稻面积和产量最多的国家，而江南长期引领中国稻作农业的发展进程，代表中国古代稻作农业的发展方向。

2. 河姆渡遗址发掘以后，特别是以稻作农业为经济支撑的良渚文化面貌得到充分展示之后，以江南作为基于考古学证据的水稻栽培起源地，被学界普遍接受。

3. 传世文献中所见与禹迹有关的"鸟耘""鸟田"，以及江南"火耕水耨""饭稻羹鱼"的记载，显示了生活在"地广人稀""地势饶食"环境中的江南先民，充分利用了当地所特有的自然禀赋，采取了一种以较少劳动投入获得较多回报的稻作方法，以及与之相应的农渔并重的生产结构和鱼米相济的饮食结构。在利用自然力方面，火耕水耨较之象耕鸟耘要更进步一些。

4. 在东汉六朝时期的江南，实际上还存在着一种更先进且日渐普遍的新稻作法，其基本特征便是通过以水利工程为中心的集约化生产，扩大水稻种植，提高水稻产量，所谓"水田制之由人"。绍兴地区的鉴湖工程，南朝"会土带海傍湖""数十万顷膏腴上地"的出现，堪称代表。

5. 唐代江南地区的稻作农业在前此基础上以更快的速度向前发展，在水利工程的兴建上表现得尤为突出。苏州嘉兴屯田的水利设施——连湖通海的沟堤，"旱则溉之，水则泄焉，曰雨曰霁，以沟为天"，是对农田水利工程推动唐代稻作生产更上层楼的礼赞。以江南为核心的唐代长江中下游稻作生产的长足进步，对于唐代盛世的形成，安史之乱后唐政权的延续，中国古代经济重心的南移，均具有重大而深远的意义。它也为中国古代后期的继续发展，提供了新的经济动力。

6. 宋元明清时期水利建设达到高潮，向水要地，与水争地，向河湖海山要田，江南稻作几乎发展到自己的极限，呈病态性发展的圩田及其对水利生态的负面影响，从环太湖地区"十年九潦"，即可见知。

7. 清代江南棉业、蚕桑业以及相应的棉丝纺织业崛起和市镇勃兴，对当地稻作农业的发展构成负面影响，压缩了稻田面积和稻作人力物力的投入，以致明清时期江南水稻收成、单位面积产量在波动中呈现下降趋势，同时导致本地供粮不足而有赖于外地"客米"支应，从宋代"苏常熟天下足"到明清"湖广熟天下足"，即是这一态势的生动反映。但这也保障了江、浙地区农业及城镇商品经济的发展，并不足以说明两湖农业生产水平已然超过了江南。

（二）思考

彭慕兰指出，19世纪初的江南和西欧经济几乎处于同一水平，1820年以后才出现分流。该书更新了西方汉学界本于西方中心论的问题意识，即从"中国为什么在近代落后了"的设问转变为"英国为什么发生了工业革命"，由"江南为什么不是英格兰"的设问变为"英格兰为什么不是江南"。①

请参考黄宗智、李伯重、刘昶② 等对《大分流》的有关评论，就《大分流》所论江南经济特别是关于水稻生产的观点及其论证，进行反思。

参考书目

［汉］班固：《汉书》，北京：中华书局，1962 年版。

［汉］司马迁：《史记》，北京：中华书局，1959 年版。

［汉］王充著：《论衡注释》，北京大学历史系《论衡》注释小组注释，北京：中华书局，1979 年版。

［晋］司马彪：《后汉书志》，北京：中华书局，1965 年版。

［北魏］郦道元注；陈桥驿校证：《水经注校证》，北京：中华书局，2007 年版。

［宋］刘义庆著；［梁］刘孝标注：《世说新语笺疏》，修订本，余嘉锡笺疏，周祖谟、余淑宜、周士琦整理，上海：上海古籍出版社，1993 年版。

［梁］沈约：《宋书》，北京：中华书局，1974 年版。

［唐］魏征、令狐德棻：《隋书》，北京：中华书局，1973 年版。

［唐］徐坚等：《初学记》，北京：中华书局，1962 年版。

［宋］李昉等：《太平御览》，北京：中华书局，1960 年版。

［宋］李昉等编：《文苑英华》，北京：中华书局，1966 年版。

［宋］李焘：《续资治通鉴长编》，上海师范大学古籍整理研究所、华东师范大学古籍整理研究所点校，北京：中华书局，2004 年第 2 版。

［宋］宋祁：《景文集》，北京：商务印书馆，1936 年版。

［宋］苏轼：《苏轼文集》，孔凡礼点校，北京：中华书局，1986 年版。

［元］脱脱等：《宋史》，北京：中华书局，1985 年版。

［明］徐光启：《农政全书校注》，石声汉校注，西北农学院古农学研究室整理，上海：上海古籍出版社，1979 年版。

［明］宋濂：《元史》，北京：中华书局，1976 年版。

［明］宋应星编著：《天工开物》，上海：商务印书馆，1933 年版。

［清］董诰等编：《全唐文》，上海：上海古籍出版社，1990 年版。

［清］顾炎武：《顾炎武全集》，华东师范大学古籍整理研究所整理，黄坤、严佐之、刘永翔主编，上海：上海古籍出版社，2011 年版。

［清］彭定求等编：《全唐诗》，上海：上海古籍出版社，1986 年版。

［清］阮元校刻：《十三经注疏》，北京：中华书局，1980 年版。

---

① ［美］彭慕兰：《大分流：欧洲、中国及现代世界经济的发展》，史建云译，南京：江苏人民出版社，2003 年版，中文版序言，第 1—9 页。

② ［美］黄宗智：《发展还是内卷？十八世纪英国和中国——评彭慕兰〈大分岔：欧洲，中国及现代世界经济的发展〉》，《历史研究》2002 年第 4 期。李伯重：《多视角看江南经济史（1250—1850）》，北京：生活·读书·新知三联书店，2003 年版。刘昶：《回归国家：重新思考大分流》，《探索与争鸣》2019 年第 9 期。

［清］王桢：《农书》，上海：商务印书馆，1937年版。

［清］魏源：《魏源全集》（第15册），长沙：岳麓书社，2004年版。

［清］徐松辑：《宋会要辑稿》，北京：中华书局，1957年版。

陈超：《气候视野下的宋元明清时期江南农业问题研究》，郑州：郑州大学出版社，2016年版。

陈桥驿：《吴越文化论丛》，北京：中华书局，1999年版。

陈勇：《唐代长江下游经济发展研究》，上海：上海人民出版社，2006年版。

钱伯城主编：《中华文史论丛（第四十九辑）》，上海：上海古籍出版社，1992年版。

范金民：《江南社会经济史研究入门》，上海：复旦大学出版社，2012年版。

方健：《南宋农业史》，北京：人民出版社，2010年版。

付琳：《吴越之迹：江南地区早期国家形态变迁》，厦门：厦门大学出版社，2020年版。

华南农学院《农史研究》编辑部：《农史研究（第三辑）》，北京：农业出版社，1983年版。

冀朝鼎：《中国历史上的基本经济区与水利事业的发展》，朱诗鳌译，北京：中国社会科学出版社，1981年版。

李伯重：《多视角看江南经济史（1250—1850）》，北京：生活·读书·新知三联书店，2003年版。

李步嘉：《越绝书校释》，武汉：武汉大学出版社，1992年版。

罗振玉辑：《皇清奏议》，张小也、苏亦工等点校，南京：凤凰出版社，2018年版。

梅莉、张国雄、晏昌贵：《两湖平原开发探源》，南昌：江西教育出版社，1995年版。

牟发松：《唐代长江中游的经济与社会》，武汉：武汉大学出版社，1989年版。

牟发松、陈江主编：《历史时期江南的经济、文化与信仰》，上海：华东师范大学出版社，2014年版。

裴安平、熊建华：《长江流域的稻作文化》，武汉：湖北教育出版社，2004年版。

邱志荣、张钧德、金小军主编：《浙江禹迹图》，北京：中国文史出版社，2019年版。

全汉昇：《中国经济史研究（上）》，台北：稻乡出版社，1991年版。

汪家伦、张芳编著：《中国农田水利史》，北京：农业出版社，1990年版。

吴存浩：《中国农业史》，北京：警官教育出版社，1996年版。

武汉水利电力学院《中国水利史稿》编写组：《中国水利史稿（中册）》，北京：水利电力出版社，1987年版。

曾雄生：《中国稻史研究》，北京：中国农业出版社，2018年版。

中国农业科学院、南京农业大学中国农业遗产研究室太湖地区农业史研究课题组编著：《太湖地区农业史稿》，北京：农业出版社，1990年版。

中国唐史学会、湖北省社会科学院历史研究所编：《古代长江中游的经济开发》，武汉：武汉出版社，1988年版。

周生春：《吴越春秋辑校汇考》，上海：上海古籍出版社，1997年版。

［美］彭慕兰：《大分流：欧洲、中国及现代世界经济的发展》，史建云译，南京：江苏人民出版社，2003年版。

［日］西嶋定生：《中国经济史研究》，冯佐哲、邱茂、黎潮译，北京：农业出版社，1984年版。

第八讲

江南重赋的由来、变化以及救偏措置

范金民

江南是历史上最为突出的重赋区。唐中期韩愈说："赋出于天下，而江南居十九。"这说明随着全国经济中心地位的确立，江南重赋在八九世纪之交就已显示其迹。到明中期，经济名臣丘濬则说："浙东西又居江南十九，而苏、松、常、嘉、湖五郡又居两浙十九也。"[①]嘉靖时，礼部尚书顾鼎臣也说："苏、松、常、镇、嘉、湖、杭七府，钱粮渊薮，供需甲于天下。"[②]可见其时江南税额更高，地位更加重要。康熙初年的江苏巡抚韩世琦也说："财赋之重，首称江南，而江南之中，惟苏、松为最。"[③]江南赋税独重的局面，清代依旧。

江南因其重要的赋税地位，明廷将其倚为"外府"，清代更视其如"家之有府库，人之有胸腹"，倍加关注，牢加控制。江南重赋也因其所折射出的当时经济之盛和对后世的影响而备受时人和今人的瞩目。

一、重赋的程度与由来

明清时期江南重赋到了何种程度？我们通过分析江南田地、税粮数量占全国数量的比例可以得知一二。明代初年，江南八府的田地面积不到全国的 6%，每年上交税粮总额为 685 万余石，占全国税粮总额的 23%。后来田地占比上升到 7%，而税粮下降为 21%。这是因为明初江南赋额太重，经宣德年间的大幅度减税，比例稍有下降。到明后期江南田地占比下降为 6%，而赋额占比却仍然与明中期持平。通计有明一代，江南田地仅占全

---

① ［明］丘濬：《大学衍义补》卷二四《治国平天下之要·经制之义下》，载文渊阁《四库全书》第712册，子部·儒家类，台北：商务印书馆，1986年版，第336页。

② ［明］顾鼎臣：《顾鼎臣集·顾文康公文草》卷二《恳乞天恩饬典宪拯民命以振举国大计疏》，载［明］顾鼎臣、杨循吉《顾鼎臣集·杨循吉集》，蔡斌点校，上海：上海古籍出版社，2013年版，第58页。

③ ［清］韩世琦：《请减浮粮疏》，载康熙《苏州府志》卷二五《田赋三》，清康熙三十年刻本，第10页。

国 6%，而税粮却占全国近 22%。考量每亩平均交纳的税粮，江南的数据也是相当突出的。明初亩均税粮，全国仅为 0.035 石，江南高达 0.143 石，是全国平均水平的约 4 倍，以后因减赋，比例稍有下降，但仍为全国的 3.5 倍。入清以后，江南赋税占全国的比例仍然十分高，田地上升到全国的 7%，而上缴银两下降为 17%，单就税粮本色而言，地位更为重要了。

赋税最重的是苏松二府。洪武二十六年（1393 年）二府田地不到 15 万顷，仅占全国 850 万余顷的 1.76%，而税粮为 403 万余石，占了全国 2944 万余石的 13.69%。全国平均亩税为 0.035 石，而苏州高达 0.285 石，松江高达 0.238 石，苏松二府的平均水平是全国的 7.5 倍。以后税粮比例和亩均税粮数虽然都有所下降，但独重于全国的地位始终没有动摇。通计有明一代，江南每年上缴税粮的 56% 是由苏松二府承担的。可见所谓江南重赋，重在江南五府，苏松二府尤重。

考虑到以本色缴纳的漕粮和白粮的极高比重，江南税粮的实际负担更加沉重。为了供给帝王、百僚及兵丁等食米，南直隶和有漕省份每年要运送 400 万石漕粮到京城，其中江南的苏松常嘉湖五府在成化八年（1472 年）运送 133 万余石，占总数的三分之一。杭嘉湖不但赋额重，而且起运的比例高达 90%，漕粮数也很可观。合计江南八府漕粮，每年约占全国总数的 40% 以上；最高的苏州一府，每年缴纳漕粮多达 69.7 万石，占总数的 17.43%。苏州一府缴纳的漕粮已经远超除其本身所在的南直隶以外的任何一个布政司。在这独重的漕粮中，苏松常嘉湖五府更要特别运送 17.4 万余石号称"天庭玉粒"的白粮。田地未曾没官之时，小民承佃，于土豪处交租，朝往暮回，后变私租为官粮，缴纳要远赴各仓，永乐迁都后更是逾湖涉江，动经岁月，运费倍增，"有二三石纳一石者，有四五石纳一石者，有遇风波盗贼者"[①]，重上加重，地方官府和小民负担大为增加。漕粮一石，运到北京，耗米、过江费、军丁承运费以及征收运输途中的抑勒等各种附加费，往往数倍于正粮，以三四石的代价运一石，白粮甚至以五六石、七八石的代价运一石。

因此，江南重赋，不但重在定额，而且输纳倍费的漕粮数量也重，重上加重，是以百姓和地方不堪其负。重赋问题在永乐迁都以后变得更为严重起来。以后虽迭经减赋减漕，但江南税粮在全国独一无二的地位直到清亡没有改变。

明清时期江南重赋的局面是如何产生的呢？自明初以来，有各种不同说法。归纳起来，至少有如下六种。一为怒民附寇说。朱元璋愤慨吴人归附张士诚，坚守苏松而久攻不下，乃籍没富豪，以私租簿起税，以惩一时之顽。这是明清时期最为流行、最有代表性的看法。二为籍没富豪田产说。明代早中期，不少人主张朝廷籍没张士诚政权及其功

---

① ［明］杜宗桓：《上巡抚侍郎周忱书》，载正德《松江府志》卷七《田赋中》，明正德七年刊本，第 17—18 页。

臣的田产，按照私租额起税，官田每亩有九斗、八斗之额。此说与第一种说法一样，都主张重赋在于籍没了富豪田产，但籍没的原因不是怒民附寇，而是痛恨富民兼并。三为因张士诚之旧说。明后期和清中期，也有人认为，张士诚抄没故元仕宦田亩，依照私租旧额起税，私租必数倍于官粮，明初朝廷因袭此做法，故税粮特重。此说与第一种说法较为相近。四为俗尚奢靡重税以困说。嘉靖时有人认为，因为苏松地区俗尚侈靡，朱元璋重税以困，后以东南财赋苏松为最，遂以此为常法。五为杨宪加赋说。《明太祖实录》说杨宪为司农卿，因江南富实"欲厚敛以资国用，因增其赋，亩加为二亩，倍征其税"，认为是户部尚书杨宪擅自加赋，重赋实与朱元璋无涉。六为民田变官田说。清初起不少人认为，官田税重，明初抄没民田为官田，随后地方官府加重民田的附加税，明后期的历次赋税改革使官民田一则征收，导致赋税总额大增。

对于上述明清时人有关江南重赋原因的六种说法，今人除了个别认为"根本就不存在所谓重赋问题"外，大体上有三种看法。第一种看法是依据明清成说，仍然主张怒民附寇。第二种看法在20世纪50年代就曾提出，后又有人不断申论，可以称之为经济发展说，认为江南重赋的存在自有其更为深刻的社会经济根源，它是伴随着江南农业经济的进展而不断加重的，是与江南经济发展水平相适应的，并没有使江南经济超负荷运行，更没有导致江南经济的崩溃。江南农业经济的高水平发展，以及它所带来的较为富庶的农家经营，是江南成为国家财赋重地的根本原因。第三种看法基本承袭上述第六种看法，可以称之为官田重赋说，认为苏松重赋的原因在于苏松历来官田多，而且官田之赋苛重。

今人各种看法，均有一定的道理，但大多缺乏足够的说服力。第一、第二种看法，其实是同一种看法，我倾向于将其结合起来，第一种是前提、原因，第二种是结果，是赋税实况。所谓江南重赋正是朱元璋大规模迁徙和籍江富户租税合一的结果。对怒民附寇成说，虽然明清时人就颇多訾议，但朱元璋在赋税征收上确实带有一些个人的感情色彩，结合江西袁州府、瑞州府和河南怀庆府等来看，凡是与朱元璋对抗的地区，底定后税额均较为繁重。明人说的江南重赋起因于朱元璋厌恶当地俗尚奢靡，带有臆测成分。朱元璋确实认为江南风尚奢侈，但要因此重税困乏江南，逻辑上很难说得通。对于杨宪加赋说，今人已多驳正，认为杨宪是否任过司农卿尚难肯定，即使属实，纵然其胆大，如果未经皇帝同意，杨宪是断不敢擅作主张的。笔者以为，将加赋这类财政大事归结于执行者是有失偏颇的，但并不排除杨宪其人在操作过程中起了推波助澜作用的可能性。而清代人主张的江南重赋在于民田成了官田，民田分摊了官田税粮，看似有道理，实际是颠倒了本末。说公田之祸起于贾似道大致可信，但说重赋成于周忱和欧阳铎，而"于太祖无与""非太祖为之"，就有点主次不分、因果倒置。周忱和欧阳铎都只是针对重赋的现实，实施了确保重赋的改革，重赋根本不是他们造成的。近年来有人主张，重赋是由于江南经济繁荣，是江南经济发展的必然结果。若是如此，则如何理解苏州、松江与嘉兴、湖州、常州壤地相接，亩产相近，经济条件大致相同，而赋税定额竟迥然不同？又何以理解同在苏松，经济水平完全相同，民田与官田赋额又高低悬殊？更何以理解最高统治者在江南经济恢复发展的明前期、清前期屡次减赋？而且此说也有以条件为原因之嫌，江南经济的发展只是重赋征收的条件，而不是重赋实行的原因。官田重赋说大体揭示了江南重赋的过程及由来，比较符合历史实际，但与经济发展导致重赋说有些界限不清，还需进一步申论，而且如与其他重赋区作比较探讨，并考察重赋实行后的减赋措施，相信会更有说服力。

纵观江南重赋逐步形成的过程，确实是官田不断扩充的过程。它大体上经历了三个阶段。第一阶段为南宋末年贾似道行公田法。北宋初年吴越纳土后，江南赋额并不高，自后随时增益，但到南宋初年，每亩赋额还不到一斗。景定四年（1263年），贾似道采纳临安知府刘良贵等献策，行公田法，官买平江、江阴、安吉、嘉兴、常州和镇江六府州田地350万亩。按私租额起税，国家应增加赋税230万石左右。江南重赋初露端倪。如松江一府，绍熙时秋苗米仅11万余石，官买民田后即增加了近16万石，到南宋末更达42万余石，短短80年间增了31万余石。

南宋覆亡后，元廷接收了故宋皇帝、诸王、公主等在江南遗留的大片官田，并将其中的大部分再赏赐给勋贵官僚。这种赐田，平江一地即达40万余亩，而后来又纷纷还官。大德间，又没入朱清、张瑄等田，至元间籍没朱国珍、管明等田。后来又大肆掠夺民田为寺田，再由寺田籍为官田，如大龙翔集庆寺、大崇禧万寿寺等寺田。赐与还授之间，官田不断增加，赋税也相应大增，江南重赋上了新台阶，进入了第二个发展阶段。如苏州一府，秋粮由南宋宝祐五年的30万余石，增为延祐四年（1317年）的88万余石，增了将近2倍。松江一府由42万余石增到80万石，增了将近1倍。

江南重赋的第三个发展阶段是朱元璋建立明朝后。早在张士诚据吴之日，"其所署平章、太尉等官皆出于负贩小人，无不志在良田美宅，一时买献之产遍于平江"[1]，囊括了全部宋元官田，而且数量有所扩大。苏州一府，税粮就增加到了100万石。朱元璋建立明朝后，首先将张氏政权的田产悉数没入为官产，紧接着大规模地籍没江南地主的田产为官田，基本上以私租簿起税，官田数量大幅度上涨。苏州府、松江府、嘉兴府、湖州府、常州府、镇江府的官田面积总计为136206顷，是南宋末年的3.89倍，占明初当地全部耕地面积的45.02%，私田面积则占54.98%。[2]苏州一府洪武十二年（1379年）田

---

① ［清］顾炎武：《日知录》卷一○"苏松二府田赋之重"条，载《日知录集释》，［清］黄汝成集释，秦克诚点校，长沙：岳麓书社，1994年版，第365页。

② ［日］森正夫：《明代江南土地制度研究》，伍跃、张学锋译，南京：江苏人民出版社，2014年版，第456页。

地为 67490 顷，其中官田为 29906.07 顷，抄没田为 16638.40 顷，官田高达 46544.47 顷。到洪武后期，官、民田增加为 95417 顷，民田 35323 顷，占 37.02%，官田 60094 顷，占 62.98%，其中宋元官田 29906 顷，占 31.34%，抄没及断入官田 30188 顷，占 31.64%，官田高达全府田地的近三分之二，而其中抄没田占了近三分之一。这在苏州历史上是从来没有过的。官田飙升，亩税又重，税粮总数也就急剧上升，达到了江南赋税史上登峰造极的地步。其增加的绝对量，堪称空前绝后。如苏州，税粮增至 270 万余石，较之张士诚时增了近 2 倍；松江由 80 万石增至 120 万石，增了 50%；常州由元朝的 49.6 万余石增至 65 万余石，增了 31%；湖州府乌程县由元至正间的 9.3 万余石增至洪武时的 21 万余石，增了 1.26 倍。

明初重赋，固然江南为最，但全国不止江南一处，陈友谅的统治基地江西袁州府、瑞州府，元将扩廓帖木儿抗击明军之地河南怀庆府，都不同程度地加重了赋税。如果我们比照这些地区来探讨江南重赋的原因，也许就更符合实际。各地重赋之所以形成，既有特殊性，也有偶然性，是不能仅凭经济发展程度去衡量的。

二、重赋的影响

马克思在《路易·波拿巴的雾月十八日》中说："赋税是官僚、军队、教士和宫廷的生活源泉，一句话，它是行政权力整个机构的生活源泉。强有力的政府和繁重的赋税是同一个概念。……而现在赋税却使这些副业失去最后的资源，失去抵御贫困化的最后的可能性。"[1] 江南经济较为发达，提供赋税的能力高于其他地区，但毕竟也有限度，超过了这个度，江南人民就处于险恶的境地。作为财政源泉的赋税，明清朝廷实行厚敛政策，最大程度地榨取，固然保证了国家的财政需要，但也导致了一系列严重的消极后果。

一是直接加重了人民特别是江南贫困下户的负担。如此高额的赋税，最终必然落到土地所有者和耕种者头上。朝廷为确保重赋的如额征收，规定出身于钱粮重地的江浙人不得任职户部，以堵塞漏洞，防患于未然，又特意委派朝中重臣或廉干之材为重赋区的地方长官。洪武二年，户部尚书朱昭出任苏州知府。两年后，又一户部尚书徐本出任浙江参政。以主管全国财政的户部尚书出任区区一知府或布政使的属员，可见江南重赋区在皇帝心目中的地位。地方官为征收足额赋税，可谓无所不用其极。洪武时的苏州知府陈宁和首任应天巡抚胡概，征收赋税都以严苛出名。陈宁"征赋苛急，尝烧铁烙人肌肤。吏民苦之，号为'陈烙铁'"[2]。清廷更严格了考成法，以官员完成税额分数考殿最，所

---

[1] 中共中央马克思恩格斯列宁斯大林著作编译局编：《马克思恩格斯选集》第 1 卷，北京：人民出版社，1972 年版，第 697 页。

[2] ［清］张廷玉等：《明史》卷三〇八《佞幸·陈宁传》，北京：中华书局，1974 年版，第 7909 页。

谓"司农握算，但按《全书》所载，有一项之编征，即有一项之拨额，定限考成，必责十分全完，否则参罚随之"[①]。严格的考成，迫使官员只得加紧催科，"一切抚字，俱不及谋"[②]。据清初上海人叶梦珠所见，上海县令前后五十余员，"要皆座未及暖，参罚随之，因催科拙者十之七八，因不职劾者十之二三，从未有一人报最升迁"[③]。苏州府县官也多因考成钱粮罣误，仅到康熙六年，前后"前后坐罢者百人"[④]。顺治时的松江知府李茂先，康熙时的娄县令、常熟知县赵育溥等，都是因征赋不足或降或黜的。顺治末年江宁巡抚朱国治，因历年钱粮亏空，无法应付，便归过于绅衿衙役，题参议处之令，苏松常镇四府及溧阳一县，共欠条银 5 万两，黜革绅衿 13500 余人。这就是轰动一时的奏销案，也是地方官穷极搜括的典型事例。

二是税赋逋欠累累，影响了赋税的正常收缴。尽管朝廷及其重赋政策的执行者采取了一切措施，横征暴敛，但超过人民供办能力的赋额在百般敲剥之下每年仍有数十万石拖欠下来。逋赋与重赋相始终。早在重赋之初的洪武三年，苏州一府就逋赋 35 万余石，建文时则增至 100 余万石。自永乐二十年至宣德三年（1422—1428 年）的短短 7 年中，苏松二府就拖欠税粮"不下数百万石"[⑤]。自宣德元年至宣德七年（1426—1432 年），苏州一府累计逋赋高达 790 万石。当时苏州府每年应交纳税粮总额是 277 万石，可见每年实收税粮额只是应纳额的一半。松江府岁征 120 万石，"然岁征曾不及半"[⑥]。当时有谚云："朝廷贪多，百姓贪拖。"清初考成更严，逋欠量也更大。顺治二年至康熙元年（1645—1662 年）"动盈千万"，而自康熙元年至八年（1662—1669 年）又为 200 余万石，通计"每年三十万之多"[⑦]。顺治到康熙初年的苏松钱粮，无一官曾经征足，无一县可以全完，无一岁偶能及额，全省每年报欠六七十万两银，"大半欠在苏松"。雍正三年（1725 年）怡亲王允祥奏称，"惟额征地丁银项，每至次年奏销之期，苏州一府民欠必至三十余万两，松江一府民欠必至十五六万两"[⑧]。到雍正七年，苏、松等处钱粮，历年积欠至 1600万余两。这些逋欠当然不少属官吏侵蚀亏空，但主要是民间逋赋。

三是人户逃亡，田地荒芜，极大地影响了社会再生产。在重赋的敲剥下，江南人民，

---

① ［清］韩世琦：《请减浮粮疏》，载［清］贺长龄、魏源等编《清经世文编》卷三二《户政七》，北京：中华书局，1992 年版，第 800 页。

② ［清］叶梦珠：《阅世编》卷六《赋税》，来新夏点校，上海：上海古籍出版社，1981 年版，第 136 页。

③ 同上书，卷四《士风》，第 87 页。

④ 道光《苏州府志》卷七〇《名宦二》，清道光四年刻本，第 3 页。

⑤ ［明］杜宗桓：《上巡抚侍郎周忱书》，载正德《松江府志》卷七《田赋中》，明正德七年刊本，第 18 页。

⑥ ［明］顾清：《傍秋亭杂记》卷上，载孙毓修编《涵芬楼秘笈》第 4 集，北京：北京图书馆出版社，2000 年版，第 3 页。

⑦ 《苏松历代财赋考》，载《续修四库全书》第 833 册，史部·政书类，上海：上海古籍出版社，2002 年版，第 665—666 页。

⑧ 乾隆《苏州府志》卷十《田赋三》，清乾隆十二年刻本，第 20 页。

特别是佃种重赋官田的农民，不堪重负，这就不但不可能扩大再生产，而且难以维持最低下的生活和简单再生产，万般无奈，只能以逃亡的形式来逃避重赋，而任凭田地抛荒。宣德初年杜宗桓指出，当时"天下之民咸得其所，独苏、松二府之民盖因赋重而流移失所者多矣。今之粮重去处，每里有逃去一半上下者，丧者则不止于是而已"①，人户逃亡数量相当惊人。据巡抚周忱报告，太仓一州，洪武二十四年黄册原额为 67 里 8986 户，到宣德七年造册时，只有 10 里 1569 户。经过核实，实际只有 738 户，其余都是逃绝虚报之数②。如嘉定一县，"人视去其田畴如释械系，不复论直，是时几无以为县矣"③。如湖州府，"田土荒芜弥望"④，农业生产受到严重影响。

四是重赋决定了重租，从而加深了业佃矛盾。如前所述，江南五府税粮明代亩均在 1 斗 5 升以上，苏松更接近 3 斗，官田则每亩"四五斗七八斗至一石以上"。宣德时，苏州知府况钟说官田每亩科米有 3 石者。江南盛行租佃制，"有田者什一，为人佃作者十九"，田归大户之家，无地、少地的贫民依靠佃种地主的土地生活。国家征收的田地赋税高，田主要分割地租所得，缴纳赋税后要有余剩，就必然增大地租量。重赋导致了江南的重租。顾炎武概括江南的地租说："一亩之收不能至三石，少者不过一石有余。而私租之重者至一石二三斗，少亦八九斗。"⑤同重赋一样，重租也使广大佃农失去了维持基本生活的保障。佃农生活条件的恶化，激化了佃农与田主的矛盾。佃农抗租斗争自明迄清，未稍间断。

五是重赋使江南地方实力削弱，社会经济发展后劲不足，速度放慢。江南是明清时期经济最为发达的地区，但其发展程度远没有人们通常认为的那么高。透过所谓繁荣的表象，我们可以看到江南在重赋压榨下经济不景气的一面。康熙二十三年（1684 年）康熙初巡江南后说："朕向闻江南财赋之地，今观市镇通衢，似觉充盈，其乡村之饶，人情之朴，不及北方。"⑥三次南巡，民人诉坍田赔粮之苦，康熙闻听后大吃一惊，说："朕不到江南，民间疾苦利弊焉得而知耶。"⑦

诚然，重赋政策并非只有消极影响而无丝毫积极作用。重赋在客观上具有一定的积极意义，主要有两点。一是促使农民充分挖掘潜力，利用地力，确保农田面积及其成熟

---

① ［明］杜宗桓：《上巡抚侍郎周忱书》，载正德《松江府志》卷七《田赋中》，明正德七年刊本，第 17 页。

② ［明］周忱：《双崖文集》卷三《与行在户部诸公书》，载《四库未收书辑刊》第 6 辑第 30 册，北京：北京出版社，2000 年版，第 325 页。

③ 万历《嘉定县志》卷五《田赋》，明万历刻本，第 11 页。

④ ［明］刘天和：《请均派京库折银疏》，载同治《安吉县志》卷五《赋役》，《中国地方志集成·浙江府县志辑》第 29 册，上海：上海书店出版社，1993 年版，第 34 页。

⑤ ［清］顾炎武：《日知录》卷一〇"苏松二府田赋之重"条，载《日知录集释》，［清］黄汝成集释，秦克诚点校，长沙：岳麓书社，1994 年版，第 369 页。

⑥ 《清圣祖实录》卷一一七，康熙二十三年十月己未、乙丑，北京：中华书局，1985 年版，第 4088、4092 页。

⑦ ［清］钱泳：《履园丛话》丛话一《旧闻》，张伟点校，北京：中华书局，1979 年版，第 15 页。

度，追求最大的投入产出效益。就利用地方追求效益而言，可以说，明清时期的江南在传统农业时代已达到了极限，所谓"地无不耕之土，水无不网之波，山无不采之木石"[①]。二是迫使小农改变经营方式，促进了商品经济的发展。种植粮食收益有限，田赋既重，江南农民就只得改变经营方式，种植经济作物，发展家庭副业手工业，从事商品性生产，以增加总收入，上纳赋税，下赡家室。江南苏松二府是全国重要的植棉织布地区，嘉湖二府是全国突出的种桑丝织地区，这四府也是全国农村商品经济最为发达的地区，又正好是全国赋税最重的地区。因此，从整体上说，江南重赋与商品经济的程度是有紧密联系的。江南重赋，已完全超出了土地税的概念和范围，江南人民以从事商品生产增加收入才支撑了繁重的赋税，可见重赋又间接导致了江南商品生产的进一步发展。但是要以商品生产来作为赋税征收的条件，本身就说明了赋税的苛重程度。

三、减低重赋的呼吁与奏请

自重赋之日起，江南地方人士以及官府官员也一直表示异议，反复呼吁，要求减低赋税征收定额。江南当地民人如杜宗桓、杨芳，贡生郑若曾、进士袁黄、乡绅王鏊，江南籍京官如明初的户部尚书滕德懋，嘉、隆之际的吏科给事中徐师曾，万历前期的詹事府右庶子赵用贤等，江南官员如明初的苏州知府金絅，宣、正之际的巡抚周忱等，甚至非江南籍的京官广西右布政使周干、礼部右侍郎丘濬等，均对苏松重赋发表过看法，提出了各种减轻税额或实际负担的设想。这些设想大致涵盖三个方面：一是参照邻省或邻府征收额，直接减低苏松赋税额，二是在江南各府范围内平均官民税则以平均赋税，三是派遣有魄力的大臣假以便宜行事之权。综观各界人士的请求，在宣德、正统年间的初次减赋后，地方人士的呼吁大都停留在江南地方而已，地方官吸取明初官员遭到重处的教训，未将地方士民的要求及时转奏朝廷；个别江南籍特别是苏松籍京官，虽然往往为减轻江南实际赋税负担出力，但投鼠忌器，在减轻赋税问题上大都保持沉默，不敢直接奏请。

进入清朝，苏松地方人民的实际负担更加沉重，要求减轻赋额的呼声也就更加强烈。顺治年间，弘文院大学士吕宫，"欲减江浙浮粮，格部议未果"。康熙初年（1662 年），著名理学家太仓人陆世仪撰有《苏松浮粮考》一文，先是胪陈了苏松重赋的由来和程度，又论述重赋超出了民间负担能力，提出蠲减苏州浮赋，恢复到宋元之旧。康熙四年，江宁巡抚韩世琦上《请减浮粮疏》，提出减轻赋税的三种办法：将苏松二府钱粮仿照元时赋额，兼照各省现征大例，准与酌量减省；如果因为目前军国急需势难多减，请依接壤之

---

① 乾隆《吴县志》卷二四《风俗》叙，载《中国地方志集成·善本方志辑·第一编》第 36 册，南京：凤凰出版社，2014 年版。

地常州府的科则征收；再若万万不能，也祈于原额十分之中稍减二三，以甦民生。接下来，掌京畿道御史上海人施维、江宁巡抚马祜、礼科给事中严沆、内阁学士兼礼部侍郎长洲人宋德宜、左都御史湖广江夏人吴正治、江苏布政使后升为巡抚的慕天颜、庶吉士常熟人蒋伊、工科给事中任辰旦、直隶灵寿知县浙江平湖人陆陇其、江宁巡抚汤斌、进士常熟人陶元淳、大学士太仓人王掞、掌浙江道监察御史钱廷献、老名士苏州人沈德潜等人，先后奏请或提出减赋主张，苏州士民刘廷栋、张三才、李安臣、周梦颜、陆淳风、蔡松、陆大鹏、邵之德、王达中、周元潢、吴亮斌等人，也利用皇帝南巡之机纷纷吁请或疏请酌减苏松浮粮。

清朝前期呼吁减轻苏松钱粮的人士，主要是江南地方官员，而江南籍京官也毫不避嫌，利用一切机会发声，地方民人更伺机陈情，地方大员往往从实际出发，其上奏既出于下属官员的钱粮考成，又受到江南士民和江南籍官员的影响。各种减赋的要求，大多追溯苏松重赋的由来，一致认定是明初为惩顽而籍没民田为官田从而加重了赋税定额，税额超出了业户的承受能力，有一部分无论如何追征都是征收不到的虚悬之粮，时人称为"浮粮"——根据业户的经济能力和明代两百余年以及清初以来的征收实际，这种浮粮根本征收不到——理应豁除，与其赦免蠲减于追呼既穷之后，何若准情酌减于征比未加之先。所提减赋方案，主要有两大类，一类主张直接减除实际征收不到的浮粮，约为总额的一二成；另一类又有两种，一是参照接壤的邻府常镇嘉湖特别是同省常州府的征收额，减低税则以减低总额，二是参照江西袁州、瑞州、南昌三府减免重赋事例酌减。这些主张都从纠正历史的遗留问题出发，述说当时实际的赋税负担和官员的考成压力，应该说都抓准了问题的实质，击中了朝廷和地方以及广大业户的利益要害。

要求减免苏松重赋的呼声之外，康熙后期直到乾隆初年，要求减低嘉兴、湖州二府特别是湖州府乌程、归安、德清三县重赋的呼声也不时提出。

太平天国期间的战争，前后十余年，江南在嘉庆、道光以后五十余年的自然灾害后，又遭此从未有过的兵燹之苦，元气大伤，江苏地方官员在镇压太平天国胜利在望之际，即商议奏请减赋事宜。同治初年，清廷克复江南后，两江总督曾国藩、江苏巡抚李鸿章等人正式奏请减低江苏赋额，江苏地方士人冯桂芬、吴云、潘曾玮等人和江苏籍的京中高官潘祖荫等人互相呼应，纷纷呼吁"减重赋以收人心而培国脉"。

四、朝廷和地方政府的救偏措置

对于江南地方特别是江南籍人士的减低苏松赋税的请求，朝廷和江南地方官府一定程度上做出了积极回应，先是在宣德年间国家财政好转的情形下，较大幅度地降低苏松税额以直接减轻负担，明代中期在不减低赋税定额的前提下采取各种补偏救弊措施，在诸多方面做出调整，以相对减轻江南地方负担，清代前后期也曾应对赋税征收的实际情形，予以一定程度的减额。

朝廷和地方政府的补偏救弊措施除了一般意义上的劝垦积荒、兴修水利、赈济灾伤、蠲免积欠等，主要体现在三个方面。

一是一度允准减赋，降低税收定额。明代降低苏松等地税额仅在宣德、正统之际。江南重赋，重在官田，巨额逋负也在于官田重赋，因此从实施重赋之初的洪武年间起，明廷就试图减低重则官田的赋额。洪武十三年，重颁官田改科令：苏松嘉湖四府重租田，自当年为始，亩科7斗5升到4斗4升的，减三分之二，4斗3升到3斗6升的，概征3斗5升。宣德五年（1430年）二月，宣宗朱瞻基发布减赋令，规定旧额官田亩科自1斗至4斗的减十分之二，4斗1升至1石以上的减十分之三，"永为定例"①。但是负责官员并不执行。终明之世，再未见有减低税粮之举。明廷减低税额的情况表明，主管国家财政的户部态度相当消极被动，而直到地方反复呼吁以致皇帝严旨切责才予落实。

面对地方官员、江南士民以及江南籍朝中官员的反复吁请，清廷暨户部的回应与明廷大不一样，而前后也有所变化。直到康熙后期，出于国计考虑，户部总是站在财政的角度，对于减赋问题不予讨论，对减赋要求一概置之不理，在财政窘紧的年代，反而加大催征钱粮的力度，对地方官员定限严厉，十分考成；对于逋欠日多的钱粮，先是缓征带征，实在征收不到再行蠲免，但从不减低征收定额。康熙后期起，特别是进入雍正、乾隆年间，国家财政有了根本好转，库款盈羡，国用充足，"积储可供二十余年"，清廷可以调整赋税收入比例，放弃少量收入，因而蠲地丁，免漕粮，屡见实施，江南的重赋减免也有了可能。清廷改变明中期以来绝不降低定额的做法，减轻江南重赋特别是苏松浮粮的要求一定程度上得到了满足。雍正三年，户部尚书怡亲王允祥出面请求减低苏松浮粮45万两银（其中苏州30万两，松江15万两），获旨允准。乾隆二年（1737年），清廷宣布再减苏松额征银20万两。这两次减额，所减幅度整整占了赋税原额的三分之一，人民的负担较前大大减轻，延续了近四百年的重赋问题也得到了缓解，减除苏松浮粮的呼声也停了下来。雍正五年，雍正谕令减征嘉兴、湖州二府额征银十分之一，嘉兴府减银47290两，湖州府减银39990两，二府共减去额银87280两，嘉湖二府重赋也有所缓解。乾隆四年，浙江湖州府程、安、德三县圩田重赋，参照邻县长兴的征收额，减去税银42221两，但南漕粮米照征不减。雍正、乾隆年间江南重赋减额的实现，无疑是国家、地方官府官员和江南百姓等各种势力长期博弈、反复樽俎折冲的结果。同治初年的减赋奏请，于同治四年获得朝廷批准，正式实行。江苏原来额征米麦2029174石余，减定后

① 《明宣宗实录》卷六三，宣德五年二月癸巳，"中研院"历史语言研究所校印本，1962年版，第1489—1490页。

存 1486048 石余，计核减 543126 石余，约占原额的 26.%。其中苏州、松江和太仓三府州，按减征三分之一原则，减去米豆 486005 石，常州、镇江二府减十分之一，减去米豆 57072 石，五府州共减额征米豆 543127 石。苏州赋额最重，核减幅度最大，共减去原额的 37.22%。与江苏减赋同时，浙江在杭州设立清赋局，按三十分之八的比例，减免杭嘉湖三府漕粮 266700 余石，"民困为之大苏"。江南人民在承受了至少整整五个世纪的重赋负担后，总算可以稍稍喘口气了。

二是地方官府和相关部门采取救偏措施。赋税既经制度规定下来，要想减低极为困难，殊少可能，所以尤赖其他补偏措施予以调剂。这些措施即折征银两和棉布以减轻实际负担，征收耗米以酌盈济虚，划一科则以均平税额。划一科则，杜绝逃税漏税、转嫁负担的弊窦；均平科则，则缙绅大户受损较为严重。江南重赋区除了洪武九年、三十年等全国性折征外，单独的折征大体为：洪武三年，赏军用布 30 万匹，朱元璋令于松江府征收，以代秋粮；永乐二十二年（1424 年），苏松嘉湖杭常六府因水灾，诏令以钞布代输秋粮。宣德六年，户部不愿按照巡抚周忱的奏请减低华亭、上海二县旧额官田税粮，但主张该地可折收棉布起运京库，其余折收黄豆存留当地仓库。宣德七年，苏州知府况钟奏请按洪武年间规定，每夏税 1 石 2 斗，折收棉布 1 匹，民间自织输纳。[①] 次年，周忱经奏请在产布区嘉定县每年征布 20 万匹，1 匹当米 1 石。后来虽然所收布匹被分于太仓、昆山、宜兴数县，折布额也屡经下降，但苏松常三府每年 20 万匹之数却一直没有减少。[②] 官田税重，民田税轻，宣德末年，周忱又经奏请，对极重官田和极贫下户，均从轻折收银两或布匹，每金花银 1 两，准折平米 4 石。金花银后来于正统年间推广到南直隶、浙江七省域，对出产棉布的松江府和苏州府嘉定、昆山等地，阔白棉布 1 匹准折米 1 石，算银 3 钱；三梭棉布一匹准米 2 石，算银 6 钱。仅在松江一府，就准折米 482687 石，大大减轻了业户负担。

三是放宽官员考成以缓解征税压力。朝廷为了确保赋税收入，对地方官制定了严格的考成法，依据缴纳税粮的比例，考核地方官员的政绩，确定殿最名次，决定升降黜陟。然而在江南特别是苏松地区，赋税定额既然超过了纳粮人的承受能力，官员督催虽不择手段，不遗余力，仍然导致逋赋累累，人户逃亡，田地荒芜，连正常的赋额都难以确保。因此，重赋区地方官的考成，在实际施行中，就只能根据具体情形，稍为通融，有所宽松。万历末年上司考成州县，虑其横征，"揭榜令民纳至八分，不许复纳"[③]。明中后期，

---

① ［明］况钟：《明况太守龙冈治苏政绩全书》卷九《再请夏税折布奏》，乾隆二十九年刻本，南京大学图书馆藏。

② 万历《嘉定县志》卷五《田赋》，明万历刻本，第 16 页。

③ ［清］纳兰性德：《通志堂集》卷一六《渌水亭杂识二》，载《续修四库全书》第 1419 册，集部·别集类，上海：上海古籍出版社，2002 年版，第 454 页。

江南官员的考成似乎较轻，并不以十分为准，而是完及七分即为上考。清廷对于为征收重赋而长期实行的官员十分考成厉禁，也采取了一些变通措施。先是于康熙四十四年，酌改江苏经征各官处分标准，完及九分以上，准留任一年催缴，考成量为轻减；继而于雍正三年，在重赋区苏松常三府大规模升州析县，太仓州升为直隶州，大多数县一分为二，县级行政区增加十三个，以减轻官员的考成压力。

参考书目

［明］顾鼎臣、杨循吉：《顾鼎臣集·杨循吉集》，蔡斌点校，上海：上海古籍出版社，2013 年版。

［明］顾清：《傍秋亭杂记》，载孙毓修编《涵芬楼秘笈》第 4 集，北京：北京图书馆出版社，2000 年版。

［明］况钟：《明况太守龙冈治苏政绩全书》，乾隆二十九年刻本，南京大学图书馆藏。

［明］丘濬：《大学衍义补》，载文渊阁《四库全书》第 712 册，子部·儒家类，台北：商务印书馆，1986 年版。

［明］周忱：《双崖文集》，载《四库未收书辑刊》第 6 辑第 30 册，北京：北京出版社，2000 年版。

《明宣宗实录》卷六三，宣德五年二月癸巳，"中研院"历史语言研究所校印本，1962 年版。

正德《松江府志》，明正德七年刊本。

万历《嘉定县志》，明万历刻本。

［清］顾炎武著；［清］黄汝成集释：《日知录集释》，秦克诚点校，长沙：岳麓书社，1994 年版。

［清］贺长龄、魏源等编：《清经世文编》，北京：中华书局，1992 年版。

［清］纳兰性德：《通志堂集》，载《续修四库全书》第 1419 册，集部·别集类，上海：上海古籍出版社，2002 年版。

［清］钱泳：《履园丛话》，张伟点校，北京：中华书局，1979 年版。

［清］叶梦珠：《阅世编》，来新夏点校，上海：上海古籍出版社，1981 年版。

［清］张廷玉等：《明史》，北京：中华书局，1974 年版。

《清圣祖实录》卷一一七，康熙二十三年十月己未、乙丑，北京：中华书局，1985 年版。

《苏松历代财赋考》，载《续修四库全书》第 833 册，史部·政书类，上海：上海古籍出版社，2002 年版。

康熙《苏州府志》，清康熙三十年刻本。

乾隆《苏州府志》，清乾隆十二年刻本。

乾隆《吴县志》，载《中国地方志集成·善本方志辑·第一编》第 36 册，南京：凤凰出版社，2014 年版。

道光《苏州府志》，清道光四年刻本。

同治《安吉县志》，载《中国地方志集成·浙江府县志辑》第 29 册，上海：上海书店出版社，1993 年版。

中共中央马克思恩格斯列宁斯大林著作编译局编：《马克思恩格斯选集》第 1 卷，北京：人民出版社，1972 年版。

［日］森正夫：《明代江南土地制度研究》，伍跃、张学锋译，南京：江苏人民出版社，2014 年版。

江海之通津，东南之都会
——江南的对外贸易

戴鞍钢

一、引言

实际上，近代的上海和明清的江南是密切相关的，乃至和唐宋的江南都密切相关，本讲将不限于传统的近代上海和明清江南，而是把两者融为一体进行阐明。

（一）时空的界定

任何历史研究都非常强调时间和空间的界定，对江南问题的研究也是如此。空间上，"江南"其实是一直在变动的。变动的基本原因之一，是随着交通的变迁，区域的概念也相应发生了变化。比如，建通铁路前后，江南各地之间的联系情况是不一样的。

小江南，指江南的核心地带，具体而言是指现称的长江三角洲。关于长江三角洲这一区域概念，各家有不同的说法。在对外贸易的发展过程中，铁路和贸易的关系是非常紧密的。本讲所提到的小江南，是以两条铁路为基准来进行划分的（南京到上海的沪宁铁路和上海经杭州到宁波的沪杭甬铁路）。因而，本讲将以这两条铁路为线索，集中对小江南展开讲述。

（二）江南的对外贸易源远流长

首先要提到的是青龙港和青龙镇。历史上的江南有一个重要的港口，位于现在上海市青浦区的青龙镇和青龙港，是2016年度的国家十大考古发现之一。过去研究上海，比较关注近代，往往遗忘了在唐宋时期（丝绸之路兴盛的时代），江南的上海地区曾经有一个扬名中外的重要港口，以及它所在的兴旺的城镇——青龙港和青龙镇。

青龙港和青龙镇，目前仅存一座古塔，历史上兴旺发达的景象不复存在，仅余一方田野。在唐宋时期，青龙港是江南的一处主要出海港口，已出土的大量文物与考古发现便能证明这一点。瓷器作为非常精美的艺术品，是当时商品出口的一大特色。现发掘出的瓷器，保存较为完整，多来自江南各地及周边地区，主要销往日本、朝鲜、琉球等东亚国家，中国周边的东南亚国家也有涉及。从出土文物来看，当时的青龙港非常活跃，盛名远扬中外，地方志的文献记载也能够印证这一点。谈到近代上海的对外贸易，不要忘记其源远流长的历史背景，这种历史背景很好地反映出上海与江南不可分离的紧密联系。

二、前近代江南的对外贸易

在前近代时期，江南的港口之间存在着竞争关系，具体是指浏河港、乍浦港与上海港之间相互竞争。青龙镇的青龙港，随着时代的推移、水文条件的变化，到了明清时期，慢慢地被上海十六铺所取代。因此在上海开埠之前，清代人熟悉的多是十六铺商港及其背后的上海县城。在这一时期，江苏的浏河港、浙江的乍浦港和上海的十六铺商港，形成了一种三角的竞争关系。

浏河港位于今天的江苏省太仓市，是一个面对长江的内河型海港，是郑和下西洋的起锚地，有大量的文献记载了浏河港当时的兴旺与活跃。中国周边国家的诸多商船，都以这个港口为目的地。一个港口背后必然有一个城镇，浏河港之所以活跃，与它背后的苏州有直接的关系。苏州在运河旁边、不靠海，但作为前近代特别是上海开埠之前的江南经济中心，苏州的对外贸易需要出海港，浏河港便承担了这样的角色。

乍浦港位于今天的浙江省平湖市，与浏河港不同的是，乍浦港直接面对东海、面向太平洋，所以是完整意义上的海港。乍浦港背后是嘉兴府，嘉兴是它的府城，就像浏河港背后的苏州一般。在地理位置上，作为运河城市的嘉兴，介乎苏州和杭州之间，因此，乍浦港基本上承担了江南地区浙江部分（杭嘉湖地区）的出口贸易。

浏河港、乍浦港这两个港口和十六铺，实际上形成了三足鼎立的格局，直至清中叶以后才被打破。

十六铺的兴起，与青龙港的萧条联系在一起。随着海岸线的东移和吴淞江的淤塞，十六铺慢慢地向商港转变。直到改革开放前，众多外地人到上海，也都选择在十六铺登岸。明清时期，十六铺几乎成为上海的一个代名词，踏上十六铺，就意味着踏上了上海。

明清时期十六铺之所以会成为江南地区三个重要港口之一，大体有以下三点原因：

第一，上海地区商品经济发达，比如上海所在的松江府。历史上有个词"衣被天下"，就是指松江府出产的土布曾经可以供应天下各地所需，虽然有点夸张，但是某种程度上也反映出，当时松江府的经济是相当发达的。

第二，十六铺背后有一个活跃的城市——上海县城。十六铺和上海县城密切相关，是因为港口和它所在的城市是互相依存的。港口是商品流通集散地，但商品流通还需要有金融、服务业的辅助。比如，商人在登上十六铺之后，需要有能够满足住宿、饮食、娱乐、存钱取钱等多种需求的地方，当时的上海县城很好地配合了这样的需要。在银行进入近代中国之前，钱庄就是中国传统的金融机构。上海的钱庄当时集中在现在的老城厢地区，钱业会馆则是钱庄主聚会商议的场所。

上海县城因为十六铺而兴旺，反过来，十六铺因为上海县城而更加重要，这一点优势恰恰是其他两个港口不具备的。浏河港背后是苏州，但隔着一段距离，港口和城市不是紧密相连的。乍浦港也是如此，它与平湖县城以及平湖背后的嘉兴府城之间都有一段距离。于是，在三个港口的竞争中，十六铺慢慢脱颖而出。

第三，自然条件适宜。浏河港和乍浦港，一个是靠长江口，一个是靠海，由于潮汐的关系，港口的淤塞问题明显。当时，这两个港口对淤塞问题或是重视不够，或是无力治理，由此严重地阻碍了港口的进一步发展。上海十六铺也有同样的问题，但这个问题不突出，因为潮汐是与海洋联系在一起的。潮涨潮落，经过长江口和吴淞口，再到十六铺，受泥沙淤积的影响相对较小。同时，人们对十六铺的泥沙淤塞问题相对重视。这两方面因素综合之下，十六铺受到的影响更小。

总之，上海港开埠之前，江南对外贸易的港口就有一个缓慢的自然演变过程，从最早的青龙港变化为三个港口之间的竞争，在三个港口中，十六铺又慢慢地脱颖而出、傲视江南。

三、近代江南的对外贸易

（一）上海跃居贸易首港

上海港以十六铺为基点，承担对外贸易港口的功能。乾隆年间推行了广州一口通商制度，主要针对欧美国家，这不代表关闭了中国和其他各国的贸易通道。十六铺，或者说上海港，与周边国家传统的经济往来并没有中断，而是继续保持着。但是往来的规模，要比江南地区经过广州与欧美国家进行的贸易往来规模要小得多。

和周边国家经济往来的货物流通量，当时的上海港大概占到了5%，比重不大。十六铺，在当时主要作为中国南北沿海的商贸往来的转运港。当时江南的出口商品，受到了一口通商制度的限制，不得不舍近求远，千里迢迢地水陆兼程运到广州。中国传统的出口商品是江南地区盛产的三样东西，丝绸、茶叶和瓷器。受制于广州一口通商制度，这些销往欧美的传统大宗出口商品，都要舍弃上海港、运往广州港。这种格局直到1843年上海开埠以后才被打破。

这就是上海成为中国第一港口的历史背景。从区位角度来讲，上海的优势是其他几个城市不能相比的，所以上海后来的发展其实是可以理解的。

（二）上海成为江南首邑

上海在成为中国第一贸易港口的同时，也成了江南的第一城。这两者其实是互相关联的。明清时代的江南第一城，那就是苏州，其次就是杭州。

苏州、杭州在当时成为公认的江南第一城、第二城，主要是京杭运河的缘故。内河时代，中国主要的城镇基本上都分布在运河沿线。到了近代有所不同，来自海上的欧美列强敲开了中国国门，他们对于在华布局的主要考量，就是哪个城市对他们而言最有利于开展经济活动。从这个角度来说，上海是他们所认为的最理想的地区——上海面向浩瀚的太平洋，位居中国最富庶的江南地区，背后有广袤的长江流域。因此列强认为，占据上海、立足上海，就可以非常便利地把他们对华的经济活动推向中国的腹心地区。在列强看来，苏州远不及上海对他们的诱惑更大，上海对整个江南地区的辐射及其经济潜力，以及对整个长江流域的经济影响，都要远甚于苏州。

慢慢地，在对外贸易中心港口从广州移到上海的同时，江南的第一城也由苏州移到了上海。针对这种格局变化，有一种说法：明清时代，是"大苏州，小上海"；到了近代时期，就成为"大上海，小苏州"。这种经济格局的变化，对江南地区的影响也是很深远的。

（三）江南外贸量大面广

江南出产的是中国传统的出口商品，即丝绸、茶叶、瓷器，这三样东西，恰恰是远洋欧美的一组黄金搭档。丝绸价值很高，但是分量很轻，茶叶也是如此。帆船时代，如果海船只搭载这些轻飘飘的货物，是经不起海浪颠簸的，容易发生海船倾覆等海难事件。为了保证远航船只的安全性，有时需要在舱底放置压舱石（重物），而瓷器则非常好地充当了压舱石的角色。所以在传统时代远航欧美的海船，一般都是瓷器装在船底，上面装丝绸和茶叶。

国门被打开以后，特别是上海取代广州、成为中国第一贸易港口，上海取代苏州、成为江南第一城市以后，江南盛产的出口商品慢慢地都运往上海，经过上海源源不断地远销海外。从国外进口的货物也经过上海销往江南、长江流域，乃至更广大的地区。这样的格局与规模，都是传统时代所不及的。这就必然给近代上海开埠以后的江南乃至长江流域带来深刻的变化。

四、对外贸易与上海及江南的社会变迁

（一）活跃城乡市场交通商贸金融

明清时期，中国就有商品经济，市场经济也在发展，但是占主导地位的还是自然经

济形态。再加上清政府的经济政策的束缚，商品经济和市场经济的发展都受到了压抑，而这种压抑和束缚，在国门被迫打开、欧美列强强行闯入中国之后，就发生了相应的变化。清政府无力抵御欧美列强对中国经济强势的侵入。所以江南地区基本上都受到了列强在中国经济活动的左右。而这个过程中间，与世界市场相联系的交通、商贸、金融等等，都较传统时代的江南，呈现出空前的活跃。比如说，上海港成为中国第一贸易港之后，外国的商行进入中国后有赖于金融业，所以银行、保险这类中国所未见的和世界接轨的近代金融形式就传入了中国，这就形成了我们现在看到的外滩金融一条街以及万国建筑群。而这种格局的变化，给江南地区的触动也很明显，比如上海的钱庄为了求生存，慢慢地卷入了外贸和世界市场的关系，乃至和外国银行展开合作。

外贸量大面广，传统的运输工具无法承担，相应的近代运输工具就进入了江南，比如铁路、轮船等。港口停靠的是远洋轮船，远洋轮船运来的东西又是如何销往江南、长江流域的？那就是依靠小轮船。所谓的小轮船，就是相对远洋轮船而言的内河轮船。远洋轮船都是大型的，内河轮船都是小型的。江南的河道星罗棋布，所以外国的远洋轮船卸货之后，就需要小轮船通过四通八达的江南河道，销往江南各地，乃至更远的长江流域各地。比如，上海的朱家角，是一个著名的江南古镇，现在是旅游景点。在近代，朱家角和上海之间就有十几条定班的小轮船的航线，当时叫班轮。再以闵行为例，在上海开埠前，闵行不是很突出，相比之下，内河时代泗泾比较活跃，闵行不及泗泾，亦不及松江。但是到了轮船时代，吴淞江的黄渡和黄浦江畔上海县的闵行，就成为上海南北两翼、便于内河小轮船通行的重要港口。此外，南京到上海以及上海到宁波的铁路建设，实际上也是与对外贸易发展同步推进的。交通的变化，助推了江南地区的对外贸易。没有大交通，也就很难有大贸易。

（二）催生新的上海群体阶层

外贸，是由一群商人在运作的。外国商人到中国来，不可能完全靠自己的力量走向中国各地。开埠初期，外国人在华活动受到一些限制。第一，受到条约的限制。开埠初期，外国在华商人不能随意地进入中国内地，除非借助于中国人。第二，是语言的障碍。外国人初来乍到，语言沟通是一个很大的问题。所以外国商人在中国做买卖时，需要借助于能够进入中国内地做生意的那些粗通外语的中国人。第三，是商业交易的习惯。外国人比较强调契约关系，而中国传统时代的商业交易之间比较强调个人信誉。国外使用文书，明确权利和义务的约定；而中国多用承诺。两者之间差异明显，这种商业的交易习惯需要有慢慢沟通和融合的过程，中间也需要有一个中介。换句话说，需要有人愿意接受西方契约式的商业习惯，同时又为中国的那些商人所信任，这种背景下就出现了一群人，那就是买办。

中国近代的买办在很长一段时间内形象是不好的，但是从对外贸易的角度来讲，买办是当时国门打开以后中外经济交往的一个桥梁，是开风气之先、具有开拓创新精神的一批中国人。他们对中国经济的推进做出了非常直接的贡献。买办不是一个阶级，而是一种职业，一般称之为群体和阶层。

第一，买办和洋行之间是雇佣的关系，他今天可以受雇于洋行，那么他就是买办。但是他明天辞职了，或者用现在的话来讲，他可能去自主创业、另立门户，不愿依附和服务于外国洋行了，那么他就不是买办。所以他的身份是在转变的。

第二，买办中有很多爱国人士。著名的买办郑观应讲过一句话，"初学商战于外人，继而与外人商战"①，大意是指"我一开始跟着外国人学商业本领，然后我用学到的这些商业本领来和外国人进行商业竞争"。他不仅这么说，而且也这么做，成为买办的典型代表。近代中国第一批资本家，大部分都来自买办，都经历了一开始跟着外国人做生意，继而独立门户和外国进行商业竞争的过程。

所以不要简单地、僵硬地看待历史上的买办阶层。在无产阶级登上历史舞台之前，代表近代中国社会发展方向的是新生的中国资产阶级。买办不仅是近代中国在经济上和国际接轨的重要角色，而且在中国的政治变革中作为资产阶级的前身，为后来的改良和革命提供了必不可少的物质基础和经济基础。中国的资产阶级，最重要的活跃地区就是上海。例如，上海总商会，传统的中国商人会馆公所，其成员的主要联系纽带是同乡、同业，是血缘、地缘的关系。又如钱业会馆、商船会馆，基本上由相近地域的、经营同样行业的一批商人抱团而形成，他们经营的主要是国内的贸易，和外贸的关联不大，规模也有限。但是国门打开以后，商业领域就出现了一匹黑马。这匹黑马，就是和对外贸易相关的那些新式商人。这些新式商人和传统时代的中国商人完全不一样，比如他们的知识结构、他们对世界的认识、对世界经济的观察以及对世界经济竞争中的规则的运用都领先于传统时代的中国商人。他们中间很大一部分人都是爱国者，上海总商会成为其中的突出代表。历史上很多爱国运动和上海总商会是联系在一起的。而这些新兴中国资产阶级的形成，对上海地区和江南地区的影响也是广泛的。

（三）助推开放诚信创新包容意识

传统时代的商业规模，其形式、交易习惯都和国门打开以后的有很大不同。而西方商业模式的传入，对中国的经济、中国人的思想观念有很大的触动，从而助推了上海和上海以外江南地区的人在思想观念上的变化，可以概括为开放、诚信、创新、包容。

第一是开放。所谓的开放，就是有对外开放的胸怀。尽管上海开埠是被迫的，但是

---

① 郑观应：《盛世危言后编》，载夏东元编《郑观应集（下册）》，上海：上海人民出版社，1988年版，第620页。

在这个过程中，中国也在尝试融入世界经济发展主流。从历史的全局来看，尽管付出了惨重的代价，但也是一种历史的进步。因为在经济全球化时代，中国不可能再独善其身，游离于世界经济发展主流之外，必须要勇敢面对挑战、勇于开放、勇于面对。尽管面对的是一个环境险恶的世界，但这是不得不面对的。被迫开埠以后，面对新的世界格局，最引人注目的就是上海地区，作为中国第一贸易港口，中国的对外贸易主要从上海进入中国，从上海销往世界。这种开放的格局，又助推了开放的意识。

第二是诚信。中国传统文化中不乏诚信精神，而和世界接轨的诚信意识和观念，自上海开埠以后，在江南地区表现得非常突出。上海以及江南地区从事与对外贸易相关的人，较早地接受了世界商业经营交易的规则和习惯。在开埠以后的上海，契约关系和契约精神慢慢地成为大家的共识。

第三是创新。国门被迫打开以后，很多和外贸相关的经济形式对于中国人而言都是非常新奇的，前所未见的形式对中国人的冲击非常明显，如金融、银行、保险、铁路、轮船。深受触动后，中国人奋起直追。在原有的已经落后于世界发展潮流的传统经营模式的基础上，中国人凭借创新意识做出了新的变化。比如，钱庄进行近代化转型，钱庄和外国银行之间建立相互的信用往来关系，这就是一种创新意识的表现。中国人要自己造铁路、自己造远洋轮船，当时的中国资产阶级没有能力直接实现，但是小轮船几乎都出自上海人之手。上海的民族资本家的造船厂，主要产品就是内河小轮船，并且凭借内河小轮船，稳固了上海的对外贸易第一港的地位，助推了江南的进出口贸易。另外，外国进口商品源源不断地进入，也触动了中国人的创新意识。例如，过去中国人都是穿草鞋的，没有雨鞋这个概念。橡胶业引进之后，中国人就知道了，原来还有这种能够更好地抵御风雨的鞋子，于是慢慢地出现了进口替代品。什么叫进口替代品？就是中国人对大量进口的这些外国商品的借鉴、仿造和再创新。这种例子很多，比如卷烟，过去的中国人没有卷烟，只有土烟，英美烟草公司进来之后，中国人也逐渐学会了制造，民族资本家开设了著名的南洋兄弟烟草公司。

第四点是包容，即在和世界接轨的过程中，上海人和其他江南地区的人对异质文化的包容，这是走在中国前列的，也影响至今。上海和江南其他地区的人，对中华文化之外的其他文化抱着一种开放包容的心态，能够较大程度地做到取其精华、去其糟粕，做到较好地筛选。上海的文化，往往也叫海派文化，从江南文化到海派文化，非常形象地反映了这种包容意识。从传统到近代的转化过程中，江南文化和世界各种文化的融会贯通造就了海派文化。

五、结语

直至今天，上海和江南地区的进出口贸易依然在中国经济版图上占据重要地位。我们探讨这个课题有很强的现实意义，换句话说，历史上的上海和今天的上海，历史上的上海港和今天的上海港，历史上的江南和今天的江南，历史上的长江流域和今天的长江流域，其实都有着密不可分的关系。

2018 年，中国第一届国际进口博览会在上海举行，给上海带来了三个利好的消息：第一个是科创板，第二个是上海自贸区新片区，第三个长三角一体化上升为国家发展战略。这三个利好的消息，不仅是上海的利好消息，也是江南的利好消息，也是全中国的利好消息。自贸区，是既对外又对内的，是内外贯通的。而自贸区最后就落脚在临港新区，即洋山港背后的临港地区。长三角一体化上升为国家战略，更加直接地反映出上海和江南之间不可分离的紧密关系。当我们回眸江南的对外贸易时，可以更加深刻地认识到上海和江南对中国的重要性，以及上海和江南的对外贸易对中国和世界经济交往的重要性。

参考书目

戴鞍钢：《江浙沪近代经济地理》，上海：华东师范大学出版社，2014 年版。

戴鞍钢：《近代上海与江南：传统经济、文化的变迁》，上海：上海书店出版社，2018 年版。

戴鞍钢：《晚清史》，上海：复旦大学出版社，2020 年版。

上海社会科学院经济研究所、上海市国际贸易学会学术委员会编著：《上海对外贸易　1840—1949（上册）》上海：上海社会科学院出版社，1989 年版。

上海社会科学院经济研究所、上海市国际贸易学会学术委员会编著：《上海对外贸易　1840—1949（下册）》，上海：上海社会科学院出版社，1989 年版。

郑观应著；夏东元编：《郑观应集（下册）》，上海：上海人民出版社，1988 年版。

第十讲

江南的早期工业化

李伯重

本讲的内容主要有三方面，第一是一些重要概念的澄清，第二是江南的早期工业化本身情况，第三是江南早期工业化的命运。

一、一些重要概念的澄清

（一）工业和近代工业

2000多年前，孔夫子的《论语》中有"必也正名乎"[①]一句话。学界对这句话有不同的解释，但多数学者同意这句话的意思是，做一件事，就先要把有关的概念搞清楚，只有清楚了这个概念到底是什么含义，确定了它的内涵和外延，才能够很好地运用知识去解决问题。因此首先要明确的是工业、近代工业、工业化、近代化这些概念。

"近代"，根据国内历史教科书的分类，指1840年到1949年这段时期，1949年以后叫"当代"或者"现代"。但是在国际上，大多数学者说的"近代"和"现代"并没有这样的差别，在英文里，"近代"和"现代"就是一个词modern，涵盖范围比教科书上的说法要更长。本讲讨论的"近代"概念主要是在经济史上的，所以也按照国际惯用的解释。据此，近代工业也就是在近代出现的工业，而不仅仅是西方人来到中国以后才出现的工业。

当然，这就涉及什么叫"工业"。工业化是人类历史上最伟大的历史进程之一，通过工业化整个社会就从传统社会变成了近代社会。中国就是这样，今天中国的经济奇迹，即在40年中把一个落后的农业国变成一个发达的经济体，其主要动力就是工业。可以说工业化就是今天的近代化，在中国也就是现代化。我国的近代化即工业化还没有结束，因此研究中国近代工业化问题仍具有非常大的现实意义。

---

① 程树德：《论语集释》卷二六《子路上》，北京：中华书局，1990年版，第886页。

那么什么叫"工业"？"工"和"业"这两个字在中文里出现很早，但"工业"这个词出现却很晚，是到了 19 世纪后期才出现的。实际上，"工业"的定义是从西方引进来的。如果按照牛津、剑桥的权威字典解释，工业（industry）就是 commercial production and sale of goods，也就是说，是商业性的生产和产品的销售。工业不单是在工厂制作东西，而是从事商业性的生产和销售的行业。另外还有观点认为，工业是 a specific branch of manufacturing tree，意思是制造业的一个分支。

把"工业"定义为用人力把资源转化为货物的商业性生产和销售的行业，这是比较晚近出现的定义，在此之前"工业"一词的含义经历了多次的变化。这个词来源于拉丁文 industria，意思是"为某种目的而进行的勤劳的活动"；后来这个拉丁词发展成古法语词 industrie，其意思是"活动性""能力"和"一种行业和职业"。最早是在 15 世纪后期，这个词从拉丁文被引进英文。1475 年英语中第一次出现了 industry，它还保留着比较古老的意思，和今天的意思有相当大的不同。它指的是技巧、方法、勤劳，还有行业的意思。当时英国是一个农业社会，随着经济不断变化，越来越多的人离开了农业去从事货物生产和商业服务，所以这个词的含义就开始变化，变成有组织的劳动或者经常性的雇佣工作。这个词有了这样的新义，就不单单有原来的技巧、方法、勤劳这些含义。但是勤劳这个意思一直还保留着。所以，"工业"一词在英语里是一个多义词。

因为"工业"一词是多义词，所以在使用这个词时，西方学者在不同的场合，往往采用不同的形式来表达。比如现代工业是使用机器的工业，多用 manufacture（即制造业），因为这是使用机械力和机器设备的工业。另外还有依靠手工技巧的工业，西方学者多用另外一词 craft，即技艺。用技艺来制造东西，而技艺主要是靠手，所以，craft 也写成 handicraft，在中文里为"手艺"。

因此，工业中至少包含两大部分：使用机器大规模生产产品的部分，就是 manufacture；主要用手工制造物品的部分，就是 craft。可见，"工业"并不是一个简单的概念。而只有明确概念，深入研究才成为可能。

在今天，按照最一般的理解，工业就是"采取自然物质资源，制造生产资料、生活资料，或对各种原材料进行加工的生产事业"[①]。只要采取自然的物质资源来制造生产资料、生活资料，或者是对原材料进行加工，都叫工业。这个定义并没有对方法、设备、技术的要求，而是一个广泛的表述。

根据不同的标准，工业包括许多不同的部门。例如，有的部门是用手工生产的，所以叫手艺或者手工业；有的部门生产生活资料，叫轻工业；而生产生产资料的，叫重工

---

① 中国社会科学院语言研究所词典编辑室编：《现代汉语词典》，北京：商务印书馆，2016 年第 7 版，第 449 页。

业。但这些都没有超出上述"采取自然物质资源，制造生产资料、生活资料，或对各种原材料进行加工"的范围，都应属于工业。需要特别指出的是，手工业也属于工业。

在近代以前，也就是说在晚清以前，没有手工业这个词，"工"就是工，并不特别要讲究"手"。因为那个时候绝大多数工业生产活动都是靠手，所以不需要强调这一点。到了 20 世纪，为了强调学习先进的生产技术，建立近代工业，过去的工业是手工操作的，和用机器进行生产的近代工业完全不同，为了进行这种区分，所以创造出手工业这个词。

如果我们认为"近代"就是工业时代，那么"近代"以前的工业应该如何定义呢？法国历史学家布罗代尔是 20 世纪西方最伟大的社会经济史学家之一，他把"近代"以前的工业叫"前工业"。他认为现在理解的工业是近代工业，那么以前的工业就应称为"前工业"。美国学者孟德尔斯认为过去工业很原始，现在的工业才是工业，所以他把以前的工业称为"原始工业"。还有一位美国学者古特曼认为在"近代早期"的工业，不是近代工业，但也不像在更早时期那样完全是靠手工操作，而已经是变得比较复杂了，所以应当叫"早期工业"。对概念的梳理，将有助于进一步的分析。

为什么不用手工业这个概念？我国进入了 19 世纪后期以后，人们总是觉得中国有一个"传统"和"近代"的对立。外来的是"近代"的，中国的是"传统"的；传统的都是不好的，而近代的都是好的。过去中国的工业落后，都是靠手工；外国的工业靠机器，效率高；所以把它们两者截然分开。但实际上，它们彼此之间并没有一个这样的界限。特别是近代早期，复杂的手工操作也要依靠简单机械和机器，也就是说手工业也要在一定程度上依靠机械和机器，这在煤、铁的生产中特别明显。比如使用很大的高炉炼铁，需要各种设备，不是只靠手就可以去操作的。大型高炉需要大型风箱鼓风，需要用料车运送燃料和矿石，需要推动风箱和料车的动力。这种生产活动，和在小作坊里修钟表一类的工作之间，存在很大的差别。这种情况在欧洲很明显。一位经济学家金培尔说，中世纪欧洲经济发展中最重要的因素，就是机械和机器的运用。那时候已经开始运用机械和机器，虽然是在被称为"传统工业"的时代。[1] 另外一位著名的法国学者保罗·芒图认为，机器的出现不是一下子就完成，铁厂和翻砂厂自 16 世纪就开始使用，而且也不是用人力推动，是用水车来推动。[2] 水车推动的机械在中国也早就出现了。现在所说的现代工业也被叫作"大工业"，这种"大工业"的出现时间现在都还不是很明确。"大工业"开始的时候，生产活动中机械和机器用了多少？这更不好确定。所以，使用机器的工业也不一定就是今天理解的"大工业"。

---

[1] ギャンペル，ジ（Gimpell J.）：《中世の産業革命》，东京：岩波书店，1978 年版，第 2 页。
[2] ［法］保尔·芒图：《十八世纪产业革命——英国近代大工业初期的概况》，杨人楩、陈希秦、吴绪译，北京：商务印书馆，1983 年版，第 23 页。

我国从鸦片战争以后，也就是在晚清时期，落后挨打，需要急切地学习西方的科学知识和先进技术。于是一部分先驱者就形成了把"传统"和"近代"对立的观念，认为近代就是好的，传统就是不好的。工业也是这样，所以出现了手工业和近代机器大工业之间的对立。传统的就是落后的，所以手工业必定是落后的；机器大工业就是近代工业，才是先进的。所以只有大力发展近代工业才是对的，至于手工业，就只能让它自生自灭。

但是问题是，手工业是不是就是落后的？是不是就完全是消极的？以前这个问题被忽视了，一直到了改革开放时期，经过反思，才得到改变。所以在改革开放初期，对我国经济发展做出最大贡献的几个方面之一，就是发展了乡镇企业和个体企业。这些企业大多数是靠比较简陋的手工技术起家的，为改革开放积累了资金和人才。其实，就是像日本这样的发达国家，一方面有规模巨大的现代工业集团，另一方面也有难以计数的小企业，许多小企业还是通过手工的方法进行生产。各种企业相互配合，才会形成现代经济体系。

（二）工业化和近代化

弄清了"工业"这个概念，"工业化"的概念就更加容易说明白了。现在说的工业化，是从晚清以来的工业化。大体说来，指的是近代工业化，即大力发展近代工业，使它在国民经济中占有主要地位。在此之前的经济，都是农业占主要地位，而到了工业化时代，则是工业占主要地位。

工业革命是人类历史上最伟大的经济变革之一，也被看作是近代工业化的起点。工业革命就是近代工业化开始的标志，也是把人类历史分开的分水岭，这是诺贝尔经济学奖得主道格拉斯·诺思提出来的。[①] 人类历史有两个阶段，一个是工业化以前的阶段，一个是工业化阶段，分界线就是工业革命。工业革命使人类告别了传统的农业社会，进入了新的工业社会。著名的全球史学者勒芬·斯塔夫罗斯·斯塔夫里阿诺斯在成名之作《全球通史》中就认为工业革命在世界历史上具有头等的重要性，没有任何事件能够和它相比。[②] 这个看法被普遍接受。

近代工业化是从工业革命开始的。一般的看法是从 18 世纪 60 年代开始，到 19 世纪 40 年代左右结束，这是第一次工业革命，发生在英国。但是工业革命不会突然出现，正如任何事情都不会突然出现一样。按照有名的经济史学家卡洛·奇波拉的看法，在欧洲，有了 18 世纪以前 700 年的历史发展，才会有工业革命。[③] 因此，在 18 世纪工业革命以

---

① North，Douglass C. *Structure and Change in Economic History*. 1st ed. New York：Norton，1981. p.158.
② ［美］斯塔夫里阿诺斯：《全球通史——1500 年以后的世界》，吴象婴、梁赤民译，上海：上海社会科学院出版社，1999 年版，第 276 页。
③ Cipolla，Carlo M. *Before the Industrial Revolution：European Society and Economy*，*1000—1700*. 3rd ed. New York：Norton，1994. p.xiii.

前很久，就存在其他某种形式的工业化。工业革命不会凭空发生，一定有个先期的过程，这个过程是什么呢？

古特曼认为欧洲的工业化过程有三个阶段，第一个阶段（15 世纪后期到 16 世纪前期）是城市工业时期，在这个时期，工业主要集中在意大利的威尼斯、热那亚、米兰这些城市。到了第二个阶段（16 世纪中期到 18 世纪中期），工业扩散到农村，而且农村成为工业生产更重要的部分。到了第三个阶段（18 世纪后期，也就是 18 世纪 60 年代左右，到 19 世纪后期），工业又回到城市，变成了机械化的生产。① 欧洲工业化的这三个阶段，第一、第二个阶段都在工业革命之前，特别是第二个阶段，对欧洲的工业革命有重大影响。这段时期的重要性，就是使得工业在经济中的地位越来越重要，甚至超过农业。这是一个重要指标，因为工业化的重要指标，就是工业在经济中占比超过农业，这就是工业化。但是这种工业化又发生在工业革命以前，对这一阶段的命名，学术界也有不同看法。

欧洲一些学者称这段时间的工业化为"工业化之前的工业化"，这读起来是有点拗口。孟德尔斯等学者又提出一个概念，叫"原始工业化"，指的是欧洲许多地区农村家庭手工业生产的重大发展。② 从事手工业生产的农村家庭，大多并未脱离农业生产。农村手工业常常位于城市附近，大多与纺织业有关。生产过程的若干重要部分位于农村，但某些农村工业生产的产品，仍然在城里进行最后加工。不仅如此，城市商人还经常为农村工业生产提供资金，产品分配也总是由城市商人组织进行，并由他们把产品运到远处销售。最后，分散的手工业生产也可以发生在城市。这些学者认为这种形式的工业化就是"原始工业化"，因为虽然是工业化，但是还比较原始。对"原始工业化"的说法国际学界争论了很久，最后大家认为它问题比较多。比如布罗代尔就讲到 15—18 世纪欧洲的工业企业有四种类型，即"家庭手工业作坊""分散的手工工场""集中的制造厂"和"拥有机器设备以及用水和蒸汽为动力的制造厂"。③ 在这个时期，一些工业生产，比如说挖煤、冶铁，哪怕都是用手工，但实际上有很多人在一起工作，还运用了机器设备。使用水和蒸汽作为动力的工厂，其实在工业革命之前的欧洲一些地方就已经有了，比如英国的煤矿，在瓦特之前很久就有很多蒸汽机，但是这些蒸汽机的效率很低，只能用于煤矿抽水。这些企业都是那个时代的工业，不能把它们都说成是农村的家庭工业，所以用"原始工业化"这个词也是不对的。相较而言，古德曼所说的"早期工业"比较合适，所以本讲

① Gutmann, Myron P. *Toward the Modern Economy*: *Early Industry in Europe*, *1500—1800*. 1st ed. Philadelphia: Temple University Press, 1988.

② Mendels, Franklin. Proto-industrialization: The First Phase of the Industrialization Process. *The Journal of Economic History*, 1972（32）: 241—261.

③ ［法］费尔南·布罗代尔：《十五至十八世纪的物质文明、经济与资本主义·第二卷：形形色色的交换》，顾良译，施康强校，北京：生活·读书·新知三联书店，1993 年版，第 311—316 页。

采用"早期工业"这个名称。

二、江南早期工业化的产生

（一）江南的工业

概念澄清之后，就正式进入本讲最重要的内容——江南的早期工业化。什么叫早期工业化？首先要看看江南的早期工业有哪些。这些工业，我在《江南的早期工业化》[①]一书里已经列出来了。如果按照现在的分类法，这些工业分为轻工业和重工业两大类。

在轻工业中，第一位是纺织业，第二位是食品加工业。食品加工有哪些？碾米、榨油、磨面等都属于食品加工业。第三位是服装业，在明清江南，已经有很多地方有许多专业的裁缝为人做衣服。还有日用百货、制造业、烟草加工业。这里要补充的是，明朝后期烟草传入中国之后，很快就有了烟草加工业，而且盈利颇丰。另外，作为中国的文化中心，江南的造纸业和印刷业也很发达。这些就是江南轻工业内的主要行业。

重工业包括以下主要部门：一是工具制造业。制造各种工具，从农具一直到日常用的斧头、锤子这些工具，以及简单的木质机械如纺车、织机等。一是建材工业，江南有大量的房子需要建材。在普遍印象中，过去江南的房子好像都是些茅草、木头的房子，这个看法不能说是错误的。但是如果看看明朝和清朝外国人到中国的游记，就可以发现江南人民住的房子相当好，普通农民住砖房的也很多，更不用说富贵人家的住所了。因此建材产业是一个很大的产业。

还有就是造船业。郑和下西洋的船就是由江南的南京宝船厂所造。郑和下西洋结束之后，南京宝船厂就萧条了，政府也不再去运营。但是江南民间的造船活动还在继续，虽然江南造船业的规模可能不像福建、广东那么大，但是还有相当规模。特别是内河船，建造数量非常大。江南是水乡，1930年调查发现，很多地区几乎每家有一条到两条小船，作为他们的主要交通工具。因此造船也是一个比较大的产业。

为了具体说明，下面选取宝山作为代表。上海附近的宝山，现在是上海市的一个区，过去是松江府下的一个县，和上海县平级。1921年时，宝山县政府请了一批本地的文人来编县志。宝山虽然靠近上海，但是上海的近代工业并没有扩散到那里，所以它的经济形态还是相当传统的。这部《宝山县志》把工业为六大类，每一类下面分为很多小类。除此六大类之外，女工另作一类，因为当时六大类行业的工作是男人做工，但是女人做的工作也很重要，所以单独列为一类。

---

① 李伯重：《江南的早期工业化（1550—1850）（修订版）》，北京：中国人民大学出版社，2010年版。

1.金工之类

冶工（以镕铁制成器物）

铁工（分为二，制工器农具，须经煅钢者，俗称大铁匠；制零星对象，无须煅钢者，俗称小铁匠。此外制刀制铁，亦有专门工匠，制铁者称引线店）

饰工（俗称银匠）

铜锡工（俗称铜匠、锡匠、锡匠）

2.木工之类

大木工（即建造房屋之工）

小木工（即制造桌椅家具之工，俗亦称小木作。此外制滑车及弹槌木杆者曰车木匠，木器上镂刻花纹者曰雕花匠，制农具者曰春作，制桶件者曰圆作。虽各有专业，大抵与小木作类相近）

造船匠（专造摊船、网船）

刻字匠（城市、罗店、江湾皆有之）

3.竹工之类

粗竹工（如搭凉棚、围竹笆之类）

细竹工（如编制筐篮器具、篾地起花之类。此外如扎扣慢筛、钉蛎壳【俗称明瓦作】，亦各成一业）

4.土石工之类

圬工（各处有之，俗称泥水匠）

陶工

窑工

石工（普通建筑所用者，俗称石匠）

坟工

5.革工之类

硝皮作

皮鞋工（各市乡只有皮匠，极微之手工）

6.其他特种工艺

髹工（俗称漆匠）

缝工（有红帮、本帮之分，俗称裁缝，亦称成衣匠。红帮专制洋服，学艺已成者，大都投入上海；本帮则各乡皆有）

染工

拷布工（以棉织机布置石砧上，以木槌击之，使布色光亮，注：虽简捷，亦有

师从传授）

织工（有男工女工之别。另详女工、棉织工厂二目）

藤工

下此者若纸工（扎冥器者，俗称扎纸作）、草工（如城厢一带之织草鞋，真如一带之扎草凳），虽不足称工业而实亦艺之一种

另外是女工，妇女做的工作主要是纺织，特别在乡下，家家都在纺织，先把棉纺成棉纱，然后用来织布，这就是乡村妇女的主要工作。城市女工，很多就是年轻的学刺绣，年长的就做裁缝。

以上是 1921 年时宝山县的情况。在江南各地，都有这样一些常规的部门。除此之外，还有碾米、榨油、酿酒、制盐等部门。这些部门一般生产规模都更大一些，而且使用一些较大的设备。

这里说的江南的"早期工业化"时期，大概就是从明代中期到清代中期。在这段时间，江南的工业发生了什么样的变化？

在整个江南工业中，最大的部分是纺织业，其中一部分是棉织业，另一部分是丝织业。

棉纺织业包括许多工序。棉花成熟后结成棉桃，把棉桃摘下，打开，把中间的棉籽用轧车轧掉，得到皮棉，然后把皮棉弹松，用纺车纺成棉纱。纺纱是一道很重要的工序。中国古人用什么来纺纱？根据现存的汉代画像石拓片和科技史的研究可知，纺织女工使用纺车时，一手摇纱轮，一手拉线头搓捻，同时进行，最后得到一根长纱线。这种纺车，在汉代以来的一两千年中没有什么变化。

一直到 20 世纪 30 年代，红军在南泥湾进行大生产运动，同时在陕甘宁边区开展了生产自救运动。红军战士要纺纱做衣服，他们用的纺车和西汉的纺车差不多，甚至还要更为简陋。到今天为止，在一些边远农村，纺织工人还是需要一手摇纺车，一手搓捻棉纱线，和红军的操作一致。这种纺车用了几千年，没有什么技术变革，效率很低，人力消耗巨大。不过世界上都是如此，不仅是中国。

但是清朝在松江的上海一带，出现了一项重大的技术变革，是一种新的纺车，叫三锭纺车。这种纺车不用手摇，那么纺轮怎么转动呢？有一根杆子连着纺轮和踏板，用脚压踏板，纺轮就转动了，这样，就可以用两只手，同时搓捻三根纱线，所以效率就提高了三倍。产量很高，但人很累。江南的年轻女孩子从小就吃苦耐劳，一般在五六岁就开始学纺纱，经过两三年之后就变成非常熟练的纺纱工了，纺纱速度又快，质量又好。把棉纱拿到织布机上去织布，织出的布质量也很好，所以可以畅销全中国以及全世界。一

直到英国工业革命已经接近完成的时候，英国还大量进口这个地区产的布。为什么？原因很简单：价钱便宜，质量好。

在江南的丝纺织业方面，也出现了一些技术变革。在中国历史上，也是世界历史上，第一次出现用水力推动的纺车，是在元朝王祯的《农书》中记载的"水转大纺车"。这种大纺车可以用来纺麻和纺丝，但不能纺棉，因为当时种植的棉花纤维比较短，不好纺。这个水转大纺车非常重要，英国工业革命时期阿克莱特发明的水力纺纱机，在很大程度上是受"水转大纺车"的启发。[①]这种世界上最早出现的水力纺纱机，在中国后来就不再使用了。但是在清代江南盛产丝绸的湖州一带，又出现了更有效的大纺车。

清代的丝大纺车在结构上比元代的"水转大纺车"有相当大的改进。这些改进包括：首先，车架由长方形体变为梯形体，上狭下阔，因而稳定性更好。其次，锭子的排列由单面变为双面，使得锭子数量随之大大增加。因此元代的大纺车，每台仅有纺锭32枚，明清时则增至50—56枚。再次，上面加上了给湿定形装置（竹壳水槽），使得纱管上卷绕的丝条保持潮湿，提高了丝条张力，防止加捻时脱圈，同时有利于稳定捻度和涤净丝条，从而提高了产品的质量。手摇纺车或脚踏纺车的生产效率与捻丝质量，都远远不及大纺车。在丝织业发达的江南城镇中，丝大纺车一直在使用。清代中期江南使用的丝大纺车（大车），一般有纺锭50枚。每部大车需二车1—2部、小车1—2部、洋车4部配合。

因为技术进步等种种因素，在这一段时期江南的纺织业有巨大的发展。明代后期江南年产棉布大概5000万匹，到了清代中期后增加到1亿匹。江南那么一点人口，生产了那么多布，自己当然用不完，所以大部分是输出到外地。丝绸的情况也一样。范金民教授认为明朝后期，江南每年卖到中国市场上的丝绸，相当于50万匹绢，价值38万两白银。差不多一个半世纪以后，到了19世纪初期，数量增加了1400万匹，价值1500万两白银。[②]也就是说，从匹数来讲增加25倍，价值则增加38倍。

由此可见，在明代中期到清代中期这段时期，江南纺织业发展迅猛，这在中国历史上是非常少有的现象。

（二）纺织业中的组织变化

在这个时期，纺织业发展，不单是技术进步，也不单是投入增多，而且出现了组织变化。前面说到，纺织业是一个生产体系，包括许多工序。在棉纺织业中，首先要轧棉，然后是纺纱、织布，布织出来后要染色、压平，最后去销售。在这个过程中，染色和压

---

① 李伯重：《"楚材晋用"？——元代中国的水转大纺车与18世纪中期英国的阿克莱水力纺纱机》，《历史研究》2002年第1期。
② 范金民、金文：《江南丝绸史研究》，北京：农业出版社，1993年版，第253页。

平两道工序最先出现变化，不再是一家一户去做，而是出现了专业性的染坊和踹坊。因为办染坊和踹坊需要比较多的投资，雇用比较多的工人，所以都是商人开办的，在商人控制之下。

商人建立了布号（也叫字号、布局）等机构，还通过包头制，来控制染坊和踹坊。有很多作坊名义上是独立的，但其实都被包头控制了。棉纺织这两道工序基本上是由个体小生产者独立进行的，但是这并不等于说商人没有介入。在明代江南，向农民收购棉花和布匹，必须通过本地的商业组织——牙行，由牙行居间代为买卖。但牙行只是负责收购，并不干预布匹生产。到了清代，牙行、布号、布商之间的界线模糊起来了。棉布市场的重心，逐步转移到布号。布号将收购来的棉布进行染、踹等加工后，在布匹的"机头"或包装上印上自己的号名（如某某号监制或某某号自制等），然后发卖。

布号对收购上来的皮棉、棉纱和坯布，以及经过加工的成品布，都要进行严格的质检。只有质量检查合格，才打上自己的商标拿去出售。农民既不能去买原料（皮棉），也不能去卖产品，所以他们的生产是在商人控制中。棉布市场竞争非常激烈，商人要在自家的产品上印上自家的商标，不容别人冒用，不然就要打官司。要维护自家商标的名誉，就要进行严格的质量控制。布号把棉花交给农民纺纱织布，交货不是农民想什么时候交就什么时候交，而要按布号规定的时间交，交货时要验货，每一平方米布要有多少根经线，多少根纬线，不能有多少个断头，都要依照规定查验，搞得清清楚楚。原因很简单，如果没有质量保障，这个牌子的布匹就不好销售了。

这样一来，农民的纺织业生产就完全丧失了自己的自主权了。他们必须依照布号的规定，按期完成，按照要求完成。虽然他们在自己家里生产，但是他们已经是在商人控制之下。布号的工作如果做得好的，产品就会成名牌。比方说，在上海郊区的南翔镇，就是因为出产的布经过严格检验，质量特别高，所以被认为是最好的，价格也高。江南商人在这个方面工作做得非常出色。有一个徽州商人姓汪，在苏州办了一个布号叫益美号。这个布号对产品实行严格的质量控制和精细加工，因此成为名牌，一年可以卖200多万匹布，每一匹布可以赚100文铜钱。这个家族企业因为信誉好，所以延续存在了200年。其产品卖到了云南，卖到了蒙古，得到普遍的认可。

一个纺纱织布的农民，到了这一步，就变成了商人布号的附属品。他进行的生产丧失了独立性，让你什么时候做完，你就必须什么时候做完。

在丝织业中，组织变化就更为明显了。因为丝织比棉织更复杂，所以就出现了一种商业组织，叫账房，这是真正的包买商。他们垄断丝织的原料，到桑丝产区购买大量蚕丝，买来之后，一部分送到他们自己经营的大作坊织绸，但更多的是把这些蚕丝分发给和他们订有契约的个体织户,让他们去织。所以个体织户的生产也在账房的控制之下,他们必须按规定时间和规定要求交货。织好的丝绸都是白的,收上来之后要进行染色等加工,之后还要进一步检查,看看有没有什么纰漏。最后,有些产品还要进一步做刺绣等深加工。这样就形成了一个复杂的生产体系。

这种情况在南京最典型(南京、杭州、苏州是三大丝绸生产中心)。在南京,账房是商业资本,把丝织的各道工序都组织起来了:通过发料和收货这一基本形式,把手工作坊、个体劳动者、家庭妇女、小生产者、各种手艺人都置于它的支配之下,变成它的工资劳动者,从而形成一个庞大的工业体系,它本身也就具有产业资本的性质。但是这一切都是在不改变原来的生产方式、不变革原来的生产技术之下悄悄地进行的。

从管理学的角度来说,这种变化意义很大。在此之前的丝织业中,一个个体小织户怎么进行生产呢?他要去市场买丝,织好后送到市场出售。这是一种资源分配的方式,但是效率比较低,而且受市场波动影响比较大。到了账房这种生产体系出来之后,小丝织户不再需要跑市场。账房定期发丝给你,你的产品账房定期来收,然后付给你工钱。给你多少工钱,取决于你的产品是否达到质量标准。这就造成一种很大的节省,并且减少了很多不确定性。

20世纪西方最重要的管理学大师钱德勒说:"在亚当·斯密时代,资源都是通过市场来配置,但是到我们这个时代,通过生产单位和采购、分配单位几方面的行政结合的方法,可以减少或经市场和货源信息所需的时间费用。更重要的是它使得一些货物从一个单位向另外一个单位流动,通过协调来做,不需要再经过更多的过程,所以它会引起很大的节约。"[1] 所以我们可以说明清江南丝织业出现这种变化,是非常重要的。我们过去说的资本主义萌芽,很大程度上就是说这样的状况。

根据上面这些变化,再来看早期工业化。不是说有一个部门或两个部门的发展就可以断言出现了早期工业化。这里,我们通过一个个案研究来看这个问题。这个个案研究就是我自己前些年做的,研究的地区是今天上海的松江区,在过去是松江府的府城所在的华亭、娄县两县。我专门做了一个关于19世纪20年代这个地区的GDP研究。GDP,就是各产业部门创造的增加值。我们过去认为清代中期的江南是一个农业社会,但是在这个地区,农业创造的GDP只占这个地区GDP的30.8%,工业占33.2%,另外还有服务业占36.6%。也就是说,这个地区的工业产值已经超过了农业产值。

---

① Chandler, Alfred D., and American Council of Learned Societies. *The Visible Hand*: *the Managerial Revolution in American Business*. Cambridge: Belknap Press of Harvard University Press, 1977. pp.7—11.

表1　19世纪20年代华亭、娄县各产业部门增加值 [1]

部 门	增加值（万两）	比重（%）
农业与渔业		
农业	400.2	29.6
渔业	16.6	1.2
小计	416.8	30.8
工 业		
第一类行业	54.6	4.0
第二类行业	127	9.4
第三类行业	266.6	19.7
小计	448.2	33.2
服务产业		
商业	172.7	12.8
服务业	27.7	2.1
金融业	48.6	3.6
外贸业	90.7	6.7
水运	25.1	1.9
教育 *	35.8	2.7
政府 **	85.6	6.3
小计	486.2	36.0
总计	1351	100

表2　19世纪20年代华亭、娄县的就业结构 [2]

产业部门		从业人数	分布（%）
农业	种植业与养殖业	68000	26
	渔业	3100	1
	小计	71100	27
工业	第一类行业	13300	5
	第二类行业	113000	43
	第三类行业	22200	8
	小计	148500	56
服务产业	商业	18400	7
	服务业	6600	3
	外贸业	5000	2
	金融业	1200	2

---

[1]　资料来自李伯重：《中国的早期近代经济——1820年代华亭—娄县地区 GDP 研究》，北京：中华书局，2010 年版，第 247 页。

[2]　同上书，第 219 页。

续表

产业部门		从业人数	分布（%）
服务产业	水运业	4300	2
	教育	4000	2
	政府	3800	1
	小计	43300	16
总计		262900	100

下面，从就业结构来看有多少人从事不同产业的生产。在这个地区，从事农业的劳动力只占全地区劳动力的 27%，工业占 56%，服务产业占 16%（服务产业不仅包括政府、军队等，更重要的是包括商业）。这说明了什么呢？农业中的从业人口只占全地区总就业人口的 27%，所以过去把江南说成是农业经济的看法是不对的。工业中的从业人口占 56%，比农业中的从业人员多出一倍，这也就是说，工业变成了这个地区经济的第一大部门。

当然，从事工业生产的人中，有很大一部分是住在农村进行工作，但是不能因为他们住在农村，就把他们的工作看作农业工作，因为他们的工作和农业实际上没有关系。这种情况在棉纺织业中特别明显。明清江南纺织业是很专业的，不像中国其他许多地方，只是在农闲的时候才来做。40 年前有一位英国学者伊懋可，说中国明清一些地区，可能已经"过度工业化"了。[1] 他为什么这样说？因为从英国或者欧洲的历史来看，有那么多人在农村从事工业生产，是不可思议的。他的"过度工业化"这一观点，用于解释清代江南的情况是合理的。

我还把 19 世纪 20 年代的松江和同一时期欧洲最先进、最发达、国家荷兰做了比较，结果很有意思。双方共同的特点，是农业第一产业在 GDP 占比都小于 1/3，其中松江的工业比重高达 33%，而荷兰第三产业比重则高达 46%。荷兰拥有广大的殖民地，有大量的军队，所以第三产业的比重更高。在就业结构方面，情况也差不多，都是农业中的就业人员人数，不到全部就业人员人数的一半。

所以，从这一点来说，以华亭、娄县为代表的江南地区，确实在 1850 年以前已经处于早期工业化过程中了。这和人口分布也是一样的。虽然 60% 的居民还住在农村里，但是其中许多人实际上和农业的关系已经比较松散。

三、江南早期工业化的命运

中国没有出现自己的工业革命，从李约瑟到钱学森，很多大学者都提出这样的问题：为什么中国没有出现自己的工业革命？不管我们怎么热爱自己祖国的历史，也必须承认

---

[1]　Elvin，Mark. *The Pattern of the Chinese past.* London：Eyre Methuen，1973. p.277.

中国的确没有产生自己的工业革命。中国的近代工业化，在很大程度上是鸦片战争以后西方带来的技术和管理制度推动的。但是像工业化这样重大的历史进程，绝不是凭空发生的。

一个国家或者地区能否出现工业化，主要取决于内部的各种条件。外部因素也很重要，过去很多人说西方的工业化，殖民地是关键。殖民地的确很重要，但绝不是关键。西班牙和葡萄牙有广大的殖民地，但是并没有出现工业化。德国在近代兴起时没有多少殖民地，但其工业革命进行得很彻底、很顺利。所以，近代工业化的关键是内部具备的条件。而在内部条件中，最重要的是这个国家或者地区以前经济发展所创造的基础。

不同国家或者地区过去的经济发展创造的基础，都各有特点。所以在各个国家或者地区，工业化能否出现，或者以哪一种形式出现，也没有共同的模式。不过也要看到，在工业化出现比较早的国家或者地区，都有早期工业化的过程，否则工业化不会出现。到了21世纪，世界发生很大改变，有的国家或者地区可能可以绕过早期工业化阶段，但从历史来看，近代工业化出现比较早的国家，都经历了早期工业化的过程。

江南的早期工业化，一方面很成功，比如华亭、娄县地区，在有些方面比荷兰还要成功，而在早期工业化时期，荷兰是欧洲最先进的国家。英国是第一个进入工业时代的国家，工业革命就发生在英国。在此之前，英国也经历了早期工业化过程。和同时期的英国工业结构相比，我们可以看到明清江南工业结构是一种"超轻型结构"，也就是说，轻工业占了绝大部分。而重工业，特别是基础工业，却微不足道。

这个超轻型结构的实质是什么？是节省能源和材料，制作的产品都要节省能源，都要限制材料。由于能源和材料限制，大部分生产单位是小手工业作坊，哪怕是在商人控制下，成为商人生产体系的一部分。为什么？是因为江南工业中最薄弱的部分是基础工业，基础工业中最重要的两项——能源和金属材料的生产，江南都极为欠缺。英国著名经济史学家雷格莱说：一般人认为英国工业革命之所以成功，是由于技术进步和制度变革。这没有错，但还有更重要的一点，是英国出现了能源革命。[①]以前的经济都建立在有机能源的基础上，也就是说，生产需要的动力来自人和动物的肌肉，燃料则来自木材和柴草。以前的经济就是建立在这样的能源基础上的，所以叫有机能源经济。到了工业革命以前的几个世纪，英国开始出现了从有机能源经济向矿物能源经济转变的过程。英国为什么能够成为世界上工业革命最早发生的国家？很多学者认为英国有一个非常特殊的条件，即英国有当时世界上最容易开采和运输的煤。到了18世纪中期，英国每年生产

---

① Wrigley，E.A. *Continuity，Chance and Change：The Character of the Industrial Revolution in England.* Cambridge & New York：Cambridge University Press，1988. p.115.

出来的煤，人均产量比中国 1952 年的人均产量要高很多倍。英国有煤，还有铁矿和其他金属矿，这些资源都在一个小岛上凑齐了，所以可以说是得天独厚。

到了 17 世纪末，一个法国人到英国去旅行。法国人当时看不起英国，认为英国人都是乡下人。这个法国人从英国回到法国后说：英国的铁和煤带来巨大的财富，和当时英国最大的产业——羊毛业——创造的财富不相上下。[①] 有了煤和铁矿石，才能够炼出优质和廉价的铁；有了铁，才能够制造机器。蒸汽机的原理和技术，早在两千年前罗马时代欧洲人就已经知道，而且在之后的一千多年中也不断有人进行实验，但是一直没有用在生产中。只有英国，在 16 世纪末期，也就是工业革命开始前 100 多年开始使用，原因就是英国已经拥有发达的煤铁工业。江南缺乏煤铁资源，没有以煤铁工业为主的重工业，这是江南不能自行产生工业革命的一个很重要的原因，是我在《江南的早期工业化》里所指出的江南工业化的最大局限之一。比方说生产活动中的动力，江南靠什么？还就是靠人和牲畜的肌肉。

鸦片战争之前，江南工业中使用铁很少，不仅因为江南没有铁矿，而且因为缺乏能源。炼铁需要燃料，而江南煤资源匮乏，没有大的煤矿。中国的煤矿主要分布在北方，从距离江南最近的山东枣庄煤矿把煤运到江南，运价就大大超过了煤本身的价值。用这样的煤来炼铁，那就真是得不偿失了。江南也没有铁资源，铁也得从别处运来，而附近省份也都没有铁矿。江南本地有一些木材，但不多，只能做一些小型的船只。中国东部的木材资源并不丰富，到了明朝后期和清朝，东部所需要的大型木材，只能从长江上游的云南、贵州、四川运来，而江南造船所用的大型木材，主要从广东、福建输入。江南工业发展遇到的这些资源的限制，市场也解决不了。因此，江南的早期工业化虽然相当成功，但是不可能发展为近代工业化。

近代工业化出现在欧洲，随着资本主义扩张，传到世界各地。江南是受到西方近代工业化影响最重的地方之一。在当时，中国和其他很多国家都试图复制西方成功的经验，但是绝大部分都失败了。在中国，只有像江南这样的地区发展起来，原因是民间大量新式企业办起来之后，并没有完全照西方的模式去办，而是把中国自己的特点、中国自身的管理方式和西方管理方式结合起来，使用西方的机器和资源，同时采用中国的人工和技巧作为补充，所以成为一个非常成功的例子。

江南到 20 世纪 30 年代，在抗日战争以前，是除日本之外的整个亚洲经济最发达的地区。上海的生活水平和东京不相上下。到了 1949 年，上海工业总产值和职工人数占到了全国的三分之一和四分之一。一直到 1978 年，全国规模以上工业总产值第一的省市

---

① Nef，John Ulric. *The Rise of the British Coal Industry*. London：G.Routledge，1932. pp.171—222.

还是上海，占全国总量的 12.7%。改革开放以后，整个长三角经济起飞速度在全国名列前茅。

这一点，可以从今天的江南即长三角在全国所占的分量看得很清楚。江南的陆地面积连全国陆地面积的 1% 都不到，人口 6% 不到，但 GDP 接近全国 GDP 的五分之一，出口的三分之一，上缴财税的四分之一。也就是说 6% 的人口上缴了全国税收的四分之一。改革开放时期，国家对广东、福建和海南都有优惠政策，对老少边穷地区和东北老工业区等扶持更多。但是为什么很多地区没有得到很好的效果？而为什么江南在这短短的 40 年中经济却取得举世瞩目的成就，人均 GDP 和西方的差距越来越小？这是值得深思的问题。

著名经济学家珀金斯（原哈佛大学经济系主任）说中国经济起飞的基本原因之一，是有"经验和复杂组织制度的累积"。只有这种累积到一定程度时，给予新的条件，才会取得成功。事实上正是如此。上海开埠之后，特别是到了 20 世纪，西方把大量的煤铁运到上海。在抗战前，上海每年输入煤炭达 420 万吨，其中三分之一来自开滦煤矿，三分之一来自澳洲，三分之一来自其他地方，使得江南有了充足的能源供应。同时，西方把大量的生铁、铁条和钢制品输入上海。这样，上海才能建立起在整个亚洲名列第二的近代工业。

近代工业为什么在中国别的地方建立不起来，特别是香港和珠三角也没有建立起来？一个原因是这些地区是没有像江南那样经历了成功的早期工业化。只有经历了成功的早期工业化，建立近代工业的努力才能够得到回报。改革开放后江南的进一步成功，也是因为有这样的历史基础。

最后我要引用德国伟大诗人歌德的话，他说："我认为但丁伟大，但是他背后几乎是一种文明。罗斯柴尔德家族富有，但那是经过不止一代人努力才经历起来的财富，这些事实全部隐藏得比我们想象的要深。"但丁，是意大利文艺复兴的代表人物，是伟大的诗人；罗斯柴尔德是欧洲著名的犹太人金融家族，其中在英国的银行家内森·罗斯柴尔德是 19 世纪整个西方世界最富有的人。但是，他们的成功是多少代人的努力积累下来的结果。由此而言，江南后来的成功，也就是江南早期工业化的最重要的影响。

参考书目

范金民：《江南社会经济史研究入门》，上海：复旦大学出版社，2012 年版。

范金民、金文：《江南丝绸史研究》，北京：农业出版社，1993 年版。

李伯重：《江南的早期工业化（1550—1850）（修订版）》，北京：中国人民大学出版社，2010 年版。

李伯重：《中国的早期近代经济——1820 年代华亭—娄县地区 GDP 研究》，北京：中华书局，2010

年版。

文一：《伟大的中国工业革命："发展政治经济学"一般原理批判纲要》，北京：清华大学出版社，2016 年版。

《中国地方志集成·上海府县志辑》第 9 册，上海：上海书店出版社，1991 年版。

［法］费尔南·布罗代尔：《十五至十八世纪的物质文明、经济与资本主义·第二卷：形形色色的交换》，顾良译，施康强校，北京：生活·读书·新知三联书店，1993 年版。

［法］保尔·芒图：《十八世纪产业革命——英国近代大工业初期的概况》，杨人楩、陈希秦、吴绪译，北京：商务印书馆，1983 年版。

［美］道格拉斯·C. 诺思：《经济史中的结构与变迁》，陈郁、罗华平等译，上海：生活·读书·新知三联书店，上海：上海人民出版社，1994 年版。

［美］斯塔夫里阿诺斯：《全球通史——1500 年以后的世界》，吴象婴、梁赤民译，上海：上海社会科学院出版社，1999 年版。

［英］伊懋可：《大象的退却：一部中国环境史》，梅雪芹、毛利霞、王玉山译，南京：江苏人民出版社，2014 年版。

ギャンペル，ジ（Gimpell J.）：《中世の産業革命》，東京：岩波書店，1978 年版。

Chandler, Alfred D., and American Council of Learned Societies. *The Visible Hand: the Managerial Revolution in American Business*. Cambridge: Belknap Press of Harvard University Press, 1977.

Cipolla, Carlo M. *Before the Industrial Revolution: European Society and Economy, 1000—1700*. 3rd ed. New York: Norton, 1994.

Elvin, Mark. *The Pattern of the Chinese past*. London: Eyre Methuen, 1973.

Gutmann, Myron P. *Toward the Modern Economy: Early Industry in Europe, 1500—1800*. 1st ed. Philadelphia: Temple University Press, 1988.

Nef, John Ulric. *The Rise of the British Coal Industry*. London: G.Routledge, 1932.

North, Douglass C. *Structure and Change in Economic History*. 1st ed. New York: Norton, 1981.

Wrigley, E.A. *Continuity, Chance and Change: The Character of the Industrial Revolution in England*. Cambridge & New York: Cambridge University Press, 1988.

第十一讲

江南教育与科第文化

陈　江

衡量、评估一个国家、一个民族、一个地区的整体发展水平，究竟应该采用什么标准?

1990年，联合国开发计划署（UNDP）提出了"人类发展指数"（HDI, Human Development Index）这个概念，并以此作为衡量联合国各成员国经济社会发展水平的指标，认为这一指标较传统的"国民生产总值"（GNP）和"国内生产总值"（GDP）这类指标更合理，更准确。而所谓的"人类发展指数"，即以"预期寿命、教育水准和生活质量"三项基础变量，按照一定的计算方法，得出的综合指标。可见，"教育水准"的地位和作用是不言而喻的。

此后，学术界包括历史学界，在研究某个国家、民族或地区时，也开始引入"人类发展指数"这一衡量标准，对特定国家、民族或地区社会、经济、文化的发展水平进行评估。所以，进行江南区域史研究，包括江南文化研究，考察其教育水准与科第文化无疑是一个极为重要的方面。

江南文化作为一种独具特色的区域性文化类型，我个人认为，酝酿于西周至秦汉，肇始成型于六朝至北宋，鼎盛于南宋至清代前期，近代以来开始转型。就江南的教育与科第文化而言，也在南宋至清代前期臻于鼎盛。其间，尤以明代最为典型，其繁荣发达伴随着高度的规范化、制度化，并展现出鲜明的地域文化特色。限于课程篇幅，本讲主要以明代的状况作为例证进行讲解。

一、江南的官学

所谓"官学"，就是由官方举办和管理的教育机构以及相应的教育制度。中国古代的"官学"可溯源至先秦时期，《孟子·滕文公上》所说"夏曰校，殷曰序，周曰庠，学则三代共之"①，校、序、庠，就是夏、商、周时期的官办学校。据文献记载，西周官学已初步建立学制系统，分国学与乡学两类；国学为中央官学，其中又分为大学、小学两级；乡学则为地方官学。西汉武帝时，官学已经具有比较健全的机构和制度，中央官学的主体是"太学"，郡、国、县等设有地方官学。

隋唐以来，官方确立的教育与考试制度，主要目的在于选拔官吏。相关的制度在明代更加规范化。《明史·选举志》明确记载："选举之法，大略有四：曰学校，曰科目，曰荐举，曰铨选。学校以教育之，科目以登进之，荐举以旁招之，铨选以布列之，天下人才尽于是矣。明制，科目为盛，卿相皆由此出，学校则储才以应科目者也。其径由学校通籍者，亦科目之亚也，外此则杂流矣。"②

明代的官学也分中央官学和地方官学两类，中央官学为国子监，地方官学为府、州、县学。

（一）国子监

《明史·选举志》称："科举必由学校，而学校起家可不由科举。学校有二：曰国学，曰府、州、县学。府、州、县学诸生入国学者，乃可得官，不入者不能得也。"③

1365年，朱元璋在应天设立国子学，洪武十五年（1382年）改名国子监。洪武八年至二十六年，又曾在凤阳建中都国子监。

永乐元年（1403年），朱棣在北京建国子监。永乐十八年迁都北京后，北京国子监改名京师国子监；原京师国子监改名南京国子监。自此，明代国子监有南北之分，江南地区的南京国子监在整个明代始终存在。

南京国子监建于南京鸡鸣山下，民国时期的考试院即建立在南京国子监的遗址之上。查阅洪武年间编纂的《京城图志》，志书中绘制了南京国子监的内部图像，再依据遗址的布局分析，可知，其右侧原为国子监文庙，左侧为国子监学堂。这与唐代以来"庙学合一"的惯例是相吻合的。

国子监设长官祭酒一人，佐官司业一人，下属有监丞、博士、助教、学正、学录等。

凡入国子监读书者，通称监生，其出身可分官生、民生两大类。其入学途径有举监（举人坐监）、贡监（生员贡入）、荫监（品官子弟恩荫入监）、例监（捐赀入监）。贡监又有岁贡、选贡、恩贡、纳贡之分。

国子监内依照学业进阶由高至低分为率性、修道、诚心、正义、崇志、广业六堂。

监生可通过科举考试，或监内学业考试，获得官职。

---

① ［清］焦循：《孟子正义》卷十《滕文公上》，沈文倬点校，北京：中华书局，1987年版，第343页。
② ［清］张廷玉等：《明史》卷六九，北京：中华书局，1974年版，第1675页。
③ 同上。

洪武、永乐时国子监最盛，最多几近万人。

值得一提的是，宋代以来，"万般皆下品，唯有读书高"的观念盛行，江南一带尤甚，社会上声望最高的是"缙绅之家"。所以，稍有地位和家产的人家都希望子弟能勤奋读书，获得功名。王世贞《觚不觚录》记载："诸生中乡荐与举子中会试者，郡县则必送捷报，以红绫为旗，金书立竿以扬之。"[1] 有子弟贡入国子监的人家，也常常在门前竖起旗杆，彰显自己是有功名的"书香门第"，其间，也不乏以捐纳方式获得监生资格的。江南殷富之家甚多，例监、纳贡的也比其他地方多一些，这在明代的史料笔记以及"三言两拍"等小说中皆有所反映。

（二）府、州、县学

洪武二年（1369 年）朱元璋下诏，在全国范围内建立府、州、县学（明代军事上实行卫所制度，英宗时又下令：全国凡设武卫之处，皆设卫学，选优秀的武官与军士子弟入学）。

府学设教授一人，训导四人；州学设学正一人，训导三人；县学设教谕一人，训导二人。

所有学子未入学之前通称童生，经官方考试择优入学后，称为生员。全祖望《鲒埼亭集·明初学校贡举事宜记》记载："府、州、县学生员，责任守令于民间俊秀及官员子弟选充，守令亲身相视，必人材挺拔，容貌整齐，自年十五以上，已读《论语》《孟子》四书者乃得预选。在内监察御史，在外按察使行部，到日，一一相视，有不成材者黜退，更择人补之。"[2] 明代中期又设立专门的提学官，管理各地学政。

生员名额一般府学 40 人，州学 30 人，县学 20 人。宣德以后，两京府学增 60 人，在外府学增 40 人，州学增 30 人，县学增 20 人。最初生员皆由官府提供食米，随着生员不断增多，于是有廪膳生员、增广生员、附学生员之分，新入学者均属附学生员。

生员入学后，除四书外，专治一经，以礼、乐、射、御、书、数设科分教，并研习官场规则、文书格式之类，务求实才。学习期间，经岁考、科考，学业优异者，或通过岁贡成为国子监生，或取得乡试资格，应考举人。

若入学十年，学无所成，或有大过失，须送吏部充吏，追夺廪米。正统以后，又有变更，犯事重者，充作儒学膳夫、斋夫，满日为民，追夺廪米；犯事轻者充吏，不追廪米。再后来，诸项处罚性规定多不严格执行。

各地府、州、县学既有共性，也有一定的地方特点，总体而言，其办学条件和办学

---

[1] ［明］王世贞：《觚不觚录》，北京：中华书局，1985 年版，第 12 页。

[2] ［清］全祖望：《鲒埼亭集·外编》卷二二《明初学校贡举事宜记》，载《全祖望集汇校集注》（中），朱铸禹汇校集注，上海：上海古籍出版社，2000 年版，第 1151—1152 页。

水平，与当地经济、社会、文化的发展水平相吻合。江南地区经济繁荣，又推崇文教，热衷科举，因此地方官学的建设很受重视。王锜《寓圃杂记》记载苏州学校的盛况，称："吾苏学宫，制度宏壮，为天下第一。人才辈出，岁夺魁首。近来尤尚古文，非他郡可及。"[①] 叶梦珠《阅世编》称赞上海的学校："吾生之初，学校最盛。即如上海一学，……廪、增、附生，共约六百五十余名。……是以少年子弟，援笔成文者，立登庠序。一时家弦户诵，县试童子不下二三千人，彬彬乎文教称极隆焉。"[②] 现存的嘉定孔庙即为明清嘉定县学的所在地，其规模、建制等都十分可观。

二、江南的私学

（一）民间私塾

除官学之外，各类非官方的教育形式皆属民间私学。处于童生阶段的启蒙教育，包括为进入府、州、县学而进行的应试教育，主要由遍布城乡的私塾、家馆等承担。

民间私学的授受过程虽无一定之规，但中国古代长期传承的教育方式至明代已相当成熟，因而从学生入学拜师到授课的内容与程式，都形成一些固定的规范。

江南地区自宋元以来，文教臻于繁荣，勤学苦读之风盛行。

北宋朱长文《吴郡图经续记·风俗》即称："自本朝承平，民被德泽，垂髫之儿皆知翰墨，戴白之老不识戈矛。"[③]

明代归有光《震川先生集·送王汝康会试序》称："吴为人材渊薮，文字之盛，甲于天下。其人耻为他业，自髫龄以上皆能诵习，举子应主司之试，居庠校中，有白首不自已者。江以南其俗皆然。"[④]

嘉庆《松江府志》卷五《风俗》记载："田野小民生理裁足，皆知以教子孙读书为事。"[⑤]

万历《杭州府志》卷十九《风俗》记载："里巷诗书，户不绝声。"[⑥]

上述记载在江南地方志和时人文集中可谓比比皆是。包括海外人士，到过江南的，也对当地崇尚文教的风气印象深刻。如 15 世纪末，朝鲜人崔溥来华，途经江南，其《漂

① ［明］王锜：《寓圃杂记》卷五《苏学之盛》，载［明］王锜、于慎行《寓圃杂记·谷山笔麈》，张德信、吕景琳点校，北京：中华书局，1984 年版，第 42 页。

② ［清］叶梦珠：《阅世编》卷二，来新夏点校，上海：上海古籍出版社，1981 年版，第 26 页。

③ ［宋］朱长文：《吴郡图经续记·风俗》，金菊林校点，南京：江苏古籍出版社，1999 年版，第 10 页。

④ ［明］归有光：《震川先生集》卷九《送王汝康会试序》，周本淳校点，上海：上海古籍出版社，2007 年版，第 191 页。

⑤ 嘉庆《松江府志》卷五《风俗》，载《中国方志丛书·华中地方》第 10 号，台北：成文出版社，1970 年版，第 166 页。

⑥ 万历《杭州府志》卷一九《风俗》，载《明代方志选（五）》，台北：台湾学生书局，1965 年版，第 344 页。

海录》记载："江南人以读书为业，虽里闾童稚及津夫、水夫皆识文字。"[①]因此，江南一带的私塾、家馆等也极为普遍。江南殷富之家颇多，往往以高薪延聘名士宿儒为师，教授家族子弟。著名学者谢应芳元末明初避地吴中，"吴人争延致为弟子师"[②]。著名文人王行"淹贯经史百家言。……富人沈万三延之家塾，每文成，酬白金镒计"[③]。大体而言，江南地区塾师的整体学养较好，因此，童生中学有所成的也比较多。

私塾启蒙学习从识字开始，主要的教科书有《百家姓》《千字文》《孝经》《大学》《中庸》《论语》《孟子》《千家诗》《神童诗》等，由浅入深，次第学习。童生中虽极少数能进府、州、县学，但大部分少年儿童经过启蒙学习，确实能为以后从事各行各业奠定较好的文化基础。

（二）私家书院

书院是中国古代儒家学者用以讲学的场所，属于非官学的私人教育机构。据记载，书院的创建始于唐朝玄宗时官办的丽正书院，唐代以后，由儒家学者兴办私家书院成为主流。宋元时期，书院臻于兴盛，北宋有所谓的"四大书院"，即河南商丘的应天书院、湖南长沙的岳麓书院、江西九江的白鹿洞书院、河南登封的嵩阳书院（也有人以湖南衡阳的石鼓书院取代嵩阳书院）。南宋朱熹则为书院确立了相应的制度与规范。

明代，书院的发展一波三折。明初因朝廷力推官学而一度沉寂。成化、弘治年间开始复振，至嘉靖前期达到顶峰。嘉靖中期，朝廷下令禁毁，发展势头受阻。万历前期又遭多次禁毁，后期稍有恢复，至天启时，再遭禁毁，此后一蹶不振。清代的书院皆受官方控制，主旨也改为专研科举考试，与宋元时期可以自由讲学的书院已迥然有别。

明代的书院若论自由讲学之风，显然不如宋代，但书院数量之多，分布之广，则远远超过前代。

明代书院的总数及分区数量，目前尚无公认的准确数据。邓洪波《中国书院史》曾综合多家之说，就明代书院数量做过一些统计，可供参考。

学界关于"江南"的地域概念并不统一，比较认同的"经济江南"概念，一般指苏州、松江、常州、杭州、嘉兴、湖州、镇江、应天（江宁）八府。"文化江南"的概念，其地域范围较大，一般包含上述八府及其周边地区，边界的划定也作弹性化处理。以今天的政区划分看，应包括上海的全部，江苏、浙江的大部分，以及安徽、江西的一部分地区。

① ［李朝］崔溥：《漂海录》，葛振家点注，北京：社会科学文献出版社，1992年版，第194页。
② ［清］张廷玉等：《明史》卷二八二《谢应芳传》，北京：中华书局，1974年版，第7224页。
③ 同上书，卷二八五《王行传》，第7330页。

依据邓洪波的明代书院分省统计表①中的"最新统计数"，全国范围内，有明一代新建和重建的书院数量为1699所。其中，江苏66所，上海5所，安徽99所，浙江199所，江西287所，五地合计656所，约占全国总数的38.6%。如果从"文化江南"的地域范围看，江南书院的数量估计占全国总数的近30%。这一数据大致反映了江南地区书院的发展状况。更为重要的是，对《明儒学案》所载学者进行统计，约三分之二出生或主要活动在江南一带，可以想见，江南书院的活跃度应该高于其他地区。

书院属于高层次的讲学机构，故不同于启蒙性的一般民间学堂，教学授课也没有正式官学中的严格规定。五代以来，书院的主持人习称山长，多由著名学者出任，但书院中并无固定的师生，教学过程往往只是学者间的学术讲座，甚至只是学者间的学术研讨，有志于学者可前往或辗转于自己心仪的书院求学、讲习，所以著名书院常有全国各地慕名而来的学人。

书院的传统以讲论儒学为主，但晚明学者多在讲学中兼论时政，参与了当时的政治活动。典型的事例为顾宪成、高攀龙等人主持的无锡东林书院。据说由顾宪成撰写的著名对联"风声雨声读书声，声声入耳；家事国事天下事，事事关心"，现今依旧悬挂在东林书院的"依庸堂"内。东林学者引发了后来的党社运动，对晚明的政治、经济、社会、文化都有深刻的影响。

三、通俗读物与妇孺教育

饶有家产的缙绅之家子弟有更多的机会接受更优质、更高层次的教育，自不待言。而普通人家的孩童以及广大的妇女，就没有那么幸运了。但是，从社会整体的"教育水准"考量，一般状况下的妇孺教育尤值得重视。

总体而言，能进入地方官学的学子毕竟是极少数，有机会接受私塾教育的也为数有限，普通人家子弟，有志于学，大多只能在家庭内部，由长辈指点，认字写字，或通过自学，粗通文墨。尤其是各个年龄段的女性，在"男尊女卑""女子无才便是德"的观念制约下，几无可能通过学堂接受比较正规的教育。若想读书写字，增长见识，进而知书达礼，相夫教子，往往也唯有家内学习一途。

家内学习，包括自学，多采用《三字经》《百家姓》《千字文》等童蒙教本，女孩更有《闺范》《妇德》等女学著作。此外，还有居家事类、日用百科之类的生活常识读本，以及话本、词曲等通俗文艺读物。

《明史·王行传》记载："王行，字止仲，吴县人。幼随父依卖药徐翁家，徐媪好听

---

① 邓洪波：《中国书院史（增订版）》，武汉：武汉大学出版社，2013年版，第141页。

稗官小说，行日记数本，为媪诵之。媪喜，言于翁，授以《论语》，明日悉成诵。翁大异之，俾尽读家所有书，遂淹贯经史百家言。未弱冠，谢去，授徒齐门，名士咸与交。"①

张岱《夜航船序》称："天下学问，惟夜航船中最难对付。盖村夫俗子，其学问皆预先备办，如瀛洲十八学士，云台二十八将之类，稍差其姓名，辄掩口笑之。……余姚风俗，后生小子，无不读书，及至二十无成，然后习为手艺。故凡百工贱业，其《性理》《纲鉴》，皆全部烂熟，偶问及一事，则人名、官爵、年号、地方枚举之，未尝少错。"②

其中，"瀛洲十八学士"为唐初之事。李世民当秦王时在长安建"文学馆"，收罗贤才，当时有杜如晦、房玄龄、于志宁、苏世长、姚思廉、薛收、褚亮、陆德明、孔颖达、李玄道、李守素、虞世南、蔡允恭、颜相时、许敬宗、薛元敬、盖文达、苏勖等十八人，常与李世民谈论政事，时称"十八学士"。而被李世民选入文学馆的，被称为"登瀛洲"，故有"瀛洲十八学士"之说。

"云台二十八将"是东汉初年之事。汉光武帝刘秀在一统天下、重建汉室政权的过程中，其麾下勇猛善战、功劳最大的有二十八员大将。汉明帝在洛阳南宫云台阁命人画了二十八位大将的画像，故称"云台二十八将"。

"瀛洲十八学士""云台二十八将"之类的故事，后世流传甚广，往往见之于话本小说、戏剧曲艺等，张岱所说的"村夫俗子"，很大可能是通过各类通俗读物知晓此类历史故事，而不太可能是研习正史的结果。

上海嘉定城东有一处被称为宣家坟的墓葬群，20世纪60年代，在一个明代墓穴中出土了一批作为随葬品的古书，经鉴定，为成化年间刊印的说唱词话。据推断，墓主人是嘉定士人宣昶之妻。宣昶早年授经乡里，成化时经乡荐走上仕途，曾任西安府同知，死后与妻皆葬于嘉定城东。

可见，江南人家子弟在进入官、私学堂，接受正规的儒学教育前，启蒙阶段的各类教本中，浅显易懂、为人喜闻乐见的话本小说、曲艺戏剧等占有不小的比重。稍有家产和文化的人家，家中女性也多喜欢阅读各类通俗文艺作品。平心而论，专研儒家经典，经过各级考试，由生员、举人考中进士的，毕竟凤毛麟角。普通人家子弟后来绝大多数从事各类生业，包括众多家内女性，他们读书写字的能力和基本的文化知识，可能更多地得益于各类通俗读物，而非儒家经典。

诸多事例都证明，明代江南地区妇孺教育的水准是比较高的。尽管绝大多数普通人家的子弟，没有机会进官学深造、应科举考试，只能从事"百工贱业"，但他们的文化知

---

① ［清］张廷玉等：《明史》卷二八五《王行传》，北京：中华书局，1974年版，第7330页。
② ［明］张岱：《琅嬛文集》卷一《夜航船序》，栾保群点校，杭州：浙江古籍出版社，2013年版，第27—28页。

识则大大提高了所生产的各类商品的文化附加值，许多日用器物在实用性之外，还具有一定的文化内涵和艺术观赏价值。江南地区较高的教育水准还促进了文化类商品的生产与消费。明代中后期，江南著书、刻书、藏书的风气极盛，图书市场十分繁荣。

表 1　明代通俗小说出版数量及地区分布表

时　期	福建	江浙	其他地区	地区不详
嘉靖至隆庆	5 种	1 种	3 种	0 种
万历至泰昌	26 种	2 种	4 种	1 种
天启至弘光	6 种	52 种	3 种	6 种

江南人家对各类通俗文艺作品的需求促进了这类图书的出版，尤其是晚明，随着各种历史条件的变化，这一趋势非常明显。于是，通俗读物与教育水准之间成为互相促进的关系。（表 1 依据陈大康《明代小说史》的数据制作）

就江南的妇女而言，也多以知书达礼著称，以致皇帝选宫女也喜欢选江南女子。明太祖时曾数次选苏、杭女子入宫。英宗时又命太监至江南选女官，其原因是"向来宫掖充满，俱系北产，不谙文理，故命江南选择，不独取其美丽，亦以慧黠堪给事左右也"①。江南女子中酷爱诗文的，还有不少成为著名的闺阁诗人，钱谦益《列朝诗集小传》记载女诗人 122 位，其中至少有 60 位生活在江南八府。

在明代江南地区的妇孺教育中，各类通俗文艺读物不仅在读书识字、知晓事理，提升基本的文化知识方面起了重要作用，而且还对人们的思想意识、品行节操具有一定影响。

有学者统计，明代中后期出版并流行于江南一带的话本、拟话本小说中，传统的灵怪、说经、公案、侠义等作品大大减少，而描写男女恋情、城乡现实生活的作品不断增加，还出现不少涉及时政的小说，如题名吴越草莽臣的《魏忠贤小说斥奸书》，题名西湖义士的《皇明中兴圣烈传》，皆属揭露、鞭挞魏忠贤劣迹，颂扬东林党人的作品。

王应奎《柳南续笔》记载："明季东林诸贤，批鳞捋须，百折不回，取次拜杖阙下，血肉狼藉，而甘之如饴。其气节颇与东汉党锢诸人相似，一时遂成风俗。其时有儿童嬉戏，或据地互相痛扑，至于委顿，曰：'须自幼炼钢筋铁骨，他时立朝，好做个忠臣也。'闻者莫不笑之。然而流风所被，鼓动振拔，儿童犹知兴起，廉顽立懦，其效不可睹乎？"②

当时的青楼女子虽处于社会底层，却爱与崇尚气节的文人士大夫往来，东林遗士、

---

① ［明］沈德符：《万历野获编》补遗卷一《宫闱·采女官》，北京：中华书局，1959 年版，第 80 页。
② ［清］王应奎：《柳南续笔》卷三《东林气节》，载《柳南随笔·续笔》，王彬、严英俊点校，北京：中华书局，1983 年版，第 175 页。

复社名流等皆成为其贵客，而恶名远扬的阉党权贵则往往被拒之门外，顾彩《桃花扇序》称："胜国晚年，虽妇人女子亦知向往东林。"①

四、进士数量与地域分布

明清时期，考入地方官学，成绩优异，再赴乡试、会试、殿试三级科举考试，考中进士，被视为最正、最佳的入仕途径。

洪武三年（1370年），朱元璋颁行《科举条格》，确立有关科考的一系列规定，明朝科考于此开始。其后一度中断。洪武十五年，朱元璋再次下诏，恢复科举。十七年，礼部颁行《科举程式》，自此，三年一次的科举考试以及相关的规定成为定制。

宋元以来，各地经济、文化发展的不平衡态势愈益明显，江南地区在诸多方面占有优势，因而文教发达、人才济济。但明朝诸帝多对江南士人怀有一定偏见，于是在录取进士时，在地域分布上予以控制。

洪武三十年（1397年）会试发生"南北榜"事件。原先录取的都是南方人，朱元璋认为有弊，尽黜南人，全取北人，并重罪涉事考官，或被杀，或被流放，下场很惨。

宣德时确定会试南北卷，规定进士录取的名额为南人十之六，北人十之四。

正统年间，又将取士名额分为南、北、中卷。

> 南卷：南直隶的大部分，包括应天及苏、松诸府，以及浙江、江西、福建、湖广、广东。
> 北卷：北直隶诸府，以及山东、山西、河南、陕西。
> 中卷：四川、广西、云南、贵州，南直隶的庐州、凤阳、安庆三府，以及滁、徐、和三州。
> 取士比例为：南55%，北35%，中10%。

正统之后，虽有微调，但大致维持了上述的分卷比例。

科考的分卷制是明朝皇帝着重于政治考量的结果，若就科考本身客观的评价标准而言，显然对文教高度发达、学子文化素养普遍较高的江南地区很不公平。

（一）进士数量

尽管有种种限制，但一地进士的数量还是可以反映当地的文教水平。江南的科第之盛经常为人交口称赞，"科第往往取先天下，名臣硕儒亦多发迹于斯""今代科目之设，惟

---

① ［清］顾彩：《桃花扇序》，载［清］孔尚任《桃花扇》，李宝民点校，上海：上海古籍出版社，2016年版，第1页。

吴越为最盛""高科登显仕者，后先相望""科甲蝉联鹊起，文风甲于天下"，诸如此类的颂扬之词，在明清各类文献中可谓比比皆是。

范金民《明清江南进士数量、地域分布及其特色分析》[①]一文，据《明清进士题名碑录》等资料进行统计、分析，给出一些结论。在此，就明代的情况做些介绍。

整个明代共录取进士24866人，其中江南八府考中进士的，共3864人，占总数的15.54%。也就是说明代每7位进士中，即有1位以上来自江南。这一数据还是依据八府的较小范围统计的，还有取士分卷的限制。如果从"文化江南"的较大范围看，并且取消南、北、中卷的限制，江南学子考取进士的比例肯定高得多。

江南进士的科考名次似乎更能说明问题。明代共89位状元，出自江南八府的有21位，占总数近四分之一。

从状元、榜眼、探花及会元的人数看，南直隶和浙江占了将近一半。

（二）地域分布

"江南"是个较大的地理概念，就江南进士的地域分布而言，并不平衡。

明代，江南八府进士的分府人数以及占江南进士总数的比例如下：

苏州1025人，26.53%；松江424人，10.97%；常州636人，16.46%；镇江187人，4.84%；应天357人，9.24%；杭州477人，12.34%；嘉兴471人，12.19%；湖州287人，7.43%。

占总数10%以上的有五府，依次为苏州、常州、杭州、嘉兴、松江。

上述状况与各府版图大小、人口多寡等有关，但也与经济比较繁荣、文化世家相对集中等因素相关。

五、士大夫群体的文化成就

江南考取举人以上功名或经荐举等途径出任官职的士大夫，数量众多，这一群体对江南文化的鼎盛和中华文化的发展都做出了杰出的贡献。现就以下数项略作介绍。

（一）文学创作的中坚力量

明代主要的文学流派如前七子、后七子、唐宋派等，都有江南士大夫的身影，先后活跃在文坛上的诗文大家有徐祯卿、顾璘、吴宽、王鏊、田汝成、唐顺之、归有光、王

---

① 范金民：《明清江南进士数量、地域分布及其特色分析》，《南京大学学报（哲学·人文科学·社会科学版）》1997年第2期。

世贞、茅坤、胡友信、焦竑、张溥、张采、钱谦益等，他们都是明代文学创作的中坚力量，在文学史上具有一定影响力。

其中，明代名臣、文学家王鏊可谓江南进士中的代表性人物。王鏊，字济之，吴县（今江苏苏州）人，成化进士，正德时出任户部尚书、内阁学士。因不满刘瑾弄权，辞官返乡。去世后深得世人称赞，王守仁赞其为"完人"，唐寅赠联称其"海内文章第一，山中宰相无双"。

此外，不少文士还参与了通俗文艺的创作，如编纂话本小说的冯梦龙、凌濛初，撰作戏曲的王世贞、梁辰鱼、沈璟等，都在文化史上产生了很大影响。

（二）书画艺术的领军人物

中国的书画艺术在明代出现诸多新的变化，当时在书坛、画坛上执牛耳的几乎都是江南人士。画史上的"明四家"都生活在苏州，沈周虽为布衣，却是遐迩闻名的文士，唐寅曾考得应天乡试第一名，文徵明曾受荐举，任翰林待诏，文徵明的子孙和学生在功名仕宦和书画艺术上不乏杰出人才，由此成为吴门画派和吴门书派的中坚。文徵明的曾孙文震孟于天启时考中状元，崇祯时任内阁学士，以擅长书法著称。

晚明书画的巨擘首推董其昌，为松江华亭（今上海市）人，万历进士，官至南京礼部尚书。以他为代表的华亭画派，以及他在画史上倡导的"南北宗论"，在当时和后世都有极大影响。他的书法与文徵明齐名，都是明代首屈一指的大家。

（三）图书、文物事业的振兴之功

中国图书事业源远流长，但历代的天灾人祸对古籍造成巨大损害。江南的士大夫群体在收藏、保护前代珍本图书，刊印、传播文化要籍等方面，都做出了突出贡献。

古代文物的收藏与研究在宋代形成所谓的"金石学"。明代江南地区的文人士大夫进一步兴起古代文物的鉴藏之风，范围涉及铜器、玉器、瓷器、字画等。于是，鉴藏、研究文物成为江南文士精神享受的一个重要组成部分。这一风气不仅有助于文物的收藏、欣赏和保护，也促进了文物本身的研究，包括真伪鉴定、年代判断、价值评估等，在江南文人士大夫的推动下，都有长足进步。

（四）对生活文化的创新与开拓

明代尤其是明代中后期，鉴于政治、经济、社会、文化等诸多因素的变化，江南的文人士大夫比较普遍地追求一种亦仕亦隐、悠闲自适的生活情趣。他们标榜清高，刻意提升了日常生活中的文化含量，期盼以一种品味清幽高雅、充满文化意趣、高度艺术化的生活方式，与他们眼中的"粗鄙低俗"之辈相抗衡。这种特殊的生活追求在园林、书斋、茶寮等去处，以及相应的活动方式上，表现得尤为明显。江南文人士大夫的这种追求，为中国传统的生活文化增添了新的内容，他们的身体力行对后人产生了深远的影响。

六、结语

从区域性社会文化的角度进行评估与研究，地方教育的水准无疑是一个上佳的考察窗口，因此现今已越来越受到学界的重视。就教育与科第文化这个专题中所涉及的几个方面，可以充分而清晰地说明，南宋以来，随着江南文化臻于鼎盛，江南地区教育的整体水平已在全国范围内名列前茅。即以明代为例，地方官学的兴盛和民间私学的普及，推进了科第文化的发展，江南进士的数量以及状元、榜眼、探花、会元的比例，皆令世人瞩目。而江南庞大的文人士大夫群体在文化上的杰出建树，也在历史上产生了深远的影响。更值得关注的是，江南的文教氛围使普通人家的妇女、儿童接受教育的广泛程度与知书识字的平均水平，明显高于其他地区。考察江南社会文化的整体演进，普通民众的教育水准以及由此形成的显性与隐性的历史作用，应该是不可或缺的组成部分。

参考文献

〔宋〕朱长文：《吴郡图经续记》，金菊林校点，南京：江苏古籍出版社，1999 年版。

〔明〕归有光：《震川先生集》，周本淳校点，上海：上海古籍出版社，2007 年版。

〔明〕礼部纂修、〔明〕陈沂：《洪武京城图志·金陵古今图考》，欧阳摩一点校，南京：南京出版社，2006 年版。

〔明〕沈德符：《万历野获编》，北京：中华书局，1959 年版。

〔明〕王锜、于慎行：《寓圃杂记·谷山笔麈》，张德信、吕景琳点校，北京：中华书局，1984 年版。

〔明〕王世贞：《觚不觚录》，北京：中华书局，1985 年版。

〔明〕张岱：《琅嬛文集》，栾保群点校，杭州：浙江古籍出版社，2013 年版。

万历《杭州府志》，载《明代方志选（五）》，台北：台湾学生书局，1965 年版。

〔清〕焦循：《孟子正义》，沈文倬点校，北京：中华书局，1987 年版。

〔清〕孔尚任：《桃花扇》，李宝民点校，上海：上海古籍出版社，2016 年版。

〔清〕全祖望：《全祖望集汇校集注》，朱铸禹汇校集注，上海：上海古籍出版社，2000 年版。

〔清〕王应奎：《柳南随笔·续笔》，王彬、严英俊点校，北京：中华书局，1983 年版。

〔清〕叶梦珠：《阅世编》，来新夏点校，上海：上海古籍出版社，1981 年版。

〔清〕张廷玉等：《明史》，北京：中华书局，1974 年版。

嘉庆《松江府志》，载《中国方志丛书·华中地方》第 10 号，台北：成文出版社，1970 年版。

陈大康：《明代小说史》，北京：人民文学出版社，2007 年版。

邓洪波：《中国书院史（增订版）》，武汉：武汉大学出版社，2013 年版。

〔李朝〕崔溥：《漂海录》，葛振家点注，北京：社会科学文献出版社，1992 年版。

第十二讲

古代江南的宗教

严耀中

一、江南和宗教合成的语境：代表着地域与文化之关联

江南，其指向有着不同的概念，比较常见的是指明清时期的江苏南部和浙江全省，也就是春秋时吴、越两国的核心地带。如果范围稍微扩大些，也包括皖南和江西。

关于宗教的定义有很多种，但少不了两个特征：（1）系具有组织形式的意识形态；（2）以指导人的生死命运为宗旨。所以凡有集体崇拜及执事者，就已经可称为宗教，则在河姆渡文化等新石器时代的遗址里就看得出有宗教之存在。

人类早期的宗教受到生存环境的影响很大，不同的生活条件所形成的习俗与观念是构成地方宗教特色的基本因素。

江南水乡的自然条件对社会经济的影响在不同的时段所显示的利弊不一，对习俗与宗教来说亦是如此。至少在六朝之前，水乡泽国与多变气候，使生产更多地依靠自然赐予，即如《汉书·地理志》所说，"江南地广，或火耕火耨。民食鱼稻，以渔猎山伐为业，果蓏蠃蛤，食物常足"①，其民俗"信巫鬼，重淫祀"②是与此分不开的。如此，江南多地方崇拜，也为后来的宗教发展培育了肥沃的土壤，直到唐宋时还因"吴俗畏鬼，每州县必有城隍神"③，土地神则更普及。

江南的主要区域沿江沿海，舟楫之便利于人员和信息的流通，陈寅恪先生指出："海滨为不同文化接触最先之地。"④ 如"江表传曰：时有道士于吉，先寓居东方，往来吴会，

---

① ［汉］班固：《汉书》卷二八下《地理志》，北京：中华书局，1962 年版，第 1666 页。

② 同上。

③ ［宋］李昉等编：《太平广记》卷三〇三，北京：中华书局，1961 年版，第 2400 页。

④ 陈寅恪：《天师道与滨海地域之关系》，载《陈寅恪集：金明馆丛稿初编》，北京：生活·读书·新知三联书店，2011 年版，第 45 页。

立精舍，烧香读道书，制作符水以治病，吴会人多事之"①。这些以《太平青领书》为代表的道书将追求长生与太平世界结合起来，成为道教形成与黄巾起事的思想资源。又如现存最早的佛教典籍《四十二章经》《牟子理惑论》《安般守意经》等都是率先在江南流播的，已知最早的佛教造像也都分布于长江流域。这些应该亦与本地文化习俗里偏好怪、力、乱、神相关。需要指出的是，江南地域和宗教的一些特殊关系是一直贯穿于整个历史时期。以密教为例，其与天台宗的结合要早于金刚智等"开元三大士"之来华，所形成的"台密"在日本成了最主要的宗教流派之一；在五代和元代，江南都是密教最发达的地区之一，著名的上海静安寺在五代就是一所密教道场。

二、六朝时期宗教兴盛及其特色之形成

在以专制集权为政治传统的地方，体制危机给宗教的发展创造了条件。自东汉中叶开始，一方面，随着经学之僵化，朝廷渐渐失去对社会思想与道德之把控。另一方面，宦官和外戚互斗及随之爆发的党锢之祸使政权撕裂，丧失人心。以张角兄弟为首的道教势力与宦官集团里应外合，密谋起事。如《后汉书·皇甫嵩传》载"中常侍封谞、徐奉等为内应"②，且位列"十常侍"的张让"等实多与张角交通"③。这说明与黄巾合谋不是某个宦官的个人行为而是宦官势力的整体行为。当时宦官势倾天下，两者之内外勾结，从宦官方面来说，大概是为了在社会中吸取力量以对抗外戚和党人之联合，很多宦官出身于社会基层，有着此种想法也是很自然的。从张角方面来说，掌握权势的宦官为内应有利于实现苍天变黄天的政权变更。黄巾起事能够四方一时俱起，"旬日之间，天下响应，京师震动"④，是和利用统治集团内部分裂紧密相关的。对道教来说，虽然黄巾起事遭遇失败，在六朝却成了一股不可忽视的社会力量。这主要表现在两个方面：第一，一度产生了汉中张鲁、蜀地成汉等以道教徒为主干的割据政权，它们和江左的道教互通声气；第二，魏晋时兴起的门阀大多成了道教世家，包括琅邪王氏等一流高门，这种情况在江左门阀政治的年代里，当然使道教在社会上处于十分优越的地位。

佛教在江南的旺盛比道教慢了一步，主要因为它是外来宗教。对夷狄文化抱有警惕性和优越感的中原政权，给了它很多限制。如自汉至西晋都禁止汉人出家，"西晋以上，国有严科，不许中国之人，辄行髡发之事"⑤，这当然也因为出家为佛教僧侣是和儒家伦理

---

① ［晋］陈寿：《三国志》卷四六《孙破虏讨逆传》，北京：中华书局，1959 年版，第 1110 页。

② ［宋］范晔撰；［唐］李贤等注：《后汉书》卷七一《皇甫嵩传》，北京：中华书局，1965 年版，第 2299—2300 页。

③ 同上书，卷七八《宦者列传》，第 2535 页。

④ 同上书，卷七一《皇甫嵩传》，第 2300 页。

⑤ ［后晋］刘昫等：《旧唐书》卷七九《傅奕传》，北京：中华书局，1975 年版，第 2916 页。

相矛盾的，结果是使"（西）晋人略无奉佛，沙门徒众皆是诸胡"[①]。但永嘉之变后司马政权南渡，使正统的专制皇权受到了很大的削弱，进入了权分多头的门阀时代，对民众和宗教的控制都不得不放松，大量汉人信奉佛教，遍地修建寺院，"南朝四百八十寺"并非是过分的形容。佛教在江南的发展有后来居上之势，主要有三个原因：一是佛教在来华之前就是很成熟的宗教，云游中国的梵僧们有着吸引信徒和发展僧团的充分经验，一旦禁令松弛难行，他们便大有用武之地；二是对普通民众来说，佛教因果轮回之说比道教的长生追求更有吸引力；三是佛学的理论深度和拥有逻辑及阐释解析的说服力要远胜于当时的道教与儒家，使得崇尚知识追求的士大夫们大为折服，其中不少人不由自主地成了佛教的信徒。外来的文化，尤其是宗教，要在华土站住脚跟，没有取得士大夫阶层的多数认同，是不行的。佛教做到了，所以它成了近代之前唯一在中国得到发展并成为传统文化之一的外来意识形态。

鉴于上述第三点对佛教在江南发展和宗教特色之形成关系重大，所以需要进一步展开。西晋末年，逃离大难的士族精英纷纷南下，随同他们的是魏晋盛行的玄谈之风。魏晋玄学的最主要内容是探讨名教与自然的关系问题，在永嘉之变之前其实已经有了"将无同"的结果，即得到了以自然为名教张本的统一。东晋在政治上继承正统地位的同时，玄谈的风气也得到了延续，从而和北方的学风有了显著的差别。魏晋玄谈对老庄之学一大发展就是论证了"无"即是"道"，道生万物转换成无中生有。但无论是道还是无，如何生成现有之万物，成为玄谈要深入下去的一大难题。适逢其时，来到江左的高僧们如竺法汰、帛尸梨密多罗、支道林、释慧远、僧伽提婆等宣扬的是大乘般若学，"圣人本无，故《般若》谈空"[②]，即以因缘和合论阐明色空相即系现象世界本源之说。这种理论有些类似现代科学里由基本粒子通过原子到分子再合成五彩缤纷的现象世界的过程，即我们及周围一切实际上是基本粒子的各种组合而已。英国爱丁堡大学教授希格斯在1964年提出"希格斯机制"，即宇宙大爆炸最初，所有粒子都没有质量，也就是说我们的宇宙在某一时段是有"物"而无"质"的。在佛教般若学中将类似情况称为"空"，把现象万物组合而存在称为"色"，故尔色的本质是空，所呈现之"物"仅是组合过程中显露之形象。但没有现象就谈不上本质，这就是所谓"色即是空、空即是色"。东晋的高僧们巧妙地把"无"作为"空"的代名词，并用来解释道生万物或无中生有，引发了名士们极大的兴趣与敬佩之情，形成了"时江左文士，多兴法会，每集名僧，连宵法集"[③]的风气。

---

① ［梁］僧祐：《弘明集》卷一二《桓玄与王令书论道人应敬王事》，载《大正新修大藏经》第52册，河北省佛教协会，2005年版，第81c页。

② 汤用彤：《汉魏两晋南北朝佛教史》，北京：商务印书馆，2017年版，第379页。

③ ［唐］道宣：《续高僧传》卷三〇《释立身传》，载《大正新修大藏经》第50册，河北省佛教协会，2005年版，第704a页。

稍后，以竺道生为代表的涅槃学又流行起来，此学所主张的佛性论能够很方便地借来说明人性之本善，也受到欢迎。"齐梁文人多好佛"[①]，高僧与江左的名士们在玄谈中打成一片，不仅使佛教在当时的社会高层里能够深深地扎下根来，也由此形成了六朝佛教义理化的特色。

六朝佛教注重义学的倾向带动了当时的道教。作为土生土长的宗教，道教几乎囊括了中国所有传统的宗教意识和习俗，但与已具有高度系统性、理论性的佛教相比仍有明显差距。东晋葛洪所著《抱朴子》既是集神仙思想及修法之大成，又注入了道德观念的作用，与《太平经》相比更立足于个体的修为，宗教色彩更浓厚。南朝的陆修静和陶弘景不仅"吸收佛教的仪式，编成新的道教斋戒仪范"，而且撰有很多理论著作，以"吸收儒、佛两家的思想，充实道教的内容"[②]，比如"晋代以后的道教，承袭了全部佛教的地狱建制"[③]。当时出现的很多道经从形式到内容都与佛经很相似，这样一来，在六朝期间的江南，道教基本上实现了义理化和系统化。

六朝宗教的义理化使其在意识形态层面上高于当时的北方宗教，这些具有更高水准的宗教理论当然会对后世佛教与道教产生更大的影响，所以也在唐长孺、牟发松先生的隋唐"南朝化"学说里成了不可或缺的一个方面。

三、宗教与政治——以剖析梁武帝崇佛入手

随着佛学在玄谈中展示奥义，无形之中开拓了与包括帝室在内的江左统治上层结合之路。如《世说新语·方正篇》说竺法深"昔尝与元明二帝、王（坦）庾（冰）二公周旋"[④]，《高逸沙门传》补充说："晋元、明二帝，游心玄虚，托情道味，以宾友礼待法师。王公、庾公倾心侧席，好同臭味也。"[⑤]此后南朝凡是成年的皇帝也都信奉佛教，其中最突出的是梁武帝萧衍。

梁武帝之信奉佛教，颇有些出格的举动，曾数次舍身寺院为奴。因梁朝在这个开国皇帝自己手中灭亡，故有不少人把他的崇佛当作梁亡的主要原因，可是这与史实根本不符。众所周知，侯景之乱是梁朝崩溃的直接原因，但这场动乱与佛教没有关系。梁武帝之接纳侯景，种下祸根，是因为他抱着儒家大一统的理念。其实梁武帝本人是个儒学大

---

① ［清］钱大昕：《十驾斋养新录》卷十六"范缜神灭论"条，杨勇军整理，上海：上海书店出版社，2011 年版，第 329 页。

② 卿希泰：《中国道教思想史纲》（第一卷），成都：四川人民出版社，1980 年版，第 290—291 页。

③ ［澳］柳存仁：《道教史探源》，北京：北京大学出版社，2000 年版，第 179 页。

④ ［南朝宋］刘义庆著；［南朝梁］刘孝标注：《世说新语笺疏》卷中之上《方正》，余嘉锡笺疏，北京：中华书局，2007 年版，第 382—383 页。

⑤ 同上。

家，也极力提倡儒家思想。《梁书·武帝纪论》说他："少而笃学，洞达儒玄。虽万机多务，犹卷不辍手，燃烛侧光，常至戊夜。造《制旨孝经义》，《周易讲疏》，及六十四卦、二《系》、《文言》、《序卦》等义，《乐社义》，《毛诗答问》，《春秋答问》，《尚书大义》，《中庸讲疏》，《孔子正言》，《老子讲疏》，凡二百余卷，并正先儒之迷，开古圣之旨。王侯朝臣皆奉表质疑，高祖皆为解释。修饰国学，增广生员，立五馆，置《五经》博士。"①梁朝实施的制度与政策之出发点，都是照着儒家思路确定的，看不到有什么佛教的影响。如果要说当时社会矛盾尖锐，一个很重要的因素是对王公贵族腐败的宽容，尤其是对皇室子弟的放纵。或许梁武帝认为刘宋与南齐政权之瓦解的重要原因是皇室成员的自相残杀，所以他要实行儒家亲亲之爱来反其道而行之，"枝戚属连，咸被任遇"②。但矫枉过正造成的后果则是过犹不及，侯景叛乱的起因与成功的关键，都是梁武帝对其侄萧渊明、萧正德的溺爱。可见梁朝灭亡是梁武帝曲解儒家观念而影响政策的错误所致，但历代掌握着话语权的人都具有儒者之身份，所以多把佛教挑出来充当梁朝灭亡的替罪羊。

佛教虽然在后来被说成是梁亡的罪因，但当时人并不如此认为，继梁之后陈朝的几个皇帝依然大力崇佛，陈武帝、陈后主等更是学着梁武帝多次舍身。东晋南朝的统治者为何一以贯之地信佛崇佛？愚见以为主要有两大原因。第一，佛教与江左统治者的冲突点少而互利面广，如统计表明，梁朝僧尼只占总人口的五十七分之一，在北齐、北周则合占十分之一③。这至少是灭佛都发生在北朝的原因之一。而六朝社会基层的反抗中几乎看不到和佛教相关的因素。宗教活动由官方主导，可以最大程度地减弱彼此之间的矛盾，这恐怕也是梁武帝及其他南朝皇帝要大张旗鼓地举办佛事活动的动机之一。第二，前面讲过，佛教在江左最成功之处是获得了士族的理解和支持。北方由于民族矛盾，汉士族在统治阶级里只有次等的地位，实行门阀政治的只是在东晋南朝。尽管后来门阀的政治权力减弱了，但在社会意识里世族身份依旧至高无上，所以南朝的皇帝们出身次门的要挤进高门，属于寒族的要变成士族。由于门阀的一大标志在于文化水准，而佛学已经代表着当时最深奥的学问，所以也就成了最高统治者们提高自己声望的一条通道。

自南齐起，兰陵萧氏的族人就在这方面下了功夫，梁武帝是其中深有造诣者，成了当时顶尖的佛学家。史称他"兼笃信正法，尤长释典，制《涅槃》《大品》《净名》《三慧》诸经义记，复数百卷。听览余闲，即于重云殿及同泰寺讲说，名僧硕学，四部听众，常万余人"④。兰陵萧氏后来成为不亚于王谢的一流高门，萧氏家族成员对佛学的贡献应该是

① ［唐］姚思廉：《梁书》卷三《武帝下》，北京：中华书局，1973 年版，第 96 页。
② ［唐］姚思廉：《梁书》卷二四《萧景传》，北京：中华书局，1973 年版，第 373 页。
③ 牛贵琥：《论梁武帝之亡国并非由于佞佛》，《五台山研究》1990 年第 4 期。
④ ［唐］姚思廉：《梁书》卷三《武帝下》，北京：中华书局，1973 年版，第 96 页。

原因之一。此后出身寒微的陈朝皇室更是效法萧氏与梁武帝，《续高僧传》称："先是梁武宗崇《大论》，兼玩《成实》。学人声望，从风归靡。陈武好异前朝，广流《大品》，尤敦《三论》。"[①] 这似乎可以视作陈武帝企图通过倡导佛学的新流派来提升陈氏的文化品位与地位。由于佛教受到数朝帝室之推重，从东晋到南朝，包括琅邪王氏、陈郡谢氏等世族纷纷转而信奉佛教。东晋末孙恩、卢循利用道教组织起事，过程中却杀了不少担任官职的信奉道教的士人，对士族主流信仰的转变起了推波助澜的作用。可以说江左的南朝是道教社会势力开始弱于佛教的转折期。

四、宗教与江南经济同步发展

宗教信仰着重服务于解决人们关于生死命运的困惑和焦虑。穷人想改变苦命，富人的欲望也同样没有止境；反之遭受苦难之人不想活下去时，权贵们却希望上天保佑他长生不老、世代富贵。所以社会动乱时宗教盛行，社会繁荣时宗教也同样兴旺，古今中外的事实就是如此。更重要的是，宗教的发达少不了经济的支撑，因为寺庙道观的修建，法事之举办，神职人员的供养，甚至经籍的抄刻流传，无不需要大量的财力物力。这方面的供给越丰富，宗教的规模和影响也就越大。这好比现今电信行业里的硬件与软件，如果说宗教的思想精神犹如软件，经济状况即如硬件，缺少了后者，宗教也难成气候。

从东晋开始江南的经济发展走上了快车道，最主要的原因在于大量的北方移民迁入。谭其骧先生指出："晋永嘉之丧乱，致北方平均凡八人之中，有一人迁徙南土；迁徙之结果，遂使南朝所辖疆域内，其民六之五为本土旧民，六之一为北方侨民是也。"[②] 其中，江南是最大的移民输入地域，而且这些多以集群形式迁入的移民普遍素质很高，既有下层的生产能手，也有上层的文化精英和行政管理人才，因此大大促进了江南社会经济文化之发展。当时宗教之发达繁荣，和不断强大起来的物质基础有着重要的关联。

在隋唐时期，由于政治经济中心都在北方，宗教发展的重心也自然而然地落地于所谓关（中）、洛（阳）地区，江南地区的宗教只是随着潮起潮落而已。对教徒们来说略可告慰的是，尽管宗教的发展可能慢一些，但遭受唐武宗、周世宗等灭法影响也会轻一些，如湖州地区保存下来的唐与五代的陀罗尼经幢就要比其他地方多。又如上海松江的唐代陀罗尼经幢，是同类经幢里第三个作为国家级的文物保护对象，在艺术史和佛教史上都有很高的研究价值。

---

① ［唐］道宣：《续高僧传》卷一《释法泰传》，载《大正新修大藏经》第 50 册，河北省佛教协会，2005 年版，第 431a 页。

② 谭其骧：《晋永嘉丧乱后之民族迁徙》，载《长水集》（上），北京：人民出版社，1987 年版，第 220 页。

至少从唐晚期起，经济重心开始南移，江南渐渐成为全国最发达的基本经济区。对于这一波的江南经济大发展，学者有很多讨论。如张家驹先生指出：两浙"是两宋经济最发达的地区，南渡后随着经济、政治重心的南移，文化重心也移至南部，人物的兴起，更加占着绝对的优势"①。对宗教来说，这意味着四个有利的基础性条件。一是人口不断增加，有了更多潜在的信徒资源。二是社会民众相对富裕，越来越多的江南农民家庭成了自给自足的小农单位，这意味着他们在衣食温饱之余总会有一些时间或钱物来参与宗教活动，更不用说一些在经济发展中得利的富家了。如宋时的天竺光明会，"递年浙江诸富家舍钱作会，烧大烛数条如柱，大小烛一二千条，香纸不计数目"②。三是宗教需要流通才能广为传播，在江南经济的发展中，商品经济的比重愈来愈大，即意味着社会流通量之增大，这和宗教发展的方向是一致的。如商品经济发展到包含三百六十行时，对财神和各色行业神之需求也必定随之大增。四是在中国古代，经济发展带动文化繁荣，但并没有和所谓反宗教的科学观念连带起来，仅仅是刻印经籍更为方便和低廉，读书人虽以儒学为主业，但也多了与各种宗教思想内容接触的机会。一个明显的事实是，在宋元明清文人所作的海量诗文里，使用宗教观念与词语的情况变得极为普遍，更不用说话本小说一类的作品了。

在多重因素的交叉作用下，江南的佛教与道教，乃至各类地方崇拜都枝繁叶茂，遍地开花。拿当时社会影响最大的佛教来说，唐宋以降佛教的主流是禅宗与净土宗，而江南则是它们发展的重地。如宋代禅宗的所谓"五山十刹"，除福州的雪峰山崇圣寺，其余十四所著名寺院都位于苏南和浙江。南宋高僧"宗杲的禅思想变成了禅学的主流"。③净土宗的五祖少康、六祖延寿、七祖省常、八祖莲池、九祖智旭、十祖行策等统统是江南人。另据《佛祖统纪·净土立教志》所载净土高僧传记中，只有20个人来自山西，20个人来自陕西，但有129个人来自浙江，24个人来自江苏。④还有一个很能够说明问题的例子是，一向以北方为大本营的华严宗，在唐武宗灭佛后一度衰落，而它在北宋开始的"中兴"却是在江南。当时杭州慧因寺因为拥有全国最多的华严学僧而"被视为中兴华严宗的基地"，该寺的住持净源（1011—1088年）则"被称为宋代华严宗的'中兴教主'"。⑤净源的重要事迹之一就是收罗、整理和刊发了大量的华严学经籍，这与江南有着良好的经济文化基础是分不开的。与华严宗的情况类似，当时的唯识学和天台学等都

① 张家驹：《两宋经济重心的南移》，武汉：湖北人民出版社，1957年版，第153页。
② ［宋］孟元老：《西湖老人繁胜录》，载［宋］孟元老等《东京梦华录·都城纪胜·西湖老人繁胜录·梦粱录·武林旧事》，北京：中国商业出版社，1982年版，第10页。
③ 杜继文、魏道儒：《中国禅宗通史》，南京：江苏人民出版社，2008年版，第475页。
④ ［宋］志磐：《佛祖统纪校注》卷二七至二九，释道法校注，上海：上海古籍出版社，2012年版，第533—644页。
⑤ 魏道儒：《中国华严宗通史》，南京：凤凰出版社，2008年版，第225页。

在江南有了一定程度的复兴。在因禅教兼通而被称为"明代佛教四大家"中，袾宏是杭州人，真可是吴江人，智旭是吴县人，德清是金陵人（一说是全椒），而他们的主要活动区域全在江南，所以说明代佛教的重心是在江南，应该没有问题。至于清代的佛教虽然在义学上没有可称道之处，但郭朋先生认为叙述清朝佛教只要提及两位"堪称新贵的禅僧"就足够了[①]。其中一位是湖州报恩寺住持通琇，另一位是宁波天童寺住持道忞，可见江南的僧界领袖在当时就是代表全国佛教的头面人物。

作为全国性的道教，在地域影响的对比上江南也是稳居首位。据《宋会要辑稿》对北宋真宗天禧五年（1021 年）之统计，全国共有道士 19606 人、女冠 731 人，而属于江南东、西两道（今之苏南大半、皖南、江西）的道士、女冠共 3557 人，两浙为 2547 人，两者相合的人数占了全国的近三分之一。到了南宋，杭州成为京都，江南地域在道教中的重要性更不言而喻。这种情况大体上一直延续到明清。

特别需要指出的是从宋元开始，一些被指为"邪教"的民间宗教流派，如白云宗、明教、白莲教、罗教等都把江南作为它们的重要活动区域。其中白云宗、明教等并非起源于江南，后来却以江南为其传教重地，应该也和江南的日益富饶繁华相关。

五、走向融合的宗教形态

社会政治一统化的体制势必促成域内宗教之融合，这是唐宋以降全国宗教一致的趋向。而至少自唐后期起，江南的经济文化逐渐走到全国领先的位置，所以在宗教融合方面也由此得风气之先或成为典型。

按照中国的主流传统观念，宗教存在的主要价值在于为社会政治服务。或许佛教在进入中国之初就明白了这一点，因此最早在江南流播的佛教文献《牟子理惑论》等就已经宣扬儒佛一致，开了佛教附和儒家之先河。类似的观点后来在江南被不断地强调，故尔王治心先生就此指出："这些都是六朝三教同源的意见。这种意见，影响于后世也非常之大。"[②]

在既有政治体制的作用下，三教同一、以儒为主的格局愈来愈明显，最晚到了唐代中后期则成为定局。其中最突出的标志即是佛教和道教都把儒家的伦理道德作为教徒的最高行为准则，置于本教的戒条之上。这也为儒家士大夫兼信佛教或道教扫清了思想障碍。以对佛教态度为例，即使是批判最有力的儒学大家，也只是为了杜绝佛教在政治上的不良影响，并非全盘否定，而是依然保持着一定的关系。就江南而言，从宋代的朱熹

---

① 郭朋：《明清佛教》，福州：福建人民出版社，1982 年版，第 322 页。
② 王治心：《中国宗教思想史大纲》，上海：生活·读书·新知三联书店，1988 年版，第 118 页。

到清代的钱大昕，实际上皆以大儒的身份对佛教保持着若即若离的态度。以他们为代表的正统儒者除了对佛教做过一些批评外，至少有着三方面的积极关系。其一，寺院是他们常去的场所，他们和一些高僧友好往来，往往还有诗文酬答。南宋时杭州的明庆寺、广化院等皆"系群臣僚佐建启圣节道场及祈祷去处"①。他们对亲友中的信佛者更不会因此而变成敌对。其二，他们对佛教的一些道德主张表示认同，对一些信佛者的品行进行称赞。社会道德主要由生活习惯中形成的公德和统治意识形态主导下的行为准则所合成。儒家所肯定的佛教在这方面的功能一是佛教轮回报应等说有助于公德之巩固，二是一些佛徒对儒家道德之身体力行。其三，他们都阅读过数量不少的佛教典籍，因此在实际上也接受了佛教思想观点之影响，至今已有很多论著于此做了证明。可以说自两宋起，在江南恐怕很难找出一个持极端态度、全盘反佛的儒家学者。如此一来，也就意味着几乎所有儒家士大夫都程度不等地接纳了佛教，而对于道教，本来就没有文化上的间隔。可以说，自宋至清的千余年间，在社会文化的层面上，所谓三教已经被一体化了。

与此相关，江南一如全国，自宋之后，尤其到了明清，不计其数且林林总总的各色地方崇拜基本上都归属于佛、道两家门下。宗教性聚众场所的管理人不是道士便是僧人，地方信仰中的各种神祇少数被佛教接纳为护法神，多数则被贴上了道教的标签，包括各地的城隍与土地。如此一来，道教作为宗教的意识形态虽然与佛教相比差距越来越大，但由于神多势众，也颇能和佛教分庭抗礼。应该指出的是，这种地方信仰被纳入全国性宗教的趋势和近世诸朝专制集权体制的加强有一定的关联。国家的一统，是需要行政管理和道德价值的一致性之加强，这中间也有宗教的参与。

参考书目

［汉］班固：《汉书》，北京：中华书局，1962 年版。

［晋］陈寿：《三国志》，北京：中华书局，1959 年版。

［宋］范晔撰；［唐］李贤等注：《后汉书》，北京：中华书局，1965 年版。

［南朝宋］刘义庆著；［南朝梁］刘孝标注：《世说新语笺疏》，余嘉锡笺疏，北京：中华书局，2007 年版。

［梁］僧祐：《弘明集》，载《大正新修大藏经》第 52 册，河北省佛教协会，2005 年版。

［唐］道宣：《续高僧传》，载《大正新修大藏经》第 50 册，河北省佛教协会，2005 年版。

［唐］姚思廉：《梁书》，北京：中华书局，1973 年版。

［后晋］刘昫等：《旧唐书》，北京：中华书局，1975 年版。

［宋］李昉等编：《太平广记》，北京：中华书局，1961 年版。

---

① ［宋］吴自牧：《梦粱录》，杭州：浙江人民出版社，1980 年版，第 137 页。

［宋］孟元老等：《东京梦华录·都城纪胜·西湖老人繁胜录·梦粱录·武林旧事》，北京：中国商业出版社，1982 年版。

［宋］吴自牧：《梦粱录》，杭州：浙江人民出版社，1980 年版。

［宋］志磐：《佛祖统纪校注》，释道法校注，上海：上海古籍出版社，2012 年版。

［清］钱大昕：《十驾斋养新录》，杨勇军整理，上海：上海书店出版社，2011 年版。

陈寅恪：《陈寅恪集：金明馆丛稿初编》，北京：生活·读书·新知三联书店，2011 年版。

杜继文、魏道儒：《中国禅宗通史》，南京：江苏人民出版社，2008 年版。

郭朋：《明清佛教》，福州：福建人民出版社，1982 年版。

卿希泰：《中国道教思想史纲》（第一卷），成都：四川人民出版社，1980 年版。

谭其骧：《长水集》（上），北京：人民出版社，1987 年版。

谭其骧主编：《中国历史地图集》，北京：中国地图出版社，1987 年版。

汤用彤：《汉魏两晋南北朝佛教史》，北京：商务印书馆，2017 年版。

唐长孺：《魏晋南北朝隋唐史三论》，北京：中华书局，2011 年版。

王治心：《中国宗教思想史大纲》，上海：生活·读书·新知三联书店，1988 年版。

魏道儒：《中国华严宗通史》，南京：凤凰出版社，2008 年版。

张家驹：《两宋经济重心的南移》，武汉：湖北人民出版社，1957 年版。

［澳］柳存仁：《道教史探源》，北京：北京大学出版社，2000 年版。

第十三讲

秦汉六朝江南的政治文化

李 磊

在中国历史论域中,"南—北"话语常常被用以言说中国内部的差异性。然而,与在经验领域的表述有效性不同,这一话语一旦上升到阐释中国历史道路的知性层面,便会为具体的历史情境所消解。因此,当我们试图延续并转化"南—北"话语之时,澄清历史语境便成为一项筑基性的工作。在这项工作中,观察南北分立与统合的过程,又成为探索江南政治文化的重要知识前提。

一、"东西""南北"关系变动中的南方政权

按照通行的观念,秦岭—淮河一线被看作是南北的地理分界线。在新石器时代,这条线以南地区产生过不逊于华北的文明,如长江下游的河姆渡—良渚文化、长江中游的屈家岭文化等。但在进入王朝时期以后,南方诸地不再以与北方相侔的姿态出现在史籍中,直至两周时期楚国的崛起。但楚国之于"南—北"关系甚为微妙。西周时期,楚国一度成为周天子统治秩序的南土之患,周昭王南征死于汉水。春秋之世,齐桓、晋文皆以压制楚国为其霸业之基。在北方的周天子及其诸侯的立场中,楚国成为其必须克服的势力。这反向说明了南方政治体的强大,及对中华文明的参与。

待到战国中期秦国因变法而强,此前的"南—北"地缘政治架构演变为"东—西"关系,楚国成为关东诸侯之一,楚怀王一度出任关东诸国的合纵长。因而秦楚关系并非"南—北"关系,而是"东—西"关系。随着楚失郢都东迁之后,西周、春秋时代的"南—北"问题演化为"西北—东南"问题。秦汉之际,以关中为根据地的刘邦与以江东为根据地的项羽之间的争霸战争在某种程度上便是这种"西北—东南"关系的延续,故而双方和约以南北走向的鸿沟为界,按东、西分割天下。

"南方"作为政治体的再度出现,要留待秦汉王朝寿终正寝以后。孙吴、蜀汉的立国,标志着南方政治体在政治军事力量上的成长,使其能够与北方王朝相抗衡。此后,

东晋、宋、齐、梁、陈建都于建康，并大体维系了对秦岭—淮河一线以南的长期稳定的统治。如果除去西晋王朝的短暂统一，可以说，南方政治体的维系时间长达三个半世纪。

值得注意的是，地理意义上的南方与政治意义上的南方之统一，首度出现于东晋南朝。南朝时期更形成了"南"的身份意识。宋、齐、梁、陈皆曾与北方王朝通使交聘，互以"南""北"相称。[1]不仅如此，南方，尤其是江南社会形成独特的人文气质，进而在文化上超越北方，成为中国的文化中心，六朝时期是一个关键的转折期。因此，当唐人总结这段历史时，不得不同时为南朝与北朝修史，"南"作为一个地理方位，因"南方"成为政治体而名入正史之中。在二十四史之列中，以地理方位而不以王朝书名，仅《南史》《北史》二例。

可以说，"南方"是政治建构的结果，更确切地说，是秦汉至六朝时代统治秩序变迁的结果。

二、秦汉统治秩序中的南方

秦始皇二十六年（前221年），秦初并天下，如何建立新的统治秩序成为朝廷关注的首要问题。丞相王绾等言：

> 诸侯初破、燕、齐、荆地远，不为置王，毋以填之。[2]

秦立国于关中，燕、齐、荆分别在其东北、东部和东南。楚郢都所在的江汉地区及黔中地区，早在秦昭襄王时便已经为秦所占领，至秦始皇时已越半个世纪。楚国晚期都城位于寿春，临近韩地，对于秦人而言谈不上"地远"。王绾所指的"地远"之"荆"指称对象之一为"东楚"，即吴越之地。在秦灭楚的战争中，最后一战是秦王政二十五年（前222年）秦将王翦与楚君昌平君的江南之战。[3]对于新建立的秦王朝而言，南方地域中最为危险的便是吴越之地。吴越之地除了楚国遗民之外，还有种类复杂的越人。秦灭楚后，对越战争随即爆发。

> 秦始皇并楚，百越叛去，更名大越为山阴。[4]

---

① 牟发松：《南北朝交聘中所见南北文化关系略论》，载武汉大学历史系魏晋南北朝隋唐史研究室编《魏晋南北朝隋唐史研究资料（第十四辑）》，武汉：武汉大学出版社，1996年版，第30—38页。

② ［汉］司马迁：《史记》卷六《秦始皇本纪》，北京：中华书局，1959年版，第238页。

③ 田余庆：《说张楚——关于"亡秦必楚"问题的探讨》，《历史研究》1989年第2期。

④ 《越绝书》卷二《越绝外传记·吴地传》，载李步嘉校释《越绝书校释》，北京：中华书局，2013年版，第40页。

> 虏荆王负刍，竟平荆地为郡县。因南征百越之君。①

　　吴越之地的"郡县"指会稽郡，从地域范围上看，大致以今太湖为中心，北临长江，东绝大海，南至浙江宁绍金衢的长江下游一带。楚威王杀越王无强后，越以此散，诸族子争立，或为王，或为君，滨于江南海上，服朝于楚。但楚亡后，越人并没有认同秦人的统治，由此引发秦朝"南征百越"之举。会稽郡的设置目的之一便是向南征服越人。

　　秦始皇三十七年（前210年），即秦始皇生命中的最后一年，他亲巡会稽郡。这次抵达会稽的背景是秦与南越之间的战争失败，秦始皇试图在会稽树立皇帝权威，以防范越人问题动摇统治秩序。其具体措施是：修通寿春到浙江的水陆交通，在会稽郡内以吴地控制越地；将会稽越人迁徙到余杭，隔断其与南方越人之间的联系。②由此可以看到会稽郡的边疆性格。

　　《史记·东越列传》记述，在秦末变乱中，越人在摇、无诸的率领下参加反秦战争，向西进入庐江郡，与鄱阳县令吴芮会合，成为吴芮集团的重要组成部分。吴芮因有百越等势力的支持，成为秦汉之际诸侯之一，先被项羽封为衡山王，后被刘邦封为长沙王。汉初刘邦剪除异姓诸侯王时，地处长江中游的长沙国是唯一一个留存的异姓王国。从吴芮势力的崛起可见长江流域中游与下游之间存在着的联动关系。在秦、汉统治者眼里，江、淮以南，即今日地理学意义上的南方，均为"地远"边陲。

> 自陈以西，南至九疑，东带江、淮、谷、泗，薄会稽，为梁、楚、淮南、长沙国：皆外接于胡、越。③

　　与长江中游的长沙国类似，西汉前期的会稽之地，也不为朝廷所直辖，先后归属于韩信之楚国、刘贾之荆国、刘濞之吴国。吴楚七国之乱后，会稽成为朝廷解决越人问题的最重要边郡。这一态势又回到秦始皇时代。

　　汉武帝建元三年（前138年），闽越围东瓯，东瓯向汉武帝求援。此事引发了汉朝朝廷内的大辩论，汉武帝接受严助的意见，发会稽兵干涉，闽越退。这一事件标志着汉朝政策的改弦更张，开始对外臣、敌国进行干预，按照春秋公羊学"不外夷狄"的太平世理想建构天下秩序。在这一思想的主导之下，汉朝由被动防御转为主动经略。众所熟知的汉武帝征匈奴，便是这一政策转向的结果。开启这一转向的则是东南边疆危机，会稽

① ［汉］司马迁：《史记》卷七三《王翦传》，北京：中华书局，1959年版，第2341页。
② 李磊：《吴越边疆与皇帝权威——秦始皇三十七年东巡会稽史事钩沉》，《学术月刊》2016年第10期。
③ ［汉］司马迁：《史记》卷十七《汉兴以来诸侯王年表》，北京：中华书局，1959年版，第802页。

郡成为汉朝解决东南危机的根据地。建元六年（前135年），即汉武帝发动对匈奴的马邑之战前两年，汉武帝再发会稽、豫章军干预闽越与南越之间的战争。

经过二十多年的经略，东瓯、闽越先后亡国，汉武帝将越人迁徙到江淮间为汉民。汉朝在越地设冶（福建福州）、回浦（浙江临海东南）二县，隶属于会稽郡。汉朝东南边疆进一步南扩。大致在闽越灭亡之年，即元鼎六年（前111年）前后，南越、西瓯、西南夷、滇均灭亡。汉武帝在南越、西瓯设置九个郡，在西南夷地区设置七个郡，至此，今日中国南方的大部分地区都被纳入郡县体制之内。会稽郡也完成了由边郡向内郡的转化。

综上所述，在秦汉的统治秩序中，南方处于边缘位置，尤其是江南的会稽郡成为面对越人的边郡，所具有的是边疆性。

三、孙吴、蜀汉对南方地域性的超越

东汉末年，全国性的政权虽然瓦解，但各州、郡、县政权仍在，一时出现了吕布所谓"郡郡作帝，县县自王"[①]的局面。因此，汉末的群雄割据在某种程度上是地方政权之间的竞争。竞争的结果是在南方形成长江上游的蜀汉与长江中下游的孙吴两个政权。

在南方政治地理中，长江上游与中下游之间的关系始终若即若离。就长江上游政权而言，战国时期为巴、蜀，两汉之际为白马帝公孙述，东晋时期为成汉，其割据之势并不与长江中下游保持一致。凡北方王朝攻取南方政权，莫不是先取长江上游，再出三峡顺江而下。如秦取巴，魏取蜀，前秦、西魏取益州，均为秦灭楚、晋灭吴、前秦征东晋、隋平陈奠定了军事地理的基础。因而在南方的政治地理中又隐含着南方的"东—西"关系。

必须看到，作为政治体之"南方"的形成，绝非南方地域自身发展的产物。它既是秦汉王朝郡县体制归并演化的结果，也是秦汉王朝崩溃后人员、观念、制度等各项要素汇聚发生化学作用的结果。

孙吴的建国过程，可以看作秦汉王朝体制崩溃后郡县归并的过程，其中最关键一步是割据江东。孙氏占领丹阳、吴、会稽三郡后，以此为立国之基，向西与曹操、刘备争荆州，向南臣服交州士燮，至孙权之世正式建立政权，囊括了东汉扬州、交州及荆州大部。孙吴是自楚国灭亡后南方再度出现的政权，其地域之广大，即便楚国最为强盛时也远远不及。

问题的另一方面是，孙吴的建国是东汉崩溃后王朝体制内各种要素汇聚的结果，并不单是南方郡县内部力量成长的结果。以统治集团为观察视角，孙氏虽来自吴郡富春，

---

① ［晋］陈寿：《三国志·魏书》卷七《吕布传》裴松之注引《英雄记》，北京：中华书局，1959年版，第226页。

但孙坚、孙策父子为占据寿春的袁术之部曲，其军事集团以淮泗人为主体。孙策经略江东的对手是东汉朝廷所命的扬州牧刘繇。孙策夺取江东，实是靠淮泗人夺取扬州统治权。因而在孙氏政权内部，淮泗集团与江东集团之间的矛盾长期存在，制约着孙吴的建国道路。除了淮泗、江东集团之外，流寓于南方的北方士人也是一支重要的势力，他们与中原士大夫声气相通，对社会舆论影响至深。孙氏政权之所以能够摆脱孙策时代举步维艰的局面，与孙权统事后将北方流寓士人吸纳进统治集团的政策密切相关。[1]由此可见，孙吴的立国实是北方流寓士人、淮泗、江东集团三者共同作用的结果，这种作用方式不仅超越了地域社会的范畴，也超越了郡县体制的范畴。

蜀汉政权的建构过程与孙吴相同。在刘备入蜀前，东汉益州牧刘焉及其子刘璋依靠三辅、南阳及荆州郡的士人，镇压了益州在官地主的反乱，团结了余下者，大致完成了益州政权的建构。刘备入蜀，实则依靠长江中游的荆州人溯流而上进入蜀地击败刘璋、占据益州。益州两次建立政权的过程（刘焉、刘备），与孙策依靠淮泗军事集团入主江东的过程完全相同。因而当刘备政权建立之后，内部也存在着"新人"（刘备部属）与"旧人"（刘璋部属）之间的矛盾。这一矛盾同样制约着蜀汉的内外政策。巩固"新人"地位、协调新旧关系，成为以后诸葛亮治蜀的核心问题。[2]

与孙吴一样，蜀汉建国的过程也牵涉汉代州郡如荆州、益州之间的归并问题。蜀汉建国也是各类人员跨州郡流动的结果。与江东的情况相比，蜀地的北方流寓之士较少，他们对社会舆论的影响较小，北方名士并未成为蜀汉内部的一种势力，这就决定了诸葛亮治蜀采用借助于法而非借助于人的路径，以法一统"新人"与"旧人"。因而蜀汉建国道路与孙吴在类同中又存在差异，这主要是二者内部的势力汇聚与力量对比的差异造成的。

与孙吴相比，蜀汉建国又有独特的历史资源。建安二十五年（221年）刘备即位之前，许靖、诸葛亮等群臣劝进，所依据理由是：

> 夫汉者，高祖本所起定天下之国号也，大王袭先帝轨迹，亦兴于汉中也。……伏惟大王出自孝景皇帝中山靖王之胄，本支百世，干祇降祚，圣姿硕茂，神武在躬，仁覆积德，爱人好士，是以四方归心焉。[3]

刘备以汉宗室后代自我标榜，使蜀汉政权的建构具有了汉朝重构的性质。因而在制

第十三讲　秦汉六朝江南的政治文化

---

① 田余庆：《孙吴建国的道路》，《历史研究》1992年第1期。
② 田余庆：《李严兴废与诸葛用人》，载《秦汉魏晋史探微》，北京：中华书局，2011年版，第190—207页。
③ ［晋］陈寿：《三国志·蜀书》卷三二《先主传》，北京：中华书局，1959年版，第888—889页。

度设计上，蜀汉在三国中制度变更最少。[1] 可以说，蜀汉借助东汉的王朝制度完成了自我建构。除了强调正统性之外，刘备政权还将刘邦从汉中出发夺取天下的历史，视为从汉中复兴汉朝的可靠依据。在这一话语中，汉中不再是南北之间的某一地域，而是具有"天下"意义的。因此，蜀汉绝非是南方的地域政权，也不仅仅是秦汉王朝瓦解后各项因素重聚后如孙吴那般的政治体，而是指向"天下"的王朝，只是它始终处于未完成的状态而已。蜀汉政权的王朝性质，在后世也得到承认。十六国时代屠各刘渊所建的汉政权，即以蜀汉为正朔；东晋习凿齿作《汉晋春秋》以蜀汉为正统、以曹魏为篡逆[2]，皆为显例。

综上所述，东汉王朝瓦解后，南方虽然出现了孙吴、蜀汉两个政权，形成南方政治地理中的东、西对峙格局，但是这两个政权都不是南方某个地域社会自主发展的结果，而是秦汉王朝因素汇聚的结果。二者的形成源自郡县间的兼并、人员流动、舆论塑造、制度模拟，乃至于正朔承接。换句话说，三国时代的南方政权其实是未完成的王朝。

四、东晋对北方正统性的接纳与超越

从"南方"的视角来看，4世纪中叶灭成汉后，东晋将长江上游地区囊括到治下，由此，地理上的南方地区第一次在政治上得到整合。在东晋后期、宋、齐、梁的近二百年里，除前秦曾短暂占据蜀地之外，秦岭淮河以南的广大南方地区基本维系了政治上的一体。在中国历史上，只有南宋的情况与此类似。因此，东晋南朝时期是中国人文地理中"南方"建构的十分重要的时期。

东晋建国在传统史学话语中通常被描述为"晋氏南渡"，这隐含着正朔观念，即晋朝在南方的重构。太兴元年（318年）三月，司马睿即皇帝位诏书道：

> 天祸荐臻，大行皇帝崩殂，社稷无奉。肆群后三司六事之人，畴咨庶尹，至于华戎，致辑大命于朕躬。予一人畏天之威，用弗敢违。……惟尔股肱爪牙之佐，文武熊罴之臣，用能弼宁晋室，辅余一人。[3]

司马睿为皇室疏属，本无皇位继承权。晋愍帝为刘聪所俘杀后，司马氏社稷无奉，故司马睿被拥戴为皇帝。诏书叙述逻辑集中于皇位的继承资格上，并未强调朝廷的异地

---

[1] ［清］洪饴孙：《三国职官表序》，载［宋］熊方等《后汉书三国志补表三十种》，刘祜仁点校，北京：中华书局，1984年版，第1263页。

[2] 黄惠贤、柳春新：《〈晋书·习凿齿传〉述评》，载武汉大学中国三至九世纪研究所编《魏晋南北朝隋唐史资料（第二十四辑）》，武汉：武汉大学文科学报编辑部编辑出版，2008年版，第46—56页。

[3] ［唐］房玄龄：《晋书》卷六《中宗元帝纪》，北京：中华书局，1974年版，第149页。

迁徙。换句话说，地域问题并非是晋朝重构的核心问题，东晋之所以存在于南方，只是因为司马睿的直接统治区在扬州。从司马睿即位诏书可以清晰地看到，东晋并非是南方政权的自我建构，尽管东晋领土只有半壁江山，但在话语层面，它仍然自我标榜为全国性的政权。正因如此，收复北方失地便成为东晋合法性建构的重要来源。东晋的国策是不与北方的匈奴刘氏、羯族石氏通使，即不承认北方政权。

> 过江诸人，每至美日，辄相邀新亭，藉卉饮宴。周侯中坐而叹曰："风景不殊，正自有山河之异！"皆相视流泪。唯王丞相愀然变色曰："当共勠力王室，克复神州，何至作楚囚相对！"[①]

"王丞相"指在东晋建国过程中起关键作用的王导，正是在他的努力下，作为皇室疏属的司马睿才被侨、吴士族拥戴登上皇位。[②]"克复神州"是东晋统治阶层最重要的政治正确，是凝聚人心最重要的政治号召。终东晋一代，北伐持续不断，其内在动力即源于此。

如此一来，当东晋权臣意图推行改朝换代，他必须在"克复神州"上取得成就，以证明其功勋超越皇室，方才具有接受禅让的资格。桓温如此，刘裕亦是如此。因此，当刘宋继承东晋政统，它必然也随之继承"克复神州"的政治任务。南、北朝之间的重大战争基本上都发生在刘宋时期。仅宋文帝统治的三十年间，刘宋便发动了三次大规模北伐。因此，东晋、刘宋并非偏安南方的割据政权，无论在立国精神上，还是政策施行上，它们皆以正朔自居。如果从南、北视角来观察的话，可以说虽然地理上的北方未曾长期纳入东晋、刘宋版图之内，但是观念上的"北方"始终影响着晋、宋王朝的内外政策。

南方经由"晋氏南渡"的历史叙事而获得与中原相伴甚至更高的地位。然而，这一正朔转移的话语言说主体是东晋南朝，未必为晋唐间的社会所全然接受。

> 乘舆传国玺，秦玺也。晋中原乱没胡，江左初无之，北方人呼晋家为"白板天子"。[③]

《南齐书》作者萧子显出身南齐皇族，南齐法统源自"晋氏南渡"，故其所述东晋皇帝被北方人称呼为"白板天子"之事当不至于自诬。可见，东晋自称正朔其实并未得到北方社会的认可。迟至唐代修史，仍以中原为"上国"，以江左为"一隅之地"。

---

① ［南朝宋］刘义庆著；［南朝梁］刘孝标注：《世说新语笺疏》上卷上《言语第二》，余嘉锡笺疏，北京：中华书局，1983 年版，第 92 页。

② 陈寅恪：《述东晋王导之功业》，载《陈寅恪集：金明馆丛稿初编》，北京：生活·读书·新知三联书店，2001 年版，第 55—78 页。

③ ［梁］萧子显：《南齐书》卷十七《舆服志》，北京：中华书局，1972 年版，第 343 页。

> 晋自中原沸腾，介居江左，以一隅之地，抗衡上国，年移三百。①

《南史》史臣的这段话表明，重建大一统的唐朝并未全然承认东晋南朝之正朔。唐朝将魏、齐、周、隋、宋、齐、梁、陈八代之史均列为正史。②"晋氏南渡"话语所意蕴的南方之为正朔的概念，其实需要严格限制其使用场合。即便是在南方，司马氏之正朔的确立也经历了一番话语转换，并非理所当然。

> 元帝始过江，谓顾骠骑曰："寄人国土，心常怀惭。"荣跪对曰："臣闻王者以天下为家，是以耿、亳无定处，九鼎迁洛邑。愿陛下勿以迁都为念。"③

晋元帝司马睿这番话是对吴姓士族领袖顾荣所言，因而其所谓"寄人国土"，乃指寄于吴国之领土。在司马睿称帝的政治程序中，他先是依魏晋故事为晋王。这是为了在称帝之前先将易吴国为晋国，改变"寄人国土"的状况。④因此，东晋南朝的政统除了宣称继承北方魏晋王朝之外，亦是对孙吴政统的继承。从六朝政权的延续性上讲，孙吴政权隐含着南方政权之始源的意味，而东晋则将魏晋、孙吴南北两个政统集于一身。在这个意义上，东晋将自己塑造成为汉末割据、天下三分以后的统绪者。与西晋居于北方，兼并西南、东南实现空间上的大一统不同，东晋居于南方，在空间上"寄人国土"，但在历史传统上则承接了南、北两系的政统。

五、"南方性"内在于北朝与南北一统的动力

孙吴、蜀汉、东晋、宋、齐、梁、陈的历史，不是南方从秦汉王朝所奠定的"中国"中脱离的历史，而是"中国"在朝向更高层面自我创生的结果。在这个意义上，这些南方政权是秦汉王朝体制的继承者，也是"后秦汉"时代历史运动的重要组成部分，它的发展是3—6世纪中国发展多线索中之一条。六朝这条线索，无论是在传统上，还是在现实中，都受制于其他线索，尤其是北方的发展。

基于上文所述，对于3—6世纪的南方史，还需要做出时代区分。三国时代是第一阶

---

① ［唐］李延寿：《南史》卷二一《王弘传》，北京：中华书局，1975年版，第583页。
② 饶宗颐：《中国史学上之正统论》，上海：上海东出版社，1996年版，第30页。
③ ［南朝宋］刘义庆著；［南朝梁］刘孝标注：《世说新语笺疏》上卷上《言语第二》，余嘉锡笺疏，北京：中华书局，1983年版，第91—92页。
④ 田余庆：《东晋门阀政治》，北京：北京大学出版社，1989年版，第40页。

段，孙吴、蜀汉的政权建构受益于秦汉王朝的体制因素，诸如郡县制、统一舆论、正朔观念等。可以说，这一阶段的南方政权超越了"南方性"。东晋、刘宋是第二阶段，东晋接续魏晋、蜀汉、孙吴的多条政统，完成其作为"天下"政权的自我建构。刘宋时代是这一建构过程的延续。应该说，到了东晋、刘宋时代，南方的政权在性质上不仅克服了"南方性"，而且还超越了"北方性"。

到了齐、梁时代，南方的制度、文化开始反哺北方，这成为南方史的第三个阶段。正是在这一阶段中，以北魏孝文帝改革为标志，北方大规模吸纳东晋、宋、齐的制度与文化。[1] 南方因素深刻参与并影响了北方的历史道路。如果以社会心理为观察视角，齐梁时代是由崇尚中原转向认同江南的一个关键时期。[2] 在某种程度上，这标识着中国文化中心从北向南的一次重要转移。

东晋、宋、齐的制度与文化影响北方的历史道路，是以南人北上为媒介的。在孝文帝改革过程中，华北汉人士族属于既得利益集团，他们对改革持消极态度，孝文帝所依赖的力量主要是由南齐北上的南方士人，以及此前在刘宋时期入魏的"平齐户"。[3] 在孝文帝改革中，这些南人居于制度设计者的位置，故而其熟悉的来自南方的知识与观念成为改革的重要标尺。易言之，在北方的社会转型中，来自东晋、宋、齐的知识话语具有了至上的话语权威。这固然是北方社会内部需要统合胡、汉等不同势力，故而向外寻求他者为第三方标准[4]，也是南方在文化上的优势所致。

礼制问题是孝文帝改革的核心问题之一。当北魏朝廷围绕着禘、祫、圆丘等问题展开莫衷一是的辩论时，孝文帝遣使赴南齐借书，以期借助南方学术解决北方问题。[5] 南方以其典籍收藏及文化阐释，已成当日之文化中心，是北方改革的知识供给者。南方的发展已经成为北方解决内部问题、寻求历史道路的重要参照。同样，当采用了南方方案后，北方自孝文帝开始，再也无法脱离南方而孤立发展，"南方性"已经内在于北方社会之中。

在向南齐借书遭到拒绝以后，孝文帝向天下发布求遗书的诏书，南方书籍在事实上流入北方。[6] 北朝后期，高欢、宇文泰集团在社会、政治领域推行了许多与孝文帝有异的政策，但在聚书方面，皆积极有为。二者将军事、政治领域的角逐延伸到文化领域，均

---

① 陈寅恪：《隋唐制度渊源略论稿》，北京：生活·读书·新知三联书店，2001 年版，第 3—5 页。
② 胡晓明：《"江南"再发现——略论中国历史与文学中的"江南认同"》，《华东师范大学学报（哲学社会科学版）》2011 年第 2 期。
③ ［日］堀内淳一：《北魏孝文帝の「漢化政策」とその支持者について》，《皇学馆史学》2016 年第 31 期。
④ 李磊：《江南认知与中华认同——他者与北魏胡汉共识的形成》，《华东师范大学学报（哲学社会科学版）》2012 年第 5 期。
⑤ 牟发松：《王融〈上疏请给虏书〉考析》，《武汉大学学报（哲学社会科学版）》1995 年第 5 期。
⑥ ［日］吉川忠夫：《島夷と索虜のあいだ—典籍の流傳を中心とした南北朝文化交流史》，《東方学報》2000 年第 72 期。

以集书、校书作为礼乐正统的文化号召。在鲜卑气息浓重的六镇军事贵族的统治时代里，北方之所以并未脱离"中国历史"的轨道，是与"南方性"内在于北方社会分不开的。[①] 正是基于这一原因，北方统治者对南方人及南方文化有着亲近感。

> 每使至，宏亲相应接，申以言义。甚重齐人，常谓其臣下曰："江南多好臣。"[②]
> 帝深于文学，才藻天成……虽亦才人习气，然聪睿固不可及已。其急于迁洛，欲变国俗，而习华风，盖发于性灵而不自止也。[③]

孝文帝对南方士人的高度评价，及其对南方文化的喜爱，成为北朝隋唐君主如隋炀帝、唐太宗喜爱南朝文化的滥觞。孝文帝的南方情结被清人赵翼视作改革的根本原因。这一说法当然是本末倒置，孝文帝是为了改革才喜爱南方文化。正因"南方性"内在于北方社会，统一南北便成为北方统治者的内在义务。

> （卢昶）使于萧昭业。高祖诏昶曰："卿便至彼，勿存彼我。密迩江扬，不早当晚，会是朕物。"[④]

南北分立近三百年，最终由北方统一，与北方更需要南方这种内在驱动是分不开的。[⑤] 尽管从政治上看，南方归于北方统治之下，但是从文化上看，则是北方趋同于南方。因此，当隋唐完成南北统一之后，原本便内在具有"南方性"的北方社会更加无法脱离南方独立发展了，这是"唐朝的南朝化"之缘由所在。[⑥]

参考书目

［汉］司马迁：《史记》，北京：中华书局，1959 年版。

［晋］陈寿：《三国志》，北京：中华书局，1959 年版。

---

① 李磊：《北魏孝文帝文化改革的政治氛围——以太和十三年江南借书为中心的考辨》，《历史教学问题》2013 年第 6 期。

② ［梁］萧子显：《南齐书》卷五七《魏虏传》，北京：中华书局，1972 年版，第 991—992 页。

③ ［清］赵翼：《廿二史札记校证》卷十四"魏孝文帝文学"条，王树民校证，北京：中华书局，1984 年版，第 309 页。

④ ［北齐］魏收：《魏书》卷四七《卢昶传》，北京：中华书局，1974 年版，第 1055 页。

⑤ 李磊：《孝文帝的"江南认同"与北朝新中华意识的形成》，载刘昶、陆文宝主编《水乡江南：历史与文化论集》，上海：上海古籍出版社，2014 年版，第 77—90 页。

⑥ 唐长孺：《魏晋南北朝隋唐史三论》，北京：中华书局，2011 年版，第 468—473 页。牟发松：《略论唐代的南朝化倾向》，《中国史研究》1996 年第 2 期。

［唐］房玄龄：《晋书》，北京：中华书局，1974 年版。

［宋］熊方等：《后汉书三国志补表三十种》，刘祜仁点校，北京：中华书局，1984 年版。

［南朝宋］刘义庆著；［南朝梁］刘孝标注：《世说新语笺疏》，余嘉锡笺疏，北京：中华书局，1983 年版。

［梁］萧子显：《南齐书》，北京：中华书局，1972 年版。

［北齐］魏收：《魏书》，北京：中华书局，1974 年版。

［唐］李延寿：《南史》，北京：中华书局，1975 年版。

［清］赵翼：《廿二史札记校证》，王树民校证，北京：中华书局，1984 年版。

陈寅恪：《陈寅恪集：金明馆丛稿初编》，北京：生活·读书·新知三联书店，2001 年版。

陈寅恪：《隋唐制度渊源略论稿》，北京：生活·读书·新知三联书店，2001 年版。

李步嘉校释：《越绝书校释》，北京：中华书局，2013 年版。

刘昶、陆文宝主编：《水乡江南：历史与文化论集》，上海：上海古籍出版社，2014 年版。

饶宗颐：《中国史学上之正统论》，上海：上海远东出版社，1996 年版。

唐长孺：《魏晋南北朝隋唐史三论》，武汉：武汉大学出版社，2011 年版。

田余庆：《东晋门阀政治》，北京：北京大学出版社，1989 年版。

田余庆：《秦汉魏晋史探微》，北京：中华书局，2011 年版。

武汉大学历史系魏晋南北朝隋唐史研究室编：《魏晋南北朝隋唐史研究资料（第十四辑）》，武汉：武汉大学出版社，1996 年版。

武汉大学中国三至九世纪研究所编：《魏晋南北朝隋唐史资料（第二十四辑）》，武汉：武汉大学文科学报编辑部编辑出版，2008 年版。

第十四讲

江南的宗族与地方社会

徐茂明

宗族既是一种社会组织，也是一种社会观念。自商周宗法制度确立以来，宗族已经走过三千多年的历史，至今依然存在。几千年来，宗族对中国的政治体制、法制精神、文化传统、社会伦理、基层秩序等方面产生了深远的影响，同时，宗族也随着国家政治的变化而演变，并与各地区的社会环境相结合，形成不同的组织样式与宗族观念，因此，简单地套用一个标准来解释上下几千年、笼罩全中国的宗族显然是非常困难的。本讲从明清以来江南地区的宗族与地方社会之间的关系入手，围绕宗族概念、宗族组织、宗族意识、文化世族这四个主要问题做出简单分析。

一、"宗族"的相关概念与研究视野

提到"宗族"，大家本能地就会想到"家族""家庭"这些概念，它们之间究竟是什么关系？在分清它们的关系之前，首先解释"宗族"的概念。

（一）"宗"与"族"的关系

宗族起源于宗法，而宗法起源于王室的继承与祭祀制度，最早可以追溯到商朝后期。根据学界的研究，商朝后期的王位继承已经出现"嫡""庶"之分，先王祭祀也出现直系与旁系之分。周朝开始形成以嫡长子继承为核心、以大小宗为基础、等级森严的典型宗族制，它既是血缘性的父系继嗣制度，也是政治性的地方治理制度，许多诸侯国就是周王室的小宗，在这些姬姓小宗的诸侯国里，宗法制与分封制相重叠[①]，从而形成所谓"家国同构"的政治体制。

东汉班固《白虎通义》对"宗族"解释说："宗者，尊也，为先祖主者，宗人之所尊也。""族者，凑也，聚也，谓恩爱相依凑也。生相亲爱，死相哀痛，有汇聚之道，故谓

---

① 冯尔康等：《中国宗族社会》，杭州：浙江人民出版社，1994年版，第64—66页。

之族。"东汉许慎《说文解字》说："宗，尊祖庙也。""宗，尊也，凡尊者谓之宗，尊之则曰宗之。"现代历史学家吕思勉据此进一步解释说："宗与族异。族但举血统有关系之人，统称之为族耳，其中无主从之别也。宗则于亲族之中，奉一人焉以为主。主者死，则奉其继世之人。"[1]

由此可以看出，所谓"宗"，既是名词，也是动词。作为名词，"宗"是指祖先的神主（牌位），宗庙则是奉祀祖先神主的场合；作为动词，"宗"是指对祖先的尊敬，人们通过祭祀来表达对祖先的崇拜与怀念，并希望获得祖先的庇佑。至于"族"，则是汇聚在同一祖宗之下具有血缘关系的亲属群体，他们"生相亲爱，死相哀痛"，属于一个情感共同体。

在周代宗法制中，王位的继承与对祖先的祭祀一样，都是一种权力，因此，相应地形成了嫡长子继承制和大小宗祭祀制。

所谓"大宗"与"小宗"，一般都是根据西汉《礼记·大传》的解释：

> 别子为祖，继别为宗，继祢者为小宗。有百世不迁之宗，有五世则迁之宗。百世不迁者，别子之后也。……宗其继高祖者，五世则迁者也。[2]

先说大宗的"别子"。所谓"别子"，是指王位或诸侯爵位继承人以外的其他儿子，"别子"有"别离"父族、另创新族的意思，在新的宗族里"别子"就是始祖。到了"别子"的第二代，其位也由嫡长子继承，即所谓"继别为宗"，就是大宗，其神主在宗庙里享受其后裔的世代奉祀，这就是"百世不迁之宗"[3]。

再说小宗的"继祢者"。所谓"祢"，是宗庙中为亡父所立的牌位。父亲去世之后，一般由嫡长子继承空缺的爵位，这位继承人就是"继祢者"，他的兄弟们都尊奉他为小宗。小宗与大宗的根本区别就是享受尊敬的范围与级别不同。小宗最多只享受到全体儿子、孙子、曾孙、玄孙四代的尊敬与奉祀，到了五世孙的时候，四从兄弟与小宗始祖的亲缘关系已尽，成为路人，不再需要尊奉，小宗始祖的神主就要被移走，这就是"宗其继高祖者，五世则迁也"。所以，作为一个普通的族人，除了要尊奉一个大宗之外，还要尊奉继父的兄弟、继祖的堂兄弟、继曾祖的再从兄弟和继高祖的三从兄弟为他的四个"小宗"[4]。

与宗族相关联的一个概念是"九族"，对于九族的解释，儒家的今文派和古文派意见

---

[1] 吕思勉：《中国宗族制度小史》，北京：知识产权出版社，2018年版，第10—11页。
[2] 《礼记》卷六《大传第十六》，陈澔注，上海：上海古籍出版社，1987年版，第191页。
[3] 钱杭：《中国宗族史研究入门》，上海：复旦大学出版社，2009年版，第94页。
[4] 同上书，第100—101页。

不同。古文家说九族是"上自高祖，下至玄孙"。今文家说九族包括：父族四、母族三、妻族二。尽管古文家所谓"九族"实际上为"九世"，并不合理，但唐宋以后，古文家的九族说还是得到国家法律的正式确认，体现在《明会要》卷一〇二《丧服·本宗九族五服正服图》和《清律例》卷二《丧服图·本宗九族五服正服图》。从这里也可以看出，宗族组织从本质上讲，是根据男性血缘确立的世系继承制度，并根据血缘的远近确立了差序格局的亲属关系。

根据《九族五服图》的亲属差序格局，"家庭""家族"与"宗族"实际上就构成了一个亲疏有序的同心圆群体。其中"家庭"是最核心的部分，包括关系最密切的父、己、子直系三代，属于"同财共居的近亲血缘团体"。"家庭"的相应英文单词是"family"，有一种说法流传很广：family 中的 f 代表 father，a 代表 and，m 代表 mother，i 就是我，l 指 love，y 是 you，连起来就是 father and mother I love you。这当然只是一种望文生义的解释，但也从侧面说明，家庭是一个最亲密的血缘群体。

比家庭范围更大的同心圆是"家族"。尽管有些学者对"家族"与"宗族"不加区分地混用，但考虑到"宗"的特殊含义，我觉得应该加以区分。根据杜正胜的解释："大功以外之缌服共曾、高之祖而不共财，算作'家族'。"也就是说，同一个高祖的后裔，凡是"分产异炊"的族人都属于一个家族。"至于五服以外的同姓虽共远祖，疏远无服，只能称'宗族'。"[1]

（二）何为"宗族社会"？

笼而统之地讲，传统中国是"家国同构"的宗法社会。清末以来，随着西学的进入，新文化运动的兴起，知识界对封建专制政治大加挞伐，并将宗族制视作专制政治的基础而加以批判，这方面的代表人物有吴虞、陈独秀等文化健将，毛泽东也在 1927 年的《湖南农民运动考察报告》中指出，由宗祠、支祠以至家长的家族系统构成的"族权"，与政权、神权、夫权一起"代表了全部封建宗法的思想制度，是束缚中国人民特别是农民的四条极大的绳索"。从这里可以看出，湖南的宗族势力是非常强大的，它与地方政权一起支配着人们的日常生活。

然而，宗族制度在全国各地的发展中逐渐形成了各自的特色，血缘性的宗族组织与地缘性的基层行政组织的关系也各不相同，有的地方关系密切，甚至合二为一，有的地方相对独立，这就使得宗族组织在地方基层的影响力产生了巨大差异。毛泽东所批判的湖南地区族权实际上主要反映了我国南方地区的宗族特色，也就是说宗族组织与地方基

---

[1] 杜正胜：《传统家族试论》，载黄宽重、刘增贵主编《家族与社会》，北京：中国大百科全书出版社，2005 年版，第 5 页。

层行政组织甚至地方信仰系统结合得比较紧密，族权与政权、神权共同控制着地方社会，这些地区可以说是名副其实的"宗族社会"。这些地区包括皖南、浙南、福建、江西、广东等地。如明清之际赵吉士的《寄园寄所寄》讲徽州风俗：

> 新安各姓聚族而居，绝无一杂姓搀入者，……父老尝谓：新安有数种风俗胜于他邑：千年之塚，不动一抔；千年之族，未尝散处；千载谱系，丝毫不紊。

类似徽州这样的单姓村落或主姓村落在华南地区广泛存在。对于这种宗族与乡村结合紧密的社区，人类学家林耀华称之为"宗族乡村"。他在研究福建村落义序的一书中解释说："宗族乡村乃是乡村的一种。宗族为家族的伸展，同一祖先传衍而来的子孙，称为宗族；村为自然结合的地缘团体，乡乃集村而成的政治团体，今乡村二字连用，乃采取自然地缘团体的意义，即社区的概念。"[①] 历史学家傅衣凌同样关注到福建宗族与村落的密切关系，他称之为"乡族"，这一简洁的概念现在已经广为学界所使用，他的弟子陈支平、郑振满在此基础上对福建的宗族组织做了更为深入细致的研究。

从上述地区可以看出，血缘性的宗族组织与地缘性的乡村组织交织在一起，宗族组织与宗法观念成为人们社会生产与日常生活中支配性的原则，从而形成了由宗族主导的社会共同体，这种共同体可以称为"宗族社会"。但是，宗族社会的形成，取决于社会人口的不流动，正如费孝通在《乡土中国》中所说："血缘是稳定的力量。在稳定的社会中，地缘不过是血缘的投影，不分离的。""地域上的靠近可以说是血缘上亲疏的一种反映，区位是社会化了的空间。"[②] 因此，在商品经济发达、人口流动频繁的江南核心地区，即太湖流域东部平原地区，宗族社会受到极大的冲击，除了部分远离都市的偏远村落，大多数地区虽然有祠堂、家谱、族田等宗族设施，但血缘性的宗族组织与地方基层行政组织的关系已经不再重叠，宗族对基层社会的支配力也不及南方山区宗族，所以称不上是"宗族社会"。

（三）宗族研究的学科视野与成就

宗族历史悠久，影响广泛，因此成为认识中国历史与现实的重要途径，吸引了社会和人文众多学科的关注，其中主要有历史学、社会与历史人类学、政治学、法学和文学，取得了丰硕的成果，择要介绍如下：

1.历史学

吕思勉《中国宗族制度小史》、冯尔康等《中国宗族社会》、徐扬杰《宋明家族制度

[①] 林耀华：《义序的宗族研究》，北京：生活·读书·新知三联书店，2000年版，第1页。
[②] 费孝通：《乡土中国·生育制度》，北京：北京大学出版社，1998年版，第70页。

史论》、井上彻《中国的宗族与国家礼制——从宗法主义角度所作的分析》、常建华《明代宗族研究》、钱杭《血缘与地缘之间：中国历史上的联宗与联宗组织》、潘光旦《明清两代嘉兴的望族》、吴仁安《明清时期上海地区的著姓望族》、徐茂明等《明清以来苏州文化世族与社会变迁》、钟翀《北江盆地——宗族、聚落的形态与发生史研究》、郑振满《明清福建家族组织与社会变迁》、陈支平《近500年来福建的家族社会与文化》、唐力行《徽州宗族社会》、赵华富《徽州宗族研究》、朴元熇《中国的宗族与国家礼制——歙县方氏的个案研究》等等。

2. 社会与历史人类学

林耀华《义序的宗族研究》、许烺光《祖荫下：中国乡村的亲属、人格与社会流动》、费孝通《江村经济——中国农民的生活》、杨懋春《一个中国村庄：山东台头》、韩敏《回应革命与改革：皖北李村的社会变迁与延续》、科大卫《皇帝与祖宗：华南的国家与宗族》、王铭铭《村落视野中的文化与权力》，等等。

3. 法学

滋贺秀三《中国家族法原理》、瞿同祖《中国法律与中国社会》、朱勇《清代宗族法研究》、费成康主编《中国的家法族规》、程维荣《中国继承制度史》，等等。

4. 政治学

王沪宁《当代中国村落家族文化——对中国现代化的一项探索》、于建嵘《岳村政治》、肖唐镖《宗族政治——村治权力网络的分析》，等等。

5. 文学

江庆柏《明清苏南望族文化研究》、罗时进《地域、家族、文学——清代江南诗文研究》、郝丽霞《吴江沈氏文学世家研究》、蔡静平《明清之际汾湖叶氏文学世家研究》、凌郁之《苏州文化世家与清代文学》、朱丽霞《清代松江府望族与文学研究》、赵红娟《明清湖州董氏文学世家研究》、周巩平《江南曲学世家研究》，等等。

这些学科的研究视角各有侧重，如文学侧重于家族的文学成就、政治学侧重于当代乡村中的宗族权力、法学侧重于宗族法的制度史研究。历史学的家族研究重点前后有所变化，原先主要是关注宗族制度演变，20世纪90年代以后，随着社会史的蓬勃发展，区域社会史成为热点，历史学者开始探讨宗族与区域社会之间的关系，同时在文献利用上也不断扩大范围，从传统的家谱文献，逐步向民间文书、档案、碑刻、口述史料等方面开拓，并尝试用人类学的方法来研究家族史，从而显示出与社会人类学交叉的特色。其实，这样一种学科交叉的研究方法，早在1938年就已经得到费孝通的导师、英国著名人类学家马林诺夫斯基的倡导。他在给费孝通的博士论文《江村经济》出版时所作的序言中就说："这种人类学的研究方法对于现代中国学者和欧洲的一些汉学家所进行的以文字记载为依据的重要历史工作，是一种不可缺少的补充。研究历史可以把遥远过去的考古遗迹和最早的记载作为起点，推向后世；同样，亦可以把现状作为活的历史，来追溯过去。这两种方法互为补充，且需同时使用。"① 马林诺夫斯基的话已经过去 82 年，但今天依然对家族和地方社会研究具有重要的指导意义。

二、江南的宗族组织及其功能

江南是宋元以后中国经济文化最发达的区域，其宗族类型既不同于华南，也不同于华北中原，由于其特殊的形态与功能，以致日本著名的江南史研究专家滨岛敦俊认为"江南无宗族"，因此有必要对江南的宗族组织与功能做一分析。

（一）江南宗族组织的建设与分布

关于江南的空间范围，学界争论不断，目前尚无定论。在这个问题上，我与滨岛敦俊教授的意见基本一致，大致是指环太湖流域，包括苏州、松江、常州、太仓、嘉兴、湖州、杭州，共六府一州；滨岛教授则剔除了杭州，是五府一州。

滨岛教授之所以认为江南无宗族，在于其界定宗族的标准。他认为："宗族是一种超越家族的概念，对内部成员拥有控制力量的父系血缘社会组织或社会集团，或者可以说是'血缘共同体'，而有时兼有一种基层社会的效能，特别是兼地缘性的组织，后者可以称之为'乡族'。"而江南的"家谱往往只是以推定的血缘关系来团结同姓，是一种想象的产物。""江南三角洲既看不到明显的宗族组织，且表示同族结合的物质象征，如祠堂、族产等也很少。此外，观念上的象征、亲族称呼之差别、尊卑秩序等也很罕见。基于上述事实，本人断定，江南三角洲并没有父系血缘共同体的基层组织，即所谓的'江南无宗族'。"②

对比一下前文对"宗族"和"宗族社会"概念的分析就可以发现，滨岛教授实际上是用南方"宗族社会"（乡族）的特殊标准来衡量一般性的"宗族"组织，所以发现"江南无宗族"。这种发现，既有"他者"对异文化的敏锐观察，也有外国学者对中国历史理解的文化隔膜。准确的说法应该是：江南有宗族，但江南不属于宗族社会。③

既然说江南有宗族，那么江南的宗族相对于其他地区有什么特色？

美国学者哈扎尔顿（Hazelton）将中国宗族分为三种类型，即华南型宗族、长江下游

---

① 费孝通：《江村经济——中国农民的生活》，北京：商务印书馆，2001 年版，第 16 页。
② ［日］滨岛敦俊：《江南无"宗族"》，载邹振环、黄敬斌执行主编《明清以来江南城市发展与文化交流》，上海：复旦大学出版社，2011 年版，第 281—292 页。［日］滨岛敦俊：《明代江南岂为"宗族社会"哉？》，载山本英史编著《中国近世的规范与秩序》，东京：日本研文出版社，2014 年版，第 94—135 页。
③ 徐茂明：《江南无"宗族"与江南有"宗族"》，《史学月刊》2013 年第 2 期。

型宗族、华北西北型宗族，其中长江下游型宗族活动是以文人和官僚的精英为核心展开的。① 应该说，这个判断是基本准确的。

我们知道，维系宗族组织的运行，必须具有一定的物质条件和宗族情感，其中物质条件包括修宗谱、建祠堂、置族田（义庄），中国的义庄就是起源于宋代苏州范仲淹设立的范氏义庄，后来许多江南士绅商贾都效法范氏义庄。正如道光年间苏州《丁氏义庄记》称："苏郡自宋范文正公建立义庄，六七百年，世家巨室踵其法而行者指不胜屈。要皆赀力殷富，号称素封；或入朝登显秩，归而出其俸余，以赡支族，势分崇厚，故为之易成也。"②

江南地区的宗族组织是由绅士富商所主导，因此宗族的空间分布不均衡，总体格局是以发达城市为中心，向周边不均衡递减。有学者统计，清代苏州府有义庄 190 座，其中有确切地址的 93 座，这 93 座义庄中 53.5% 设置在城市，24.1% 设置在市镇，22.4% 设置在农村。义庄城乡分布的悬殊，实际上反映了地主城居化的特点。清代中期，苏州田主"聚居城郭者十之四五"，到后来，地主"皆在城中，无有居乡者"。③

到民国时期，宗族分布的不均衡性依然存在，据统计，民国时期上海有祠堂 125 座，下辖的 11 个乡基本每乡都有祠堂，但最多的乡有 24 座，最少的只有 3 座。川沙县有祠堂 36 座，最多的乡有 11 座，最少的乡一个祠堂也没有。上海县绝大多数祠田平均约 60 亩，但三分之二不足 50 亩，因此，规模小是上海祠堂田的特色。苏州吴县的祠堂约有 63 座，常熟约有 24 座，昆山有 7 座，祠堂分布相对集中于城区。苏州不仅祠堂数量少于上海，祠田的规模也小于上海，平均只有 24 亩。④ 与太湖东部相比，太湖西部常州的宗族祠堂数量显著增加。由于这一地区处于平原与西部丘陵过渡地带，民间的宗族观念较强，因而宗族祠堂的修建比较普遍。"四乡村名，大多冠以姓氏，系因各姓子孙繁衍，聚族而居，成为村落。后世建祠并编修宗谱，成为该姓一支宗族。故一个宗祠，为一支宗族的标志。""解放前，宗祠众多，遍布城乡。"⑤ 据 1936 年统计，宜兴全县共有祠堂 2583 座，其中绝大多数建于清代。据 20 世纪 80 年地方志统计和调查，常州武进县共有祠堂 1600 座。⑥ 这个数量远远超出作为典型宗族社会的徽州地区，在全国也是非常罕见的。

① 韩敏：《回应革命与改革：皖北李村的社会变迁与延续》，陆益龙、徐新玉译，南京：江苏人民出版社，2007 年版，第 19 页。

② 王国平、唐力行主编：《明清以来苏州社会史碑刻集》，苏州：苏州大学出版社，1998 年版，第 257 页。

③ 范金民：《清代苏州宗族义田的发展》，《中国史研究》1995 年第 3 期。

④ 王志龙：《近代苏南族田分布研究——以上海县、吴县和高淳县为核心》，《中国社会经济史研究》2011 年第 2 期。

⑤ 江苏省武进县县志编委会编：《武进县志》，上海：上海人民出版社，1988 年版，第 829 页。

⑥ 白冰洋：《清代宜兴荆溪地区的祠堂、宗族与地方社会》，南京师范大学硕士学位论文，2016 年，第 14 页。

（二）江南宗族功能的"私"与"公"

宗族作为血缘性的社会组织，其功能可以从"私"和"公"两个方面去解释。

1."私"的功能

宗族的第一功能就是满足私人领域的情感需求，即表达对祖先的尊敬与恋慕、祈求对族人的庇佑，增进族人之间的信赖与亲爱。几乎所有族谱都用"水源木本"这一自然现象来比附宗族形成的特质，强调族人血脉相连的关系。因此，所有宗族的宗旨都是"敬宗收族"，族规严格界定宗族血缘关系的纯洁，限制异姓承继。如光绪二十三年苏州《吴趋汪氏支谱》规定："异姓乱宗，谱禁綦严。""不特异姓乱宗在所必禁，即同姓冒宗，亦宜预防，吾家旧谱，严分支派，实能法范氏之遗规。"

当然，宗族情感与一般性的私人情感有所不同，毕竟它是一个严格按照儒家礼仪组成的血缘组织，所以其宗族情感首先服从儒家之"礼"。严格的礼教在族人的日常生活中具有重要的规范约束作用，这成为近代新文化运动对家族制度激烈抨击的重要方面。

2."公"的功能

宗族由于人数众多，规模庞大，是由众多小家庭组成的一种社会组织，相对于小规模的家庭而言，宗族组织具有"公"的性质，因此，宗族具有社会管理的公共职能，这也是明清以后地方士绅与地方官府所积极强调的。晚清苏州绅士冯桂芬竭力鼓吹恢复宗法。他说："宗法者，佐国家养民教民之原本也。"相对于地方官员，宗族有不可替代的优越性。他认为："惟立为宗子，以养之教之，则牧令所不能治者，宗子能治之，牧令远而宗子近也。父兄所不能教者，宗子能教之，父兄多从宽，而宗子可从严也。宗法实能弥乎牧令父兄之隙者也。"[1]

具体而言，宗族作为地方政府的辅助性社会管理组织，其功能包括：征收赋税、调解纠纷、思想教化、社会保障。几乎所有宗族都规定，要优先完成朝廷的钱粮赋税。如道光年间的苏州《济阳义庄规条》规定："惟正之供，首宜慎重。自建义庄后，地丁银两务于四月完半，十月完，依限输纳。冬季漕粮，拣选干洁好米，上完国课。司庄人等，毋得懈忽。""不孝不弟，流入匪类，或犯娼优隶卒，身为奴仆，卖女作妾，玷辱祖先者，义当出族，连妻子，均不准支领赡米。"吴县陈氏义庄规定："族有争讼，不得越义庄而径诉官司。"[2]有的义庄甚至越出宗族的范围，面向乡里百姓提供救济。如苏州潘氏丰豫义庄，其社会救济活动面向地方，包括荒年平粜赈济、弛免田租、推广区种法、建立义塾、收养弃婴等，尤其是推广区种法，更是其他宗族义庄所没有的，实质上是在代行原属政

① ［清］冯桂芬：《校邠庐抗议》下篇《复宗法议》，戴扬本评注，郑州：中州古籍出版社，1998 年版，第 166 页。

② 王国平、唐力行主编：《明清以来苏州社会史碑刻集》，苏州：苏州大学出版社，1998 年版，第 258、262、265 页。

府的某些权力。

三、江南宗族意识的内部差异

尽管江南义庄为全国首创，明清江南的宗族组织也在士绅的倡导下不断增加，但相对于江南地区的总人口而言，特别是在太湖东部平原，宗族组织的覆盖面非常有限，而且分布不均衡，世人的宗族意识也相对淡漠。

（一）宗族意识淡漠之表现

1. 对祖先不敬。为了经济利益，族人盗取祖先墓葬的事例时有发生。清初魏禧记载："江南世家大族广园圃第宅，而无宗祠以安先祖，合其族人；著书汗牛马，于谱系则阙然，自高曾以上，有不能举名氏者。"[1] 清初顾炎武说："列在缙绅而家无主祐，非寒食野祭则不复荐其先人。"[2]

2. 对于族人的疾苦漠不关心。北宋苏州范仲淹开创的宗族义庄，在清代中叶以前始终得不到大的发展。明代苏州黄省曾批评说："今九族昆弟互谋交争，鲜有亲睦者。"[3] 康熙年间常熟人严龙翔："人情慕富贵而厌贫贱，苟同姓氏，其声华势利之赫奕者，即强置称谓，谬缔宗盟，虽谓他人父、谓他人昆，不惜也。至于宗支不甚疏远，其或不幸而食贫居贱，则将以赘疣视之，必去之而始快。"[4]

3. 对于祭祀祖先的权力与仪式理解不清，各行其是，混乱无序。清朝康乾年间，常熟士人王应奎发现："今人拘五庙、三庙、二庙、一庙之说，谓士庶人止应祭一代，而不知其非也。"[5]

4. 编修家谱只图装饰门面，而不尊重事实，伪造家谱成风。清初苏州阊门内天库前，造伪谱者竟"聚众为之，姓各一谱，谱各分支。欲认某支，则捏造附之，贵显者则有画像及名人题赞，无不毕具"[6]。

（二）宗族观念的阶层差别（士庶之分）

对于宗族组织的建构，主要还是士大夫们的理想追求，从宋代范仲淹，到明代归有光、清初顾炎武、晚清冯桂芬，都曾经为恢复宗族组织而不断呼吁。

明弘治《吴江县志》卷六记载："祭祀薄于祖先，厚于姻亲，急于鬼神。然大家世族能依古礼者多。"民国《吴县志》称："宗祠之立，在士大夫家固多，而寒门单族鲜有及之

① ［清］魏禧：《魏叔子文集外篇》卷十七《吴君幼符家传》，康熙十年易堂刻本，第25页。
② ［清］顾炎武：《顾亭林诗文集》，华忱之点校，北京：中华书局，1959年版，第114页。
③ ［明］黄省曾：《吴风录》，载《笔记小说大观》第6编第5册，台北：新兴书局，1983年版，第2867页。
④ 王鸿飞：《双浜小志》，载沈秋农、曹培根主编《常熟乡镇旧志集成》，扬州：广陵书社，2007年版，第847页。
⑤ ［清］王应奎：《柳南续笔》卷四，载《柳南随笔·续笔》，王彬、严英俊点校，北京：中华书局，1983年版，第174页。
⑥ ［清］李延昰：《南吴旧话录》，上海：上海古籍出版社，1985年版，第92页。

者，以故祭礼愈形简略，奉神主者惟有家堂而已。"[1]

（三）宗族组织的城乡差别

江南宗族组织大多数是士绅富商所建，而士绅富商自明代开始城居化加剧，因此祠堂义庄大多集中于城市或市镇，而广大的农村社会普遍缺乏支撑宗族的祠堂、义庄，这在太湖东部尤为明显。1936 年费孝通在考察了吴江开弦弓村后发现，大家庭很少，所以他推测说："中国农村家庭，平均的人数大约是在 4 至 6 人之间。所谓大家庭，看来主要存在于城镇之中，很明显，他们具有不同的经济基础。"[2]

四、江南文化世族的演变

相对于其他地区而言，明清时期江南地区经济文化发达，江南宗族的文化性也非常突出，涌现了众多的文化世族。这些宗族不仅注重宗族组织的建设，同时也有很高的社会期许，在地域社会中发挥了重要的作用。

（一）何为文化世族？

所谓文化世族，大致就自然属性和社会属性两个方面而言。自然属性指家族人口繁衍的规模与世系，社会属性则是家族在社会文化领域的成就与声望。

从自然属性来看，就是按照男性血缘世系形成的族人聚居群体。宗族绵延的世系长短和人口繁衍的规模成为判断望族的基本条件。潘光旦《明清两代嘉兴的望族》一书统计了 91 个嘉兴望族，平均每个家族的血系绵延达 8.3 世，约 212 年。我主持研究苏沪地区的 6 个文化世族，平均绵延 11.7 世。文化世族首先必须具有相当之历史与规模，唯其如此才能形成深厚的文化积淀。

从社会属性而言，文化世族自然是以文化为显著特征。古人论及世家大族，多着眼于家族的文化特性。明清之际太仓吴伟业认为："世家大族，邦之桢干，里之仪型。"[3] 太仓大儒陆世仪说："一邑之中有一二世家大族，以礼仪廉耻治其家，则相观而善磨砺，而兴起者多矣。"[4]

对科举时代文化世族的甄别，主要立足于家族的文化特性，即以儒学传承与文化积累为标准。文化世族并非狭隘地限定在科第奕世、艺文卓著的家族，只要家风儒素、尚文重教、积善乡里、德孚一方，而且世系绵延久远，都可以列为文化世族，包括一心向学的儒商世家或儒医世家。真正的文化世族是有着社会责任担当的，而不是单纯专注于

---

[1] 曹允源等纂：民国《吴县志》卷五二上《风俗》，苏州：文新公司，1933 年铅印本，第 11 页。
[2] 费孝通：《江村经济——中国农民的生活》，北京：商务印书馆，2001 年版，第 43 页。
[3] ［清］吴伟业：《梅村文集》卷七《顾母施太恭人七十寿序》，宣统二年刻本，第 4 页。
[4] ［清］陆世仪：《陆桴亭先生遗书·文集》卷四《龙城郝氏宗谱序》，光绪元年刻本，第 11 页。

一家一姓的繁衍与壮大。

（二）文化世族的类别

文化世族大致可以分为三种类型。

第一，官宦型。这种家族科举功名兴盛（科举世家），而且进入仕途的人数也比较多，有的还升迁到朝廷较高的官位，因而成为声势显赫的官宦大族。如吴县莫厘王氏，王氏在明清两代共有进士 12 人，举人 16 人，其中状元 1 名，探花 1 名。此外还有昆山徐氏、长洲彭氏、吴县大阜潘氏、常熟翁氏等。

第二，学术型。这种家族虽然也有一定的科举功名，但仕途不畅，大多致力于某一文化领域的研究与创作，并世代传承，积累了丰硕的文化成就，形成风格独特的家学。如明代书画艺术世家文氏，以文徵明为代表，在诗文、书法、绘画、园林等方面均取得斐然的成就，并影响一代士风。此外明代还有文学世家皇甫氏，清代苏州还出现了文学世家叶氏与沈氏、经学世家惠氏、藏书世家瞿氏等。

第三，儒商型。这种家族大多由商贾起家，然后通过科举进入仕途，但科举功名的数量与层次都不及官宦型的科举世家，而且其族人始终没有放弃商业。如吴趋汪氏、东山席氏等。吴趋汪氏本是从徽州迁居苏州的商贾世家，但始终没有放弃科场的努力，在清代中叶先后培养了 4 名进士，14 名举人，到清末民初，汪氏子弟积极向教育界发展，出现了汪懋祖这样的著名教育家。

文化世族的类型划分只是就其主要特色而言，事实上有些家族是兼而有之。

（三）文化世族的社会功能

明清时期，江南是国家的财赋之地，所以国家权力对地方宗族势力的态度是既要利用又要抑制，晚明江南各种赋役改革均有破除大族控制地方的意图，地方大族只能成为在国家主流意识控制下的"仪型"与"典范"，其影响主要限于道德文化层面。

文化世族虽然在宗族制度上与国家基层组织相分离，但在地方社会中的文化示范效应始终是士大夫们所期待的。如明代苏州文氏，"累叶风流儒雅，为士林所推"。清代苏州"（彭）珑治家整肃，至今子弟恪守庭训，不逾规矩，有万石之遗风。江南世禄之家鲜克由礼，当以彭氏为矜式焉"[1]。

江南文化世族并不是一个个孤立的家族，他们通过复杂的血缘关系、师生同年关系与同乡地缘的网络，共同形成了江南文化世族群。他们作为社会上流阶层，或为朝廷权臣，或为地方大绅，或为文化领域的巨擘，甚至是地方上有着巨大影响力的绅商。他们

---

[1] ［清］江藩：《国朝汉学师承记》附《国朝宋学渊源记》，钟哲整理，北京：中华书局，1983 年版，第 173 页。

兼跨国家与社会两个层面，始终与国家和社会发生着密切的互动关系。在承平年代，他们通过对地方社会公共事务（主要是善堂、善会、义田、义庄、书院、义塾、会馆、公所等）的组织管理，对地方社会的稳定发展发挥了一定的积极作用，这一方面的典型代表有苏州彭氏与潘氏等家族。而在晚清社会急剧变动的过程中，面对战乱、朝代鼎革，文化世族同样发挥着重要的作用。

（四）近代江南文化世族的转型

近代以来伴随着西学渐入，儒家文化及其配套的科举制度逐步丧失其核心正统地位，而西学以及与其相关之近代教育制度逐步取而代之，成为新的人才培育新体系，由此推动了传统文化世族的转型[①]。

从晚清洋务运动，到清末新政，以及民初的新文化运动，贯穿其中的一条主线就是对物质主义的实用之学的推崇，源自西方启蒙主义和科学技术、以追求效率与功利为特征的工具理性，逐步取代传统儒家文化中以社会伦理为核心的价值理性。这种文化核心精神的转变，在文化世族身上表现如下：

第一，家族组织的松懈与个体意识的凸显。早在清末新政不久，人们就依据西方的进化论和政治理论，强调中国家族制度的封建性、专制性，激烈地要求打倒家族制度。到五四新文化运动时期，这种批判达到高峰。在强大的媒体舆论压力之下，文化世族的家族组织以及支撑家族组织的儒家伦理观念全面松懈。如苏州著名的贝氏家族，民国以后家谱中对贞节烈妇的记载明显减少，1935年贝氏承训义庄设立时，撤销节孝贞烈祠，女性祭祀不再以节孝为标准。

第二，教育理念从务虚到务实的转向。清末新政，废除科举，朝廷学部在解释学校教育宗旨时强调："以实业为要政，必人人有可农可工可商之才，斯下倚民生，上裨国计，此尤富强之要图，而教育中最有实益者也。"[②] 这一方针对文化世族的教育理念产生了决定性影响，苏州大阜潘氏、东山王鏊家族的后代，大都转向数学、物理、化学、工程等领域，从状元家族蜕变为著名的院士之家。科举制度虽然是获取功名、寻求阶层晋升的成功阶梯，包含着工具理性的成分，但科举制度所培养人才的终极目标还是儒家的"修身齐家治国平天下"，实现人生"三不朽"的价值，属于价值理性。而后科举时代的现代教育体系，更加重视的则是"竞尚物质"、满足生存就业需求的工具理性，二者有着根本性的差异。

第三，文化世族与乡里社会的疏离。传统时代的江南文化世族是以"矜式乡里"为宗

---

① 徐茂明：《到上海去：近代苏州文化世族的新变》，《文汇报》2019年4月11日。
② 陈学恂主编：《中国近代教育史教学参考资料（上册）》，北京：人民教育出版社，1986年版，第568页。

旨，然而，1905 年废科举之后，新式高等学堂和现代职业的就业机会大都集中于上海这样的大城市，读书人在地方无出路，纷纷进入上海求学谋生。世族子弟单向度地流向大城市，加剧了明清以来江南地主和大族城居化的趋势，造成文化世族与地方社会进一步疏离。

第四，文化世族家学的传承与创新。近代以来，随着西学的传入，特别是清末新政以后，立足传统而融汇西学的"新学"，开始成为许多思想家和有见识的学者所积极追求的方向，这种求新求变的思潮后来几乎扩大到社会生活的各个方面。在这种广泛的文化求新的思潮中，江南文化世族在继承家学传统的同时，积极吸纳新观念，从而开创出新的局面。

五、结论

明清江南是全国科举最发达的地区，集中了最多的官宦士绅，他们作为儒家文化和官方主流意识形态的承担者，成为宗族组织的主要倡导者与建设者。

明清江南地区发达的商品经济，对传统的敦亲睦族的血亲宗族观念破坏很大，造成了江南核心区域宗族观念的淡化。另外，人口流动的频繁，对于聚族而居的宗族形态也是一大破坏，所以从这方面看，江南不是一个严格意义上的宗族社会。

明清时期江南是朝廷控制最为严格的地区，地方士绅作为官民之中介，虽然也关心地方公益，但主要兴趣除了文化上的个人追求外，更多的还是向上求取功名，地方基层组织属于一套职役系统，文化世族是不屑为之的。所以江南世家大族对地方社会的影响，主要不是微观的具体事务性控制，而是一种宏观的文化趣味或国家政策方面的影响。

参考文献

《礼记》，陈澔注，上海：上海古籍出版社，1987 年版。

［明］黄省曾：《吴风录》，载《笔记小说大观》第 6 编第 5 册，台北：新兴书局，1983 年版。

［清］冯桂芬：《校邠庐抗议》，戴扬本评注，郑州：中州古籍出版社，1998 年版。

［清］顾炎武：《顾亭林诗文集》，华忱之点校，北京：中华书局，1959 年版。

［清］江藩：《国朝汉学师承记》，钟哲整理，北京：中华书局，1983 年版。

［清］李延昰：《南吴旧话录》，上海：上海古籍出版社，1985 年版。

［清］陆世仪：《陆桴亭先生遗书》，光绪元年刻本。

［清］王应奎：《柳南随笔·续笔》，王彬、严英俊点校，北京：中华书局，1983 年版。

［清］吴伟业：《梅村文集》，宣统二年刻本。

［清］魏禧：《魏叔子文集外篇》，康熙十年易堂刻本。

曹允源等纂：民国《吴县志》，苏州：文新公司，1933 年铅印本。

陈学恂主编：《中国近代教育史教学参考资料（上册）》，北京：人民教育出版社，1986 年版。

冯尔康等：《中国宗族社会》，杭州：浙江人民出版社，1994 年版。

费孝通：《江村经济——中国农民的生活》，北京：商务印书馆，2001 年版。

费孝通：《乡土中国·生育制度》，北京：北京大学出版社，1998 年版。

韩敏：《回应革命与改革：皖北李村的社会变迁与延续》，陆益龙、徐新玉译，南京：江苏人民出版社，2007 年版。

黄宽重、刘增贵主编：《家族与社会》，北京：中国大百科全书出版社，2005 年版。

江苏省武进县县志编委会编：《武进县志》，上海：上海人民出版社，1988 年版。

林耀华：《义序的宗族研究》，北京：生活·读书·新知三联书店，2000 年版。

吕思勉：《中国宗族制度小史》，北京：知识产权出版社，2018 年版。

沈秋农、曹培根主编：《常熟乡镇旧志集成》，扬州：广陵书社，2007 年版。

王国平、唐力行主编：《明清以来苏州社会史碑刻集》，苏州：苏州大学出版社，1998 年版。

邹振环、黄敬斌执行主编：《明清以来江南城市发展与文化交流》，上海：复旦大学出版社，2011 年版。

［日］山本英史编著：《中国近世的规范与秩序》，东京：日本研文出版社，2014 年版。

第十五讲

江南的消费风气

包诗卿

传统概念中的生活消费，是指维系人类生存、发展和延续时对粮食、衣服、住房等生活资料的需求，偏重于消费的经济学意义。从消费行为和消费观念来看，消费不单是一种物质和精神欲望的满足，更是人际关系和社会义务的体现，与人们的身份地位、社会结构和文化霸权息息相关。

目前中国近世消费史研究主要呈现以下两个面向：一是从奢侈论中寻找近代性因素，强调大众消费对近代工业社会出现所起的积极作用；二是在强调身份性消费仍占主体地位的同时，从日常消费中寻绎背后所蕴藏的社会心态、身份塑造和权力关系等。

关于消费社会的形成时间，有"晚明说"和"清中期说"两种观点。台湾学者巫仁恕以奢侈品的大众化为依据，认为晚明出现了从"特许体系社会"向"时尚体系社会"的转变，消费社会正式形成，主要表现在：（1）人们从市场购物的频率增高；（2）一些过去被视为奢侈品的东西，逐渐成为一般庶民的日常用品；（3）奢侈风气普及到社会的中下层；（4）流行时尚形成；（5）身份等级制度崩溃；（6）出现一些"崇奢"的新型消费观。[①]日本学者则松彰文认为，到清代中期以后才形成"消费社会"。[②]

无论学者们的问题意识如何，他们所讨论的出发点无不是从明清时期的江南开始的。

一、消费背景

明太祖朱元璋立国后，打着"复我中国先王之旧"旗号，在政治、经济和文化等领域实施强力统合与严密控制。自明中期开始，随着国家控制力的减弱，社会各个领域又产生一系列迥异于明初的剧烈变化，朱元璋原来所坚持的"国无游民"理想终遭摒弃。

[①] 巫仁恕：《品味奢华：晚明的消费社会与士大夫》，北京：中华书局，2008年版，第27—38页。
[②] ［日］则松彰文：《清代中期社会における奢侈·流行·消费——江南地方を中心として》，《东洋学报》80.2，1998年9月。

（一）社会控制的松弛

贫富分化和等级制度解体是社会控制松弛的重要表现，而在江南又必须将重赋因素考虑在内。华亭柘林人何良俊（1506—1573 年）谈到松江府的情况时说，正德以前，"百姓十一在官，十九在田"。到十六世纪中期，由于赋税日增，徭役繁重，百姓纷纷舍弃本业，转而为"乡官家人""食于官府""改业为工商"，甚至"游手趁食"。何良俊估计，"大抵以十分百姓言之，已六七分去农"①。

（二）城市人口的重组

随着南京当地民众放弃农桑本业，再加上永乐迁都的影响和外来人口的移入，正德以后当地人口和职业结构发生了巨大变化。据顾起元（1565—1628 年）记载，明初为打击"游手搏塞之民"，曾专门建立"逍遥楼"，用以禁锢"逐末、博弈、局戏者"②。永乐年间国都北迁后，南京居民人数减少一半以上。

让顾起元感到不解的是，正德以后"浮惰"之风反而变本加厉，大多数民众的衣鞋都是丝绸质地，很少再有人穿用草或麻编成的鞋子。这种追逐华丽衣着的偏好，导致农业生产几乎全被抛弃，结果是"薪粲而下，百物皆仰给于贸居"。诸如当铺、绸缎铺、盐店等"出利之孔"，"皆为外郡、外省富民所据"，本地居民"生计日蹙，生殖日枯"③。

经历元明之际战乱的苏州，直到成化年间才变得日益繁盛起来④，到十六、十七世纪之交，苏州城户籍人口当在五十万以上，外来人口尚不在其内。明清苏州商业主要集中在西北部的阊门和胥门一带。作为"五方杂处之地"，雍正初年，阊门南濠一带，客商云集，"大半福建人氏，几及万有余人"。又有大量来自江宁、太平、宁国等地的染坊踹工等，以上合计约两万余人。⑤ 这种盛况一直持续到上海开埠以后。

（三）社会风气的变化

从十六世纪下半叶开始，在江南富庶经济的支撑下，社会风气发生了较大变化。崇祯《松江府志》卷七《风俗》以二十四个条目为例，系统呈现了有明一代社会风气从敦厚走向浮薄的过程，包括乡饮酒礼、婚娶、丧祭、赠赗、宾宴、冠髻、服饰、履袜、组绣、布缕、染色、几案、舆盖、舟楫、室庐、园林、迎送、缇帙、楮素、巫医、方外、优剧、声妓、僮竖等，涵盖衣食住行、社交礼仪等各个方面。

---

① ［明］何良俊：《四友斋丛说》卷十三，北京：中华书局，1959 年版，第 111—112 页。
② ［明］陆粲：《客座赘语》卷十《逍遥牢》，载［明］陆粲、顾起元《庚已编·客座赘语》，谭棣华、陈稼禾点校，北京：中华书局，1987 年版，第 348 页。
③ 同上书，第 67 页。
④ ［明］王锜：《寓圃杂记》卷五《吴中近年之盛》，载［明］王锜、于慎行《寓圃杂记·谷山笔麈》，张德信、吕景琳点校，北京：中华书局，1984 年版，第 42 页。
⑤ 《世宗宪皇帝硃批谕旨》卷二〇〇，雍正元年四月初五日苏州织造胡凤翚奏，载文渊阁《四库全书》第 424 册，史部·诏令奏议类，台北：商务印书馆，1986 年版。

即便偏僻如上海，到弘治年间虽"人文宣朗，名士辈出"，但遗憾的是，原来的淳朴浑厚之风，却一变而为崇华黜素之习，"虽名家右族，亦以侈靡争雄长，往往逾越其分而恬然安之。其凶黠者，甘刑如饴，告讦相高"。在沿沙薄海地带，"则古之所谓三甲、五甲者也，尤好崇饰其外，以耸观视，而肆然无所惮焉"①。

徽州府休宁人叶权（1522—1578年），曾对其游历过的燕赵、福建和岭南等地的社会风气做过一番对比。他以售卖弊恶货物为例，指出若在广州城内卖给外江人，就是过了五到七天，仍然可以退换；若在苏、杭间，"转身即不认矣"。叶权认为，这种售卖假货的行为是"两京为甚，此外无过苏州"，像出卖假花、用墨汁将杨梅刷染成紫黑色、将老母鸡插长尾变敦鸡等，此类欺诈行为只会在客商往来的都会中存在，"若吾乡有伪物，行市中一遍，少刻各指之矣"②。

二、消费内容

清人冯桂芬（1809—1874年）《崇节俭议》有言，"奢俭之端，无过宫室、车马、饮食、衣服四者"③，衣食居处的精致化也是"奢侈"概念界定中分歧最少的地方。以下将从衣饰、饮食和园林三个方面，分别对明清的消费风气作一简要概括。

（一）衣饰

江南在衣饰方面的引领作用，直到明代中期以后才凸显出来。宋人陶谷（903—970年）《清异录》记天下有九福，衣裳之福不在江南，而在燕赵④。到十七世纪上半叶，"衣裳福，则燕赵远逊吴越"⑤，谢肇淛（1567—1624年）之说可为的论。

1. "诏复衣冠如唐制"

衣饰在消费中是最为外显的类别，也最容易成为移风易俗所整顿的对象。洪武元年（1368年）二月，朱元璋建国不久，就立即着手冠服改革，明令禁止辫发、椎髻、胡服，全面恢复"唐制"，并将之提到攸关国家兴亡的高度。

士民、官员、士庶、乐工、士庶妻、乐妓等阶层的服饰，均予以十分明确的限定，比如：（1）官员要穿戴乌纱帽，圆领袍，束带，黑靴；（2）生员、监生与举人等有功名而未入仕者，要戴四带巾，后改为四方平定巾，杂色盘领衣，不许用黄色；（3）平民所

---

① 弘治《上海志》卷一《疆域志·风俗》，弘治序刊本，中国国家图书馆藏。
② ［明］叶权：《贤博编》，载［明］叶权、王临亨、李中馥《贤博编·粤剑编·原李耳载》，凌毅点校，北京：中华书局，1987年版，第6—7页。
③ ［清］冯桂芬：《校邠庐抗议》，北京：朝华出版社，2017年版，第212页。
④ ［宋］陶谷：《清异录》卷上《人事·九福》，载［清］李锡龄《惜阴轩丛书》，道光二十年刊本，早稻田大学图书馆藏。
⑤ ［明］谢肇淛：《五杂组》卷四《地部二》，上海：上海书店出版社，2009年版，第73页。

戴一般是网巾与六合一统帽，六合一统帽，又名小帽或瓜拉帽、瓜皮帽，由六块罗帛缝制而成，缝隙间用玉略加装饰；（4）商贾之家不得穿绸纱，等等①。

这种衣饰上的等级性，逐渐成为日常生活中的身份标签。隆庆五年（1571年）进士、浙江嘉善人丁宾（1543—1633年）在赴任句容县令前，其父告诫他："汝此行，纱帽人说好，我不信。吏巾说好，我亦不信。即青衿说好，亦不信。惟瓜皮帽子说好，我乃信耳！"②

2. 崇华黜素与江南时尚中心的形成

十六世纪后期，"代变风移，人皆志于尊崇富奢，不复知有明禁，群相蹈之"，"男子服锦绮，女子饰金珠"，士庶服饰在材质上实现了从"布素"到"绮纨"的转换，皇后、王妃所用之翡翠珠冠、龙凤服饰，命妇礼冠的金事件、抹金银事件等，也为其他女性所使用。③

服饰的样式和颜色更是不断推陈出新。顾起元在谈到南京服饰风气变化时称，在隆庆、万历以前，官戴忠静冠，士戴方巾，"犹为朴谨"。此后"殊形诡制，日异月新"，仅头巾之类就有汉巾、晋巾、唐巾、诸葛巾、纯阳巾、东坡巾、阳明巾、九华巾、玉台巾、逍遥巾、纱帽巾、华阳巾、四开巾、勇巾等不下十四种名目。巾之上则有各种缀饰，如玉结子、玉花瓶等。纯阳、九华、逍遥、华阳等巾，则"前后益两版，风至则飞扬"。至于足之所履，则有方头、短脸、球鞋、罗汉靸、僧鞋等，"其跟益务为浅薄，至拖曳而后成步，其色则红、紫、黄、绿，亡所不有，即妇女之饰，不加丽焉"。④

这种对新奇样式的追求，不仅南京如此，松江一带也不遑多让。据范濂《云间据目抄·纪风俗》所载，隆庆、万历以前男子所服有阳明衣、十八学士衣、二十四节气衣等名目，此后皆服用道袍。至于绫绢花样，则经历了宋锦、唐汉锦、晋锦、千种粟、倭锦、芙蓉锦、大花样等变化。⑤

除样式上的喜新厌旧外，部分士庶对"色衣"也情有独钟，这与江南织染技术的发达密不可分。浙江桐乡人李乐（1532—1618年）在《续见闻杂记》卷十记载道："东南郡邑，凡生员读书人家有力者，尽为妇人红紫之服，外披、内衣姑不论也。余对湖州太守陈公（幼学）曰：近日老朽改得古诗一首。太守曰：愿闻。余曰：昨日到城郭，归来泪满襟。遍身女衣者，尽是读书人。"⑥李乐的这一观察，也可在浙江海宁人许敦俅的记载

---

① 《明太祖实录》卷三〇，洪武元年二月壬子，"中研院"历史语言研究所校勘本，北京：中华书局，2016年版。[明]胡侍：《真珠船》卷二《商贾之服》，北京：中华书局，1985年版，第13—14页。

② [清]谈迁：《枣林杂俎·和集·丛赘》，"丁宾"条，北京：中华书局，2006年版，第572页。

③ [明]张瀚：《松窗梦语》卷七《风俗纪》，盛冬铃点校，北京：中华书局，1985年版，第138—142页。

④ [明]陆粲：《客座赘语》卷一《巾履》，载[明]陆粲、顾起元《庚巳编·客座赘语》，谭棣华、陈稼禾点校，北京：中华书局，1987年版，第23页。

⑤ [明]范濂：《云间据目抄》卷二《纪风俗》，民国年间上海进步书局印行本。

⑥ [明]李乐：《续见闻杂记》，载《四库全书存目丛书》子部第242册，子部·小说家类，济南：齐鲁书社，1995年版，第361页。

中得到验证。许敦俅自言嘉靖四十三年（1564年）为生员时，"朋友皆纱巾白布褶，间有一二富公子，则穿色衣。今皆色衣，目中已无白布之衣矣"。[1]

服饰材质从素朴到锦绮，服饰样式和颜色的不断翻新，加速了明代服饰风尚中心从京师向江南的转移。如万历时期通州士庶热衷吴绸、宋锦、云缣、驼褐，先前的羊肠葛、本色布因无人服用，几乎在市场消失；他们推崇"时样"，所制衣服，长裙阔领，宽腰细折，变化多端。如有"不衣文采而赴乡人之会，则乡人窃笑之，不置之上座"，"至于驵会庸流，么麽贱品，亦带方头巾，莫知禁厉。其俳优隶卒、穷居负贩之徒，蹑云头履行道上者，踵相接，而人不以为异"[2]。

3. 脱略不拘的"苏样"

《蒋兴哥重会珍珠衫》是明代著名拟话本小说《喻世明言》的首篇，生动描写了蒋兴哥、王三巧、陈商、平氏四人之间的情感纠葛。美丽善良的王三巧新婚不久，蒋兴哥就离开家乡湖广襄阳府枣阳县，前往广东潮阳贩卖珍珠，王三巧便苦苦地等候夫君回来，情急之中却将前来贩卖米豆的徽州新安人陈商误认为蒋兴哥。当时陈商"头上戴一顶'苏样'的百柱鬃帽，身上穿一件鱼肚白的湖纱道袍，又恰好与蒋兴哥平昔穿着相像"[3]。从小说中两人的穿着来看，"苏样"服饰在晚明不断游走的商人群体中是极为常见的。

"苏样"服饰的大规模流行应在万历中期以后。万历三十年（1602年），杭州府推官曾枷号一"苏样"少年，"众皆笑之，传以为快"。安徽歙县人方弘静（1516—1611年）在《千一录》中评论道："凡样之始，皆知笑之，是非之本心也；久则效之，不知其可笑矣。"也就是说，在"服妖如所谓'苏样'者翩翩道上"，人们逐渐习以为常时，无论是"哄笑"还是"查禁"，都越来越不可能发生了。[4]

什么是"苏样"？万历《建昌府志》将"高冠、博袖"称为"苏意"[5]，上文冯梦龙将"百柱鬃帽"即高帽称为"苏样"。显然时人对"苏样"服饰的具体内涵并无一定标准。按松江府华亭人宋懋澄（1573—1623年）的说法，"苏样"应当源于"苏意"，寓有脱略不拘的意味。宋懋澄的同乡许乐善（约1550—1630年）为都察院河南道监察御史时（万历四十一年任），认为新选驸马所提交的论义颇得"三苏"（北宋文学家苏洵、苏轼、苏辙的合称）意味，遂于文后批"大有苏意"四字。该批本属无关紧要，结果被长班传出后，

---

① ［明］许敦俅：《敬所笔记》，"纪世变"，嘉兴祝廷锡民国十年手抄本，转引自陈学文《中国封建晚期的商品经济》，长沙：湖南人民出版社，1989年版，第318—322页"附录"。

② 万历《通州志》卷二《风俗》，载《天一阁藏明代方志选刊》，上海：上海古籍书店，1981年版。

③ ［明］冯梦龙：《喻世明言》，长沙：岳麓书社，2019年，第5页。

④ ［明］方弘静：《千一录》卷二三，载《续修四库全书》第1126册，子部·杂家类，上海：上海古籍出版社，1996年版。

⑤ 万历《建昌府志》卷一《风俗》，万历四十一年序刊本，日本国立国会图书馆藏。

传者、听者均误作"苏州"之"苏"解。台省、卿寺及翰林院诸公无不交口称"苏意"，"沿为常谈"。"后至闻于禁掖，至尊亦言'苏意'，六宫之中无不'苏意'矣。'苏意'者，言吴俗'脱略不拘'也。今宾主分东西坐，又谓之'苏坐'，远近传讹，悉倌于此"①。

这则故事还说明了苏州在衣饰风尚中的引领地位。浙江山阴人张岱（1597—1679 年）曾对浙江人极力摹仿苏州服饰的做法极为不满，认为这是没有主见的表现，"如一巾帻，忽高忽低；如一袍袖，忽大忽小。苏人巾高袖大，浙人效之；俗尚未遍，而苏人巾又变低，袖又变小矣"，最后却又无奈地承认这一现实，"苏人常笑吾浙人为'赶不着'，诚哉其'赶不着'也！"②。

同为浙江人的沈长卿（1573—1632 年）在《沈氏日旦》中认为，苏州妇女服饰的辐射力不限于江南，而是遍及于全国，"妇女妆饰逐岁一新，而作倌自苏，始杭州效之，以达于东南，而闽粤川贵等风靡；南都效之，以达于西北，而鲁燕秦晋等风靡"③。这种影响一直持续到盛清，"妇女妆饰以苏州为最时，犹欧洲各国之巴黎也"④。

（二）饮食

相对于外显性十分突出的衣饰，饮食在整顿风俗中则属"无可禁"，所受政治干扰较少。财力、技术、食材，共同支撑起极富江南特色的饮食风尚。

1. 水陆毕陈以求胜

十六世纪初期，随着江南社会经济的恢复和发展，饮食也变得奢华起来，不仅殽品丰富，还会伴有声乐，嘉隆之际南京开始有"设乐及劳厨人之事"⑤。到该世纪后期，距江南核心地区较远的通州，"乡里之人无故宴客者，一月凡几"。且酒席之上肴果无算，"皆取诸远方珍贵之品，稍贱则惧其渎客，不敢以荐"。席必用歌舞戏，"优人不能给，则从他氏所袭而夺之，以得者为豪雄"⑥。

像何良俊的家乡松江，即便寻常宴会，"动辄必用十肴，且水陆毕陈"，"或觅远方珍品，求以相胜"。当地一士大夫宴请知府袁汝是，据说殽品共有百余种，"鸽子、斑鸠之类皆有"⑦。按叶梦珠（1623—？）的说法，明末松江缙绅之家宴请长官，水陆珍馐"多至数十品"；士庶和中产之家，寻常之会多在十余品，新亲严席则在二三十品。无怪乎何良俊会对宴请官长之事大发感慨。经过明清易代的动荡，到康熙时期，"一席之盛，至数十人治

① ［明］钱希言：《戏瑕》卷三《苏意》，北京：中华书局，1985 年版，第 50—51 页。
② ［明］张岱：《琅嬛文集》卷三《又与毅儒八弟》，栾保群点校，杭州：浙江古籍出版社，2013 年版，第 107 页。
③ ［明］沈长卿：《沈氏日旦》卷六，载《四库禁毁书丛刊》子部第 12 册，北京：北京出版社，1997 年版，第 239 页。
④ ［清］徐珂编纂：《清稗类钞》第 13 册《服饰类·江浙人之服饰》，北京：中华书局，2010 年版，第 6148—6149 页。
⑤ ［明］陆粲：《客座赘语》卷七《南都旧日宴集》，载［明］陆粲、顾起元《庚巳编·客座赘语》，谭棣华、陈稼禾点校，北京：中华书局，1987 年版，第 225 页。
⑥ 万历《通州志》卷二《风俗》，上海：上海古籍书店，1981 年版。
⑦ ［明］何良俊：《四友斋丛说》卷三四《正风俗》，北京：中华书局，1959 年版，第 314 页。

庖"①，丝毫不输明末。

2. 创新制作以求奇

在明清私人笔记中，十五世纪以降的部分江南豪绅，在食材的加工方法上求新求奇，自然成为时人谴责的对象。

江淮以南多畜鹅，鹅肉性冷、味甘、无毒，颇受人们喜爱。太仓人陆容（1436—1494年）笔下的常熟陈某，"每设广席，殽饤如鸡鹅之类，每一人前，必欲具头尾"②。据侍御张景统计，嘉靖十五年（1536年）杭州每日屠鹅之数在一千三百只以上，这还不包括官府、民家之公私宴会所用③。

鹅的警戒性强，不仅被用来预防贼盗，而且是蛇的天敌。直到十六世纪，监察官对食用鹅肉，尚存禁忌。按太仓人王世贞（1526—1590年）《觚不觚录》的说法，其父王忬（1507—1560年）以御史请告里居，巡按前来相访，留饭时所进子鹅，"必去其首尾，而以鸡首尾盖之"，乃因"御史毋食鹅"例所限。④嘉靖三十七年（1558年），应天巡抚赵忻被给事中苏景和参奏，其中一条指控就是，有人宴请赵忻时，曾"杀鹅三十余头"⑤。

到明末清初，对鹅掌的爱好，促生出油浸、烤炙等加工方式。李渔（1611—1680年）记载了以沸油制作鹅掌的方法，在屠杀肥鹅之前，"先熬沸油一盂，投以鹅足，鹅痛欲绝，则纵之池中，任其跳跃。已而复擒复纵，炮瀹如初。若是者数四，则其为掌也，丰美甘甜，厚可径寸，是食中异品也"⑥。

上海浦东新场人叶映榴（1642—1688年），顺治十八年（1661年）进士，官至湖北督粮道，死于楚兵哗变，被封工部右侍郎，康熙南巡时获赐"忠节"匾额。此人生平喜食鹅掌，"以鹅置铁楞上，其下漫火烤炙，鹅跳号不已，遂以酱油、旨酒饮之，少焉鹅毙，仅存皮骨，掌大如扇，味美无伦"⑦。

叶映榴到底是如何死的？嘉庆《松江府志》说是自刎而死，称叶映榴安排好后事，接着"北向九叩，南向再拜，升公座，骂贼自刎，瞑目良久，然后瞑。贼大惊，罗拜而去"⑧。钱泳（1759—1844年）说是被贼匪"以铁楞炙死"，且"惨酷异常"。

不论事实真相如何，后者的果报观念则十分明显，表达的正是对这种以惨酷取味的

---

① ［清］叶梦珠：《阅世编》卷九《宴会》，来新夏点校，北京：中华书局，2007年版，第218—219页。

② ［明］陆容：《菽园杂记》卷十四，北京：中华书局，1985年版，第169页。

③ ［明］田汝成辑撰：《西湖游览志余》卷二五，上海：上海古籍出版社，1958年版，第445页。

④ ［明］王世贞：《觚不觚录》，载文渊阁《四库全书》第1041册，子部·小说家类，台北：商务印书馆，1986年版。

⑤ ［明］何良俊：《四友斋丛说》卷三四《正风俗》，北京：中华书局，1959年版，第314页。

⑥ ［清］李渔：《闲情偶寄》卷十二《饮馔部·肉食·鹅》，江巨荣、卢寿荣校注，上海：上海古籍出版社，2000年版，第278页。

⑦ ［清］钱泳辑：《履园丛话》卷十七《报应·残忍》，上海：上海古籍出版社，2012年版，第313页。

⑧ 嘉庆《松江府志》卷五六《古今人传八·国朝》，清嘉庆二十三年刻本，中国国家图书馆藏。

极度愤慨。

3."天下诸福，惟吴越口福"

顾起元认为，南京美食传统之所以源远流长，有两个重要因素，一是"金陵士大夫颇工口腹"，二是"地产然也"。也是就说，餔啜家和食材两大优势，共同造就了江南美食的中心地位，即"天下诸福，惟吴越口福"①。

清人沈朝初（1649—1703 年）在《忆江南词》对苏州四季丰富的鱼品赞不绝口，说该地春有江鲚、河豚，夏有黄鱼、鲥鱼，秋有银鲈、紫蟹，冬有鲟鳇、鲫鱼。②鲥鱼，形秀而扁，色白如银，肉中多细刺如毛，味甘，被誉"鱼中神品"③。鲥鱼产自海中，运输、保存不易，鲜鱼价格高昂。明代后期，喜欢逐时尝新的南京人，争先恐后前往购买，"物稍后即置不盼"。竟陵派文人钟惺（1574—1624 年）有《秣陵桃叶歌》为证："四月鲥鱼不论钱，千钱劣得一时先。河边挑向城中去，走到城中减半千。"④

鲥鱼和黄鱼都曾被作为冰鲜，贡之朝廷⑤。黄鱼又名石首鱼，"楝子花开石首来"⑥，每年四五月天气转热之时，宁波、绍兴、温州大小出洋船只以万计，苏州也会有二三百艘沙船，"小满前后放船凡三度，谓之三水黄鱼，过夏至即散回矣"。由于时间短，收获量大，"浙人曝鱼成鲞，苏人冰鱼鬻鲜"，"浃旬之间"获不下几万金⑦。

吴人最初有"忍臭吃石首"之讥，到十二世纪后期，"沿海大家始藏冰，悉以冰养，鱼遂不败"，贩运地点可达"江东金陵以西，此亦古之所未闻也"⑧。进入明代，在盐冰技术的支撑下⑨，已可通过大运河远送至北京。

明清时期苏州葑门外有冰窖二十四座，"年年特为海鲜置"⑩，即主要为渔船冷藏海鲜

① ［明］陆粲：《客座赘语》卷一《七妙》，载［明］陆粲、顾起元《庚巳编·客座赘语》，谭棣华、陈稼禾点校，北京：中华书局，1987 年版，第 22 页。

② ［清］顾禄：《清嘉录》卷五《四月·卖时新》，王湜华、王文修注释，北京：中国商业出版社，1989 年版，第 107—109 页。

③ 乾隆《上海县志》卷五《物产·水族之属》，载《中国地方志集成·善本方志辑·第一编》第 1 册，南京：凤凰出版社，2014 年版。

④ ［明］姚旅：《露书》卷十《错篇下》，福州：福建人民出版社，2008 年版，第 246 页。

⑤ 正德《江宁县志》卷三《物产·果之品》，载《中国地方志集成·善本方志辑·第一编》第 48 册，南京：凤凰出版社，2014 年版。万历《嘉兴府志》卷八《贡品》，载《中国地方志集成·善本方志辑·第一编》第 67 册，南京：凤凰出版社，2014 年版。

⑥ 嘉庆《松江府志》卷六《疆域志六·物产·鳞之属》，清嘉庆二十三年刻本，中国国家图书馆藏。

⑦ ［明］郑若曾：《江南经略》卷八《黄鱼船议》，傅正、宋泽宇、李朝云等点校，合肥：黄山书社，2017 年版，第 568—569 页。

⑧ ［宋］范成大编：《吴郡志》卷二九《土物·石首鱼》，上海：商务印书馆，1941 年版，第 281 页。

⑨ 张舜徽主编：《张居正集》第三册，卷三十九《杂著》，武汉：湖北人民出版社，1994 年版，第 639 页。

⑩ ［清］尤侗：《冰窖歌》，转引自乾隆《元和县志》卷三五《艺文》，载《中国地方志集成·江苏府县志辑》第 14 册，南京：凤凰出版社，2008 年版。

而预备。每逢尝新之时，"家家开冰出黄玉""吴门刺客舞庖刀"①，"烟灶千家竞朵颐"②。这种不惜重价、"典帐买黄鱼"的习俗，一直持续到清末③。

到明末清初，对鱼的食用，已上升到理论的高度。如李渔（1611—1680年）就认为，"食鱼者，首重在鲜，次则及肥，肥而且鲜，鱼之能事毕矣"。鲟鱼、鲚鱼、鲫鱼、鲤鱼，"皆以鲜胜"，故宜"清煮、作汤"；而鳊鱼、白鱼、鲥鱼、鲢鱼，"皆以肥胜"，故"宜厚烹、作脍"④。至于具体的烹调方法，像清初嘉兴人顾仲的《养小录》、十八世纪钱塘人袁枚（1716—1797年）的《随园食单》等饮馔书籍中均有记载。

（三）园林

私人园林是奢华和生活品味的重要代表，是精英阶层向往的城市财产之一。大量园林的修建，成为城市文化活力的重要表现。江南园林甲天下，在史志中仅苏州一地留有园貌描述的明清园林就有 456 处。明清江南园林以私家园林为主，建造风格小巧、自然、幽雅、清淡秀美，具有浓郁的吴文化特色。

1. 造园风尚的形成

明初苏州园林规模较小，园中所植以经济作物为主，饶富田野自然韵味，并无奢丽富侈之态。东庄位于苏州东南葑门之内，系长洲人吴宽（1435—1504年，官至礼部尚书）之父所居庄园。在方圆六十亩的空间之内，汇聚了稻畦、果林、菜圃、振衣冈、鹤峒、麦丘、竹田等二十余个景点⑤。

东庄系吴氏从元末到明初的世居之地，加上位置较为偏僻，兴建之时尚无用地之忧。但到十六世纪上半叶拙政园修建时，就遇到了房屋拆迁问题。拙政园初建于宋时，正德、嘉靖之际由御史王献臣重建，园址位于城东北娄门内的迎春坊。这次重修的最大障碍就是基址旁的大横寺，据传王献臣特命人移去佛像，赶走寺僧，将寺址据为己有。更为过分的是，王氏在移取佛像时，"皆剥取其金"，故被人戏称为"剥金王御史"⑥。拙政园修成后，"凡为堂一，楼一，为亭六，轩、槛、池、台、坞、涧之属二十有三，总三十有一"⑦。

十六世纪后期，三吴城中，园苑棋置，"凡家累千金，垣屋稍治，必欲营一园"。士

---

① ［明］彭孙贻：《茗斋集》卷六《海禁厉黄鱼不复登嘲嗜鱼者》，载《四部丛刊续编》集部《茗斋集附明诗》第2册，上海：上海书店出版社，1934年版。

② ［清］袁景澜：《吴郡岁华纪丽》卷五《五月·鲚鱼市》，甘兰经、吴琴校点，南京：江苏古籍出版社，1998年版，第172页。

③ ［清］王韬：《瀛壖杂志》卷一，载《近代中国史料丛刊》第39辑，台北：文海出版社，1973年版。

④ ［清］李渔：《闲情偶寄》卷一二《饮馔部·肉食·鱼》，江巨荣、卢寿荣校注，上海：上海古籍出版社，2000年版，第281页。

⑤ ［明］李东阳：《怀麓堂集》卷三〇《文稿十·东庄记》，上海：上海古籍出版社，1991年版。

⑥ ［明］徐树丕：《识小录》卷四《拙政园》，涵芬楼秘笈影印本。

⑦ ［明］文徵明：《文徵明集》补辑卷二〇《记说·王氏拙政园记》，周道振辑校，上海：上海古籍出版社，1987年版，第1275页。

大夫之家，稍微有些财力，更是"以此相胜"，结果民居大半遭到侵占 [1]。相对江南其他城市，太仓州设置较晚，城内外空地较多，王世贞自己就有园林八处，加上其他兄弟三处，共计十一处。王世贞的造园理念就是，哪怕不要居第，也要先把园林修建好。其理由有二，一是"居第足以适吾体，而不能适吾耳目，其便私之一身及子孙，而不及人"；其二，园林之胜在乔木，而林木成长需要时间，不像栋宇之材可以朝募而夕备。这也是王氏弇园最先建成，最为名胜的重要因素 [2]。明后期的松江府城，"甲第入云，名园错综，求尺寸之旷地而不可得"。即便缙绅之家，交知密戚，也往往因一椽一砖之界，而闹得不可开交 [3]。

经过明清之际的政权更迭，江南园林修建陷入短暂的沉寂。随着社会经济的恢复和发展，到清中叶以后园林修造之风重又兴起，并扩展到扬州为中心的长江以北地区。

2. 园林修造的专业化

奇花异石的妆点，书画与金石碑刻的收藏，名家品题之匾额，以及园林装修匠师、专书的出现，都是园林修建专业化的标志。其中太湖旧石的购求和造园实践与理论的总结，则显得尤为重要。

太湖石大体可分两种：一为水中所产，在波涛的长期冲击下，形成嵌空之势，需将人缒下凿取；一为山上开采，不甚贵重。太湖石具有皱、漏、瘦、透的优点，自唐以来便为园林假山堆叠的必备材料。徽宗建中靖国元年（1101 年），为修奉景灵西宫，曾命吴兴、吴郡采太湖石四千六百枚，吴郡实采于包山，吴兴则采于弁山。

嘉隆以后，"吴中富豪竞以湖石筑峙奇峰阴洞"，湖石需求量变大，强者甚至"占据名岛，以凿峭嵌空为妙"，绝下户"亦饬小小盆岛为玩" [4]。

在此种对太湖石的大规模需求中，如果某石曾经被某名园收藏，或有某名人题咏，身价更是大增 [5]。瑞云峰可为太湖旧石中的典型代表。瑞云峰高三丈余，魁岸离奇，如鬼刳神镂。相传每夜有光烛天，故名瑞云。该石最初为苏州人朱勔（1075—1126 年）所凿取，适逢靖康之乱，遂被弃置河滨。入明后，先是为南京国子监祭酒陈霁（1465—1539 年）所得，就在往舟中搬运时，石盘忽沉。明季复被礼部尚书董份（1510—1595 年）购归南浔，船至中流，复遭倾覆。董份只好"破赀募善泅者取之，先得其盘，石亦随手出，宛然剑合" [6]。据说在往船上搬运时，发明了葱叶覆地的办法，来使地面湿滑，以便节省人

① ［明］何良俊：《何翰林集》卷十二《序·西园雅会集序》，北京：国家图书馆出版社，2014 年版。
② ［明］王世贞：《弇州续稿》卷六〇《太仓诸园小记》，载文渊阁《四库全书》第 1282 册，集部·别集类，上海：上海古籍出版社，1987 年版。
③ ［清］叶梦珠：《阅世编》卷十《居》第一，来新夏点校，北京：中华书局，2007 年版，第 235 页。
④ 隆庆《长洲县志》卷一《风俗》，载《天一阁藏明代方志选刊续编》，上海：上海书店出版社，1990 年版。
⑤ ［明］计成：《园冶》卷三《选石·旧石》，于年湖点校，南京：凤凰出版社，2018 年版，第 110 页。
⑥ ［清］褚人获辑撰：《坚瓠集·余集》卷四《瑞云峰》，李梦生校点，上海：上海古籍出版社，2012 年版，第 1321 页。

力。此次搬运共计用葱万余斤，数日内南浔葱为之绝种①。在与阊门下塘巨富徐氏联姻后，董份以此石赠嫁太仆寺少卿徐泰时（1504—1598 年）。

乾隆四十四年（1779 年），此石被移置于苏州织造府西侧行宫②。瑞云峰现存苏州第十中学校园内，被誉为江南三大名石之首（其余两者为上海豫园的玉玲珑和杭州西湖的绉云峰）。

旧石供不应求，太湖工人便选取一两丈高的石材，经初步雕琢后，再置于急流，以水冲撞，久之宛若天成。有些干脆"或以熏烟，或染之色"③。

江南名园的出现，离不开造园匠师的参与，像上海人张南阳、吴江人计成（1582—?）和秀水人张涟（1587—1673 年），将绘画理论融入园林修造之中，为江南园林注入新的内涵。张南阳擅长装点假山，有"卧石山人"之誉。南阳自幼在父亲影响下，深得画家三昧法，将之运用于累石之中，"高下大小，随地赋形，初若不经意，而奇奇怪怪，变幻百出，见者骇目恫心，谓不从人间来。乃山人当会心处，亦往往大叫绝倒，自诧为神助矣"，由是见重于当世。三吴诸缙绅家山园，若非为张南阳所营构，则"主人忸怩不敢置对"。上海潘允端（1526—1601 年）的豫园、太仓王世贞的弇园，皆出自张南阳之手。④

计成早年学画，工山水，天启年间定居于镇江。一生所造之园有常州吴玄（1565—?）的东第园、仪征汪士衡的寤园、扬州郑元勋（1598—1645 年）的影园等。计成的造园叠山，突破了以往过分关注假山主景的认知，将园林作为整体来考虑，并加以实践⑤。17 世纪 30 年代，计成将自己在江南私家园林创作中的经验汇成《园冶》一书。该书被誉为中国古代的经典和集大成之作，是世界上最古老的造园名著。书中所提到的"虽由人作，宛自天开"，"巧于因借，精在体宜"，曲折变化、建筑和环境协调相配等园林修造理念，颇可为后世借鉴。

张涟，原籍松江华亭，后移居浙江秀水。少时曾追随董其昌（1555—1636 年）学画。张涟认为，"世之聚危石作洞壑者，气象蹙促"，是由于不通画理所致。张涟所作，"平冈小阪，陵阜陂陁，错之以石，就其奔注起伏之势，多得画意，而石取易致，随地材足，点缀飞动，变化无穷"。张涟以此技擅名江南数十年，大家名园，多出其手，如松江罗氏怡园，嘉兴吴昌时（1594—1643 年）的竹亭湖墅，太仓王时敏（1592—1680 年）的乐郊园、南园和西园，常熟钱谦益（1582—1644 年）的拂水山庄等。张涟晚年主要活动于北京，参与了不少王公和皇家园林的设计，前者如冯溥（1609—1691 年）的万柳堂、王熙

---

① ［明］徐树丕：《识小录》卷三《瑞云峰》，涵芬楼秘笈影印本。

② 同治《苏州府志》卷一四五《杂纪二》，载《中国地方志集成·江苏府县志辑》，南京：凤凰出版社，2008 年版。

③ ［明］林有麟：《素园石谱》卷二《太湖石》，载《四库全书存目丛书》子部第 79 册，济南：齐鲁书社，1995 年版。

④ 陈从周：《梓室余墨：陈从周随笔》，北京：生活·读书·新知三联书店，1999 年版，第 278—280 页。

⑤ ［明］计成：《园冶》，于年湖点校，南京：凤凰出版社，2018 年版，"自序"，第 12—14 页。

（1628—1703 年）的怡园，后者如西苑瀛台、玉泉山行宫和畅春园等。黄宗羲（1610—1695 年）曾盛赞其"移山水画法为石工，比元刘元（约 1240—1324 年）之塑人物像，同为绝技"。张涟卒后，子孙皆能世袭其业，北京甚至有"山石张"的说法[①]，至少到 1949 年前后仍有传人。

三、消费评价

在了解了江南消费的背景、消费内容后，我们再从消费主体、消费空间、朝代差异和消费在传统社会中的地位等，对江南的消费风气作一评估。

（一）消费主体

江南的绅士、商人、富民，以财富和权力为后盾，在消费风气中处于引领地位。作为权力和财富的依附者，如仆隶、胥吏、娼妓和优伶等，同样是消费风气的紧密追随者。也就是说，这种风气先是起于缙绅或巨家势阀之家，接着家人、婢妾效之，然后波及于亲戚、邻里，影响及于贫贱之家[②]。在扬州一带商人较为集中的地方，这种消费风气的传播路径就变成了从商贾之家，到妻女仆妾，再到近邻的"轻薄子弟"[③]。

以十六、十七世纪之际的松江为例，据范濂《云间据目抄》所论，当地女装"皆踵娼妓"。万历十年（1582 年）时，暑天时妇女用骔头箍，后改为以纱包头，春秋天用熟湖罗。后娼妓吴卖婆因职业需要，在头纱之内加细黑骔网巾，以便将头发束裹紧实，结果松江妇女"闻风效尤者，皆称便矣"。范濂认为这是女性"梳装之一幻"[④]。

作为消费风气的主要推动者，士绅和商人之间互为依托。但碍于身份和等级限制，双方之间仍存着一丝限隔。周晖（1546—　　）《二续金陵琐事》记录了一则这样的佚事，说是有一次徽州商人詹景凤（1532—1602 年）和太仓文人王世贞（1526—1590 年）在南京瓦官寺中相遇，王世贞偶然说了一句："新安贾人见苏州文人，如蝇聚一膻。"詹景凤立即针锋相对地回应："苏州文人见新安贾人，亦如蝇聚一膻。"王世贞听后只是笑而不答[⑤]。

对于大多数江南农民来说，靠密集劳动、精耕细作以及多种经营，大体过着一种尚可维持温饱的生活。据复旦大学黄敬斌教授研究，十八世纪江南农民的消费水平要高于其他地区，也优于历史上其他时期。尽管如此，在湖州、嘉兴及苏州等传统丝绸产区，农民最多也只是穿些低档丝织物[⑥]。

---

① 《清史稿校注》卷五一二《张涟传》，台北：商务印书馆，1999 年版，第 11571 页。

② ［清］叶梦珠：《阅世编》卷八《内装》，来新夏点校，北京：中华书局，2007 年版，第 202 页。

③ 万历《江都县志》卷七《提封志·谣俗》，载《稀见中国地方志汇刊》，北京：中国书店，2007 年版。

④ ［明］范濂：《云间据目抄》卷二《纪风俗》，民国年间上海进步书局印行本。

⑤ ［清］周晖：《二续金陵琐事》卷上《蝇聚一膻》，载《金陵琐事·续金陵琐事·二续金陵琐事》，南京：南京出版社，2017 年版，第 312 页。

⑥ 黄敬斌：《民生与家计：清初至民国时期江南居民的消费》，上海：复旦大学出版社，2009 年版，第 112—113 页。

（二）消费空间

关于传统时期城乡是一体还是分离，自马克斯·韦伯以来，学界多有争论。从经济发展意义上来说，晚明城市并无实质性改变，但在时人意识上，确实出现了城市观。明清的消费主要集中于苏州、杭州、南京等大城市，这些城市至少从南宋以来就已经表现得相当繁荣。

明代中期开始的士绅城居化，大大增强了这些城市的消费性格，加速了城市意识的形成。

这种中心城市的消费风气，还会不断向府县城、市镇和乡村蔓延。绍兴人张岱（1597—1679年）自诩为越中美食家之首，他所喜爱的食物产地遍布全国，包括北京、山东、福建、江西、山西、苏州、嘉兴、南京、杭州、萧山、诸暨、嵊县、临海、台州、浦江、东阳、山阴等地，"远则岁致之，近则月致之，日致之"①。

（三）明清之间的差异性

明清两代，江南消费风气既有很强的连续性，也有较大的差异性。从宫廷与江南地方的互动来看，两者在清代的关系要比明代紧密得多。

一是宫廷对江南地方的影响，这里以毛皮服饰为例。自蒙元入主中原后，一直到明清两代，狐、貂、银鼠、马尾等皮毛，深为宫廷和上层社会所喜爱。明代江南就流行一种马尾帽，清代曹去晶的小说《姑妄言》里说，万历以后南京有人戴"马尾织的瓦楞帽儿"（第五回，谄胁小人承衣钵为衣食计，膏粱公子仗富势觅富贵交）。南京女性的日常头饰帽子，也有用马尾织织成的。

到十八世纪，俄国每年输出的毛皮达数百万张，内务府会将部分毛皮交由两淮盐政、江南三织造局发商变卖，服用毛皮的风气开始在江南民间广为流行。龚炜（1704—1769年）在《巢林笔谈》中谈到吴俗时称："余少时，见士人仅仅穿裘，今则里巷妇孺皆裘矣。"②先前的服饰等级限制③，也就慢慢消失了。

二是江南对宫廷的影响，清代要比明代更为明显。明代后期江南女性服饰对宫廷就产生了一定影响，但清代无论是在深度，还是在广度上，都远超明代。乾隆皇帝在《南巡记》中提到，自己"临御五十年，凡举二大事，一曰西师，一曰南巡"，从十六年（1751年）开始先后六次南巡，南巡途中，凡所喜爱的建筑、园林、器物，均会命随行画师摹绘为粉本，作为皇家建筑参考。

乾隆中期，扬州两淮盐政甚至承担了宁寿宫花园部分建筑内檐装修任务。自明代中叶以后，扬州商人大规模建筑园林和住宅。各地的建筑材料和苏州香山的匠师，源源不

① ［清］张岱：《陶庵梦忆》卷四《方物》，上海：商务印书馆，1939年版，第34页。
② ［清］龚炜：《巢林笔谈》卷五《吴俗奢靡日甚》，钱炳寰点校，北京：中华书局，1981年版，第113页。
③ ［清］福格：《听雨丛谈》卷二《皮裘》，汪北平点校，北京：中华书局，1984年版，第46页。

断地汇聚于扬州。"谷丽成，苏州人，精宫室之制。凡内府装修由两淮制造者，图样尺寸，皆出其手。潘承烈，字蔚谷，亦精宫室装修之制。"[①] 木器镶嵌、漆器装修、贴雕竹黄等扬州地区和南方的特有工艺，在宁寿宫装修中发挥了重要作用。

（四）消费可以去"道德化"吗？

消费在经济层面的影响，主要表现社会分工和专业化生产方面。在消费风气的带动下，江南的中心城市吸收了大量手工业、商业和服务业人口。这就是十六世纪中期陆楫所说的，"大抵其地奢则其民必易为生，其地俭则其民不易为生者也"[②]。苏州阊门内专诸巷的玉石加工、砚台等制作，都达到了出神入化的程度。据现存内务府活计档不完全统计，从乾隆十二年（1747年）到四十六年，造办处从苏州征调的"好手玉匠"多达十八批次，近四十人。

不可否认的是，历史上从地方到中央，试图对消费风气进行限制的提议和举动屡见不鲜。这些限制者大体基于以下三方面考虑：一是对社会风气的败坏，特别是对礼法等级秩序的挑战；二是动摇了农桑这一本业，造成本末倒置；三是会造成人力和物力资源的极大浪费。这些理由涉及经济结构、等级制度和民生基础等方方面面。这也提示我们，"不能仅看到消费拉动经济，也要看是什么人的消费、什么样的消费，能更有利于经济发展品质的改善与再生产积累的持续"[③]。

消费风气的演变，只是整个社会变迁的一部分。社会变迁的影响并非仅限于市场或经济层面，而是牵连社会整体。江南从十五世纪开始的社会转型，给原有的统治机制、阶层关系、思想观念和民众生活带来巨大挑战，在新的、较为完善的社会机制产生前，诸如传统消费反映出的政治权力支配之下的区域分化和贫富差距等问题，都不可能得到彻底、圆满的解决。

参考书目

［宋］范成大编：《吴郡志》，上海：商务印书馆，1941年版。

［明］范濂：《云间据目抄》，民国年间上海进步书局印行本。

［明］方弘静：《千一录》，载《续修四库全书》第1126册，子部·杂家类，上海：上海古籍出版社，1996年版。

［明］冯梦龙：《喻世明言》，长沙：岳麓书社，2019年版。

---

① ［清］李斗：《扬州画舫录》卷一二，汪北平、涂雨公点校，北京：中华书局，1960年版，第278页。
② ［明］陆楫：《蒹葭堂稿》卷六《杂著》，载《续修四库全书》第1354册，集部·别集类，上海：上海古籍出版社，2002年版，第640页。
③ 王家范：《明清江南史丛稿》，北京：生活·读书·新知三联书店，2018年版，第196页。

［明］何良俊：《何翰林集》，北京：国家图书馆出版社，2014 年版。

［明］何良俊：《四友斋丛说》，北京：中华书局，1959 年版。

［明］胡侍：《真珠船》，北京：中华书局，1985 年版。

［明］计成：《园冶》，于年湖点校，南京：凤凰出版社，2018 年版。

［明］李东阳：《怀麓堂集》，上海：上海古籍出版社，1991 年版。

［明］李乐：《见闻杂记》，载《四库全书存目丛书》子部第 242 册，子部·小说家类，济南：齐鲁书社，1995 年版。

［明］林有麟：《素园石谱》，载《四库全书存目丛书》子部第 79 册，济南：齐鲁书社，1995 年版。

［明］陆粲、顾起元：《庚巳编·客座赘语》，谭棣华、陈稼禾点校，北京：中华书局，1987 年版。

［明］陆楫：《蒹葭堂稿》，载《续修四库全书》第 1354 册，集部·别集类，上海：上海古籍出版社，2002 年版。

［明］陆容：《菽园杂记》，北京：中华书局，1985 年版。

［明］彭孙贻：《茗斋集》，载《四部丛刊续编》集部《茗斋集附明诗》，上海：上海书店出版社，1934 年版。

［明］钱希言：《戏瑕》，北京：中华书局，1985 年版。

［明］沈长卿：《沈氏日旦》，载《四库禁毁书丛刊》子部第 12 册，北京：北京出版社，1997 年版。

［明］田汝成辑撰：《西湖游览志余》，上海：上海古籍出版社，1958 年版。

［明］王锜、于慎行：《寓圃杂记·谷山笔麈》，张德信、吕景琳点校，北京：中华书局，1984 年版。

［明］王世贞：《觚不觚录》，载文渊阁《四库全书》第 1041 册，子部·小说家类，台北：商务印书馆，1986 年版。

［明］王世贞：《弇州续稿》，载文渊阁《四库全书》第 1282 册，集部·别集类，上海：上海古籍出版社，1987 年版。

［明］文徵明：《文徵明集》，周道振辑校，上海：上海古籍出版社，1987 年版。

［明］谢肇淛：《五杂组》，上海：上海书店出版社，2009 年版。

［明］徐树丕：《识小录》，涵芬楼秘笈影印本。

［明］姚旅：《露书》，福州：福建人民出版社，2008 年版。

［明］叶权、王临亨、李中馥：《贤博编·粤剑编·原李耳载》，凌毅点校，北京：中华书局，1987 年版。

［明］张岱：《琅嬛文集》，栾保群点校，杭州：浙江古籍出版社，2013 年版。

［明］张瀚：《松窗梦语》，盛冬铃点校，北京：中华书局，1985 年版。

［明］郑若曾：《江南经略》，傅正、宋泽宇、李朝云等点校，合肥：黄山书社，2017 年版。

《明太祖实录》卷三〇，洪武元年二月壬子条，"中研院"历史语言研究所校勘本，北京：中华书局，2016 年版。

弘治《上海志》，弘治序刊本，中国国家图书馆藏。

正德《江宁县志》，载《中国地方志集成·善本方志辑·第一编》第 48 册，南京：凤凰出版社，2014 年版。

隆庆《长洲县志》，载《天一阁藏明代方志选刊续编》，上海：上海书店出版社，1990 年版。

万历《建昌府志》，万历四十一年序刊本，日本国立国会图书馆藏。

万历《嘉兴府志》，载《中国地方志集成·善本方志辑·第一编》第 67 册，南京：凤凰出版社，2014 年版。

万历《通州志》，载《天一阁藏明代方志选刊》，上海：上海古籍书店，1981 年版。

万历《江都县志》，载《稀见中国地方志汇刊》，北京：中国书店，2007 年版。

崇祯《松江府志》，载《日本藏中国罕见地方志丛刊》，北京：书目文献出版社，1991 年版。

［清］曹去晶：《姑妄言》，许辛点校，北京：中国文联出版公司，1999年版。

［清］褚人获辑撰：《坚瓠集》，李梦生校点，上海：上海古籍出版社，2012年版。

［清］冯桂芬：《校邠庐抗议》，北京：朝华出版社，2017年版。

［清］福格：《听雨丛谈》，汪北平点校，北京：中华书局，1984年版。

［清］顾禄：《清嘉录》，王湜华、王文修注释，北京：中国商业出版社，1989年版。

［清］龚炜：《巢林笔谈》，钱炳寰点校，北京：中华书局，1981年版。

［清］顾仲：《养小录》，邱庞同注释，北京：中国商业出版社，1984年版。

［清］李斗：《扬州画舫录》，汪北平、涂雨公点校，北京：中华书局，1960年版。

［清］李锡龄：《惜阴轩丛书》，道光二十年刊本，早稻田大学图书馆藏。

［清］李渔：《闲情偶寄》，江巨荣、卢寿荣校注，上海：上海古籍出版社，2000年版。

［清］钱泳辑：《履园丛话》，上海：上海古籍出版社，2012年版。

［清］谈迁：《枣林杂俎》，罗仲辉、胡明校点校，北京：中华书局，2006年版。

［清］王韬：《瀛壖杂志》，载《近代中国史料丛刊》第39辑，台北：文海出版社，1973年版。

［清］徐珂编纂：《清稗类钞》，北京：中华书局，2010年版。

［清］叶梦珠：《阅世编》，来新夏点校，北京：中华书局，2007年版。

［清］袁景澜：《吴郡岁华纪丽》，甘兰经、吴琴校点，南京：江苏古籍出版社，1998年版。

［清］袁枚：《随园食单》，周三金注释，北京：中国商业出版社，1984年版。

［清］张岱：《陶庵梦忆》，上海：商务印书馆，1939年版。

［清］周晖：《金陵琐事·续金陵琐事·二续金陵琐事》，南京：南京出版社，2017年版。

《清史稿校注》，台北：商务印书馆，1999年版。

《世宗宪皇帝硃批谕旨》，载文渊阁《四库全书》第424册，史部·诏令奏议类，台北：商务印书馆，1986年版。

乾隆《上海县志》，载《中国地方志集成·善本方志辑·第一编》第1册，南京：凤凰出版社，2014年版。

乾隆《元和县志》，载《中国地方志集成·江苏府县志辑》第14册，南京：凤凰出版社，2008年版。

嘉庆《松江府志》，清嘉庆二十三年刻本，中国国家图书馆藏。

同治《苏州府志》，载《中国地方志集成·江苏府县志辑》第7—10册，南京：凤凰出版社，2008年版。

陈从周：《梓室余墨：陈从周随笔》，北京：生活·读书·新知三联书店，1999年版。

陈学文：《中国封建晚期的商品经济》，长沙：湖南人民出版社，1989年版。

范金民：《明清社会经济与江南地域文化》，上海：中西书局，2019年版。

故宫博物院、柏林马普学会科学史所编：《宫廷与地方：十七至十八世纪的技术交流》，北京：紫禁城出版社，2010年版。

黄敬斌：《民生与家计：清初至民国时期江南居民的消费》，上海：复旦大学出版社，2009年版。

林丽月：《奢俭·本末·出处——明清社会的秩序心态》，台北：新文丰出版股份有限公司，2014年版。

罗钢、王中忱主编：《消费文化读本》，北京：中国社会科学出版社，2003年版。

王家范：《明清江南史丛稿》，北京：生活·读书·新知三联书店，2018年版。

巫仁恕：《品味奢华：晚明的消费社会与士大夫》，北京：中华书局，2008年版。

巫仁恕：《优游坊厢：明清江南城市的休闲消费与空间变迁》，台北："中研院"近代史研究所，2013年版。

张舜徽主编：《张居正集》第三册，武汉：湖北人民出版社，1994年版。

［加］卜正民：《纵乐的困惑：明代的商业与文化》，方骏、王秀丽、罗天佑译，北京：生活·读书·新知三联书店，2004年版。

第十六讲

江南女性与社会

董佳贝

江南是一个特殊的词语，也是一种流行的诗意暗示。"江南"二字很多时候已经超越地理区域概念，更像是一个形容词，代表和象征着诸多美好和令人向往的元素。

从先秦至清代的漫长的历史来看，各个时期、各个阶层的江南女性及其所体现的性别文化具有一种矛盾统一的特质——既崇文秀雅又勇毅坚韧，既阳春白雪又市井浮生。可以说，刚柔相济的江南女性在温润如玉中又裹挟、散发着勃勃英气，这也和江南地区的人文风尚、文化特质完美契合。

一、宫闱决事、马上建功的江南女性

早在先秦时期，中国古代四大美人之一的西施、民间武术家"越女"、越国王后勾践夫人等越地女子就已在吴越争霸的战争风云中纷纷登场，留下了浓墨重彩的一笔和无数的传说令后世津津乐道。

公元前 492 年，战败的越国君主勾践不得不入吴国为奴，其夫人也随之前往，在途中，勾践夫人以首《乌鸢歌》唤起越国"起死成霸"的传奇转折。其歌云："仰飞鸟兮乌鸢，凌玄虚兮号翩翩。集洲渚兮优恣，啄虾矫翮兮云间，任厥性兮往还。妾无罪兮负地，有何辜兮谴天？骦骦独兮西往，孰知返兮何年？心惙惙兮若割，泪泫泫兮双悬。彼飞鸟兮鸢乌，已回翔兮翕苏。心在专兮素虾，何居食兮江湖？徊复翔兮游飏，去复返兮于乎！始事君兮去家，终我命兮君都。终来遇兮何幸，离我国兮去吴。妻衣褐兮为婢，夫去冕兮为奴。岁遥遥兮难极，冤悲痛兮心恻。肠千结兮服膺，于乎哀兮忘食。愿我身兮如鸟，身翱翔兮矫翼。去我国兮心摇，情愤惋兮谁识？"[1] 回归故国后，在"十年生聚，十年教训"期间，勾践夫人全力支持夫君的大业，与百姓同甘共苦。她亲自养蚕织布，不

---

[1] 沈立东编撰：《历代后妃诗词集注》，北京：中国妇女出版社，1990 年版，第 49—50 页。

吃荤菜，不穿两层的华美服饰，以身体力行感召百姓，对越国的复兴助力甚多。勾践夫人可谓是先秦英雄越女群像中的突出代表。

进入中古时期，在政治女强人武则天登基之前，曾出现了一位被史学家翦伯赞称为"中国第一个女皇帝"的江南女性，她就是陈硕真。陈硕真（620—653年），睦州（今浙江建德）人，出身贫寒，自幼父母双亡，与妹妹相依为命，信仰拜火教（祆教）。关于陈硕真的宗教信仰，学界一直有多种看法：如林梅村等人认为她是祆教徒；王永平主张她信仰道教；陈登武等人则认为她皈依佛教弥勒信仰。唐高宗永徽四年（653年），陈硕真与妹夫章叔胤率领农民起义，她自称文佳皇帝，封章叔胤为仆射，童文宝为大将军。起义军攻势迅猛，连克桐庐、睦州等地，逼近歙州、婺州，声势浩大、威震东南。据20世纪80年代出土的《大周故银紫光禄大夫使持节利州诸军事行利州刺史上柱国清河县开国子崔君墓志铭并序》称："祆贼陈硕真挟持鬼道，摇动人心，以女子持弓之术，为丈夫辍耕之事。沴气浮于江波，凶徒决于州境，凡在僚属，莫能拒捍。"[①] 在此形势之下，朝廷急派扬州刺史房仁裕带兵前往镇压，婺州刺史崔义玄也征兵围剿，并对农民军施行分化瓦解。在唐军的两路夹击之下，起义军战败。陈硕真也兵败身亡。尽管这次起义持续时间不长，但陈硕真自立为女帝这一惊天动地的壮举以及在江南大地的纵横驰骋也成为英勇刚毅的越女典范。

两宋时代末期，作为后宫女性的杨淑妃也曾在政治史上扮演着重要角色。杨淑妃，浙江淳安人，南宋宋度宗的妃嫔，宋端宗的生母，又称杨太后、景炎太后。据1987年春于浙江淳安县发现的宋恭圣仁烈杨皇后家族墓址和《宏农杨氏宗谱》，杨淑妃与宋宁宗恭圣仁烈皇后杨氏系同一家族，祖上乃是由河南开封迁至浙江淳安，其父杨瑞芝进士出身，任兵部侍郎，后赠燕国公。《宋史·后妃传》记载，杨氏初入宫时封美人，咸淳三年（1267年）晋淑妃。宋恭帝德祐二年（1276年），元军攻陷临安，谢太后率百官降元；又命杨淑妃、国舅杨亮节等护送益王赵昰、广王赵昺经永嘉（今浙江温州）从海路逃向闽江口，徐图恢复。德祐二年（1276年）五月，赵昰登基，即宋端宗，定福州为行都，改年号曰景炎，陆秀夫、张世杰等人均掌机要。此时，赵昰的生母、被尊为太后的杨淑妃也效前代成例，垂帘听政。杨淑妃垂帘后，在与群臣议事时仍自谦称"奴"[②]，也可见其在国势危难之局面下，以母弱子幼的悲情来激发南宋臣子同仇敌忾、共御外侮的政治智慧与手段。至元十四年（1277年），南宋军队被元军围困海上。第二年，赵昰去世，其异母弟赵昺即位。仅仅相隔一年，在至元十六年（1279年）二月，崖山海战，宋军败北，丞

---

① 河南省文物研究所、河南省洛阳地区文管处编：《千唐志斋藏志》，北京：文物出版社，1984年版，第453页。

② ［元］脱脱等：《宋史》卷二四三《后妃传下》，北京：中华书局，1977年版，第8662页。

相陆秀夫抱赵昺投海自尽。据《宋史·张世杰传》载，此后张世杰还曾请求杨淑妃再册立一位宗室后裔为帝，以延续政权。[①] 面对如此艰难的选择，眼光和头脑十分清晰的杨淑妃看清了天下时势的走向，认识到赵宋统治已经难以继续，没有同意张的提议。在听说赵昺殉难的消息后，杨淑妃曾大哭道："我艰关忍死者，正为赵氏祭祀尚有可望。"[②] 面对复国无望，南宋君臣多已葬身碧涛，杨淑妃也毅然决然地选择投海殉国以保全气节。

然而，后世没有忘记杨淑妃这位节义千秋的女性。明代成化年间，广东布政使刘大夏修建慈元殿，奉祀杨淑妃。明宪宗还赐名全节庙以示褒扬。此外，广州都府街建有纪念杨淑妃的"三娘庙"。清代温子颢写有《满江红》一词咏怀杨淑妃，词曰："半亩榕阴，低护着，一丛庙宇、听说是，慈元当日，垂帘圣母。遗像谁从全节绘？徽称尚恐充容护。叹三宫、家漠委尘沙，谁祠墓？海滨葬，知何所。江头酹，无寻处。剩年年此地，赛神箫鼓。儿女哪知涯海恨，聪明犹乞璇宫度。较胜地，永福一杯陵，埋榛莽。"[③] 在清代，杨淑妃还是妇女膜拜的神灵，当地女性在三月初三这一天，会盛装前往"皇妈行宫"拜祭，祈求心灵手巧，是地方一大盛事。这一节俗延续至今，可见古往今来百姓对于杨淑妃这位气节凛然的江南女性的怀念与尊崇。杨淑妃的影响不仅仅局限于中华大地，根据学者的相关研究，杨淑妃殉难之事在宋末元初就已传播到越南，并由此衍生了各种情节和类型的故事。[④] 杨淑妃成为越南沿海和内陆乡村的重要神祇。越南的陈朝、黎朝等政权，也多次对包括杨淑妃在内的女性神祇予以褒封。到 19 世纪，以杨淑妃为原型的南海四位圣娘信仰模式基本定型。南宋女性历史人物被越南人民长期、广泛信仰这一事例，也印证了自古以来中越两国之间密切的文化交流。

进入 15 世纪，继陈后主时袁大舍、唐朝宋氏五姐妹之后，明孝宗的宫廷中也有一位声名卓著的"女学士"——沈琼莲。沈琼莲，字莹中，乌程（今浙江吴兴）人，生卒年不详，大致为明景泰三年（1452 年）前后出生，明弘治十一年（1498 年）尚在。其父沈安为江南巨富沈万三五世孙，景泰七年（1456 年）举人；弟弟沈溥，官至苏州通判。沈琼莲自幼"聪慧绝人，经史三四过，成诵如对卷，八岁口占协声律"[⑤]。在英宗统治时期，因之前长期没有采选，女官缺员严重，不得不选拔补充。于是，天顺三年（1459 年），英宗下诏派遣宦官密切体访，采选良家女子："密切体访良家子女十五以上，及无夫妇人

①　［元］脱脱等：《宋史》卷四五一《列传·忠义六》，北京：中华书局，1977 年版，第 13274 页。

②　同上书，卷二四三《后妃传下》，第 8662 页。

③　［清］温子灏：《满江红》，载《岭南丛书》，哈佛燕京图书馆藏。

④　参见牛军凯：《"海为无波"：越南海神南海四位圣娘的传说与信仰》，《海交史研究》2011 年第 1 期。牛军凯：《异域显灵：越南"神迹"文献中的宋杨太后信仰》，《亚非研究》2019 年第 1 辑。

⑤　崇祯《乌程县志》，载《日本藏中国罕见地方志丛刊》，北京：书目文献出版社，1991 年版，第 360 页。

四十以下，能读书写字并谙晓算数者四五十人。"① 甫十三岁的沈琼莲入选为女秀才。她虽未达到十五岁的待选年龄，但很可能因为其出众的才华而破格选中。而女秀才，是晋升宫官的第一个阶段，等级低于女史。孝宗即位后，曾对宫中女史以"守宫论"为题进行面试，沈琼莲以独辟蹊径、落笔大胆的"甚矣！秦之无道也，宫岂必守哉？"作答，孝宗龙颜大悦，将其列为第一。

沈琼莲在写给弟弟的诗中生动描绘了自己的女官生活："一自承恩入帝畿，难将寸草答春晖。朝随步辇趋丹宸，夕侍鸾舆入紫闱。"② 这里，透露出了一个非常重要的历史讯息：明代女官平的日常职责包括协助皇后管理后宫，教导嫔御等。然而，还有一份职责是女官职掌中没有明确记载的，那就是随侍帝王之侧，记录皇帝对朝臣或使节所说的话，处理国家政务的命令等，即所谓的"代书王命"。可以说，这是这些女官与王朝权力中枢最近距离的接触。在《沙哈鲁遣使中国记》一书中，波斯使团注意到御座左右"两个月儿般面孔的姑娘"，她们正是晚年的明成祖用于扶持视朝的女官。③ 可以推测，沈琼莲也曾是这些月儿般的姑娘之一，立身于帝国最核心的区域，聆听并书写着关于大明王朝的军国大事。

后来，孝宗想把她纳为妃嫔，沈琼莲却并不期盼这份意外的恩宠，她"伏地不前，叩首曰：'臣本江南儒家子，待罪校书足矣。希恩徼宠，臣何敢觊？'"④。孝宗并未因此降罪于她，又晋升她为给事中，后至女学士。

沈琼莲有十首七绝宫词、两首七律传世，均是其入侍禁中的见闻，如"倦把青绒绣紫纱，阁针时复卜灯花。明朝太后长生诞，可有恩波遍及么""海东青放渡辽烟，天上群鹅得自专。敕谕鹰坊高索价，圣王廿载绝游畋"⑤，涉及皇太后寿诞、宪宗禁朝鲜进贡海东青等人物和史事，具有很高的史料价值。

关于沈琼莲的结局，与她同一期入选的福建建宁倪氏在入宫四年后就被赐还家。而沈琼莲除了在弘治十一年时因家事暂时告假出宫归乡，后来又被复召，最后很可能是卒于宫中。沈琼莲被缅怀她的家乡人民尊称为"女阁老"，却最终未能终老故土，不得不说是人生的巨大遗憾。

晚明的江南地区还出现了一位英勇无匹的女将军沈云英。沈云英（1627—1664 年），浙江绍兴府萧山县人。其父沈至绪为武进士出身，她也自幼好学习武，"随父出入京，骑

① 《明英宗实录》卷三〇六，天顺三年八月己未条，"中研院"历史语言研究所校印本，1968 年版，第 6447 页。
② ［清］陶元藻辑：《全浙诗话（外一种）》第 4 册，蒋寅点校，杭州：浙江古籍出版社，2017 年版，第 911 页。
③ ［波斯］火者·盖耶速丁：《沙哈鲁遣使中国记》，何高济译，北京：中华书局，1981 年版，第 118 页。
④ 崇祯《乌程县志》，载《日本藏中国罕见地方志丛刊》，北京：书目文献出版社，1991 年版，第 360 页。
⑤ ［清］孙承泽纂：《天府广记》，北京：北京古籍出版社，1984 年版，第 717 页。

马，能马射"①。明朝崇祯十一年（1638年），沈至绪时任道州守备，沈云英随侍左右。此时，张献忠的农民起义军攻破武昌，兵临道州城下，沈至绪在交战时被对方杀死，陈尸敌营。听闻噩耗，云英怒道："贼虽累胜，然皆乌合，不足畏，吾女子，义不与贼俱生，吾为父死，诸公为乡里死，即道州可完。孰与乞命狂贼之手，坐视妻若子为虏乎？"② 于是云英毅然提枪上马，带领数十骑，飞速杀入敌营，连斩三十余人，抢回父亲的尸身，又一路杀出返回城内。沈云英一战成名，被赞誉智勇双全。有诗歌记述此事，云："异军攻城围义兵，蛾眉汗马解围城。父仇围难两湔雪，千古流芳忠孝名。"后来，朝廷嘉奖沈云英，授予游击将军一职，令其继承父业，率领部众继续守卫道州。"女子授将军，此在明朝，未有之典则。"③ 但是不久以后，云英再遭变难，崇祯十五年（1642年），其夫荆州都司贾万策在守荆州南门时，被炮火攻陷，战死沙场。云英悲痛万分，故向朝廷请辞，扶父、夫灵柩回家乡萧山县安葬。清军入关，明朝覆灭后，沈云英决心投水殉国，被母亲制止，苟活于世的女将军此后兴办私塾，培养族中弟子学文习武。直到38岁那年，沈云英叹息"吾不能久居此矣"④，遣散私塾，怀着满腔悲愤和抑郁离开人世。至今，其故乡萧山瓜沥镇长巷村还有"将军讲学处"的石匾留存。

二、作为技术名家的江南女性

提及中国古代历史上作为技术家、发明家的江南女性，首要的便是一位为上海乃至整个江南地区带来了繁荣的重要人物——黄道婆。

黄道婆（1245—1330年），又称黄婆、黄母，松江府华亭县乌泥泾（今上海市徐汇区华泾镇）人，宋末元初棉纺织家。她生于南宋，由于家贫，幼年被卖为童养媳，婚后不堪家庭虐待，随黄浦江海船逃到了海南岛崖州。黄道婆在当地向黎族人学习纺织。到了南宋淳祐九年，她又回到松江乌泥泾，将棉纺织技术教授给当地妇女，并制成了一套扦、弹、纺、织工具（如搅车、椎弓、三锭脚踏纺车等）。在织造方面，她用错纱、配色、综线、挈花工艺技术，织制出有名的乌泥泾被，从此，松江的纺织业发达起来。到了明代，松江府成为全国棉纺织业中心，"衣被天下"，这确是黄道婆奠定的基础。后来上海从江南城市发展为近现代大都市，也有因棉兴市的重要因素。明代天启年间，山东布政使张所望在《重建黄道婆祠记》中，称颂黄道婆的功绩："衣食之源头，妪实开之，等于育我，以母道事之，谁曰不然。"松江一带至今还流行一首民谣："黄婆，黄婆，教我纺纱，

① ［清］吴曾祺编：《旧小说》己集一《沈云英传》，上海：上海书店出版社，1985年版，第141页。
② 上海世界书局编辑部：《清代文评注读本》（下册），上海：世界书局，1925年版，第63页。
③ ［清］吴曾祺编：《旧小说》己集一《沈云英传》，上海：上海书店出版社，1985年版，第140页。
④ 同上书，第141页。

教我织布，两手织二疋。"李约瑟主编的《中国科学技术史》的《纺织技术》专册，用了一个专章来论述黄道婆，认为她所革新的三锭纺车是当时世界上最先进的纺纱工具，比西欧早了四百多年。在黄道婆身上，江南女性勤劳务实、善于思考、勇于创新的精神表现得淋漓尽致。

江南女性在医学技术方面的代表则当属明代女医师谈允贤。谈允贤（1461—1556年），南直隶常州府无锡县（今江苏无锡）人，与西汉义姁、晋朝鲍姑、北宋张小娘子，并称为中国古代四位女名医。

谈允贤出生于江南医学世家，祖父谈复、祖母茹氏皆为一时名医。谈允贤自小聪慧，超过其同辈兄弟，在祖母的教诲下幼年即开始学习医术。她在婚后因患有气血失调，就尝试自我治疗；在生育子女后，也会为他们诊治。祖母茹氏在去世前将一生收集、编写的医方病理都传给了谈允贤，此后，她开始在外行医。当时上层社会女性因儒家思想的男女大防，不愿请男医生诊治，导致时常贻误病情。谈允贤女医的名声逐渐传播开来后，许多妇女纷纷找她治病。由于民间精通医术的妇女数量日渐增多，于是皇帝下诏选拔其中的佼佼者以备宫廷召用，这些女医师被称为医婆或医妇。在这群人中，谈允贤最负盛名，皇室女眷纷纷延请她入内廷治病。谈允贤医治的除部分内、外科疾病外，多是妇科病，病人年龄最大69岁，最小的才6岁，育龄妇女占多数。

除了施救病人，正德五年（1510年），年届半百的谈允贤整理祖母留下的药方病理，并总结自己数十年的行医经验和心血，写成医案专著《女医杂言》。该书收录了31例病案，涉及习惯性流产、经病、产后诸疾、腹中结块诸证。所载病例都是非常成功的案例，一些治疗经验也颇值得后世参考。谈允贤在自序中述及著书的经过和目的："相知女流眷属不屑以男治者，络绎而来，往往获奇效。今妾年已五十，谨以平日见授于太宜人及所自得者，撰次数条，名曰女医杂言，将以请益大方家。或可为医家万一之助云尔。观者其勿诮让可也。"[1] 谈允贤的弟弟一凤在书跋中盛赞姐姐堪称良医："良医之功与良相等，古有是言，以活人之难也。溯而上之，称良相者代不数，称良医者能几何哉！而况于后世乎！况于妇人乎！"[2] 谈允贤的表弟，进士朱恩也特别指出谈允贤作为女医的难能可贵："余闻医家之说有曰：宁医十男子，不医一妇人。其所以苦于医。妇人者，非徒内外相隔，亦由性气不同之故也。惟妇人医妇人，则吕己之性气，度人之性气，犹兵家所谓吕夷攻夷，而无不克者矣。余内之表姊，曰杨孺人谈氏，聪明读书，深达于医，经验既多，爱著《女医杂言》一书，盖将大济乎众，非止仁其一乡一邑而已。"[3] 朱恩还将《女医杂

---

①　王旭东编著：《女医谈允贤及其医案解析》，长沙：湖南科学技术出版社，2018年版，第177页。
②　汪剑主编：《谈允贤〈女医杂言〉评按译释》，北京：中国中医药出版社，2016年版，第98页。
③　同上。

言》与前代班昭的辞赋、卫夫人的书法以及朱淑真的词作并举，并认为该书价值远在三者之上。①

清代江南女性在科技方面的成就主要集中在天文学领域，以王贞仪和黄履最为突出。

清代著名天文学家王贞仪（1768—1797年），字德卿，江宁（江苏南京）人。她认为"同是人也，则同是心性"，强调学问并不是男性的专属，女子的智慧并不比男子逊色。在这样的志向下，王贞仪在天文、气象、地理、数学和医学等方面均有所涉猎和研究。当时历算有中、西不同流派，她强调"理求其是，何择乎中西，惟各极其兼收之义"，不应持有门户之见。王贞仪对西方学说在了解的基础上有选择地采用。她对哥白尼的日心体系和第谷的折中体系均有知晓，认为"有所可行，即有不可行；有所是，即有不是"。②此外，王贞仪对于天文学中的许多问题如岁差的发现和测量方法、历元历法的概念都提出了个人见解，表现出勇于探索、严谨求实的科学精神。她还利用挂灯为太阳、圆桌为地球、镜子为月亮，以实验的方法阐释月食的原理，写成《月食解》一文。在短暂的一生中，王贞仪留下了《星象图释》《筹算易知》《术算简存》等十多种科学论著以及文学作品《德风亭初集》。钱仪吉在《术算简存》的序言中高度评价王贞仪的学问，说："贞仪有实学，不可没，班惠姬后一人而已。"③光绪年间的《畴人传》，也肯定她的学术成就在一般士大夫之上。后人更以"兼资文武，六艺旁通""博而能精"十二字给予全面评价。尽管王贞仪的人生停止在二十九岁的盛年，但她的确实现了少年时代"足行万里书万卷，尝拟雄心胜丈夫"的宏伟抱负。2000年，国际天文学联合会将43259号小行星，命名为Wang Zhenyi，以纪念这位女科学家。《自然》（Nature）也评价王贞仪为"为科学发展奠定基础的女性科学家"。

另外一位致力于科技发明的女科学家是黄履。黄履生活于清代嘉庆、道光年间，浙江杭州人。家学渊源，其父对于天文学、数学十分精通。在父亲的影响下，黄履坚持进行科学实验，研究制作科学仪器，终于发明了寒暑表和千里镜（天文取景器）。这种千里镜和以往的望远镜不同之处在于，能"摄数里之外之影，平列其上，历历如绘"④，相当于将望远镜和取景器的结构原理联合考虑进行设计。这种天文照相术，西方直到19世纪中叶后才出现。作为一名古代女性，能在科技发明方面取得如此成就，堪称不凡。

---

① 汪剑主编：《谈允贤〈女医杂言〉评按译释》，北京：中国中医药出版社，2016年版，第98页。

② ［清］王贞仪：《德风亭初集·日月五星随天旋论（一）》，载翁长森、蒋国榜辑《金陵丛书》丁集二十二，上元蒋氏慎修书屋排印本，1916年版，第53页。

③ ［清］钱仪吉：《〈术算简存〉序》，载钱锺霆主编《清芬世守》，杭州：浙江文艺出版社，2009年版，第147页。

④ 贺艳秋：《浙江妇女发展史》，杭州：杭州出版社，2013年版，第203页。

三、堪称书画妙手的江南女性

南宋偏安江南，临安等城市商业繁盛，文化生活非常活跃，对于绘画艺术品的需求量明显增长。这个时期也自然涌现出一批女性画家，杨婕妤便是其中具有典型性的一位。

杨婕妤，会稽人，宋宁宗恭圣皇后之妹。杨婕妤诗、书、画兼善，其画作主要用于供奉内廷以及自我赏玩。杨婕妤的作品主要是绢本设色重彩工笔画。代表作《百花图卷》是其品之一，画中绘有17种不同的花卉，在南宋院体画精工风格的基础上糅入了女性画家的灵动优美，整体风格高贵典雅，浓丽而不俗。《百花图卷》也是我国现存已知的最早的女性画家作品，乾隆时期曾为清宫藏品，后流入民间。20世纪60年代，被张伯驹捐赠给吉林省博物馆，成为镇馆之宝。

继杨婕妤之后，元代的管道昇也是出身江南的著名女书画家。管道昇（1262—1319年），字仲姬、瑶姬。一说为吴兴人，一说为泖西小蒸人。赵孟頫之妻。在元仁宗延祐四年（1317年）封为魏国夫人，世称"管夫人"。管夫人擅画四君子之墨竹、梅花、兰花，又工山水画、佛像、诗文、书法等。陶宗仪《书史会要》载："（管夫人）有才略，聪明过人，为词章、作墨竹，笔意清绝，亦能书。"[1]元仁宗曾命人将管夫人、赵孟頫和其子赵雍的书法"装为卷轴，识以御宝，命藏之秘书监"，说"使后世知我朝有一家夫妇父子皆善书也"。[2]可见其在当时的影响力之大。《尧山堂外纪》中还曾记载一则夫妇趣闻，中年赵孟頫打算置妾，于是对管夫人说："陶学士有桃叶桃根，苏学士有朝云暮云。我便多娶几个吴姬越女何过分？你年纪已过四旬，只管占住玉堂春。"才锋犀利的管夫人用一首《我侬词》回敬道："你侬我侬，忒煞情多。情多处，热似火。把一块泥，捻一个你，塑一个我。将咱两个，一齐打破，用水调和。再捻一个你，再塑一个我。我泥中有你，你泥中有我。与你生同一个衾，死同一个椁。"赵孟頫只得大笑而止。[3]

明清两代是古代女性绘画空前发展的时期。这些女画家主要集中在苏州、南京、嘉兴、杭州等地区。其中的佼佼者是明代女画家文俶（1595—1634年），字端容，长洲（今江苏苏州）人。她是"明四家"之一文徵明的玄孙女，擅长花卉草虫，勾勒精细，生动鲜妍。文俶流传至今的主要作品有三十余件。名作之一《萱石图》，设色典雅清丽，构图考究，极尽婉约细腻的女性美。文俶也擅长人物画，据光绪年间《苏州府志》载："《湘君捣素》《惜花美人》图，远近购者填塞，贵姬季女争来师事。"这其中就包括后来成为文俶门生的周淑禧、周淑祜姐妹。《国朝画征续录》给予了文俶极高的评价，称"吴中闺秀

---

① ［明］陶宗仪：《书史会要》，上海：上海书店出版社，1984年版，第341页。
② 同上。
③ 唐圭璋编：《词话丛编》，北京：中华书局，1986年版，第797页。

工丹青者，三百年来推文俶为独绝"[1]。

四、罗衣难掩诗句秀的江南女性

对妇女史而言，在中国的其他地区，如北京、广东等地，才女文化也曾出现，但只有在江南，才达到了一定的高度。文学的生产和消费、诗句的交换、观点的互相丰富，促使这一才女文化日渐成熟。明清时期江南才女辈出，妇女在文学创作方面达到顶峰，但考索文献，远在八世纪的唐代，江南地区就已经出现了如李季兰、刘采春等富于诗才的女性。

李季兰（713—784年），原名李冶，字季兰，乌程（今浙江吴兴）人，唐代女诗人、女道士。她年方六岁时，就有"经时未架却，心绪乱纵横"[2]的妙笔。后李季兰入道玉真观，与当时的名士陆羽、皎然、崔涣、朱放等人交游。《唐才子传》说李季兰"美姿容，神情萧散，专心翰墨，善弹琴，尤工格律"，刘长卿称季兰为"女中诗豪"。[3]我们从她的七绝《得阎伯钧书》中也可窥见其缠绵清丽的诗风："情来对镜懒梳头，暮雨萧萧庭树秋。莫怪阑干垂玉箸，只缘惆怅对银钩。"[4]李季兰还有一首流传更广的诗作，即《八至》："至近至远东西，至深至浅清溪。至高至明日月，至亲至疏夫妻。"[5]此诗以浅白的语言道出冷峻的世情与深刻的哲理。这样一位才女却因卷入了政治漩涡而不得善终。朱泚自立为帝后，李季兰曾呈诗给他，也正因此事，最终她被唐德宗处死。

到了宋代，伴随着城市文化的发达和宋词的兴盛，出现了历史上著名的"宋代四大女词人"，其中，就有两位来自江南地区，分别是朱淑真和张玉娘。

朱淑真（1135—1180年），号幽栖居士，原籍歙州，《四库全书》中定其为"浙中海宁人"，一说"浙江钱塘人"。其父为临安知府朱晞颜，幼年即通音律、能绘画。因双亲择婚不当，"乃嫁为市井民家妻"；也有人说其夫为绍兴知府汪纲。不幸的婚姻使得朱淑真的词作"含思凄婉，能道人意中事"。如《生查子》一词所云："年年玉镜台，梅蕊宫妆困。今岁未还家，怕见江南信。酒从别后疏，泪向愁中尽。遥想楚云深，人远天涯近。"[6]明代杜琼收藏有朱淑真的《梅竹图》，上面题道："观其笔意词语皆清婉，……诚闺中之秀，女流之杰者也。"生活的抑郁难言令朱淑真早早离开了人世，据黄嫣梨《朱淑真事迹索隐》一文，其去世时当在四十至五十岁之间。[7]

---

① ［清］张庚：《国朝画征续录》卷下，周秀文俶，载《四库全书存目丛书》子部第73册，子部·艺术类，济南：齐鲁书社，1996年，第623页。

② ［元］辛文房：《唐才子传》，王大安校订，哈尔滨：黑龙江人民出版社，1986年版，第30页。

③ 同上。

④ 黄勇主编：《唐诗宋词全集》第6册，北京：北京燕山出版社，2007年版，第2529页。

⑤ 胡晓明主编：《历代女性诗词鉴赏辞典》，上海：上海辞书出版社，2016年版，第59页。

⑥ ［宋］朱淑真撰；［宋］郑元佐注：《朱淑真集注》，冀勤辑校，杭州：浙江古籍出版社，1985年版，第196页。

⑦ 黄嫣梨：《朱淑真事迹索隐》，载邓乔彬、方智范、高建中主编《词学（第十四辑）》，上海：华东师范大学出版社，2003年版，第171—186页。

另外一位女词人张玉娘（1250—1277年），字若琼，自号贞一居士，浙江松阳人。她生于书香门第，曾与状元沈晦七世孙沈佺订立婚约，后沈佺病卒于京师，年仅二十四岁的玉娘矢志守节，于是绝食而死，与沈佺合葬。张玉娘著有《兰雪集》，收诗117首、词16阕。据《松阳县志》所载，其诗词传入京师后，元诗四大家之一的虞集读到"山之高，月出小。月之小，何皎皎！我有所思在远道。一日不见兮，忧心悄悄"，不禁伏案叫绝，称"可与《国风·草虫》并称，岂妇人女子之所能及耶？"。

继宋代女词人之后，十六至十九世纪江南地区更是才女辈出。明清时期江南地区城市化、商品化的飞速发展，使得女性受教育、读书、出版和旅行机会不断增加，这些都是才女文化发展的必要条件。也可以说，江南地区是社会经济变化对社会性别关系产生最深远影响的地区。

在明清江南才女中，作为个人，文学成就、思想成就最为突出的当属十八世纪著名的弹词小说家陈端生。陈端生（1751—1796年），别号春田，浙江钱塘县人。她出生于官宦家庭，有姊妹三人，皆能诗。陈端生最为人所熟知的作品是她十八岁时开始写作的弹词小说七言排律长篇巨制《再生缘》，正如陈文述《西泠闺咏》所讲"苦将夏簟冬釭怨，细写南花北梦愁"。然而，后因未婚夫发配伊犁事件的打击，陈端生只写到了十七卷，就于嘉庆元年（1796年）离开了人世，"再生缘"成了"未了缘"。但这并不影响后人对这部弹词小说的极尽赞誉。

陈寅恪先生在《论再生缘》一文中认为这部作品可以和印度、希腊史诗相媲美，文辞优美，是空前之作；并认为陈端生在主角孟丽君身上寄托了自己的理想："中国当日智识界之女性，大别之，可分为三类：第一类为专议中馈酒食之家主婆；第二类为忙于往来酬酢之交际花；至于第三类，则为端生心中之孟丽君，即其本身之写照，亦即杜少陵所谓'世人皆欲杀'者。前此二类滔滔皆是，而第三类恐止端生一人或极少数人而已。抱如是之理想，生若彼之时代，其遭逢困厄，声名湮没，又何足异哉！"陈寅恪也因之称陈端生为"当日无数女性中思想最超越之人"。①

在诸如陈端生等女作家夺目文采、超拔思想的光辉之下，值得注意的是，从整体上看，才女在明清的江南社会是作为一个群体涌现的，特别是在清代中期迅猛发展。有些才女群体还呈现出跨区域、跨血缘的特征。这些与明代以前才女以零星的个体面目出现是迥然不同的。而这些江南才女的文学文化活动也自有其组织形式，即精英阶层的女性通常以"结社"的形式来开展此类活动。根据高彦颐的观点，一般分为家居式、社交式、公众式三类。其中，社交式被视为其他两种社团的过渡形态。②

---

① 陈寅恪：《陈寅恪集：寒柳堂集》，北京：生活·读书·新知三联书店，2009年第2版，第63页。
② ［美］高彦颐：《闺塾师——明末清初江南的才女文化》，李志生译，南京：江苏人民出版社，2005年版，第17页。

"家居式"社团可谓一门风雅，它以家庭为中心，或是母女、婆媳唱和，或是姊妹、姑嫂酬唱，女性的文学活动是在日常生活中进行的。江南地区的女性家居社团较有代表性的如商景兰家庭、沈宜修母女等。

商景兰（1605—？）字媚生，明末会稽人，一作山阴人，抗清名士祁彪佳之妻。袁枚说："前朝山阴祁忠敏公彪佳，少年美姿容，夫人亦有国色，一时称为金童玉女。"[①]朱彝尊《静志居诗话》也称夫妇二人闺门唱随。商景兰父亲商周柞是明代史部尚书。商周柞另有女商景徽，有诗集《咏雏堂诗草》传世，其中有诗云："当年绣户集群仙，一旦分飞罢管弦。"[②]可以想见当年商家才女云集，吟诗作乐的情景。

1645年，祁彪佳自沉于寓山住所殉节后，商景兰抚承担起了抚孤成人、教养子女的重任。她对文学的热情未因生活的巨变而退潮。相反，她带领家族女性，与二媳四女读书吟诗为乐，形成了一个极盛一时的女性家庭创作群体。《琴楼遗稿》的序言展现了商景兰记叙家中女眷文会的景况："未亡人且老，乌能文，又乌能以文文人耶？但平生性喜柔翰，长妇张氏德蕙，次妇朱氏德蓉，女修嫣、湘君，又俱解读书。每于女红之余，或拈题分韵、推敲风雅；或尚溯古昔，衡论当世。遇才妇淑媛，辄流连不能去。"[③]《明诗综》记载，当时到过梅墅祁家的士子，目睹商景兰一家老少的吟咏景趣，仿佛置身于神话中神仙所居的"十二瑶台"。清初著名学者毛奇龄小时候，闻商景兰的诗名，也曾特往澹生堂，向她讨教过诗词技巧。商景兰被时人标举为"浙中贤媛之冠"。

吴江沈氏、叶氏两门也是才女社团中的佼佼者。沈宜修（1590—1635年），字宛君，吴江人。其夫是同乡、工部秘书郎叶绍袁（1589—1648年）。夫妇二人在文化水平、对诗歌的热爱等方面都十分和谐。这桩令人称羡的伙伴式婚姻又诞生了三位才华卓著的女性：长女叶纨纨（1610—1632年）、次女叶小纨（1613—？）、幼女叶小鸾（1616—1632年）。叶纨纨十三四岁学诗词，清新俊逸，其书法遒劲，有晋人风度，著有《芳雪轩遗集》。叶小纨著有杂剧《鸳鸯梦》，被称为"补从来闺秀所未有"。叶小鸾也著有《疏香阁遗集》。这一才女社团以沈氏母女为核心，还包括了沈宜修的堂姊妹、表妹张倩倩等人，甚至还有家中婢女。《列朝诗集小传》记载，在汾湖的隐居时光中，她们"相与题花赋草，镂月裁云。中庭之咏，不逊谢家；娇女之篇，有逾左氏。于是诸姑伯姊，后先娣姒，靡不屏刀尺而事篇章"[④]。

在沈宜修去世后的一年，叶绍袁在《午梦堂集八种》序言中自述道："手定沈安人及

---

① ［清］袁枚：《随园诗话补遗》卷五，上海：上海图书集成书局，1892年铅印本。

② 转引自石旻：《乱离中的"玉女"——明末才女商景兰及其婚姻与家庭》，《中国典籍与文化》2001年第3期。

③ ［清］商景兰：《琴楼遗稿序》，载王秀琴编《历代名媛文苑简编》卷二，胡文楷选订，上海：商务印书馆，1947年版。

④ ［清］钱谦益：《列朝诗集小传》下，上海：上海古籍出版社，2008年第2版，第753页。

爱女三人闺阁之作十二种付梓，曰《午梦堂集》。诗词歌曲，众体咸备，流播人寰，珍如拱璧矣。"[1] 文学和学问是吴江沈氏和叶氏最为重要的文化资本。沈宜修和她的女儿们被誉为"名媛"，这一家居式社团显然是充满活力，并且在诗歌创作方面产量极高。她们的诗歌集也被突出地记载于吴江和苏州的地方志中。才女本人也毫无疑问地成为在共有荣誉和地方骄傲这一公众领域中的偶像。

"公众式"社团重点在于其出版物和成员的文学声望带来的公众认知度，甚至当地会将这些女性的文学作品视为本地文化进步的明证。徐康在《前尘梦影录》中认为清代中叶江南文运钟于女子："同时闺秀著名者，吴门有金纤纤、王梅卿、曹墨琴，黎里有吴珊珊，常熟有席佩兰、归佩珊，上海有赵韫玉，江有方芳佩、孙令仪，毗陵有钱浣青，皆卓卓可传者。相传乾嘉之间，文昌星扫牛女，故闺秀诗词极一时之选。"[2] 在这一类社团中，最具代表性的是两个群体，即"蕉园诗社"和"随园女弟子"。

蕉园诗社是清初钱塘闺秀社团，发起人是顾之琼，成员有徐灿、柴静仪、朱柔则、钱凤纶、林以宁、冯娴、顾姒、毛媞等，故有"蕉园五子""蕉园七子"诸说。自顾之琼发布《蕉园诗社启》起，蕉园诗社前后存续了四十年左右，时间之长，在文士的诗社中都是比较罕见的。蕉园诗社的活动是丰富多彩的，这在其成员的创作中尚有迹可寻，大致可分为雅集、送别、哀挽三类，其中雅集赋诗是诗社最主要的活动，《国朝杭郡诗辑》云："（柴）季娴独漾小艇，偕冯又令、钱云仪、林亚清、顾启姬诸大家，练裙椎髻，授管分笺。邻舟游女望见，辄俯首徘徊，自愧弗及。"[3] 文中所描述的即是蕉园五子于春日驾舟，畅游西湖赋诗的情景。

另一公众式社团"随园女弟子"的独特之处在于，它是以男性文人袁枚为中心的才女群体。袁枚（1716—1797年），字子才，号简斋，又号随园主人。他与赵翼、蒋士铨合称乾嘉三大家，论诗专主性灵，不拘格律。袁枚出知江南期间，提倡风雅，奖掖后进；又提倡女学，设馆招收女弟子，每日登坛讲诗，女弟子围侍。随园女弟子中较有代表性的是苏州地区随园"闺中三大知己"席佩兰、金逸、严蕊珠，杭州孙云凤姊妹等人。这些女弟子以官绅、士大夫的女儿、妻妾居多。并且，她们在入社之前，大都已通诗文，有的还刊刻了诗集。

随园诗社的主要活动一是西湖诗会，二是编纂《随园女弟子诗选》。西湖诗会主要有两次，分别在乾隆五十五年（1790年）、五十七年（1792年），而以庚戌诗会人数最多、影响甚大。随园女弟子对此次盛会也颇为自豪，有诗云："桃李春风别样妍，只恐湖头西

---

① ［明］叶绍袁原编：《午梦堂集》，冀勤辑校，北京：中华书局，2015年版，序。
② ［清］徐康：《前尘梦影录》卷下，江标刻本，1897年版。
③ ［清］吴颢：《国朝杭郡诗辑》卷三〇，"柴静仪"条，钱塘丁氏刻本，1874年版。

子妒。迟生那不二千年，丸螺只赐女门人。"① 嘉庆元年（1796年），袁枚选编的《随园女弟子诗选》付梓，共收录二十八位女性的诗作。袁枚也因此被称作盛清时期最伟大的闺秀诗歌鉴赏家。汪心农序《随园女弟子诗选》云："随园先生，风雅所宗。年登大耋，行将重宴琼林矣。四方女士之闻其名者，皆钦为汉之伏生、夏侯胜一流，故到处皆敛衽报地，以弟子札见，先生有教无类。"② 在这部诗集中，名列榜首的席佩兰是随园十三女弟子之冠，袁枚称其诗"字字出于性灵，不拾古人牙慧，而能天机清妙，音节玲琮"③。名列第二的孙云凤，与妹云鹤、云鸾、云鸿、云鹄、云鹏俱有诗名，并工书画。孙云凤的代表作是《媚香楼歌》十二首，为吟咏明末秦淮名妓李香君组诗。另有女弟子归懋仪，其题《虢国早朝图》"马驮香梦入宫门"之句为袁枚所激赏，盛赞其诗"雄伟绝不似闺阁语"，并以"领袖人间士大夫"的期许相赠。④ 归懋仪诗风于清婉绵丽中有发扬纵达之气，一洗闺阁纤秾习气。归懋仪还与当时的名家赵翼、洪亮吉等相唱和，诗名盛于一时。另一位吴江才女严蕊珠自幼聪明博雅。袁枚有骈体文《于忠肃庙碑》，蕊珠能朗朗背诵千余言，并一一指出其典故出处，袁枚大为感慨，引为知己。

然而，随园女弟子的文学活动和诗集出版却遭遇了著名学者章学诚的猛烈炮击："近有无耻妄人，以风流自命，蛊惑士女；大率以优伶杂剧所演才子佳人惑人。大江以南，名门大家闺阁多为所诱。征刻诗稿，标榜声名，无复男女之嫌。殆忘其身之雌矣。此等闺娃，妇学不修，岂有真才可取？——而为邪人播弄。漫成风俗。人心世道，大可忧也。"⑤ 他还在1797年专门写了一篇《妇学》，其结论是：真正的女性声音是道德的声音，是她们读史通经的产物；妇女不应该以女诗人的身份对外部世界发言。⑥ 这与袁枚所认为的完美女性应是像谢道韫一样优雅的咏絮才女这一观点形成了鲜明对照。

广收才女为弟子的这种行为尽管引发了道德卫士的谴责，然而在江南地区不乏众多"艳称其事者"。这种羡慕，从社会性别的角度来看，也从另一个侧面说明了才女群体及其文化活动的开展，无形中使得男性，特别是那些文人士大夫在江南社会中的声望竞争方面又增加了新的方式。⑦ 作为才女的鼓吹者和保护者，是一种新的提高男性士人社会关

① 雷缙：《闺秀诗话》卷十二，上海：扫叶山房，1925年版。
② ［清］汪谷：《随园女弟子诗选序》，载［清］袁枚《袁枚全集》第7册，王英志点校，南京：江苏古籍出版社，1993年版。
③ ［清］袁枚：《长真阁集题辞》，载［清］席佩兰《长真阁集》，上海：扫叶山房，1920年版。
④ ［清］袁枚：《归佩珊女公子将余重赴鹿鸣琼林两宴诗以银钩小楷绣向吴绫见和廿章情文双美余感其意爱其才赋诗谢之》，载［清］袁枚《袁枚全集新编》第4册，王英志编纂校点，杭州：浙江古籍出版社，2015年版，第995页。
⑤ 《丁巳劄记》，见《章氏遗书》吴兴刘氏嘉兴堂刻本，转引自王英志《袁枚评传》，南京：南京大学出版社，2002年版，第273页。
⑥ ［清］章学诚：《文史通义新编新注》上，仓修良编注，北京：商务印书馆，2017年版，第312—313页。
⑦ 张杰：《才女"越界"、声望竞赛与明清江南社会运行》，《妇女研究论丛》2015年第2期。

注度的方式，通过将男性士人自身的文化资本转换成社会资本和经济资本，从而切实提升其在江南地区的社会地位。这恰恰能证明，才女也好，士人也罢，都是儒家文化的产物。江南社会的这些女性和男性借助儒家意识形态和文化传统的力量，为自己获取资源、争得一席之地。

江南地区的女性通过上述的结社活动、交际网络形成了属于自己的性别文化，这种文化主要依靠文学创作、鉴赏品评来传递，在方志、族谱中，她们是家族和家乡的骄傲；她们在父权文化中创造了女性话语，这种话语既遵从道德训诲，又将暗流涌动的心潮和澎湃不息的情思流出于闺阃之外。从地域上来说，是江南这个特殊的地理区域，给予了受教育女性异常广阔的空间，去表达、去创造、去获得情感和智力上的满足。

五、结语

从中国古代历史上的诸多事例我们可以看到，江南女性并不只是拥有温婉、纤细、吟风弄月的面向。当抛开"阴柔化"的叙事倾向，她们作为一个不容忽视的性别群体愈发耀眼。江南女性始终与中国数千年以来的历史潮流、社会经济文化发展相伴相行，并在时代洪流的载沉载浮中展现出勇于任事、坚忍不拔，红颜不逊须眉的珍贵品格；她们在地区、民族的进步与发展中默默奉献着自己的智慧和胆识，万缕柔情包蕴千钧力量。"眉目艳星月"是她们，"雄心胜丈夫"也是她们。江南女性的多元面向无疑植根于区域社会和文化的温厚土壤，这也正是广袤无垠的江南地区生机勃勃、通融开放风习的最好明证。

参考书目

［宋］朱淑真撰；［宋］郑元佐注：《朱淑真集注》，冀勤辑校，杭州：浙江古籍出版社，1985年版。

［元］脱脱等：《宋史》，北京：中华书局，1977年版。

［元］辛文房：《唐才子传》，王大安校订，哈尔滨：黑龙江人民出版社，1986年版。

［明］陶宗仪：《书史会要》，上海：上海书店出版社，1984年版。

［明］叶绍袁原编：《午梦堂集》，冀勤辑校，北京：中华书局，2015年版。

《明英宗实录》卷三〇六，天顺三年八月己未条，"中研院"历史语言研究所校印本，1968年版。

崇祯《乌程县志》，载《日本藏中国罕见地方志丛刊》，北京：书目文献出版社，1991年版。

［清］钱谦益：《列朝诗集小传》下，上海：上海古籍出版社，2008年第2版。

［清］孙承泽纂：《天府广记》，北京：北京古籍出版社，1984年版。

［清］陶元藻辑：《全浙诗话（外一种）》第4册，蒋寅点校，杭州：浙江古籍出版社，2017年版。

［清］吴曾祺编：《旧小说》己集一，上海：上海书店出版社，1985年版。

［清］吴颢：《国朝杭郡诗辑》，钱塘丁氏刻本，1874年版。

［清］席佩兰：《长真阁集》，上海：扫叶山房，1920 年版。

［清］徐康：《前尘梦影录》，江标刻本，1897 年版。

［清］袁枚：《随园诗话补遗》，上海：上海图书集成书局，1892 年铅印本。

［清］袁枚：《袁枚全集》第 7 册，王英志点校，南京：江苏古籍出版社，1993 年版。

［清］袁枚：《袁枚全集新编》第 4 册，王英志编纂校点，杭州：浙江古籍出版社，2015 年版。

［清］张庚：《国朝画征续录》，载《四库全书存目丛书》子部第 73 册，子部·艺术类，济南：齐鲁书社，1996 年版。

［清］章学诚：《文史通义新编新注》，仓修良编注，北京：商务印书馆，2017 年版。

陈寅恪：《陈寅恪集：寒柳堂集》，北京：生活·读书·新知三联书店，2009 年第 2 版。

邓乔彬、方智范、高建中主编：《词学（第十四辑）》，上海：华东师范大学出版社，2003 年版。

河南省文物研究所、河南省洛阳地区文管处：《千唐志斋藏志》，北京：文物出版社，1984 年版。

贺艳秋：《浙江妇女发展史》，杭州：杭州出版社，2013 年版。

胡晓明主编：《历代女性诗词鉴赏辞典》，上海：上海辞书出版社，2016 年版。

黄嫣梨：《清代四大女词人——转型中的清代知识女性》，上海：汉语大词典出版社，2002 年版。

黄嫣梨：《朱淑真研究》，上海：生活·读书·新知三联书店，1992 年版。

黄勇主编：《唐诗宋词全集》第 6 册，北京：北京燕山出版社，2007 年版。

雷缙：《闺秀诗话》，上海：扫叶山房，1925 年版。

钱霆主编：《清芬世守》，杭州：浙江文艺出版社，2009 年版。

上海世界书局编辑部：《清代文评注读本》下册，上海：世界书局，1925 年版。

沈立东编撰：《历代后妃诗词集注》，北京：中国妇女出版社，1990 年版。

唐圭璋编：《词话丛编》，北京：中华书局，1986 年版。

汪剑主编：《谈允贤〈女医杂言〉评按译释》，北京：中国中医药出版社，2016 年版。

王秀琴编：《历代名媛文苑简编》，胡文楷选订，上海：商务印书馆，1947 年版。

王旭东编著：《女医谈允贤及其医案解析》，长沙：湖南科学技术出版社，2018 年版。

王英志：《袁枚评传》，南京：南京大学出版社，2002 年版。

翁长森、蒋国榜辑：《金陵丛书》丁集二十二，上元蒋氏慎修书屋排印本，1916 年版。

［波斯］火者·盖耶速丁：《沙哈鲁遣使中国记》，何高济译，北京：中华书局，1981 年版。

［加］方秀洁、［美］魏爱莲编：《跨越闺门：明清女性作家论》，北京：北京大学出版社，2014 年版。

［美］高彦颐：《闺塾师——明末清初江南的才女文化》，李志生译，南京：江苏人民出版社，2005 年版。

［美］鲍家麟：《走出闺阁——中国妇女史研究》，上海：中西书局，2020 年版。

［美］曼素恩：《缀珍录——十八世纪及其前后的中国妇女》，定宜庄、颜宜葳译，南京：江苏人民出版社，2005 年版。

第十七讲

明清江南的市镇

黄阿明

　　周庄，20 世纪 80 年代曾经因为旅美画家陈逸飞的画作《故乡的回忆》而蜚声国内外，从那以后，越来越多的国内外游客纷至沓来，引发了江南古镇的旅游浪潮。当我们流连在江南古镇的时候，当我们凭倚在水乡人家的时候，当我们品尝着江南美食的时候，我们是否追问过江南的市镇到底是一个什么样的存在？

　　本讲就带着大家来了解一下江南的市镇。这一讲，我们打算讲解四个问题：一、江南市镇的发现；二、江南市镇的概念；三、江南市镇兴起的原因和机制；四、江南市镇的空间结构、规模和类型。最后，我们对本讲进行简单总结。

一、江南市镇的发现

　　最早研究中国古代市镇史问题的学者，是日本帝国大学（现东京大学）的加藤繁先生。20 世纪 30 年代初，加藤繁先生在研究唐宋社会经济发展时，注意到当时都市形态的变化，并由一般都市论及乡村商业聚落即市镇的发展。[①] 他后来还专门研究了清代时期北方的集市问题。[②]

　　稍晚，中国学者傅衣凌先生于 20 世纪 30 年代末 40 年代初，在研究福建地区农村社会经济问题时，注意到明清时期商人和商帮群体的存在，并进而展开明清时期的商人和商帮问题的研究。在研究明清商人和商帮问题时，他关注到了明清时期江南的市镇和市民经济问题，在 1957 年出版了一本经典著作《明代江南市民经济试探》[③]。在这部著作里，傅先生用了相当多的篇幅讨论了江南的市镇问题。尽管如此，当时国内外的学者并没有把江南市镇作为一个专门的课题进行研究。直到 20 世纪 60 年代，美国斯坦福大学的人

---

① 包伟民主编：《江南市镇及其近代命运：1840～1949》，北京：知识出版社，1998 年版，第 1 页。
② ［日］加藤繁：《中国经济史考证》，吴杰译，北京：中华书局，2012 年版，第 838—874 页。
③ 傅衣凌：《明代江南市民经济试探》，上海：上海人民出版社，1957 年版。

类学家施坚雅运用"中心地理论"，从区域研究的角度，研究了从明清时期到中华人民共和国时期农村市场结构的演变，由此探讨了中国历史上的城镇化过程，并出版了《中国农村的市场和社会结构》一书。施坚雅这部著作出版以后，影响颇大，吸引了许多学者的关注，在学术界开启了一个关于农村市镇的专门研究领域。①

新中国建立以后，中国的历史研究很快进入低谷期，江南市镇的问题也没有成为大家广泛关注的对象。在 1978 年改革开放以后，一批过去讨论中国古代资本主义萌芽问题的学者，开始转入明清江南市镇问题的研究。这一问题，在海峡两岸几乎是同时进行的。比如，台湾的刘石吉先生和大陆的洪焕椿先生、樊树志先生、王家范先生、陈学文先生、陈忠平先生，稍后还有包伟民先生。这一批学者先后以江南市镇为对象展开研究，甚至有的学者是一生致力于这一问题的研究，如陈学文先生。

那么，为什么 20 世纪 80 年代初的时候江南市镇成为一个国内外学术界关注的对象和研究课题呢？除了受国际学术界的影响以外，更主要的原因还在于中国改革开放以后政治经济形势的巨大变化。20 世纪 70 年代，由于"文化大革命"的影响，大城市工业的部分零配件等外围加工业转移到农村地区，开始出现所谓"社办企业""队办企业"。80 年代起，随着改革开放和农村地区政治经济体制的改变，为了发展农村经济，解决农村地区劳动力过剩等问题，政府开始鼓励农村小型加工业的发展，从而在原有"社办企业""队办企业"的基础上，形成了举世瞩目的"乡镇企业"。与此同时，随着统销统购政策被废止，农村地区商品流通开始活跃，市镇经济得以恢复发展。随着工业化向农村地区的渗透，市镇的传统人文景观也发生了巨大变化。大陆农村市镇大多在 80 年代前期制订了城镇改造计划，开始有步骤地改建镇区，力图将其建设成为现代化的小都市。②

中国现实社会发生巨大变化的这一契机，诱导学术界到历史时期的中国里去追溯根源。人们发现苏南地区、两浙地区乡镇企业的勃兴并非没有渊源，而是在中国古代历史上有着非常深厚的底蕴和历史基础。研究者开始从学理层面观察和探讨中国古代的市镇问题，特别是明清时期的市镇。学者从不同角度探讨市镇问题，从城市化、商品经济、市场、资本主义生产方式和资本主义萌芽等方面研究明清时期的江南市镇。

在这里，不可不提美国学者施坚雅的研究。施坚雅是最早将"中心地理论"运用到中国的农村经济、市场经济和社会结构问题的研究中去的学者。他在成名作《中国农村的市场和社会结构》一书中，将中国的经济划分成 6 个区系；如果进一步划分的话，还可以划分成 8 个或者 9 个区系。他还把中国近代社会的经济结构划分为 8 个级差，将市

---

① 包伟民主编：《江南市镇及其近代命运：1840～1949》，北京：知识出版社，1998 年版，第 1 页。
② 同上书，第 2 页。

镇分成 3 个等级，分别是中心市场、中间市场以及基层市场，位于他所列的第 6 到第 8 的等级的序列。[①]"中心地理论"，由德国地理学家沃尔特·克里斯塔勒在 1932 年的博士学位论文中首先提出。[②] 在这本著作里，沃尔特·克里斯塔勒提出三条基本观点。

第一，人类活动地理单元总是处于一个不均衡的状态，在空间分布上永远存在中心地与外围区这种情况。

第二，人类社会聚落的结构具有一种理想的六边形结构，而在这个六边形的结构过程中，一般来说，中心地是位于六边形的中央位置。

第三，经济地理单位具有不同的层次，中心地也因此有大小、高低之分，而且始终处在升降和变动的过程中。

这就是克里斯塔勒"中心地理论"的基本内容。施坚雅最早把这一理论运用到中国农村经济、市场和社会结构问题的研究。迄今为止，"中心地理论"依然是中国学界探讨、研究江南市镇及其他地区市镇问题的主要理论和方法。

二、市镇的概念

在了解"市镇"这一概念之前，我们先来了解一下"市"和"镇"的概念。"市"的起源非常早，可以追溯到原始社会的新石器时代晚期。当人类社会出现私有制，氏族社会和家庭有了多余产品，人们开始将之用于交换，出现了氏族与氏族、人与人之间的"物物交换"关系，便出现了所谓的"市"或者"市场"。关于"市"或者"市场"的概念，古今中外人们的认知、理解和界定基本上是一致的，即所谓的交易之场所或贸易之场所。譬如，在中国古代历史文献关于"市"的表述与解释中，东汉许慎的《说文解字》如此解释"市"："市，买卖所也。"《风俗通》曰："市，恃也。言交易而退，恃以不匮也。古者日中为市，致民而聚货，以其所有者，易其所无者。"《周易·系辞》则说："庖牺氏设，神农氏作，列廛于国。日中为市，致天下之民，聚天下之货。交易而退，各得其所。"上引史料，阐述了市的设置时间、市的功能以及市交易结束以后的情况。

在中国进入国家文明阶段后，统治者很快把市场纳入国家的管控体系范围之内。我们在文献中看到的西周时期的"市"，就是纳入国家严格管控之下，有所谓的都市、邑市和官市。中国古代的官市，从西周到唐代存在从都市制到坊市制的演变历程。值得注意的是，秦汉以后，随着中国古代社会经济的发展，除了国家管控的都市和坊市以外，在城门、城郊和农村地区开始大量出现"草市""墟市"，并作为一个专有名词出现于文献之

---

① ［美］施坚雅：《中国农村的市场和社会结构》，史建云、徐秀丽译，北京：中国社会科学出版社，1998 年版，第 8 页。

② ［德］沃尔特·克里斯塔勒：《德国南部中心地原理》，常正文、王兴中等译，北京：商务印书馆，2010 年版。

中，如《后汉书·张禹传》云："茅屋草庐千户，屠酤成市。"草市，大概是相对于"都市""官市"而言的概念。作为县治以下的经济中心地的草市，乃是乡间进行交易的初级市场。随着草市的日趋繁荣，越来越多的富商大户定居于此，形成引人注目的聚落。① 草市的出现是一种新的社会经济现象，是古代社会经济的进步和突破。这是中国古代社会传统市场演进的基本情况。

"镇"这一概念，起源于鲜卑民族所建立的北魏政权。它与宋代以后出现的"镇"以及今天作为地方行政区划单位的"镇"不是同一个概念，而是当时鲜卑北魏政权在北方边境，沿今天大同到北京一线设置的重要军事据点，这些军事据点被称为军镇。因军镇聚集人口，一些商人和民众逐渐聚集形成"镇"，即有所谓"北魏六镇"。

隋唐时期沿袭北魏的做法，也在全国一些具有重要军事战略地位的地方设置"镇"。唐代把镇分成三等，有上镇、中镇和下镇之分，镇与地方政府之间没有隶属关系。镇有自己的管辖区域，政治地理学家周振鹤先生称之为"军管型政区"。这些镇多数位于水路交通之处，唐代在镇设置镇将或者镇官对辖区进行管理。宋代沿袭唐制，也在水路交通之处设置镇，同样设置镇将和镇官管辖。

由于这样的镇往往设置在水路要冲之地，而这些地区又多是商贾往来的重要之处和贸易场所，因此，宋代的镇与唐代的镇相比，开始发生变化。这一变化就是宋代的镇不仅仅具有军事功能，还开始承担征税职能，征收酒醋之课、商税。镇的功能发生变化以后，宋代的统治者开始把"镇"纳入地方行政管理体系之中。这是"市"和"镇"这两个基本概念的形成及演变的情形。

宋代以后的"市镇"与此前的"市"和"镇"之间有什么样的关系呢？我们知道，中国古代的经济形式一般被称作小农经济。小农经济其实不是一种完全自给自足的自然经济。中国古代的小农经济既不是一种单纯的农业经济，也不是一种发达的商品经济。随着中国古代经济重心逐渐南移，东南地区对于国家的财政和物资供给变得日益重要。因此带来一个巨大变化，就是东南地区的赋税额数逐渐加重。这一深刻变化，进一步引发了东南地区社会经济形态与经济结构的转型。宋代以后，随着木棉的引入和广泛的种植，这个地区的农业经济从以种植粮食为主开始逐渐转向以种植经济作物为主，农业经济与工商业经济更加紧密地结合在一起，家庭经济与市场的关系日益密切。从中国古代社会经济发展情形来看，社会经济发生了显著变化，即以农耕经济为主向农工相兼的经济形态转变，到明清时期甚至出现以工商经济为主而农业经济为辅的演变趋势。明清时期这种社会经济形态和经济结构，学界一般称作"产业倒挂"的经济现象。

---

① 樊树志：《明清江南市镇探微》，上海：复旦大学出版社，1990 年版，第 23—25 页。

因此，这里存在一道分水岭，就是发生在宋代。随着这种社会经济形态与经济结构发生变化，市场也开始随之发生变化，从地区性市场的形成到全国性市场网络的形成，乃至于中国市场与海外市场发生关联，都在这一过程中发生了悄然变化。龙登高先生在系统地研究了中国古代的商品经济和市场的关系以后提出一个重要观点。他认为宋代是完成市场的革命性变化的时期，奠定了江南市场的基本格局与元明清的道路演进。到了明代中叶以后，江南市场进入发展的高峰期，从而中国传统市场到达成熟形态。等到19世纪中叶以后。近代中国又出现了一系列深刻的变化。这个变化主要是西方列强逐渐进入中国以后，江南市场在顽强抵抗外部刺激的同时开始与世界市场发生密切关联。在中国传统市场发生演变的过程中，有一个明显的从点到面、由局部到整体、由区域到全国的演变趋势。龙登高先生把唐代以来中国古代市场发展划分为三个基本的阶段：第一个阶段，11世纪到15世纪，这是中国传统市场格局的奠定时期；第二个阶段，16世纪到19世纪，是中国古代传统市场走向成熟的时期；第三个阶段是19世纪以后到20世纪，这是中国传统市场的裂变与世界化的阶段。这是龙登高先生对中国古代传统市场的划分。[①]

龙登高先生早期在很长时间内主要是围绕中国古代传统市场而展开研究工作的，成果集中体现为三部中国传统市场的研究著作。特别是2003年出版的《江南市场史——十一到十九世纪的变迁》，可以说是他研究中国古代传统市场的收官之作。此后，龙先生转向中国古代传统地权问题的研究。这是我们讲的市场问题。关于类型，中外学界有许多划分标准和类型。不同的学者采用不同的分类标准，便有不同的市场类型。例如：

（1）施坚雅把市场分成基层市场、中间市场和中心地市场；

（2）吴承明先生在考察了明清时期全国的市场特别是粮食市场以后，认为市场可以分成地方型小市场、城市市场、区域市场和全国市场四个等级；

（3）魏金玉先生认为中国古代的市场可以分成基层市场、集散市场和中转市场；

（4）刘秀生在考察清代全国市场的时候，认为可以把市场分为商品收购市场、商品集散市场以及商品零售市场三等级；

（5）陈忠平先生在20世纪80年代后期研究江南市场的时候，认为市场可以分成市镇初级市场、城镇专业市场以及城市中心市场；

（6）龙登高先生认为宋代的东南市场可以分成村落小市场、县镇市场以及中心市场、地方市场和区域市场，明清时期还要加上一个全国市场；

（7）范金民先生认为可以把明清江南市场分成这几类，就是乡村小市场、小市镇的初级市场、地方专业性的市场、区域中心市场和全国中心市场，另外还加上一些特殊的

---

① 龙登高：《江南市场史——十一至十九世纪的变迁》，北京：清华大学出版社，2003年版，第22—32页。

市场，例如庙会市场。如果从商品类型上来说，还可以分为粮食市场、丝织业市场以及木材市场、棉花市场等。①

通过这些对市场的分类，我们对中国古代的市场特别是江南的市场的分类就有了基本的了解。随着时间的推移和农村经济商品化的发展及程度的加深，宋代原先设置官将禁防的"镇"开始被农村市场所消化。镇和市之间的关系开始逐渐发生深刻的变化。这个变化主要是通过两步来实现的：第一步就是市和镇之间的区别，从是否设官监管变为商业地位的差别。草市，发生了一个从不定期到定期市，再到常期市的演变过程。市，也成为一个固定的交换场所，有的市还升级为镇市、县市。镇、市，成为一种居于城市与乡村空间中间的实在的聚落形态。②关于这一点方志中也开始出现记载，比如，乾隆《吴江县志》卷四《镇市》记载："民人屯聚之所谓之村，有商贾贸易者谓之市，设官将禁防着谓之镇，三者名称之正也。"又如康熙《青浦县志》记载说："市者，事也，民各事其事。镇者，民之望也。商贾贸迁，舟车辐辏，财赋生焉。"在这个过程中，市与镇之间的差别大体沿袭原来的习惯称谓，以商业状况较盛者为镇，次者为市。值得注意的是，有一些地方以行、以店、以铺、以村来称呼，往往也是商业贸易场所。③第二步，则由镇、市按商业地位分列变为"市镇"并称，两者的区别更加淡化。包伟民先生认为宋代是江南市镇发展的起点，明清时期进入全盛时期，是同一时期江南农业经济日趋商品化的直接结果。④

需要注意的是，明清时期或者说是从宋代以后，市和镇两者之间仍然还是有所差别。因此我们就可以清晰地看到，在地方志中市和镇被分别载于地方文献之中，这种差别不再是其他方面的差别，而是商品经济发展水平和商业流通程度的差别。⑤市镇出现以后，中国古代传统社会的经济结构和社会形态领域也出现了一些新的变化。这些新的变化，主要体现在以下七个方面：

（1）是一些专业性的雇佣工人大量出现，如织户、机户、染户工匠；（2）是一些自由的或者是半自由的劳动力市场的存在；（3）是一些手工作坊和工场出现雇佣关系，雇佣一些有技术的工人；（4）是随着商品经济和市场经济的发展，出现了一定量的工商业资本，换句话说，就是在这个过程中出现了商人和商人群体；（5）是开始出现以追求利润为目的的经营领域；（6）是中国传统的经济生产方式开始发生一定的变化；（7）是一个非常重要的变化，即空间结构发生变化，从过去的城乡二元结构开始向城乡—市镇—

① 范金民：《明清江南商业的发展》，南京：南京大学出版社，1998年版，第130—131页。
② 樊树志：《明清江南市镇探微》，上海：复旦大学出版社，1990年版，第24—42页。
③ 同上书，第46—47页。
④ 包伟民主编：《江南市镇及其近代命运：1840～1949》，北京：知识出版社，1998年版，第35页。
⑤ 刘石吉：《明清时代江南市镇研究》，北京：中国社会科学出版社，1987年版，第120—127页。

农村三级空间结构演化。

但是我们要注意，这个时期的"市镇"不是我们今天所谓的行政区划的"市"和"镇"，而是一种具有地理实体性质的商业聚落。这是在认识宋代以后市镇的时候，必须明确的一点。

三、江南市镇兴起的原因和机制

江南市镇的兴起，实质是中国古代传统商品经济本身发展的产物。这一过程还涉及一些具体的市镇，还有一些具体的兴起机制和因素。我们将其归纳起来，有以下三个方面。

第一，因宗教场所而兴起的镇。比如上海嘉定区的南翔镇，此地曾有一座南翔白鹤寺。南翔白鹤寺这个宗教场所存在以后，吸引、聚集周边居民前来朝拜，逐渐形成市镇。同样，上海奉贤的道院镇的兴起，也是缘于该镇西边有一座上真观。这是一类典型的因宗教场所而兴起市镇的情形。

第二，在中国古代有一些大家族或者宗族在某地聚族而居以后，围绕家族或宗族而逐渐兴起的单姓或主姓家族市镇。比较典型的市镇，如常熟的徐市、太仓的璜泾镇。徐市，是因徐氏家族长期在居住地从事棉业贸易、商业贸易而兴起的市镇。太仓的璜溪镇，明清时期当地大家族赵氏曾长期担任粮长，最后围绕赵氏家族形成市，进而成镇，后改名为璜溪镇。

第三，江南系水乡泽国，境内水道纵横，河网密布，随着时间推移一些水道会发生淤塞，水道淤塞以后，地方上就必须进行疏浚。水道改徙疏浚，往往还会与地方的赋役改革结合在一起。水利工程和赋役改革也是促成江南地区某些市镇兴起的重要原因和机制，如吴滔教授研究的嘉定地区的安亭镇就是这么一个典型案例。[①]

四、江南市镇的空间结构、规模和类型

那么江南的市镇到底是一个怎样的存在？我们从江南市镇的空间结构、规模和类型等方面来简单讲解。

对于一般游客来说，来到江南的水乡古镇，或许眼中所见古镇都是一模一样的。去周庄、去同里、去濮院、去乌镇，觉得它们都是一模一样。但是对于研究江南市镇的学者来说，江南的每一个市镇都是不同的。

---

① 吴滔：《清代江南市镇与农村关系的空间透视——以苏州地区为中心》，上海：上海古籍出版社，2010 年版，第 41—76 页。

江南的市镇有一个基本的特征，就是绝大多数都是依水道而形成。水道的流向型塑了市镇的结构，市镇从而呈现出不同的空间结构。学者把江南的市镇归纳为以下三种结构。

第一种空间结构比较简单，称作"一"字形市镇。这样的市镇往往有一条水道，在水道两岸形成市镇。有些市镇在水道一边，或南或北或东或西；有些市镇在水道的两岸，这样的市镇，有学者称为"一河两镇"的结构。类似的市镇，在江南地区可以找到很多典型例子。比如奉贤的青村镇，明代时期设置青村千户所，这里有一条水道，逐渐形成一个市镇。青浦的沈港镇，也是因为此地有一条东西走向的沈港，最后在沈港的北岸形成了市镇。另外，还有嘉定的黄渡镇，这些市镇都是典型的"一"字形市镇。

第二种是由两条及以上的水道而形成的市镇，一般称作"丁"字形市镇或"T"字形市镇。如果几条水道发生分叉，还会形成"Y"字形市镇或"丫"叉形市镇。像杭州余杭的塘栖镇，就是典型的"丁"字形市镇。"T"字形和"Y"字形结构的市镇，其实是"丁"字形市镇的变异结构。比如嘉兴的王店镇、上海的七宝镇，都是这种结构的市镇。上海的七宝镇，有一条东西流向的蒲汇塘，蒲汇塘的东端有一条南北流向的横沥溪，由这两条水系而形成的七宝镇，其空间结构就呈现为"T"字形结构；而吴江县芦墟镇的空间结构，就是因水道关系而呈"Y"字形结构。

第三种就是由两条及以上的水道垂直相交，呈现出"廿"字形结构的市镇。这样的市镇比较多，如桐乡的濮院镇，在明清时期是一个非常大的江南市镇。又比如嘉兴的王江泾镇、嘉定的南翔镇、常熟的梅李镇以及太仓的璜泾镇，大体上属于这一类结构的市镇。太仓的璜泾镇，可以说是一个典型的"廿"字形结构的市镇。

在江南市镇的形成过程中，还有一些特别值得注意且有趣的现象，这就是市镇与地方行政区划之间的关系，可以把它概括成三种情况。

第一种情况是一镇跨两县，比较典型的如上海的七宝镇。七宝镇在明清时期是属于两个行政区划，镇南隶属娄县，镇北隶属青浦县。所以在蒲汇塘南岸的居民基本是属于娄县的，在蒲汇塘北岸的居民基本是属于青浦县的。

第二种是一镇跨三县，比如嘉定的诸翟镇，即今天华漕镇。此镇过去是以紫隄村为基础而形成的市镇，从行政区划上来说，明清时期此镇分属三个县，镇西隶属上海县、镇西北属于嘉定县，镇南属于青浦县。换句话说，此镇所属的居民或者说镇民是由三个行政区划的县进行管理的。

第三种，不仅是一镇跨两县、一镇跨三县，而是一镇跨二府，甚至一镇跨二省的情况。典型的市镇就是今天上海青浦区的枫泾镇，在行政区划上，镇北隶属华亭县（明代）、娄县（清代），镇南隶属嘉善县。在明清时期，明代华亭县、清代娄县属于松江府，嘉善县属于嘉兴府。松江府，在明代属于南直隶，清代属于江苏省，嘉兴府则明清两代皆属于浙江省，所以，枫泾镇在明清时期就属于两个不同的省份，不仅是一镇跨二县，还是一镇跨二府、跨二省。

此外，还有一点需要提出，明清时期江南的市镇，往往都有相对稳定的农户交换空间，乡人俗称"乡脚"，这构成了市镇与村落之间的市场网络。[①]

在观察和研究中国古代市镇的时候，这些都是非常值得注意的现象。上述这些现象可以引发我们进一步思考市镇的存在状态、管理状况和机制问题。

市镇，是我们观察宋代以来商品经济发展、市场以及市场网络的重要对象和窗口。在观察和研究江南市镇的时候，如何评判和窥测商品经济发展的水平和程度，这里有一些重要的指标。学界一般用市镇的规模作为指标观察江南市镇。这可以从两个方面进行观察：一是单个市镇的规模，二是江南市镇的整体分布数量情况。

首先来看单个市镇的规模情形。学术界主要采用人口数量进行判断。我们根据单个市镇人口多少可以把市镇分成若干等级，所谓万户镇、千户镇和百户镇。比如，万户镇清代有南浔镇、濮院镇、乌镇；千户镇如苏州的黎里镇、章练塘镇和上海的江湾镇；百户镇在明清时期往往称为市，只是今天我们笼统称其为市镇，也称作镇。但是，这里存在一个市和镇的区分问题。需要注意的是，市镇由于自身处在发展的状态之中，所以市镇的等级并非一成不变。比如百户镇，吴江县盛泽在明代正德年间只是一个 100 多户的市，到嘉靖年间盛泽市便升级为盛泽镇。类似的百户镇、千户镇和万户镇的动态升降情况在明清时期江南地区可以找到不少例证。这是从单个市镇自身的规模变化来观察市镇的发展情况。

其次，可以从江南市镇的整体规模，也就是通过江南市镇的数量变动来进行观察。刘石吉、樊树志、陈学文、范金明等前辈学者都是运用这一方面进行研究的。这里，我们以苏州府作为例证。根据明代正德《姑苏志》记载，当时苏州府下辖的县和州中，吴县当时有 1 个市，6 个镇；长州县有 5 个市，3 个镇；昆山县有 4 个市，5 个镇；常熟县有 9 个市和 5 个镇；吴江县有 3 个市和 4 个镇；嘉定县有 9 个市和 6 个镇；包括当时的太仓州是有 10 个市和 4 个镇，总计是 41 个市和 33 个镇。逮至乾隆时期，苏州府下辖市镇数量已经大大增加了。当然，清代苏州府下辖地方行政区划也发生了很大变化，明代原辖 6 县 1 州至清代变成吴县、常州县、元和县、昆山县、青阳县、常熟县、昭文县、吴江县、盛泽县、嘉定县、太仓州和正阳县。根据乾隆《苏州府志》记载，乾隆时期苏州府总共有 61 个市和 70 个镇。通过苏州府境内的市镇整体数量的变动情况，可以清楚

---

① 王家范：《明清江南史丛稿》，北京：生活·读书·新知三联书店，2018 年版，第 10 页。

看到清代乾隆年间市镇数量将近增加一倍之多。这是观察明清时期江南市镇整体发展水平、演变态势的重要策略。松江府也是如此。根据樊树志先生在《江南市镇：传统的变革》一书中的研究，将松江府1550—1850年这一时期分成5个时期，可以清楚看到1550年左右松江府只有59个市镇，到1850年后已经发展到352个市镇的规模。以上，通过松江府、苏州府两府市镇的数量变动情况，可以看到从明代中叶到清代中叶这一时期江南地区的市镇蓬勃发展的态势。市镇数量的增加，显示的是明清江南地区的商品经济的发展水平和发展程度，以及江南地区市场与市场网络的状况。

那么，在江南地区这些众多的市镇之间是否没有差别？答案是否定的。显然明清时期江南的市镇与市镇之间存在着明显的差别。学者一般用专业型市镇来指称。尽管"专业市镇"这一指称在学理上还有可商榷之处，但大体上可以描绘出江南市镇存在区分这一特点。学者们根据商品制造以及商品流通的种类和性质，把江南市镇分成不同的专业型市镇。如丝织型的市镇、绸业型的市镇、棉花市镇、棉业市镇以及棉布市镇。当然，还有传统的粮食市镇、盐业市镇、渔业市镇、窑业市镇和笔业市镇等。此外，还有交通型市镇。这些专业市镇的分布使得它们之间可以进行商业往来和展开贸易，形成贸易交换网络与市场网络。

最后，我们总结一下研究江南市镇究竟有哪些价值和意义。这里，可以从四个方面进行简单概括。

（一）西方学者、台湾学者最早在研究明清时期江南市镇的时候，主要关注中国传统社会近代化转型中的都市化进程问题。江南市镇是他们研究中国传统社会都市化进程的一个典型案例。江南市镇，可以提供观察中国古代传统社会的演进和近代转型的线索。

（二）大陆学者探讨江南市镇，关心的问题是中国传统社会的商品经济、市场与市场体系以及资本主义生产关系和资本主义生产方式，即所谓资本主义萌芽问题。

（三）近年来，随着对江南市镇研究的深入，有一些学者，特别是年轻学者从地方行政区划的角度探讨市镇与基层组织机制之间的互动关系。例如，讨论县以下的乡、都、图、区、村与镇之间的关系。

（四）除了人文社会科学界，特别是历史学、社会学所关心的这些问题外，还可从艺术与建筑的角度，将江南市镇视作历史景观、人文景观和历史文化遗产展开研究。

大体说来，探讨与研究江南的市镇主要具有上述四个方面的价值和意义。至于江南市镇内部的经济结构与空间结构、市镇与村落之间的经济关系、市镇与村落之间的管理机制、江南市镇与其他地区市镇的比较研究等等，可能是进一步展开研究的领域和方向。

参考书目

包伟民：《多被人间作画图：江南市镇的历史解读》，北京：中国人民大学出版社，2019 年版。

包伟民主编：《江南市镇及其近代命运：1840～1949》，北京：知识出版社，1998 年版。

陈晓燕、包伟民：《江南市镇——传统历史文化聚焦》，上海：同济大学出版社，2003 年版。

陈学文：《明清时期杭嘉湖市镇史研究》，北京：群言出版社，1993 年版。

樊树志：《江南市镇：传统的变革》，上海：复旦大学出版社，2005 年版。

樊树志：《明清江南市镇探微》，上海：复旦大学出版社，1990 年版。

范金民：《明清江南商业的发展》，南京：南京大学出版社，1998 年版。

范金民、夏维中：《苏州地区社会经济史（明清卷）》，南京：南京大学出版社，1993 年版。

傅衣凌：《明代江南市民经济试探》，上海：上海人民出版社，1957 年版。

刘石吉：《明清时代江南市镇研究》，北京：中国社会科学出版社，1987 年版。

龙登高：《中国传统市场发展史》，北京：人民出版社，1997 年版。

龙登高：《江南市场史——十一至十九世纪的变迁》，北京：清华大学出版社，2003 年版。

王家范：《明清江南史丛稿》，北京：生活·读书·新知三联书店，2018 年版。

吴滔：《清代江南市镇与农村关系的空间透视——以苏州地区为中心》，上海：上海古籍出版社，2010 年版。

［德］沃尔特·克里斯塔勒：《德国南部中心地原理》，常正文、王兴中等译，北京：商务印书馆，2010 年版。

［美］施坚雅：《中国农村的市场和社会结构》，史建云、徐秀丽译，北京：中国社会科学出版社，1998 年版。

［日］加藤繁：《中国经济史考证》，吴杰译，北京：中华书局，2012 年版。

第十八讲

江南社会与海洋文明

黄纯艳

宋代以降，江南一直是中国经济、文化最发达的地区，也是中国最早开始全面近代化的地区之一。因江南被视为是中国传统模式的"先进"代表，更受关注的是其自内陆传统延伸出来的经济、风俗、观念等方面，而其海洋文明未受到足够重视。海洋文明不仅是江南社会的重要构成，也是江南社会的经济文化发展水平长期居于领先地位的重要原因。

一、面向大海的地理环境

首先需要明确"江南"与"海洋文明"两个概念。作为区域历史研究对象的"江南"是明清时期趋向稳定、作为专指区域概念，在经济、文化和地理上都有内在关联和整体特征的区域。"江南"的地理范围学术界存在不同看法，我们采用将明代苏、松、常、镇、宁、杭、嘉、湖八府，或清代苏、松、常、镇、宁、杭、嘉、湖、太仓八府一州界定为江南的观点①。我们所讨论的"江南史"并非作为历史名词的概念变迁史，而是上述作为专指区域概念的"江南地区"的历史，即明清时期固定下来的特指区域的历史。江南的海洋文明所指也是明清固定下来的江南区域的海洋文明。

"海洋文明"是指人类直接和间接进行海洋活动及其创造的物质和精神成果，既包括近海的海洋活动，也包括远洋的海洋活动。关于海洋文明的特点，杨国桢有如下概括：按经济生活方式的不同，可把人类文明划分为农业文明、游牧文明、海洋文明三种基本类型。中华文明具有陆地与海洋双重性格，以农业文明为主体，包容游牧文明和海洋文明。海洋文明并不等同于先进和开放，更不等同于西方，而有其自身的文明变迁历程，

---

① 李伯重：《简论"江南地区"的界定》，《中国社会经济史研究》1991年第1期。

既有积极作用，又有消极影响。①

明确了江南的地理范围，从江南与海洋关系的角度，我们可以看到江南的地理环境特点之一：自海而生，面海发展。研究表明，江南核心地区的太湖平原大部分区域是在海陆变迁中生长成陆。太湖及其附近地区经历了由沟谷切割的滨海平原，演变为蝶形洼地的潟湖，随着河口与海岸泥沙淤积，湾口沙嘴封堵，海湾消失、陆地扩大，形成内陆太湖。在人类活动的历史时期，太湖平原仍处于逐步成陆的过程之中。距今七千年到六千五百年前江南的海岸线还在镇江—江阴—沙洲—浅冈—沙冈—余杭、湖州一线。唐代推至盛桥—航头一线，宋代至奉城，明代至西沙、东沙一带。今上海浦东大部分地区完成了成陆过程。江南先民自马家浜文化时期到马桥文化初期，古文化发育与三角洲平原的演化有着密切关系。距今七千年三角洲的建造导致先民在本地区逐渐聚集，在人类、海洋、陆地的互动中创造江南文明。② 历代江南民众即是在这种面向大海的环境中谋取生计并与外部世界交往。按清代江南的行政区划，苏州、松江、嘉兴、杭州四府和太仓州都直接濒海。而且古代这四府一州沿海的杭州、澉浦、上海、青龙镇、刘家港等曾经是海上交通的重要港口。

江南地理环境特点之二：有发达的水路联通陆地和海洋。联通江南与海洋的主要水路可以概括为一河二溪三江。一河即江南运河，南起钱塘江，北抵镇江，南北纵贯江南地区，联通钱塘江和长江。二溪即苕溪和荆溪，将湖州、常州西部与运河及整个太湖水系联通。三江即北有长江，南有钱塘江，中有吴淞江（黄浦江），由西向东，联通大海。这构成了江南区域与海洋相联的水路交通网络。同时，江南还通过长江、运河和海路联结内陆腹地（见下文叙述）。

上述可见，江南在联通海陆的交通格局中具有得天独厚的优势。历史上的江南就是在这样的地理环境中生成、吸收和传播海洋文明，海洋文明也成为江南社会文明重要的组成部分。

二、海陆的交流与互动

海陆交汇的江南地区在先秦时期即开始通过海洋展开与外部世界的交往，历史上因其政治中心和经济中心地位，多次成为海上交流的区域中心和全国中心，并最终形成稳定的全国中心地位。

---

① 杨国桢：《〈中国海洋文明专题研究〉总序及第一卷前言》，《中国社会经济史研究》2016 年第 3 期。
② 参张修桂：《太湖演变的历史过程》，《中国历史地理论丛》2009 年第 1 期。朱诚等：《长江三角洲及苏北沿海地区 7000 年以来海岸线演变规律分析》，《地理科学》1996 年第 3 期。陈中原等：《太湖地区环境考古》，《地理学报》1997 年第 2 期。

江南有着海上交流的悠久传统,先秦时期江南已有海外交流。林惠祥指出,有段石锛作为越文化的代表性特征,沿近海各岛屿漂流,传到东南亚。① 有学者认为,有段石锛作为制造船舶的重要工具,与河姆渡遗址发现的船的制造有密切关系。吴越人借助船舶和海流漂到台湾、海南岛和东南亚。早在距今六七千年以前,吴越人也开始向日本漂流,把起源于吴越地区的稻作及桑蚕的技术和文化带到日本,古代吴越人也成为日本先民之一,对日本民族历史发展产生了深刻影响。所以有段石锛、稻作及桑蚕技术和文化就成为早期江南先民对海外的重要贡献。

汉唐时期中原王朝的基本政策是禁止本国民众远出海外,只是出于营造"四夷来朝"的气象而允许外国人从海路来华。如唐代允许外国商人、僧侣、留学生从海路前来,但如魏明孔所指出的,唐朝严厉禁止本国居民的外出,取缔本国民众私自外出经商等活动。虽有中国商人出海,但为政策所不允许,唐代所谓比较开明的对外政策只是在向外籍人开放这一点上徘徊,没有也不可能迈出允许本国居民外出这关键的一步。② 唐代有严禁本国民众出境的法令。鉴真东渡就为法律所不许,多次偷渡才成功抵达日本。

这一历史时期,江南多次成为地方政权的统治中心,而且立国于江南的地方政权几乎都对海洋发展采取较为开放的态度。公元3—6世纪,东吴、东晋、南朝政权都曾建都于江南,以江南为立国根基,并积极开展海上交往,成为当时海上交流的中心。东吴政权就频繁进行官方和民间海上贸易。《三国志·吴主传》记载:孙吴政权曾派卫温、诸葛直"将甲士万人,浮海求夷洲及亶洲"。亶洲相传在会稽以东大海中,上"有数万家,其上人民,时有至会稽货布,县人海行,亦有遭风,流移至亶洲者"③。226年,东吴派遣朱应、康泰出使扶南(今柬埔寨),"其所经过及传闻则有百数十国,因立记传",著有《康泰外国传》④。孙吴政权还曾派人从海上到辽东公孙渊的辖地贸易。《册府元龟》记载,(孙吴)"远遣楼船,越渡大海,多持货物,诳诱边民。边民无知,与之交关","浮舟百艘,沈滞津岸,贸迁有无"。⑤ 东吴成为当时海上交流最活跃的政权。

立国江南的南朝各代海上交流较东吴更为频繁。史载:"自梁革运,其奉正朔,修贡职,航海岁至,逾于前代矣。"⑥《南史》专列《海南诸国传》,称:"海南诸国,大抵在交州南及西南大海洲上。"该传记载了宋、齐、梁朝前来"朝贡"的海上诸国:林邑国、扶南

① 林惠祥:《中国东南区新石器文化特征之一:有段石锛》,《考古学报》1958年第1期。
② 魏明孔:《唐代对外政策的开放性与封闭性》,《甘肃社会科学》1989年第2期。
③ [晋]陈寿:《三国志》卷四七《吴主传》,北京:中华书局,1959年版,第1136页。
④ [唐]姚思廉:《梁书》卷五四《诸夷列传》,北京:中华书局,1973年版,第783页。
⑤ [宋]王钦若等编纂:《册府元龟(校订本)》,周勋初等校订,南京:凤凰出版社,2006年版,第1815页。
⑥ [唐]姚思廉:《梁书》卷五四《诸夷列传》,北京:中华书局,1973年版,第783页。

国、诃罗陁国、狼牙修国、师子国等。①萧梁时所绘《职贡图》中还有从北方海路前来的倭国和百济国。

五代吴越政权积极发展海上贸易，通过海洋展开与中原政权、契丹、高丽、日本及南海诸国的政治经济交往。江南海上贸易进入繁荣发展的时期，与立国福建的闽政权、立国广南的南汉政权成为当时海上贸易的三大中心。吴越政权与高丽和日本都有海上贸易往来。中村新太郎指出，五代时期往来中国与日本的商船"全是中国船，日本船一只也没有。而中国船中，几乎又都是吴越的船只"。②吴越钱镠建国时，"遣使册新罗、渤海王，海中诸国皆封拜其君长"③。《高丽史》记载，有吴越国文士酋彦规和朴岩石投奔高丽，说明当时吴越与高丽之间有民间贸易商船往来。吴越还曾几次派遣蒋承勋、蒋衮以使者的身份到日本献信件和土物、珍品，两国关系十分融洽。④吴越海上贸易规模很大。钱塘江口"舟楫辐辏，望之不见其首尾"，吴越王钱俶喜曰："吴国地去京师三千余里，而谁知一水之利，有如此耶？"所谓京师是指中原政权都城开封，因为"时江南未通，两浙贡赋自海路而至青州，故云三千里也"。⑤

五代宋初，吴越积极向中原政权进贡进口品。从吴越进献中原王朝的海外进口品也可见其海上贸易规模之盛。五代时期，吴越就以海外进口品贡献中原政权，结交权贵，以"航海所入，岁贡百万，王人一至，所遗至广，故朝廷宠之，为群藩之冠"⑥。吴越对宋朝也是如此。963年，一次进献白金万两、犀牙各十株、香药十五万斤及金银、真珠、瑇瑁器数百事。976年，又贡白金七万两、乳香二万斤、犀角象牙二百株、香药三百斤，以及钱茶绢绵两百余万。这样对宋朝香药逾万斤的进贡还有多次。苏轼曾说吴越国的自存之道就是："地方千里，带甲十万，铸山煮海，象犀珠玉之富，甲于天下。然终不失臣节，贡献相望于道。是以其民至于老死不识兵革。"⑦

宋元两朝是中国古代中央王朝仅有的鼓励本国民众出海的时期。从政策上汉唐明清都是排斥海洋，海陆是互斥的，宋元是难得的海陆融通的时期，加之经济重心南移，江南已经成为全国经济最发达的地区，海上贸易进入高峰。宋代江南贸易中心是杭州，曾在此设市舶司，有"市舶务，在保安门。海商之自外舶至京者，受其券而考验之。又有新务，在梅家桥之北，以受舶纲"，"闽商海贾，风帆浪舶，出入于江涛浩渺、烟云杳霭

① ［唐］李延寿：《南史》卷七八《南海诸国传》，北京：中华书局，1975年版，第1947页。
② ［日］中村新太郎：《日中两千年——人物往来与文化交流》，张柏霞译，长春：吉林人民出版社，1980年版，第161页。
③ ［宋］欧阳修：《新五代史》卷六七《吴越世家》，北京：中华书局，1974年版，第840页。
④ 林树建：《唐五代浙江的海外贸易》，《浙江学刊》1981年第4期。
⑤ ［宋］薛居正：《旧五代史》卷一三三《世袭列传》，北京：中华书局，1976年版，第1775页。
⑥ 同上书，卷一三三《世袭列传》，第1774页。
⑦ ［宋］苏轼：《苏轼文集》卷三三《表忠观碑》，孔凡礼点校，北京：中华书局，1986年版，第499页。

之间，可谓盛矣"①。北宋政和三年（1113 年）华亭县曾设置市舶务，所属贸易港口青龙镇设官管理市舶。华亭还一度成为两浙路市舶司设置地。建炎四年（1130 年）华亭县市舶务移到青龙镇。青龙镇遗址考古出土了福建、浙江、江西等窑口可复原瓷器 6000 余件及数十万片碎瓷片，皆从海路贩运而来，部分可能再转贩高丽、日本。南宋中期，由于吴淞江堵塞，其下游的江湾镇、黄姚镇、上海镇逐步取代青龙镇的贸易地位。黄姚镇"系二广、福建、温台、明、越等郡大商海船辐辏之地"②。上海设镇并置市舶务。江阴也有海外贸易，宋代一度在此设立了市舶务。

宋代江南是市舶机构设置最多、港口体系最完整的地区，元代也是如此。元代设立的七大市舶司中有三个在江南，即杭州市舶司、上海市舶司和澉浦市舶司。这三个市舶司后都归入庆元市舶司管理，但仍是重要的海上贸易港口。元代上海港因水道通太湖，港口良好，成为设立市舶司的重要港口。刘家港则因近海海运成为重要港口。元代诗人马玉麟《海舶行送赵克和任市舶提举》作诗描写刘家港，"玉峰山前沧海滨，南风海舶来如云。大艘龙骧驾万斛，小船星列罗秋旻"③，显示海上交通非常繁忙。

宋元两朝江南依靠其经济腹地和交通枢纽条件，仍是海上交通的重要中心。宋元最大的港口分别是广州和泉州，但当时的广南和福建经济尚不发达，缺乏良好的经济腹地，出口品供给和进口品消费，特别是进口品消费需要依靠江南等地。江南和京师是最主要的进口品消费市场。广州和泉州的进口品主要汇聚于以杭州为中心的江南地区，部分再转输京城和内地其他地区。所以江南没有最大的贸易港，却是最重要的进口品汇聚市场，也因此成为贸易港口体系最完善的地区。特别是南宋，以杭州为行都，江南不仅是区域中心，也成为王朝的中心。政治交往方面，尽管海外各国赴阙朝贡数量大减，南宋也对各国使节赴阙采取限制政策，但江南已成为南宋王朝的政治中心，允许赴阙的"朝贡"各国的使节和贡品都汇聚于此。

明代前期，建都南京，江南更成为与海外各国政治交往的中心。明代洪武、永乐时期，高丽（朝鲜）、日本、东南亚诸国纷纷到明朝朝贡。明初，各国朝贡使节登陆地设在太仓。朱元璋吴元年（1364 年）在太仓黄渡设置市舶司，管理朝贡使节。洪武三年（1370 年）"罢太仓黄渡市舶司，凡番舶至太仓者，令军卫有司封籍其数，送赴京师"④，朝贡使节仍然从太仓登陆，从太仓达南京。著名的郑和下西洋就是从苏州刘家港启航。今

① 乾道《临安志》卷二，北京：中华书局，1990 年版，第 3234 页。
② ［清］徐松等：《宋会要辑稿·食货一八》，刘琳等校点，上海：上海古籍出版社，2014 年版，第 6387 页。
③ ［元］马玉麟：《东皋先生诗集》卷二《七言古诗·海舶行送赵克和任市舶提举》，南京：江苏古籍出版社，1988 年版，第 16 页。
④ 《明太祖实录》卷四九，洪武三年二月甲戌，北京：中华书局，2016 年版，第 969 页。

南京、苏州等地留下了宝船厂、静海寺、天妃宫、太仓起锚地遗址等多个郑和下西洋有关的遗迹，见证着江南航海史上最宏伟壮丽的篇章。

清朝实行五口通商以后，上海凭借交通内地和海外的优越地理位置，以及江南发达的农业和工商业等经济条件，取代广州而成为全国对外贸易的中心。上海开埠以后，西方列国也把上海作为进入中国的首选据点，奠定了上海此后一百多年对外贸易中的首要地位。

江南对外交流由区域性中心向全国中心的演进，是政治、地理、经济等综合因素促进的结果。特别是经济和地理因素决定了上海最终成为江南和全国对外交流的中心。

三、经济腹地和转运枢纽

江南在海上交流上具有其他地区不能比拟的两大优势：良好的经济腹地、海陆转运枢纽。宋代以后，江南成为全国经济重心，也是农业和工商业最发达的地区，是海上贸易重要的商品供给地和海外进口品最大的消费市场之一。江南拥有内部发达的水路交通和联结内陆的便利交通网络，为海陆交流提供了全国最为便利的条件。

江南在海陆交流中提供粮食、丝织品等重要物资。江南的粮食是宋代以后近海市场运行的重要资源。宋代开始，江南的核心区太湖平原已经成为粮食主要产区，有"苏湖熟，天下足"之称，成为粮食的主要输出地。而同时期浙东、福建地区为粮食短缺地，即使是正常年份，也都依赖于浙西和广东的粮食输入，如福建"虽上熟之年，犹仰客舟兴贩二广及浙西米前来出粜"[①]。浙东也依赖"浙右米艘之至"[②]。宋代形成了近海市场，其基本结构就是浙西、广东的粮食与福建、浙东的工商业品互为交换，形成互补性的贸易结构。直到明清时期依然如此。福建滨海四郡"海船运米可以仰给。在南则资于广而惠、潮之米为多，在北则资于浙而温州之米为多"[③]。"福建之米原不足以供福建之食，虽丰年多取资于江浙"，湖广之米集中于苏州枫桥，"枫桥之米，间由上海、乍浦以往福建，故岁虽频侵，而米价不腾"[④]。

江南还向近海和远洋贸易提供丝织品等手工业品。江南是丝织业最发达的地区，江南丝绸是海上贸易的重要商品。明代虽然禁海，但近海贸易中湖丝仍是重要商品。福建商人买湖丝加以纺织，"闽人货湖丝者，往往染翠红而归织之"[⑤]。海外贸易中以湖丝为代

---

① ［明］黄淮、杨士奇编：《历代名臣奏议》卷二四七，上海：上海古籍出版社，1989 年版。

② ［元］冯福京：大德《昌国州图志》卷二，载《宋元方志丛刊》第 6 册，北京：中华书局，1990 年版，第 6073 页。

③ ［明］郑若曾：《筹海图编》卷四《福建事宜》，李致忠点校，北京：中华书局，2007 年版，第 278 页。

④ ［清］魏源：《皇朝经世文编》卷五四，蔡世远《与浙江黄抚军请开米禁书》，载《魏源全集》第 15 册，长沙：岳麓书社，2004 年版，第 425 页。

⑤ ［明］王世懋：《闽部疏》，北京：中华书局，1985 年版，第 12 页。

表的江南丝绸，销往朝鲜半岛、日本、东南亚和西方各国。明代东南亚大泥国、吕宋国等成为江南丝绸，特别是湖丝的交易市场，日本、欧洲商人都在此购买。大泥国对华人"与红毛售货，则湖丝百斤，税红毛五斤，华人银钱三枚"①。吕宋"有西洋番舶者，市我湖丝诸物走诸国贸易"，日本要得到湖丝，也从吕宋贸易②。清代江南丝绸是广州十三行贸易中的重要商品。③江南文房、书籍、铜镜、棉布等也是海上贸易中的重要商品。南宋前往东南亚的远洋贸易海船"南海一号"中出土的铜镜上有"湖州石十二郎"字样，表明此镜是湖州所铸。此处不一一枚举。

先秦时期，江南已有海船制造。春秋吴、越有海上水战的记载，相传东吴曾在青龙造船，而明代的龙江船厂和宝船厂更是重要的造船基地。江南海上贸易船只中最有普遍代表性的是沙船。沙船是江、海两用船，乾隆朝修《崇明县志》谈道："沙船以出崇明沙而得名，太仓、松江、通州、海门皆有。"江南地处长江口，海道淤浅，特别是料角往北，入淮南近海，近海多沙渍，海州至通州料角一段近海有南沙、北沙、苗沙、野沙、外沙、姚、刘诸沙，只能航行平底海船。宋元从江南往北航行都曾用到这一船型，通州料角以北近海只能航行平底船，料角以南航行尖底船。绍兴三年，南宋明州水军将领徐文叛逃往伪齐，到海门县海域"尽弃南船，掠民间浅底湖船，放洋而去"，追兵自明州乘尖底海船而来，至料角以北只能望洋兴叹④。明清时期，平底沙船得到很大发展，沙船贸易进一步繁盛。太仓、崇明、常熟、江阴一带，"或大户一家自造双桅大船十数只，或小户数家朋造前船四五只者，号沙船等项名目"⑤。

江南自六朝以来即为进口商品的重要消费市场。李东华《中国海洋发展关键时地个案研究》指出，六朝时期"海外舶来品的主要消费市场既在长江下游的建康、三吴及会稽一带"。宋代以后，江南成为全国最富庶的地区，更成为海外进口品最大消费市场。贸易大港广州、泉州和明州的进口品通过海路进入杭州和江南其他城市。南宋杭州就是全国最大的进口品消费市场。民间商人贸易和官府抽解、博买所得都运至杭州。有泉州杨姓商人运四十万缗香药宝货到杭州，"举所赍沉香、龙脑、珠琲珍异纳于土库中，他香、布、苏木不减十余万缗，皆委之库外"⑥。很多这样的商人"于泉、广蕃客名下转买已经抽

① ［明］张燮：《东西洋考》卷三《大泥》，北京：中华书局，1985年版，第59页。
② ［明］陈子龙等选辑：《明经世文编》卷四九一，徐光启《海防迂说》，上海：上海书店出版社，2018年版，第5642页。
③ 范金民：《明清时期江南与福建广东的经济联系》，《福建师范大学学报》2004年第1期。范招荣：《江南丝货的广州外销（1757—1842）》，暨南大学硕士学位论文，2007年。
④ ［宋］李心传编撰：《建炎以来系年要录》卷六五，胡坤点校，北京：中华书局，2013年版，第1275页。
⑤ ［明］张萱辑：《西园闻见录》卷五八《江防·黄绾》，杭州：杭州古旧书店，1983年版，第19b页。
⑥ ［宋］洪迈：《夷坚志》夷坚丁志卷六，何卓点校，北京：中华书局，2006年第2版，第589页。

解胡椒、降真香……往临安府市舶务住卖"①。泉州和广州市舶司所得进口品，细色通过陆路"步担纲运"，"粗色海道纲运"，送至杭州。杭州城内有"香药社""象牙玳瑁市""珍珠市""七宝社"，买卖进口品，而且交易规模很大，如珠子市"如遇买卖，动以万数"②。明清时期，江南经济繁荣，是奢靡消费的中心，仍然是进口品的主要消费市场。

江南不仅内部有便利的水陆交通，而且通过长江、运河和海路联通国内其他地区，成为全国最重要的海陆转运枢纽。一是通过大运河联通南北。从隋唐至明清，大运河发挥着南北交通大动脉的重要作用。江南运河向北连接淮南运河，直通中原和华北，向南连接浙东运河，是古代明州（庆元、宁波）港交通内陆的主要通道。明州自古就是重要的贸易港，唐代时为四大港口之一，宋代是设置市舶司的重要港口。

二是通过长江连通内陆腹地。江南江宁、镇江、常州、苏州、松江数府濒临长江，江南腹地又通过密集的水网联通长江，可达长江流域的江西、安徽、两湖和巴蜀。甚至广南长期通过水陆交通，转入长江，沟通江南。

三是近海交通的枢纽。江南位于中国海岸线中段，南北各地自古通过近海相互交通。宋代以后近海贸易逐步活跃，元代以后官方开辟海运，近海交通得到更大发展。江南既是近海交通的枢纽，也与朝鲜半岛、日本，以及南海诸国保持着海上政治经济交往。

上海成为江南最重要的贸易港以前，明州（宁波）是福建以北沿海最重要的贸易港，由明州出入的人员、商品主要通过浙东运河，进入江南，而达内地。钱塘江有大潮浅沙之险，"故海商舶船怖于上潬（滩），惟泛余姚小江，易舟而浮运河，达于杭越"③。以宋代为例，宋代日本僧人成寻来华，徐兢参加的使团出使高丽，都是经过运河，往来明州与开封，往返日本、高丽与宋朝。海路经明州输入的商品，包括广东、福建等地转输而来的商品，经过江南而分销各地。南宋曾将汇集杭州的乳香等进口品分拨"于诸路给卖"④，曾将"户部所储三佛齐国所贡乳香九万一千五百斤，直可百二十余万缗，请分送江浙、荆湖漕司卖之"⑤。杭州的河里有很多船只来"搬载香货杂色物件等"，转销到其他地方⑥。进口品还从江南流向金朝。南宋的榷场贸易中的重要商品就是进口品。盱眙军榷场曾用 16 万余贯香药杂物等作贸易本钱。邓州榷场、寿春榷场都是用进口象牙、玳瑁、香药等贸易。

江南处于全国海岸线中段及长江出海口，又依托本地区繁荣的经济文化，也成为国内海运转运枢纽。元代定都大都（北京），远离经济重心江南，江南粮食运输成为保障北

---

① ［清］徐松等：《宋会要辑稿·职官四四》，刘琳等校点，上海：上海古籍出版社，2014 年版，第 4221 页。

② ［宋］吴自牧：《梦粱录》卷一三，黄纯艳点校，郑州：大象出版社，2017 年版，第 219 页。

③ 咸淳《临安志》，北京：中华书局，1990 年版，第 3643 页。

④ ［元］脱脱等：《宋史》卷一八五，北京：中华书局，1977 年版，第 4538 页。

⑤ 同上书，卷四〇四，第 12220 页。

⑥ ［宋］吴自牧：《梦粱录》，黄纯艳点校，郑州：大象出版社，2017 年版，第 216 页。

京的要务，大力发展以江南为起点的海运，保障京师粮食供给。海运最初就是由江南大商人朱清、张瑄建议并主持，以江南刘家港为起点，用江南平底海船，经近海北上，从天津达到大都，最多的时候每年运送 350 万石，有效地保障了北京的粮食供应。明人有评论："元京军国之资，久倚海运，及失苏州，江浙运不通……元京饥穷，人相食，遂不能师矣。"①

江南联结海陆特别是沟通海洋和内地的作用，在明清时期并未因海禁而衰减，反而随着元明清江南经济地位进一步提升而不断加强。唐力行指出，徽州海商经营的三个层次：手工作坊主、江南市镇的徽州坐贾、徽州行商和海上徽商，共同构成海外贸易系统，把江南与世界市场联系起来了。②

四、海洋文化的生成与内化

江南所在的吴越之地，水网密布，濒临海洋，其居民的生存特性就是"水行山处，以船为车，以楫为马"，"胡人便于马，越人便于舟，异形殊类"，不同于中原，其中包含了海洋性特征。凌纯声在《中国古代海洋文化与亚洲地中海》中指出，中国文化分成西部大陆文化和东部海洋文化，东部沿海原住民是以"珠贝、舟楫、文身"为特征的海洋文化，其中包括了面向大海的江南地区。③

海洋很早就已成为江南民众的重要生计空间。除前述的海上贸易外，海洋渔盐也是江南民众传统悠久的生计方式。江南人"饭稻羹鱼"的生计中也包括滨海渔业。江南有长江和钱塘江南北入海，浮游营养物质丰富，鱼类品种繁多，有良好的浅海和近海渔业资源。渔业是天然具有商品性的行业，与江南发达的农业和商业相互支持，相得益彰。《天下郡国利病书》记载：每年四五月间苏、松黄花鱼汛期，苏松渔民，以及"宁、台、温大小船以万计，苏松沙船以数百计。小满前后凡三度，浃旬之间获利不知几万金"④。民国《台州府志》也记载：台州渔户往来近海，"健者或走崇明"⑤。

江南素来为海盐重要产地。《史记》记载，西汉分封于江南的吴王刘濞利用江南的自然资源，"招致天下亡命者，盗铸钱，煮海水为盐"，积累了叛乱的资本。⑥杭州、嘉兴、苏州沿海一直是重要的海盐生产区，有下沙、芦沥、袁部、青木等一系列盐场。江南至今仍保留了诸多与历史上制盐有关的地名，如浙江海盐、盐官，上海浦东新场、四团、

---

① ［明］叶子奇：《草木子》卷三，北京：中华书局，1959 年版，第 47 页。
② 唐力行：《论明代徽州海商与中国资本主义萌芽》，《中国经济史研究》1990 年第 3 期。
③ 凌纯声：《中国古代海洋文化与亚洲地中海》，《海外杂志》1954 年第 3 期。
④ ［清］顾炎武：《天下郡国利病书》，载《续修四库全书》第 595 册，上海：上海古籍出版社，2002 年版，第 757 页。
⑤ 民国《台州府志》卷六，台北：成文出版社，1970 年版，第 901 页。
⑥ ［汉］司马迁：《史记》卷一四六，北京：中华书局，1959 年版，第 2822 页。

六灶等多处以制盐管理单位场、团、灶为名的地名。元代曾担任过下沙盐场（今上海浦东下沙）监司的陈椿著有《熬波图》，系统地描绘了当时江南民众从事海盐生产的流程，陈椿在该书序言中称，（下砂）"滨大海"，"煮海作盐，其来尚矣"，且说至下砂往东南皆煮海为盐①。盐业与渔业一样是商业性行业，具有依赖市场、流动性强的特点。

海上贸易、渔盐经济，这些向海取利的生计方式衍生出与海洋生活相适应的信仰、习俗和观念。江南地区经济形态、地理环境和生计方式，多样并存，是山川湖海各种神灵信仰汇聚之地，"若土域、山、海、湖、江之神，若先贤往哲、有道有德之祭，若御灾捍患以死勤事之族，率皆锡之爵命，被之宠光，或岁时荐飨，间遣有司行事"②。江南沿海地区存在多种神灵信仰，也产生了众多海洋性的神灵信仰。潮神伍子胥信仰就是产生于江南的民间信仰。伍子胥被吴王夫差所杀，弃尸于江。民间相信钱塘江之潮为伍子胥所作，为其立祠祭祀，奉其为潮神。杭州有伍子胥庙（伍公庙）。宋朝鲍寿孙《伍子胥庙》诗云："故国古今梦，怒涛朝夕风。登临一长啸，斜日海门红。"③面对广陵潮的长江口居民也逐步接受伍子胥潮神信仰。伍子胥信仰后被纳入国家正祀，配享于江渎神庙。

杭州顺济神信仰也是衍生于江南本地的海洋性神灵信仰。所祀之神名冯俊，钱塘人，生前能预言祸福，自称"上帝命司江涛事"，受人尊奉，"足未尝履阈，人或遇之江海上"。死后受人祭祀，"不惟商贾舟舶之所依怙，而环王畿千里之内水旱有扣"④。金山也有顺济神信仰，所祀之神是钱姓福建商人，"航海而商，舳帆轻从"，死后获祭于金山。每年5月21日"沿海祭祠，在在加谨"，"常岁是日，盐商海估（贾）、寨伍亭丁，社鼓喧迎，香花罗供"。⑤这样的神灵难以枚举，皆衍生于江南人民长期的海洋实践。

流动的海洋也将其他地区的海洋性信仰、习俗和观念传播到江南，并融入江南的信仰世界。最典型的海洋神灵即妈祖信仰，宋元至清代又先后称圣妃、天妃或天后。妈祖信仰起源于福建，从乡土之神转而成为被广泛接受的海洋神灵。宋代妈祖"神之祠不独盛于莆，闽、广、江、浙、淮甸皆祠也"。杭州有圣妃庙，在艮山门外，又有别祠在候潮门外萧公桥⑥，可见该信仰之盛。镇江之丹徒县也有圣妃庙，"在竖土山东。旧在潮闸之西，宋淳祐间贡士翁戴翼迁创于此"⑦。南京、苏州、上海等地都有天妃信仰的传播。宋代

---

① ［元］陈椿：《熬波图笺注》，李梦生、韩可胜、顾建飞笺注，北京：商务印书馆，2019年版，"序言"，第1页。

② 咸淳《临安志》卷七一，北京：中华书局，1990年版，第3994页。

③ ［明］程敏政辑撰：《新安文献志》卷五三，鲍寿孙《伍子胥庙》，何庆善、于石点校，合肥：黄山书社，2004年版，第1201页。

④ 咸淳《临安志》卷七一，北京：中华书局，1990年版，第3998页。

⑤ ［宋］赵孟坚：《彝斋文编》卷四《金山顺济庙英烈钱侯碑文》，载文渊阁《四库全书》第1181册，台北：商务印书馆，1990年版，第362—363页。

⑥ 咸淳《临安志》卷七一，北京：中华书局，1990年版，第4014页。

⑦ ［元］俞希鲁纂：至顺《镇江志》卷八《神庙》，中华书局，1990年版，第2730页。

建康之卢龙山与马鞍山之间也有圣妃庙。明代郑和出海前都祭拜于南京静海寺相近的天妃宫，天妃宫至今犹存明成祖所赐《御制弘仁普济天妃宫碑》。元代和明代江南重要出海口太仓浏河（刘家港）也有天妃宫，祭祀妈祖神。上海也有天后信仰。南宋咸淳年间建顺济庙，祭祀妈祖，后称天后庙。最初位于今河南路桥。后屡经毁而复建，现其大殿完整地拆到松江方塔公园内重建，是上海境内现存唯一妈祖信仰遗迹。

江南在长期的内外交流中孕育出开放包容的观念，积极接受海外世界的不同知识和思想。周振鹤指出："晚明以来的西学非尽江南人所接受，但江南接受的人最多，水平也最高。江南地区受影响最大，在江南活动的其他地区士人也受很大影响。"[①] 被称为明末天主教三柱石的徐光启、李之藻、杨廷筠，都是江南人（分别是上海人和杭州人）。他们不仅信仰和传播天主教，而且学习和传播西方的科技知识和思想观念。晚清以后，特别是1843年上海开埠以后，西方文明大量输入江南，江南不仅系统地传播海外文化，而且将自海洋而来的西方文化内化、重塑，涵育出具有江南特色的新文化，并在思想观念、生活方式、经济结构等诸多方面逐步改造江南社会。

"海派文化"就是接受、内化和重塑的代表。熊月之谈到"海派文化"形成及其特点时指出，海洋为近代江南社会带来了诸多新的因素：一是新的文化思想，晚清时期上海已经成为中国新式教育中心，民国以前上海已基本形成了小学、中学、大学三级教育体系，培养了大批具有新知识、新技术、新观念的毕业生，上海是中国电影的起源地，也是出版、报业的中心，从而也使上海成为各种新思想交汇的地方；二是新的经济形态，开埠以后位处有着最发达的经济腹地和转输条件的上海成为中国近代工业、商业和金融中心；三是新的生活方式，百货公司、电影、服饰、电灯、电话、自来水，租界自治等构成了新的生活方式。上海成为当时江南的中心，也是江南代表，这些从海洋传来的新因素使江南社会具有新的特点。近代的海派文化，是以明清江南城市文化为底蕴，以移民人口为主体，融合近代西方文化元素而形成的灵活多变的上海城市文化，具体表现为四个特点，即商业性、世俗性、灵活性、开放性。[②]

概括地说，近代上海"海派文化"是继承既有传统，内化海外因素而形成的新的地域文化，这些特点的形成是陆海互动的结果。"海派文化"所代表的海洋文明的流动性、开放性、多元性、包容性特质也是整个江南社会的特点。这些海洋文明因素被吸收于江南社会，成为江南区域文化和历史传统的重要组成部分。海洋文明与江南陆地文明互动融合，共同塑造了江南社会。

---

① 复旦大学历史系编：《江南与中外交流》，上海：复旦大学出版社，2009年版，第396页。
② 熊月之：《上海历史文脉与海派文化》，《上海艺术评论》2018年第1期。

五、结语

江南是自海域成陆的地区，其地理环境控江带海。江南人的生计自古与海洋密切相关，江南文明也是陆、海文明共生互动、共同构成的区域文明。出于经济腹地的优势地位和沟通内陆的便利条件，江南长期成为海上交流的区域中心，并最终成为全国海外交流的中心。江南自然衍生海洋文明，同时在交流互动中广泛吸收和内化海外文明，形成其开放、多元、包容的社会特质。海洋文明赋予江南社会以生机和动力，造就了世界的江南。

参考书目

［汉］司马迁：《史记》，北京：中华书局，1959 年版。

［晋］陈寿：《三国志》，北京：中华书局，1959 年版。

［唐］李延寿：《南史》，北京：中华书局，1975 年版。

［唐］姚思廉：《梁书》，北京：中华书局，1973 年版。

［宋］洪迈：《夷坚志》，何卓点校，北京：中华书局，2006 年第 2 版。

［宋］李心传编撰：《建炎以来系年要录》，胡坤点校，北京：中华书局，2013 年版。

［宋］欧阳修：《新五代史》，北京：中华书局，1974 年版。

［宋］苏轼：《苏轼文集》，孔凡礼点校，北京：中华书局，1986 年版。

［宋］王钦若等编纂：《册府元龟（校订本）》，周勋初等校订，南京：凤凰出版社，2006 年版。

［宋］吴自牧：《梦粱录》，黄纯艳点校，郑州：大象出版社，2017 年版。

［宋］薛居正：《旧五代史》，北京：中华书局，1976 年版。

［宋］赵孟坚：《彝斋文编》，载文渊阁《四库全书》第 1181 册，台北：商务印书馆，1990 年版。

乾道《临安志》，北京：中华书局，1990 年版。

咸淳《临安志》，北京：中华书局，1990 年版。

［元］陈椿：《熬波图笺注》，李梦生、韩可胜、顾建飞笺注，北京：商务印书馆，2019 年版。

［元］冯福京：大德《昌国州图志》，载《宋元方志丛刊》第 6 册，北京：中华书局，1990 年版。

［元］马玉麟：《东皋先生诗集》，南京：江苏古籍出版社，1988 年版。

［元］脱脱等：《宋史》，北京：中华书局，1977 年版。

［元］俞希鲁纂：至顺《镇江志》，中华书局，1990 年版。

［明］陈子龙等选辑：《明经世文编》，上海：上海书店出版社，2018 年版。

［明］程敏政辑撰：《新安文献志》，何庆善、于石点校，合肥：黄山书社，2004 年版。

［明］黄淮、杨士奇编：《历代名臣奏议》，上海：上海古籍出版社，1989 年版。

［明］王世懋：《闽部疏》，北京：中华书局，1985 年版。

［明］叶子奇：《草木子》，北京：中华书局，1959 年版。

［明］张燮：《东西洋考》，北京：中华书局，1985 年版。

［明］张萱辑：《西园闻见录》，杭州：杭州古旧书店，1983 年版。

［明］郑若曾：《筹海图编》，李致忠点校，北京：中华书局，2007 年版。

《明太祖实录》卷四九，洪武三年二月甲戌，北京：中华书局，2016 年版。

［清］顾炎武：《天下郡国利病书》，载《续修四库全书》第 595 册，上海：上海古籍出版社，2002 年版。

［清］魏源：《魏源全集》第 15 册《皇朝经世文编》，长沙：岳麓书社，2004 年版。

［清］徐松等：《宋会要辑稿》，刘琳等校点，上海：上海古籍出版社，2014 年版。

民国《台州府志》，台北：成文出版社，1970 年版。

李东华：《中国海洋发展关键时地个案研究》，台北：大安出版社，1990 年版。

复旦大学历史系编：《江南与中外交流》，上海：复旦大学出版社，2009 年版。

［日］中村新太郎：《日中两千年——人物往来与文化交流》，张柏霞译，长春：吉林人民出版社，1980 年版。

后　记

2019年下学期，根据历史系的布置和中国古代史教研室的讨论，我受命牵头建设线上线下混合式课程"江南史"。教研室同仁全员参与，当时刚刚退休的陈江教授也积极支持，一应具体事务主要由包诗卿老师操持。我们还邀请了五位校外江南史研究专家，严耀中教授、李伯重教授、范金民教授、戴鞍钢教授、徐茂明教授，共同授课。牟发松老师在序言中表达了对五位教授的感谢和敬意，也表达了对精诚团结的教研室诸位同仁的赞赏。这也代表了我的心意。

课程的计划是2020年第一学期课堂开设，并同步完成录制和教材编写。因意外而至的疫情，课程被迫改为线上授课，课程结束后授课老师又于疫情稍有缓解的7月在录音棚分批录制，各位老师放弃暑假休息，克服酷暑，完成了录制工作。身处外地的李伯重老师则在北京异地录制，范金民老师改期为9月到上海录制。课程从10月9日开始在"中国大学MOOC"线上开设。课程建设得到了学校教务处齐贵超老师、历史系王东书记、孟钟捷主任和几位领导的支持、指导，孟钟捷主任还特别邀请了开放学院教学法研究生王巍同学参与了课程设计。鑫视公司的程小霞经理和付金林先生为录制工作不厌其烦，反复沟通。学林出版社吴耀根主任和汤丹磊编辑大力支持本教材出版，以极高的效率完成了出版程序。对以上各位的大力支持致以衷心感谢。

课程录制因疫情而延后，在课程项目规定的期限内完成所有制作和校对工作，时间十分紧迫，加之MOOC形式所限，录制时间由课堂教学时间的90分钟缩短为60分钟，作为配套教材，各位授课老师不得不临时调整讲稿，一些工作不免留有遗憾。希望经过随后的授课和使用，发现问题，总结经验，以后进一步完善。

本课程立项为学校混合式课程项目和上海高校市级重点课程项目，课程建设得到了学校和历史系的经费支持。本教材出版由历史系经费和我本人主持的重大项目（编号17ZDA175）经费资助。

最后，谨以《江南史十八讲》的出版纪念本学科江南史研究的奠基人王家范先生。

黄纯艳

2020年12月

图书在版编目(CIP)数据

江南史十八讲/黄纯艳,包诗卿主编. —上海:
学林出版社,2020
ISBN 978 - 7 - 5486 - 1719 - 8

Ⅰ.①江… Ⅱ.①黄… ②包… Ⅲ.①华东地区-地
方史 Ⅳ.①K295

中国版本图书馆 CIP 数据核字(2020)第 264891 号

责任编辑 吴耀根 汤丹磊
封面设计 周剑峰

江南史十八讲
黄纯艳 包诗卿 主编

出 版 学林出版社
    (200001 上海福建中路 193 号)
发 行 上海人民出版社发行中心
    (200001 上海福建中路 193 号)
印 刷 上海商务联西印刷有限公司
开 本 787×1092 1/16
印 张 17.25
字 数 34 万
版 次 2020 年 12 月第 1 版
印 次 2020 年 12 月第 1 次印刷
ISBN 978 - 7 - 5486 - 1719 - 8/K · 203
定 价 78.00 元